高等院校公共基础课系列教材

# 教育心理学(第三版)

夏凤琴　姜淑梅　赵　欢　主　编

清华大学出版社
北京

## 内 容 简 介

本书系统介绍了教育心理学的基本知识和最新研究成果，由基本理论、学习心理、教学心理和个性心理4部分组成，共12章，内容涵盖国内外当代教育心理学的新发展，同时紧密结合我国高校的教学和国家教师资格证培训与考试的实际，涉及教育心理学导论、学生心理发展理论、学习及学习理论、学习动机、知识的获得、学习策略、问题解决能力与创造性的培养、技能的学习、品德的形成与培养、教学设计与评价、教师心理、个性差异与教育等当代教育心理学研究的基本问题。

本书的体例形式丰富多彩，结合案例阐释了教育心理学知识在教学实践中的应用，具有创新性、实用性及启发性等特点。

本书语言通俗易懂，栏目形式丰富，可作为高等院校教育心理学课程的教材、高等师范院校心理学专业本科生的学习用书，以及各级各类教师培训学校的教学材料，还可供中小学教师、教育科研人员和各类考生(如研究生入学考试、骨干教师培训考试)参考，尤其可作为国家教师资格证考试的用书。

本书配套的电子课件、习题和参考答案、试卷和答案可以到 http://www.tupwk.com.cn/downpage 网站下载，也可以扫描前言中的二维码获取。

**本书封面贴有清华大学出版社防伪标签，无标签者不得销售。**
**版权所有，侵权必究。举报：010-62782989，beiqinquan@tup.tsinghua.edu.cn。**

**图书在版编目(CIP)数据**

教育心理学 / 夏凤琴，姜淑梅，赵欢主编. -- 3版.
北京：清华大学出版社，2024.8. -- (高等院校公共基础课系列教材). -- ISBN 978-7-302-66729-2
Ⅰ. G44
中国国家版本馆 CIP 数据核字第 20249J4V08 号

**责任编辑**：胡辰浩
**封面设计**：周晓亮
**版式设计**：妙思品位
**责任校对**：马遥遥
**责任印制**：曹婉颖

**出版发行**：清华大学出版社
     网  址：https://www.tup.com.cn, https://www.wqxuetang.com
     地  址：北京清华大学学研大厦A座    邮  编：100084
     社 总 机：010-83470000           邮  购：010-62786544
     投稿与读者服务：010-62776969, c-service@tup.tsinghua.edu.cn
     质 量 反 馈：010-62772015, zhiliang@tup.tsinghua.edu.cn

**印 装 者**：北京同文印刷有限责任公司
**经  销**：全国新华书店
**开  本**：185mm×260mm    **印  张**：22.25    **字  数**：555千字
**版  次**：2015年4月第1版 2024年9月第3版  **印  次**：2024年9月第1次印刷
**定  价**：79.00元

产品编号：101891-01

# 前　言

本书是为高等院校本科生编写的"教育心理学"公共课教材，也可以作为各级师范院校学生和广大教育工作者的参考用书。

为了深入贯彻党的二十大会议精神和进一步深化教育改革，本书以习近平新时代中国特色社会主义思想为指导，全面贯彻党的教育方针，落实立德树人根本任务，积极培育和践行社会主义核心价值观。随着教育改革不断向纵深发展，教师的从教能力和对教师的要求也发生着深刻变化。如今，师范院校毕业的大学生和其他院校毕业的大学生都可以当教师，但无论是何种院校的大学毕业生想当教师，都必须参加国家组织的教师资格证统一考试。教育改革形势的新变化，必然带来教材改革的变化和更新，原有的仅面向师范院校的公共必修课教材内容已经远不适应新的教育改革要求。因此，立足于学科前沿、反映新世纪信息社会的发展与当前我国教育改革的新形势对教育心理学的新要求，为了更好地推进素质教育的有效实施，同时帮助广大学生正确认识自己，我们在2015年编写出版《教育心理学》和2021年编写出版《教育心理学(第二版)》的基础上，进行了认真的修改与完善，编写了《教育心理学(第三版)》。作为高等院校公共基础课系列教材，本书力求突出以下3个主要特点。

(1) 体例创新。本书根据内容分为4篇，即基本理论篇、学习心理篇、教学心理篇、个性心理篇，其基本涵盖教育心理学学与教的主要内容，同时侧重学生的学习方面。本书每一章的写作体例包括内容提要、学习目标、案例、正文、案例分析。其中，内容提要旨在让学生对本章内容有宏观了解，并使所学内容前后衔接；学习目标旨在说明本章学习所要达到的基本目标(认知、情感与能力三个子目标)；案例旨在引起学生对本章的学习兴趣；正文注重内容的科学性、语言的通俗性，以及理论性与应用性的结合，达到学以致用的目的。

(2) 内容创新。在内容的选择上，我们既继承了本学科稳定的、公认的一些基本内容，又增加了一些反映本学科领域国内外研究前沿动态的最新成果，使得本书具有一定的先进性。我们还新增加了国家教师资格证考试的内容，本书章节的设定、内容的选择尽可能贴近国家教师资格证考试的考试大纲。我们力求科学、前沿，引进了教育认知神经科学与脑科学，在保留传统内容的同时，还新增加了某些章节。

(3) 实践创新。为了克服以往心理学教学中理论性太强、太抽象，与实践脱节，实践应用性差等弊端，本书将解决教育心理学的理论知识如何在教育教学实践中操作和应用的问题作为突破的重点。为此，本书以专栏的形式介绍一些个案研究和实践操作要点、实例等。这样做的目的在于使学生学到的教育心理学知识能够与未来实际相联系，使教育心理学知识在指导学生学习和生活中真正发挥作用。

本书注重一线教师案例的搜集和积累，注意理论性与应用性相结合，基本理论与经典实验相呼应。本书的每一章都设计或精选了生动的案例，这些案例大致反映了大学生目前在学习过程中或将来在工作岗位上可能会遇到的比较普遍与较为集中的问题。在每一章的后面，编者还给出了对案例的分析以供学生参考，为学生提供解决问题的思路。

本书由吉林师范大学教育科学学院夏凤琴教授组织编写，并由其负责全书的结构和章节设定，以及最后的统稿与审定。具体分工如下：夏凤琴负责撰写第一、四、五章；李淑莲负责撰写第二、九章；崔继红负责撰写第三、七章；张春梅负责撰写第六、八章；姜淑梅负责撰写第十、十一、十二章；赵欢参与了第四、五章的撰写、资料搜集与课件制作工作。

本书在编写过程中参阅了国内外大量的心理学教材、专著和论文资料，在此谨向其作者们致以衷心的感谢！由于时间较紧，书中难免有错误与不足之处，恳请专家和广大读者批评指正。我们的电话是：010-62796045，邮箱是：992116@qq.com。

本书配套的电子课件、习题和参考答案、试卷和答案可以到 http://www.tupwk.com.cn/downpage 网站下载，也可以扫描下方的二维码获取。

编　者

2024 年 2 月

# 目 录

## 第一篇 基本理论

### 第一章 教育心理学导论……3
#### 第一节 心理学的概述……3
一、个体行为……4
二、心理活动(心理现象)……4
三、心理的实质……6
四、心理学发展的主要派别……9
五、心理学的分支……12
#### 第二节 教育心理学的研究对象与内容……12
一、教育心理学的研究对象……12
二、教育心理学的内容体系……14
#### 第三节 教育心理学的研究方法……15
一、教育心理学研究的基本原则……15
二、教育心理学的研究方法……16
#### 第四节 教育心理学的任务和意义……20
一、教育心理学的基本任务……20
二、研究教育心理学的意义……20

### 第二章 学生心理发展理论……23
#### 第一节 学生的心理发展概述……24
一、心理发展的含义……24
二、青少年期的心理特征……26
三、中学生心理发展的教育意义……29
#### 第二节 学生的认知发展……32
一、皮亚杰认知发展阶段理论……32
二、维果斯基的心理发展观……41
#### 第三节 学生人格发展阶段……41
一、弗洛伊德的人格发展阶段理论……42
二、埃里克森的人格发展阶段理论……43
三、影响人格发展的社会因素……46

### 第三章 学习及学习理论……49
#### 第一节 学生的学习……50
一、学习概述……50
二、学习的作用……51
三、学生学习的特点……52
四、学习的分类……53
#### 第二节 行为主义与认知主义学习理论……55
一、行为主义学习理论……55
二、认知学习理论……61
#### 第三节 建构主义与人本主义学习理论……67
一、建构主义学习理论……67
二、人本主义学习理论……70
#### 第四节 展望：教育神经科学与脑科学……71
一、教育神经科学……71
二、脑与学习……73

## 第二篇 学习心理

### 第四章 学习动机……77
#### 第一节 学习动机概述……78
一、学习动机的含义……78
二、学习动机的构成……78
三、学习动机的功能……79
四、学习动机与学习效果的关系……79
五、学习动机的分类……80

第二节　学习动机理论……………81
　　一、强化理论…………………………81
　　二、需要层次理论……………………84
　　三、成就动机理论……………………87
　　四、成败归因理论……………………89
　　五、习得性无力感理论………………90
　　六、自我效能感理论…………………92
第三节　学习动机的培养与激发……93
　　一、向学生提出明确、具体的
　　　　学习目标……………………………93
　　二、进行成就动机训练………………94
　　三、培养与激发学习兴趣……………94
　　四、创设问题情境，实施启发式
　　　　教学…………………………………96
　　五、设置榜样…………………………97
　　六、利用学习结果的反馈作用………98
　　七、正确评价，适当运用
　　　　表扬与批评…………………………98
　　八、适当开展竞赛……………………99
　　九、引导学生正确归因……………100
　　十、消除学生的习得性无力感，
　　　　增强自我效能感…………………100

第五章　知识的获得……………103
　第一节　知识获得的概述…………104
　　一、知识与知识的获得……………104
　　二、知识的种类……………………105
　　三、知识获得的一般条件…………106
　　四、知识获得的方式………………107
　第二节　注意与教学………………109
　　一、注意……………………………109
　　二、注意的功能和外部表现………110
　　三、注意的种类……………………111
　　四、注意的品质……………………115
　　五、注意的规律及其在教学中
　　　　的运用……………………………117
　第三节　观察与知识的感知………121
　　一、观察与观察力…………………121
　　二、感觉与知觉的概述……………122

　　三、感知规律在教学中的运用……126
　　四、中学生观察能力的培养………130
　第四节　记忆与知识的巩固………131
　　一、记忆的概述……………………131
　　二、记忆过程分析…………………134
　　三、中学生记忆能力的培养………137
　第五节　思维与知识的理解………141
　　一、思维的概述……………………141
　　二、知识的理解……………………143
　第六节　概念的掌握与学习迁移…146
　　一、概念的概述……………………146
　　二、在教学条件下影响概念
　　　　掌握的因素………………………147
　　三、学习迁移的概述………………149
　　四、学习迁移的理论………………150
　　五、迁移规律在教学中的应用……153

第六章　学习策略………………157
　第一节　学习策略的定义及特征…158
　　一、学习策略概述…………………158
　　二、学习策略的特征………………159
　　三、学习策略的意义………………160
　第二节　学习策略的分类…………161
　　一、认知策略………………………161
　　二、元认知策略……………………168
　　三、资源管理策略…………………169
　第三节　学习策略的教学与训练…174
　　一、学习策略教学概述……………174
　　二、学习策略教学的内容…………176
　　三、学习策略的教学
　　　　与训练的途径……………………177

第七章　问题解决能力及创造性的
　　　　培养……………………………181
　第一节　问题解决能力概述………182
　　一、问题解决概述…………………182
　　二、问题解决及问题解决的阶段…184
　第二节　问题解决能力的
　　　　　培养策略……………………187
　　一、问题解决的策略………………187

二、影响问题解决的因素………… 188
　　三、问题解决能力的训练………… 192
第三节　创造性概述……………………… 194
　　一、创造性思维概述………………… 194
　　二、创造性思维的特点……………… 195
　　三、创造性思维的基本过程………… 195
第四节　创造性的测量
　　　　　与培养策略……………………… 196
　　一、影响创造性发展的因素………… 196
　　二、创造力的测量…………………… 198
　　三、创造性思维的培养……………… 199

第八章　技能的学习…………………………… 203
　第一节　技能的概述……………………… 204
　　一、技能的含义……………………… 204
　　二、技能的类型……………………… 205
　第二节　操作技能的形成………………… 207
　　一、操作技能的作用及其分类……… 207
　　二、操作技能的掌握阶段…………… 209
　　三、操作技能的培训………………… 210
　第三节　心智技能的学习………………… 217
　　一、心智技能的含义及其作用……… 217
　　二、心智技能的形成阶段…………… 218
　　三、心智技能的培养………………… 221

第九章　品德的形成与培养………………… 227
　第一节　品德的界定及心理结构………… 228
　　一、道德及品德的概述……………… 228
　　二、品德的心理结构………………… 229
　第二节　品德的形成与发展……………… 231
　　一、道德认识的形成………………… 231
　　二、道德情感的形成………………… 235
　　三、道德意志的形成………………… 237
　　四、道德行为的形成………………… 238
　第三节　良好品德的培养模式…………… 239
　　一、道德发展理论…………………… 240
　　二、学生品德不良形成的原因……… 241
　第四节　不良品德的矫正方法…………… 244
　　一、学生品德的产生过程…………… 244
　　二、品德不良的转化………………… 247

## 第三篇　教学心理

第十章　教学设计与评价…………………… 251
　第一节　设置教学目标…………………… 252
　　一、教学目标及其意义……………… 252
　　二、教学目标的分类………………… 252
　　三、教学目标的表述………………… 254
　第二节　选择教学策略…………………… 257
　　一、教学策略的含义及其分类……… 257
　　二、以教师为中心的教学策略……… 257
　　三、以学生为中心的教学策略……… 259
　　四、个别化教学策略………………… 261
　　五、选择教学策略的依据…………… 262
　第三节　教学评价概述…………………… 264
　　一、教学评价的概念及特点………… 264
　　二、教学评价的作用………………… 265
　　三、教学评价的范围………………… 266
　　四、教学评价的分类………………… 267
　第四节　教学评价的方法与技术……… 270
　　一、标准化成就测验………………… 270
　　二、教师自编测验…………………… 271
　　三、测验的质量分析………………… 274
　　四、非测验的评价技术……………… 274
　　五、教学评价结果的处理与报告…… 275

第十一章　教师心理………………………… 277
　第一节　教师的角色与特征……………… 278
　　一、教师的角色心理………………… 278
　　二、教师的特征……………………… 282
　第二节　师生互动………………………… 285
　　一、教师对学生的影响……………… 286
　　二、学生对教师的影响……………… 288
　　三、师生互动………………………… 289
　　四、良好师生关系的建立…………… 290
　第三节　教师的职业倦怠
　　　　　与心理健康……………………… 292
　　一、教师职业倦怠…………………… 292
　　二、教师心理健康…………………… 295
　第四节　教师的成长与培养……………… 300
　　一、教师的成长阶段………………… 300

二、专家型教师与新手型教师的
　　　　差异……………………… 300
　　三、专家型教师的培养途径……… 303

### 第四篇　个性心理

## 第十二章　个性差异与教育……………307
### 第一节　智力差异与教育………… 308
　　一、智力概述……………………… 308
　　二、智力的测量…………………… 310
　　三、智力的发展及个体差异……… 313
　　四、影响智力发展的因素………… 316
　　五、智力差异与教育……………… 317
### 第二节　人格差异与教育………… 319
　　一、人格的概述…………………… 319
　　二、气质差异与教育……………… 321
　　三、性格差异与教育……………… 330
　　四、影响人格发展的因素………… 338
　　五、中学生良好人格的塑造……… 339

**参考文献**………………………………… 341

# 第一篇
# 基 本 理 论

- 第一章　教育心理学导论
- 第二章　学生心理发展理论
- 第三章　学习及学习理论

# 第一章

# 教育心理学导论

**内容提要**

本章对心理学的研究和发展进行了整体概述,为之后章节的学习建立一个总体框架,并奠定了良好的理论基础。本章重点介绍了心理学及教育心理学的研究对象、教育心理学的任务和意义、教育心理学的产生和发展、教育心理学研究的原则和方法等。

**学习目标**

(一) 认知目标

1. 掌握基本概念:心理学、教育心理学、实验法、观察法和个案法。
2. 掌握心理学及教育心理学的研究对象、心理学的任务。
3. 掌握人的心理现象所包含的内容,学习教育心理学的意义、心理学研究的原则和方法。
4. 掌握各种心理学流派的基本观点及其代表人物。
5. 理解心理的实质,了解当代心理学的主要研究取向。

(二) 情感目标

1. 通过本章心理学入门的学习,培养学生对心理学学科的兴趣。
2. 能联系实际理解学习教育心理学的实践意义,体会教育心理学在教育教学实践中的重要作用。

(三) 能力目标

1. 能结合实例说明教育心理学常用的研究方法。
2. 会比较各种研究方法的优点和缺点。

## 第一节 心理学的概述

心理学的英文"psychology"是由两个希腊文字"psyche"和"logos"组成的。前者的含义是"心灵",后者的含义是"讲述"或"解说"。两者合起来就是"对心灵或灵魂的解说"。

这就是最早的心理学定义。到20世纪80年代，多数人对心理学的定义才有了一个基本的共识，即认为心理学是研究人的行为与心理活动规律的科学。

# 一、个体行为

行为是指任意外显的、可以观察到的反应动作或活动，如学习、工作、打拳、散步等。广义的行为还包括机体的生理现象，如各个部位的肌肉运动，甚至神经系统的活动。心理学之所以要研究人的行为，是因为人的行为与心理活动是紧密联系的，难以分割，对人的心理活动的研究必须通过对外显的行为的观察和探究。

# 二、心理活动(心理现象)

心理活动主要包括个体心理和社会心理。

## (一) 个体心理

人首先是作为个体存在的，个体所具有的心理现象称个体心理。个体心理是十分复杂的。眼睛可以看到五彩缤纷的世界；耳朵可以聆听优美动听的音乐；大脑可以储存异常丰富的知识，已经时过境迁可还能记忆犹存。人是"万物之灵"，能用自己的智慧去探索未知世界，并改造世界。此外，人还有七情六欲、意志和个性。总之，人的心理是五光十色、错综复杂的。心理学一般把个体心理分为：心理过程和个性心理两大类。

**1. 心理过程**

心理过程是指人的心理活动过程，是人的心理活动的基本形式，也是人的心理现象的重要组成部分。由于心理过程的性质和表现形态的不同，因此心理过程又分为认识过程、情感过程和意志过程。

1) 认识过程

认识过程是人对客观世界各种信息的接收、储存、加工和输出的过程，也是人脑对客观事物现象和本质的反映过程。感觉、知觉、记忆、思维、想象都属于认识过程。

人在认识事物时，用眼睛看东西的大小、形状和颜色，用耳朵听不同的声音，用鼻子嗅各种气味，用舌头品尝食物的味道，用手触摸物体的软硬或温度等，从而产生视觉、听觉、嗅觉、味觉、触觉、温度等感觉。感觉是人脑对直接作用于感觉器官的客观事物个别属性的反映。

客观事物是具有许多属性的综合体。人在认识事物时，不只停留在对事物的个别属性的认识上，还要认识事物的许多属性，进而形成对事物的认识。比如当我们吃苹果时，不只尝到它的味道，还要看到它的形状、颜色和大小，闻到它的香味，摸到它的光滑度和温度等，通过对苹果多种属性的认识，形成对苹果的整体认识，这就是知觉。知觉是人脑对直接作用于感觉器官的客观事物整体属性的反映。

人脑不只反映当前的事物，而且对过去感知过的事物，思考过的问题，体验过的情绪、情感和从事过的活动，也能留下一定的印记，并且能根据需要把它再现出来。这种人脑对过去经历过的事物的反映就是记忆。

人在实践活动中，为了完成一定的任务，需要解决许多问题。例如，学生构思一篇作文，医生对病情的诊断，气象工作者对未来天气的预测等，都要在已有知识的基础上，对事物进行综合分析，通过思考得出结论。这些综合分析与思考就是思维过程。思维是人脑对客观事物的本质属性和规律间接概括的反映。

人反映客观事物时，还可以在感觉、知觉、记忆和思维的基础上创造出事物的新形象，如青少年对未来的幻想，文学家塑造人物形象，工程师构思新建筑物的形象等。这些在人脑中创造事物新形象的过程就是想象。

感觉、知觉、记忆、思维、想象都是人在认识事物时产生的心理活动过程，统称为认识过程。

2) 情感过程

人在认识事物的过程中，会产生各种主观的态度体验，如热爱祖国，憎恨敌人，喜欢天真活泼的儿童，讨厌某人的行为，因事业的成功而高兴，为朋友的不幸而难过，这些爱、恨、喜欢、讨厌、高兴、难过等，都是人对各种事物产生的主观的态度体验，是心理活动的情感过程。

3) 意志过程

人在认识客观世界、改造客观世界的过程中总会遇到这样或那样的困难，要想完成任务并实现预期的目的，必须克服遇到的困难。这种自觉地确定行动目的，并根据目的支配和调节自己的行动，克服各种困难以实现预定目标的心理过程就是意志过程。

认识过程、情感过程和意志过程是既有区别又有密切联系的心理过程，是统一的心理过程的不同方面。认识是情感和意志产生的基础，人对事物的认识态度取决于对事物的认识程度，人的意志行动是在认识的基础上、在情感的推动下产生的。情感是认识和意志的动力，意志对认识和情感又起控制和调节作用。有热烈的情感和坚强的意志才能积极深刻地认识事物，正如常言道："知之深，爱之切，行之坚。"情感和意志也是衡量人认识水平的重要标志。所以，各种心理过程及其相互关系是心理学研究的一个重要内容。

心理过程是人所共有的，有其共同的规律性。由于每个人先天素质不同，社会生活条件、教育条件和所从事的实践活动不同，因此心理活动过程表现在每个人身上有不同的特点，从而构成了人的个性差异或个性心理。

**2. 个性心理**

个性心理也是人的心理活动的基本形式。它是个体在一定的社会生活条件下形成的带有倾向性的、本质的和稳定的心理特征总和，能够反映人与人之间整个精神面貌上的差异。个性心理结构主要包括个性倾向性和个性特征两个方面。

1) 个性倾向性

个性倾向性也称个性的动力结构，是指一个人所具有的意识倾向。它包括需要、动机、兴趣、理想、信念和世界观等心理成分。这些成分彼此联系、互相影响，制约着人的全部心理活动方向和行为的社会价值，是人从事活动的基本动力。世界观在个性动力结构的诸多成分中居最高层次，决定着人的总的意识倾向。

2) 个性特征

个性特征是指一个人身上经常表现出来的本质的、稳定的心理特点。它包括能力、气质、性格等方面的特征，如有的人思维敏捷，有的人能歌善舞，有的人擅长体育，有的人工于书法，这体现了人们能力的差异。能力是直接影响人顺利完成某种活动的个性心理特征。有的人热情直爽、精力充沛，有的人活泼好动、反应迅速，有的人安静稳重、善于忍耐，有的人行动迟缓、孤僻缄默，这体现了人们气质的差异。气质是人的心理活动和行为动作方面的特点。有的人大公无私、舍己为人，有的人自私自利、损人利己；有的人认真踏实，有的人轻率马虎；有的人敢于创新，有的人墨守成规；有的人勤奋，有的人懒惰；有的人谦虚，有的人骄傲。这些都体现了人们性格的差异。性格是人对现实稳定的态度和习惯化的行为方式。

心理过程和个性心理是密切联系和相互制约的。一方面，心理过程是个性形成的基础。个性差异通过心理过程而形成，并且在心理过程中表现出来。没有对客观现实的认识，没有对现实事物的情感体验，没有对现实积极改造的意志行动，个性心理是难以形成的。另一方面，已经形成的个性又制约着心理过程的进行，如兴趣和能力影响人认识的广度、深度和效率，气质影响人的情绪和情感，性格影响人的认识、情感和意志行动。因此，在对人的心理现象进行研究时，要考虑心理活动的整体性。

### (二) 社会心理

人既是独立的个体，又是社会成员，生活在各种社会群体中，从而与他人形成了各种各样的关系，如同学关系、师生关系、领导与被领导关系、朋友关系、亲戚关系等。社会团体的客观存在，导致了团体心理或社会心理的产生。所以心理学在研究个体心理的基础上，还要研究人际关系、人际影响、群体的形成规律、社会知觉、态度等社会心理内容。

综上所述，心理学研究的具体内容是：个体行为、个体心理和社会心理发生发展的规律，个体心理和个体行为的相互关系，个体心理和群体心理的相互关系。

## 三、心理的实质

上面介绍了心理现象的内容和结构，那么心理现象是怎样产生的？心理学的实质是什么？这是一个长期争论的问题。心理学史上有两种根本对立的看法，即唯心主义和唯物主义的不同看法。唯心主义认为，心理现象是与身体无关的"心"的活动，或灵魂、宇宙精神的表现，如我国南宋的陆久渊认为"宇宙便是吾心，吾心便是宇宙"，明代的王守仁说"天下无心外之物"，英国的一位主教贝克莱说"存在就是被感知"。在他们看来，只有被感知的事物才是存在的，事物存在于思维中，或在人体之外还存在着某种精神实体，它是心理的源泉等。唯心主义心理学同科学的辩证唯物主义心理学是不相容的。在唯物主义看来，心理现象是自然界发展到高级形态的属性，是人身体特殊部位的活动结果。但在唯物主义的发展史上，旧唯物主义即朴素的或形而上学的唯物主义还不能完全准确地阐明心理现象的实质，如形而上学的唯物主义者常常把人的心理比作机器的功能，认为心理现象像照镜子一样，是人脑对客观现实的机械反映，或者把人与动物等同起来，忽视人的社会性本质。真正对心理现象做出正确回答的是辩证唯物主义。马克思主义的辩证唯物主义对心理的本质做了科学的规定，认为人的心理是脑的机能，是脑对客观现实的反映，具有社会制约性。下面从以下几个方面对此加以剖析。

### (一) 心理是脑的功能，脑是心理活动的器官

心理是脑的功能，脑是心理活动的器官。没有脑的心理，或者说没有脑的思维是不存在的。正常发育的大脑为心理的发展提供了物质基础。

心理现象是随着神经系统的产生而出现的，并随着神经系统的发展而不断完善，由初级阶段向高级阶段不断发展。无机物和植物没有心理，没有神经系统的动物也没有心理，只有有神经系统的动物才有心理。无脊椎动物的神经系统非常简单，像环节动物只有一条简单的神经索，它们只具有感觉的心理现象，只能认识事物的个别属性；脊椎动物有了脊髓和大脑，有了知觉的心理现象，能够对事物外部的整体加以认识；灵长类动物，如猩猩、猴子，其大脑有了相当高度的发展，它们能够认识事物的外部联系，有了思维的萌芽，但是还不能认识到事物的本质和事物之间的内部联系。只有人类，才有思维，有意识。人的心理是心理发展的最高阶段，因为人的大脑是最复杂的器官，是神经系统发展的最高产物。所以，从心理现象的产生和发展的过程来看，心理是神经系统，特别是大脑活动的结果。换言之，神经系统特别是大脑，才是从事心理活动的器官。

脑是心理活动的器官，人们获得这一正确认识经历了几千年时间。现在，这一论断得到了人们生活的经验、临床的事实，以及生理研究的大量证明，以至于今天"心理是脑的功能"这一论断对大家来说已是常识性的知识。

### (二) 心理是脑对客观现实的反映

健全的大脑给心理现象的产生提供了物质基础，但是，大脑只是从事心理活动的器官，有反映外界事物并产生心理的机能，心理并不是它自身所固有的。心理现象是客观事物作用于人的感觉器官，通过大脑活动而产生的。所以客观现实是心理的源泉和内容，离开客观现实来考察人的心理，心理就变成了无源之水、无本之木。对人来说，客观现实既包括自然界，也包括人类社会，还包括人类自己。20世纪20年代印度发现的两个狼孩，她们虽有健全的人的大脑，但由于她们自小脱离了人类社会，在狼群里长大，养成了很多狼的本性，而不具备人的心理。所以，心理也是社会的产物，离开了人类社会，即使有人的大脑，也不能自发地产生人的心理。

心理对客观现实的反映不能像人照镜子那样消极地、被动地反映客观现实，而是在实践中积极地、能动地反映客观现实。人在反映客观现实的过程中，逐渐形成了具有丰富内容的主观世界(知识、经验、思想、观念等)和不同的心理状态(动机和需要、兴趣和爱好、理想和信念、情感和意志、气质和性格以及能力等)。反过来，这些心理内容、状态和特点又影响和调节主体对现实的反映，从而表现出人的心理的主观性特点。由于每个人的知识经验、目的动机、兴趣爱好、态度体验不同，因此对现实的反映也不一样。不同的人对同样的事物，以及同一个人在不同的条件下，不同时间、不同阶段对同一事物的反映都不一样。所以，我们称人对现实的反映为主观映象。

心理活动不仅能认识事物的外部现象，还能认识到事物的本质和事物之间的内在联系，并用这种认识来指导人的实践活动，改造客观世界。心理是大脑活动的结果，却不是大脑活动的产品，因为心理是一种主观映象，这种主观映象可以是事物的形象，也可以是概念，甚至可以是体验。它是主观的，而不是物质的。从这个角度来说，应该把心理和物质对立起来，不能混淆，否则便会犯唯心主义或庸俗唯物主义的错误。

### 印度狼孩的故事

1920年9月19日,在印度加尔各答西面约1000平方千米的丛林中,发现两个狼哺育的女孩。年长的估计8岁,年幼的约1岁半,她们大概都是在出生后半年被狼叼去的。两人回到人类世界后,都在孤儿院里养育,分别取名为卡玛拉与阿玛拉。她们的言语、动作姿势、情绪反应等方面都具有很明显的狼的生活痕迹。她们不会说话,发音独特,发出的不是人的声音。她们不会用手,也不会直立行走,只能依靠两手、两脚或两手、两膝爬行。她们惧怕人,对于狗、猫似乎特别有亲近感。白天她们一动也不动,但一到夜间便到处乱窜,像狼那样嚎叫。人的行为和习惯她们几乎没有,而具有不完全的狼的习性。

这两个狼孩回到人类社会以后,辛格牧师夫妇俩为使两个狼孩能转变为人,做出了各种各样的尝试,但没有充分的计划性。阿玛拉到第2个月,可以发出"波、波"的音,以及诉说饥饿和口渴。遗憾的是,回到人间的第11个月,阿玛拉就死去了。卡玛拉在两年后,才会发两种音("波、波"和叫牧师夫人"妈"),4年后掌握了6个单词,第7年学会了45个单词。她动作姿势的变化也很缓慢,回到人类社会1年4个月后,只会使用两膝步行;1年7个月后,可以靠支撑两脚站起来;不用支撑的站立,是在2年7个月后;到两脚步行,竟费了5年的时间,但快跑时又用回四肢。经过5年,她能照料孤儿院的幼小儿童了。她会为因跑腿受到赞扬而高兴,为自己想做的事情(如解纽扣儿)做不好而哭泣。这些行为表明,卡玛拉正在改变野孩的习性,显示出获得了人的感情和需要进步的样子。大女孩卡玛拉一直活到17岁,但她直到死时还没真正学会说话,智力只相当于三四岁的孩子。中国也有类似狼孩、猪孩的报道,结果和印度狼孩大致相似。

在大脑结构上,狼孩和同龄人没多大差别。一个10岁儿童的大脑在重量和容量上已达成人的95%,脑细胞间的神经纤维发育也接近完成。只是因为狼孩长期脱离人类社会,大脑的功能得不到开发,智力也就低下。从狼孩的故事可以看出,一个人的智力高低,并不完全取决于大脑的生理状态,而更多地受到后来成长环境的影响。

(资料来源: 莫雷. 教育心理学[M]. 北京: 教育科学出版社, 2007.)

### (三) 心理具有社会制约性

心理具有社会制约性表现在以下3个方面。

#### 1. 表现为人区别于动物的共同特性

人区别于动物的共同特性包括言语、劳动、抽象思维、社会交往等方面,脱离这些共同的社会特性,就不称之为人的心理。

#### 2. 表现为人与人相区别的个性方面

每个人都不是抽象的个体,而是具有活生生个性特点的人,脱离人的个性,也不能称之为人的心理。正是这些共性与个性,才形成人的心理鲜明的社会性特征。

#### 3. 人的心理还具有自我意识的特点

自我意识也是社会性特点的具体表现。人本身不仅是客体,还是认识的主体。人既能认识客观世界,也能认识主体自身。人能够自我认识,区别主客体关系;能够自我判断和评估,辨别自己行为正确的程度;能自我体验自尊、自信、自喜等感受;能够自我实现,有目的、有计划、有方向地变革现实;还能自觉地进行自我锻炼和改造,有自我意向(包括自我要求、监督、反省、批评、控制等),在实践中不断提高自己的认识能力和心理水平。

## 四、心理学发展的主要派别

心理学是一门既古老又年轻的学科。所谓古老,是指心理学的思想源远流长。在心理学尚未作为一门学科之前,有关心理问题的论述,即关于心理学的思想就早已出现,可以追溯到中国的春秋时期和西方的古希腊时期,至今已有两千多年的历史。所谓年轻,是指心理学从其母体哲学中分化出来成为一门独立的学科,即科学心理学,至今只有一百多年的历史。科学心理学诞生于1879年,创始人是威廉·冯特(Wilhelm Wundt),如图1-1所示。

图1-1 威廉·冯特(科学心理学创始人)

(一) 19世纪末到20世纪初西方心理学的理论流派

心理学成为独立学科后,由于每个心理学家的社会文化环境、哲学观点、自然科学基础和视野不同,所以对心理现象研究的出发点及解释也不尽相同,这就在心理学的发展史上形成了许多学派。

### 1. 构造主义心理学

构造主义心理学是心理学史上的第一个学派,其创始人是威廉·冯特,因此,冯特被誉为心理学之父。著名的代表人物还有他的弟子铁钦纳(E. B. Titchener)。他们主张心理学是研究意识的,从心理化学的观点出发,坚决主张心理学的唯一任务就是分析研究各种所谓心理组合体的构造,也就是分析心理组合体的元素(因此也被称为元素主义心理学),以及各种心理元素,即意识经验是由感觉、意象和情感3个基本元素构成的。此外,他们还主张用内省法研究心理学。

### 2. 机能主义心理学

美国著名心理学家詹姆士(W. James)是机能主义心理学的创始人,其代表人物还有杜威

(J. Dewey)、安吉尔(J. Angell)。机能主义认为意识是一个川流不息的过程,而不是个别心理元素的集合,因此不能分解。所以机能主义坚决反对构造主义。如果说构造主义强调的是意识的结构,那么机能主义重视的则是意识的机能和功用。例如,构造主义主要关心什么是思维,而机能主义则主要关心思维在人类行为中的重要作用。机能主义的这一主张推动了心理学面向实际生活的过程。机能主义还重视心理学在教育等其他领域的应用。此外,机能主义还主张让心理成为一种习惯。

### 3. 行为主义心理学

行为主义心理学是由美国心理学家华生(J. Watson)创立的。19世纪末至20世纪初,正当构造主义和机能主义就一系列问题争论不休时,美国心理学界出现了一种新的思潮——行为主义。1913年,华生发表了《行为主义者眼光中的心理学》,宣告了行为主义心理学的诞生。行为主义心理学坚决反对心理学研究意识,主张心理学研究人的行为,反对内省法,主张用实验方法研究心理,研究能看得见、摸得着的行为,因此,行为主义心理学被称为实践于大众的心理学。这一学派提出了"刺激—反应"(S-R)的公式。他们认为心理学就是探索人的行为规律,并以此来预测和控制人的行为。行为主义坚决主张研究可以观察的行为,对心理学走上客观研究的道路有积极作用,但是其过于极端,因为不研究心理和意识现象是错误的。为了改正早期行为主义的缺点,后来又出现了以托尔曼(E. C. Tolman)为代表人物的新行为主义。他把早期行为主义的公式修改为S-O-R,试图用在S和R之间的O(有机体内部变化)来解释S-R公式所不能解释的事实。机能主义认为个体行为不是与生俱来的,也不是由遗传决定的,而是由环境决定的,主张极端的环境决定论和教育万能论。

### 4. 格式塔心理学

格式塔心理学又称完形心理学,由德国心理学家韦太海默(M. Wertheimer)首创,代表人物还有考夫卡(K. Koffka)、苛勒(W. Kohler)。这一学派诞生于德国,后来在美国得到广泛传播,后期代表人物有勒温(K. Lewin)。格式塔(Gestalt)在德文中的意思是"完形""整体",所以这一学派十分强调整体的作用,因此被称为从整体观察世界的心理学。这一学派的主要观点有:反对把意识分析为元素,而强调心理作为一个整体、一种组织的意义;反对元素分析,认为部分之和不等于整体,而是大于整体;整体先于部分而存在,并制约着部分的性质与意义。受物理学中"场理论"的影响,格式塔心理学认为人的内心存在着一种"完形",或称为"心理场"。而"心理场"的情况,决定着个人对客观世界的知觉。格式塔学派很重视心理学实验,他们在知觉、学习和思维等方面的研究,至今仍有很大影响。

### 5. 精神分析心理学

精神分析心理学是由奥地利维也纳精神病医生弗洛伊德(S. Freud)创立的。他的理论主要来源于治疗精神病的临床经验。通过临床分析,弗洛伊德认为,人的某种欲望或动机受到压抑,是导致精神疾病的重要原因。所谓的精神分析就是指通过释梦、自由联想、催眠等手段,研究发现病人被压抑下去的冲动和欲望,并使用某种方法使其被压抑的冲动和欲望得到一定程度的宣泄,从而达到治疗疾病的目的。因此,称精神分析心理学是挖掘表层下的奥秘。

这一学派的主要观点是:重视异常行为的分析,心理学应该研究无意识现象,心理过程主要是潜意识的;人类的生物本能(力比多,libido)是心理与行为的动力与导致精神病的重要原因。

精神分析心理学的理论体系十分庞杂,对文化、艺术等社会科学领域有较大影响。重视无意识和动机的研究以及在心理治疗方面对心理学发展有积极作用。但是其过分夸大无意识的作用,以及泛性主义的观点都是错误的。后来弗洛伊德的弟子们修正了他的错误,重视和研究人格发展过程中的社会文化因素的影响,从而形成"新精神分析理论"。

### (二) 当代心理学的研究取向

心理学成为独立的学科以后,学派纷争局面的持续时间并不长。铁钦纳去世后,大约从20世纪30年代以后,各派出现了相互吸收、日趋综合的局面。第二次世界大战(以下简称"二战")以后心理学得到了迅速发展,出现了许多小型理论和思潮,但是这些理论和思潮不是以学派的形式出现的,而是作为一种范式、一种潮流、一种发展方向去影响心理学的各个领域。心理学家们把这种能影响学科发展方向的研究范式称为研究取向(research approach),当代心理学主要有5种研究取向,即当代心理学的五大理论。

#### 1. 生理心理学的研究取向

用生理心理学的观点和方法研究心理现象和行为,是当代心理学的一个重要研究取向。采取这种取向的心理学家注重心理与行为的生物学基础的研究,用心理学与神经心理学的知识解释个体的心理和行为的过程。他们研究的主要课题有以下几个。

(1) 脑的功能定位,即不同的心理功能是由哪些脑区来完成的,它们之间是什么关系?
(2) 心理免疫学,即人的思想和情感与身体健康的关系。
(3) 遗传行为中的作用。

生理心理学具体开展身心发展、学习、感觉、动机、情绪、行为异常等方面的研究与应用。

#### 2. 行为主义的研究取向

20世纪50年代以后,激进的行为主义作为一个学派已接近销声匿迹,但是,作为一种研究取向,它在心理学的某些应用领域研究中仍有很大的影响。当代行为主义心理学主要开展学习、动机、社会行为及行为异常等方面的研究与应用。例如,斯金纳的程序教学,班杜拉(A. Bandura,1925—2021)的社会学习理论、行为治疗和生物反馈等理论与技术。

#### 3. 心理分析的研究取向

早期的精神分析理论由于过分强调本能的作用,遭到了来自各方的批评,但是精神分析的研究取向在心理学的某些研究领域中仍然存在。如安娜·弗洛伊德、艾里克森和霍妮等人将精神分析的理论应用于动机、人格、自我的研究和神经症的治疗。

#### 4. 认知心理学的研究取向

认知心理学在20世纪50年代后期产生于美国,20世纪60年代蓬勃发展,是现代心理学的新运动和新方向。创始人是纽厄尔、西蒙和奈瑟。其主张从信息加工的角度来解释人的心理现象,主要研究人的认知过程,认为人的认知过程类似计算机的程序过程,也是一种信息的输入、编码、提取和加工决策等过程,忽视情感的研究。近年来,认知心理学与神经科学的结合产生了认知神经科学,它主要研究脑发育与认知功能的发展等。有人预测认知神经科学的研究将成为心理学发展的主要潮流之一。

### 5. 人本主义心理学的取向

人本主义心理学产生于20世纪50年代末60年代初，创始人是马斯洛(A. Maslow, 1908—1970)，主要代表有罗杰斯。他们反对贬低人性的生物还原论和机械决定论，反对把在动物身上做的实验移植在人身上；主张心理学必须说明人的本质与特质，研究人的尊严、价值、创造力和自我实现。人本主义心理学偏重于学习、动机、人格发展、心理咨询与辅导，以及心理治疗等方面的研究与应用。人本主义心理学是继精神分析学说和行为主义学说之后在心理学史上兴起的第三势力(亦称第三思潮)。

## 五、心理学的分支

心理学在服务于各个实践领域的过程中，形成了自己的专门研究领域，同时产生了许多心理学分支，主要包括以下两大类。

### (一) 基础心理学

基础心理学包括：普通心理学、发展心理学、社会心理学、实验心理学、生理心理学、认知心理学、人格心理学、变态心理学、动物心理学和心理测量学。

### (二) 应用心理学

应用心理学包括：教育心理学、管理心理学、咨询心理学、工业心理学、临床心理学、广告心理学、消费心理学、环境心理学和法律心理学。

# 第二节 教育心理学的研究对象与内容

## 一、教育心理学的研究对象

心理学与教育的结合，使教育找到了其心理学理论基础，教育的理论也总是随着心理学理论的发展而发展。中国古代的教育家和思想家，如孔子、孟子、荀子等在论述教育问题时，都具有一定的心理学观点。之后历代的不少学者也同样有一些有关这方面的言论，散见于他们的著作中。例如：在学习过程方面，提出"博学""审问""慎思""明辨""笃行"5个环节，对教师的要求是"学而不厌，诲人不倦"；对差异性心理、德育心理和教师心理等构成教育心理学内容的几个重要方面，也有过一些有益的思想。世界上最早的教育专著《学记》中提出的许多教学原则，如"教学相长""道而弗牵，强而弗抑，开而弗达""长善救失"，都包含教育心理学的思想。

在科学心理学诞生之前，在西方哲学家的论著中，人的心理被称为灵魂或精神。在人类历史上，亚里士多德(Aristotle)最先提出灵魂和生命的肉体不可分的观点。他在《灵魂论》中把灵魂分为3个等级，即植物的灵魂、动物的灵魂与理性的灵魂。为顺应这3种灵魂，亚里士多德认为必须实施三方面的教育。首先，人有植物的灵魂，对人体进行肉体营养和繁殖，人体通过体育锻炼后,肉体不断完善起来;其次,人有动物的灵魂,即人有感觉、愿望、知识,通过智育而达到真理的大门;最后,人有理性的灵魂,它通过德育达到完善的境界。亚里士多德为德育、智育和体育的和谐进行提供了最早的心理学依据。在教育史上,第一个明确提出将心理学作为教育学理论基础的是德国教育家、哲学家、心理学家赫尔巴特(J. F. Herbart),他著有《普通教育学》(1806)和《心理学教科书》(1816)等著作。他把教学过程分成4个阶段,即四段教学法:①明了——给学生明确地讲授新知识;②联想——新知识要与旧知识建立联系;③系统——做出概括和结论;④方法——把所学知识应用于实际。同这4个阶段相应的学生的心理状态是:注意、期待、探究和行动。真正使教育心理学成为一门独立学科的人是桑代克(E. L. Thorndike, 1874—1949),他是美国教育心理学的奠基人,如图1-2所示。从1896年起,他开始从事动物的学习实验研究,后来又研究了人类的学习与测量,依据这些研究材料,他在1903年著成《教育心理学》一书,之后又发展成三卷本的《教育心理学大纲》,内容包括3部分:第一部分讲人类的本性;第二部分讲学习心理;第三部分讲个别差异及其原因。西方教育心理学的名称和体系由此开始确立。

图1-2 桑代克(教育心理学创始人)

任何一门学科都有其特定的研究对象,并以此作为一门独立学科的重要标志之一。那么,教育心理学的研究对象是什么呢?

从学科特点来看,一方面,教育心理学是心理学的一门独立分支。前面谈到,心理学是研究人的心理现象及其发展规律的科学,那么教育心理学则是研究在教育这个特殊情境下人的心理现象及其发展规律的科学。另一方面,教育心理学又是教育科学和心理科学交叉而产生的边缘学科,其研究心理学的基本理论在教育科学领域的应用问题。基于以上分析认为,教育心理学的研究对象是学校教育过程中的心理现象与规律,包括受教育者的各种心理现象及其变化和发展规律,以及教育者如何通过这些规律对受教育者进行有效教育。

这一定义包括以下几层含义。

(1) 教育有广义和狭义之分。广义的教育泛指能增进人们的知识技能以及能改变人们的思想和行为的活动,包括家庭教育、学校教育和社会教育等基本形式。虽然这3种教育存在一些共同的基本规律,但又有各自的特殊性。狭义的教育一般指学校教育,它是根据一定的社会要求和受教育者身心发展的规律,由教育者对受教育者施以有目的、有计划、有系统的影响,以使受教育者发生预期变化的活动。学生的绝大多数时间是在学校度过的，学校教育承担着培养学生的主要责任。狭义的教育心理学不是研究一切教育领域中的心理现象，而是主要研究学校教育过程中的心理现象及其规律。本书研究的是狭义的教育心理学。

(2) 学校教育过程包括学习过程与教学过程两个子过程。学习过程侧重于学生内部的心理变化发展过程，而教学过程侧重于教师的教，表现为一种物质活动的外部过程。外部过程必须以内部过程为基础，又要促进内部过程的不断发展。要研究教师该怎么教，首先要理解学生如何学。因此，学习心理是教育心理的核心，教育心理学是研究学校情境中学与教的基本心理规律的科学。

(3) 学校教育的成功离不开师生双方的活动。学生既是教育的客体，又是教育的主体，教师的主导作用在于充分发挥客体的主观能动性。而在整个教育过程中，学生主观能动性的发挥自始至终受到各种认知或非认知因素的影响。因此，教育心理学也要研究各种影响学生学习的因素，探讨它们形成、变化和发展的规律，以更好地帮助学生进行有效的学习，提高学习积极性。

(4) 学校教育情境中学生的学习不同于人类的一般学习，它是人类学习的一种特殊形式。学校情境中的教育过程是教育者和受教育者互动的过程，既有学生的学，又有教师的教。师生双方为实现教育目标而彼此接触、相互影响、相互制约，产生交互作用，引起双方心理活动和行为的改变。这种师生间的互动关系，也是教育心理学研究的一个方面。

## 二、教育心理学的内容体系

本书将教育心理学的内容分为4部分，即基本理论、学习心理、教学心理和个性心理，共12章。

第一部分为基本理论，包括第一章"教育心理学导论"、第二章"学生心理发展理论"和第三章"学习及学习理论"。"教育心理学导论"主要阐述心理现象的结构与内涵、心理的本质、心理学发展中的主要派别；教育心理学的研究对象与内容、研究任务与意义、研究方法等。"学生心理发展理论"介绍中学生的心理发展特点、学生认知发展特点，重点介绍了弗洛伊德和埃里克森关于学生人格的发展阶段理论。"学习及学习理论"主要阐述什么是学习以及学习的分类，行为主义、认知主义、建构主义、人本主义学习理论的观点及其代表人物，并对教育认知神经科学与脑科学的相关问题进行了展望。

第二部分为学习心理，包括第四章"学习动机"、第五章"知识的获得"、第六章"学习策略"、第七章"问题解决能力及创造性的培养"、第八章"技能的学习"和第九章"品德的形成与培养"。"学习动机"，主要探讨学习动机的内涵与功用，学习动机理论，影响学生学习动机的因素及如何激发与培养学习动机；第五章"知识的获得"，主要阐述知识与知识获得，注意及其规律，感知觉及感知规律在教学中的运用，记忆及中学生记忆的培养，思维的含义与分类，知识的理解，概念的掌握，学习迁移等问题；第六章"学习策略"，主要探讨学习策略的基本理论及常见的学习策略等；第七章"问题解决能力及创造性的培养"，主要探讨学生解决问题的若干方法、途径及影响问题解决的心理因素，以及如何培养创造性等；第八章"技能的学习"，主要阐述技能的实质、类型，学生操作技能和心智技能形成的若干问题；第九章"品德的形成与培养"主要阐明品德及其形成的理论、条件、规律、培养途径等问题。

第三部分为教学心理，包括第十章"教学设计与评价"和第十一章"教师心理"。"教学设计与评价"主要阐述教学目标的设置、教学策略的选择、教学评价的方法与技术等问题。"教师心理"主要阐述教师的角色与特征、师生互动、教师的心理健康与维护、教师的成长与培养等问题。

第四部分为个性心理，包括第十二章"个性差异与教育"，主要探讨学生的智力差异、人格差异与教育等问题。

以上各部分的划分是相对的，彼此之间相互联系，共同构成本教材内容体系的基本框架。

# 第三节 教育心理学的研究方法

研究方法是在一定原则的指导下产生的，本节首先介绍教育心理学研究应遵循的基本原则。

## 一、教育心理学研究的基本原则

### (一) 客观性原则

客观性原则即坚持实事求是的原则，指按照事物的本来面目反映事物，这是一切科学研究都必须遵循的基本原则。心理学研究坚持客观性原则就是要用客观的态度对待教学中所发生的各种问题和现象，采用客观的研究方法，要避免个人的主观臆想和任何虚构及猜测，要从某一心理现象产生的客观条件、内部的生理过程变化的事实中揭示心理变化规律。之所以要坚持客观性原则，是因为人的一切心理现象都是由客观现实引起的，人的心理活动总是通过外部活动表现出来，研究心理活动的结果是否正确，也只能由客观现实来检验。

贯彻客观性原则，要注意以下几点。

(1) 研究计划的制订或实验的设计要从客观实际出发，坚持实事求是的态度。

(2) 对实验所获得的各种材料要如实记录，不要用主观经验肆意窜改观察到的事实。

(3) 做结论时，要对所获得的全部事实，包括相互矛盾的事实，进行全面分析和讨论，做到有根有据、实事求是。

### (二) 系统性原则

系统性原则就是用系统论的方法来研究心理现象，把人的心理作为一个开放的、动态的、整体的系统加以考察。心理学研究遵循系统性原则主要有以下两个原因。

(1) 人的心理是一个开放的、复合的、动态的、有层次的系统，无论怎样对人的心理现象进行分类，各种心理现象的出现都不是孤立的。人的心理是具有各种机能的有机体，每种心理现象的产生，都是生理、环境刺激、行为活动、神经系统等多种因素相互作用和影响的结果。因此，心理学的研究既要对心理进行多层次、多水平、多维度的系统分析，又要对各种心理现象及其影响因素之间的关系进行整体的研究。

(2) 教学过程也是一个开放的、复杂的、动态的大系统，教师、学生、教材、教学环境等因素在教学过程中相互联系、相互制约。因此在教育背景下研究心理学要坚持系统性原则，对某一心理问题，要从多角度、多层次、多方面加以考察和研究。

贯彻系统性原则，应注意以下几点。

(1) 把因素分析和整体研究统一起来，既要看到外部的宏观因素对心理变化的影响，又要研究内部的微观(生理)因素对心理的影响，用整体、系统的观点加以综合分析。

(2) 把纵向研究和横向研究统一起来，既要揭示个体发展的年龄特征，又要对不同的个体进行比较研究；既要研究个体内部的心理因素，也要注意对外部环境因素的研究。

(3) 把理论研究和实践研究统一起来，坚持理论联系实际，尽力避免纯理论研究，所研究的课题要把理论意义和实践意义统一起来，这样既能丰富心理学理论，又对实践有指导意义。

### (三) 教育性原则

教育性原则是在教育和教学过程中研究学生的心理必须遵循的原则。它是指在心理学的研究过程中所采用的试验手段和方法，应能促进学生心理的健康发展，应具有教育意义。

贯彻教育性原则应注意以下几点。

(1) 课题的选择、研究方案的设计都要考虑教育意义，使教育成果有助于教育和教学质量的提高，有助于学生良好品德的培养。

(2) 在研究过程中，要考虑对学生有良好的教育影响，不能有损于学生的身心健康。在教育心理学的研究中，有时为了获得真实的心理反应，需要采取一定的实验技术和手段，有时甚至是"欺骗"。但要把握好度的问题，一定要避免伤害学生的身心健康。

## 二、教育心理学的研究方法

教育心理学的研究方法有很多，下面介绍几种常用的方法。

### (一) 实验法

实验法是指实验者有意控制和创设某些条件，以引起被试者的某种心理现象而进行研究的方法。根据不同的实验条件，一般又把实验法分为实验室实验法和自然实验法两种。

#### 1. 实验室实验法

实验室实验法是在特设的实验室内，借助于专门的实验仪器设备来研究心理现象的方法，如对记忆、技能、字词的识别等心理问题的研究多采用实验室实验法。

实验室实验法的主要优点是：实验条件控制严格，实验结果可靠，实验的内在效度高。但是实验室实验法也存在一定的局限性，在人为的实验条件下，被试者的心理反应与在日常生活中和教学条件下有较大差距，实验结果有一定的局限性，把心理现象简单化了。所以在心理学研究中，还会采用自然实验法。

#### 2. 自然实验法

自然实验法是指既控制一定的条件，又在日常生活、实践、教育和学习环境中进行心理研究的方法。其主要特点是：具有主动性，研究者可按照研究目的有意控制或改变某些条件，以引起特定的心理现象，再对其进行研究；具有自然性，被试者处在日常生活、学习环境中，并且实验者也尽量不让被试者觉察到实验意图和自己是实验对象。自然实验法的这两个特点，使其兼有观察法和实验法的优点，因而在心理学研究中被广泛应用。

### (二) 观察法

观察法就是有目的、有计划地通过系统观察和记录被试者在一定环境下的举止言行来分析、判断其心理活动规律的方法。观察法是心理学的重要研究方法之一，它的适用范围较大，应用机会多。在日常生活中，可以通过一个人的言行举止来了解其心理活动的特点。

#### 1. 观察法的具体实施

(1) 观察计划的制订。观察法不同于日常生活和教学过程中的一般性观察。它是带着一种研究目的的观察。使用观察法必须制订周密的观察计划，这个计划应包括：研究的目的，根据研究目的应观察哪些行为，观察时间，在什么情境下观察，采用什么记录方式，应注意的问题等。

(2) 做好观察记录。观察法必须做详尽的记录，其记录形式可分为两大类。一种是文字记录，即使用文字把被试者的言行记录下来。文字记录灵活方便，但要注意记录的真实性、准确性和全面性。另一种音像记录，就是采用现代的录音、录像方法对被试者的言行进行记录。音像记录具有真实、精确的特点，但是不如文字记录方便灵活，使用时也要注意避免对被试者造成新异刺激，破坏自然环境，影响被试者的正常行为表现。

(3) 观察材料的分析处理。这是观察法的最后步骤。通过一定时间的观察可获得大量的材料，只有对这些材料进行分析、综合、抽象、概括，才能找出心理发展的规律。在进行分析处理时，要注意定性分析与定量分析相结合，注意主观和客观的结合，既要分析个体的主观行为，也要注意分析产生行为的客观环境。

#### 2. 观察法的优点和缺点

观察法的主要优点如下。

(1) 适用面广。

(2) 可以观察到被试者在自然状态下的行为表现，获得的材料比较真实。

(3) 可以在当时实地观察到行为的发生发展，能够全面把握当时的情况、特殊的气氛和情境。

行为观察法的主要缺点如下。

(1) 研究者处于被动地位，往往难以观察到研究所需要的行为。

(2) 收集资料较费时费力。

(3) 因果关系难以确定，观察到的只是个体的外部行为，而对于产生这种行为的内部原因需做进一步研究。

### (三) 问卷法

问卷法就是通过由一系列问题构成的调查表收集资料以研究学生心理发展规律的方法。问卷法在教育心理学研究中应用十分广泛，比较受广大教育工作者和研究者的重视，但是其效果受问卷编制水平的制约。

一般问卷有两种来源。一种是现成的量表(问卷)。它由专家编制好，并且多数具有常模，使用时效度和信度较高。另一种是自编问卷。由于现成的量表数量有限，所以有许多研究需要自编问卷，下面介绍一下自编问卷的形式及问卷的编制问题。

### 1.问卷形式

**1) 自由叙述问卷**

不给被试者任何答案,让其自己用文字自由地回答。例如:你为什么要上学?怎样才能学习好?你的理想是什么?等等,让被试者根据自己的想法和情况自由回答。自由叙述可使学生自由充分地反映自己的看法、意见、态度、兴趣、情感和理想等,但结果统计分析较难。

**2) 多项选择式**

让被试者从提供的互不矛盾的答案中选择一个或几个答案。例如:你好好学习是为什么?在下列答案中选择最适合你的 3 条(只是举例不是具体问卷)。

(1) 对学习本身感兴趣。
(2) 为获得更多的知识。
(3) 为报答教师和父母的关怀。
(4) 为得到同学、教师和父母的好评。
(5) 迫于教师和家长的压力。

多项选择式易统计,但反映情况不全面。

**3) 是否式问卷**

让被试者以"是"或"否"二选一的方法回答。例如:某同学值周不负责任,老师批评他是对还是不对?再如:测量小学儿童道德情感的发展,下列问题符合你情况的在"是"上打"√",不符合的在"否"上打"√"。

(1) 别人有困难时你乐于帮助吗?　　　　　是　否
(2) 你值周时很负责吗?　　　　　　　　　是　否
(3) 你爱劳动吗?　　　　　　　　　　　　是　否

是否式的两极法,统计方便,但忽视了中等反映程度的情况。

**4) 评定量表法**

让被试者按规定的一个标准尺度对提供的问题进行评价。评价的等级可根据研究目的的需要确定,一般分 3~7 个等级。如调查小学生对公共道德规范的看法:在公园内有下面各种行为好不好,你的看法是什么?用五等级评定,在你认为合适的等级上打"√"。

|  | 非常坏 | 坏 | 有点坏 | 不怎么坏 | 不坏 |
|---|---|---|---|---|---|
| (1) 折花草树木 | 5 | 4 | 3 | 2 | 1 |
| (2) 随地扔瓜果皮核 | 5 | 4 | 3 | 2 | 1 |
| (3) 破坏文物 | 5 | 4 | 3 | 2 | 1 |
| (4) 乱打动物 | 5 | 4 | 3 | 2 | 1 |
| (5) 随地吐痰 | 5 | 4 | 3 | 2 | 1 |

评定量表法能够测量出不同程度的反映情况,但评定的准确程度依赖于被试者对评定标准的掌握程度,而小学儿童,尤其低年级儿童是很难掌握评定标准的,因此要慎用。

**5) 确定顺序式**

要求被试者对提供的几种答案按一定的标准(好恶或赞同与否等)做出顺序排列。认为最符合(或最不符合)你的想法或最重要的(或最不重要的)答案排在前头,并用 1、2、3……标出顺序。例如:你最喜欢看哪个电视节目?按照你的喜爱程度由高到低排列顺序。

(1) 才艺节目
(2) 科技节目
(3) 新闻节目
(4) 脱口秀节目
(5) 体育节目
(6) 喜剧节目
(7) 动画节目

上述 5 种问卷形式各有其优缺点，要根据研究的目的、任务和不同年级学生的特点选择使用。

**2. 问卷的编制**

问卷的编制是一项极其复杂而艰巨的工作，下面简单地介绍问卷编制的过程及应注意的事项。

1) 问卷编制过程
(1) 根据研究目的确定测量目标。
(2) 对要测量的目标进行特质分析，即要测量的目标包括哪些成分或范畴。
(3) 根据具体的特质成分选编试题。
(4) 选择问卷形式并编制成问卷。

例如：小学儿童品德发展研究的问卷编制[①]。
(1) 测量目标的确定：测量小学儿童道德情感发展的状况。
(2) 特质分析：他们认为道德情感应包括 5 个方面的特质(范畴)，即爱国主义、良心、荣誉、义务和幸福。
(3) 编选试题：他们在 5 个特质方面各编选了 4 个试题，全套共 20 题。
(4) 问卷的形式：他们采用的是评定量表式(5 等级)，让被试者在 5 个答案后的 5 个等级选择自己合适的位置。

2) 编制问卷应注意的问题
(1) 问卷试题要有足够的数量，并且要紧紧围绕研究的主题编制。
(2) 要求文字浅显易懂，题意清楚，适合小学儿童的年龄特点。
(3) 问卷中适当设置检查测验的有效性的项目。
(4) 答案要求尽可能简单，以便于统计处理。
(5) 问卷编制好后要进行一定范围内的试测，检验问卷的内容、形式等的可行性。经试测修正后，才能正式测试。
(6) 需编制问卷使用说明，包括怎样施测，使用时应注意的事项等。

**3. 问卷法的优点**
(1) 能在短时间内获得大量材料，省时、省力。
(2) 直截了当，针对性强，能获得第一手生动资料。
(3) 能测试出被试者的内心状况，同质被试可重复测验。

---

① 李怀美，等. 中小学生道德发展的研究[J]. 心理发展与教育. 1987: 3.

### 4. 问卷法的局限性

(1) 需要被试者真诚合作，否则测验不可能真实。
(2) 需要被试者有自我意识能力和文字能力，小学低年级使用有一定困难。
(3) 由于受被试者自卫心理的影响，其不愿暴露自己的内心世界，因此可能使测试结果不真实。
(4) 受社会认可性的影响，被试者回答问题可能偏向社会认可的或希望的方向。
(5) 问卷设计较难。

总之，问卷法既有优点，也有局限性，所以在使用时要谨慎考虑，尤其是在问卷法盛行的时期，不要什么问题都用问卷法去研究。

### (四) 个案法

个案法是一种较古老的方法，它起源于医疗实践中的问诊方法。所谓个案法，是指通过对某个个体进行详细的观察与研究，以便发现影响某种行为和心理发生发展的因素。个案法较多地用于发展心理方面的研究和特殊儿童的研究。

由于个案法是对少数案例的研究，它可能只适合解释个别情况，因此，在推广运用这些成果或做出概括性的结论时，必须持慎重的态度。

以上只介绍了教育心理学的主要研究方法，其他还有数理统计分析法和相关研究方法等。

# 第四节　教育心理学的任务和意义

## 一、教育心理学的基本任务

教育心理学的基本任务就是揭示学校教育教学的基本规律，服务于学校教育教学实践，为"描述、解释、预测和控制"学校教育教学中学生的学和教师的教这些行为提供依据。

## 二、研究教育心理学的意义

从教育心理学的定义来看，教育心理学的所有研究基本围绕两个问题：一是研究学生学的基本规律，二是研究教师有效地教的基本规律。这两个问题，一个侧重于理论探索，另一个侧重于实践的应用。学习教育心理学的意义，从这两个方面都可以得到体现。

### (一) 理论意义

#### 1. 教育心理学揭示的心理学规律充实了普通心理学的一般理论

直至今日，心理学还没有形成一个成熟完整的体系，研究中尚存在大量的未知领域。教育心理学可以从教育过程这个角度，对许多一般的心理规律和心理现象进行探索，从中提出一些关于心理学一般理论的问题，或者试图从教育心理学的角度回答这些问题，从而为心理学理论的发展做出贡献。教育心理学研究的成果，解释了在教育或教学情境下，学习者的学习、记忆、保持、迁移、问题解决，以及学习者在这些过程中所表现出来的行为特征，这些成果实际上为心理科学的发展和完善提供了丰富的材料和确凿的证据，是对心理科学理论的极大丰富。

### 2. 学好教育心理学有助于学好教育科学理论

教育心理学为学生学习教育学、学科教学法(学科教育学)课打下理论基础。如果没有学好教育心理学的基础理论知识，则无法科学地理解教育学和学科教学法的基本概念与基础理论。当代教育改革的理论，大部分是心理学家、教育学家根据学生心理发展规律提出来的。没有学好教育心理学的基础理论，就无法理解教育改革理论，更无法参加教改实践。

## (二) 实践意义

教育心理学的实践意义是非常广泛的，概括起来有如下几个方面。

### 1. 有利于提高教师的业务水平

一名合格的教师如果不掌握教育心理学的基本理论和基本知识，不掌握学生在教学、教育过程中身心发展的规律与特点，就不能更加有效地做好自己的工作。因为教育心理学是一门"为更有效地实施教育而加以运用的心理体系"，教师要创造性地完成教育和教学工作，必须学好教育心理学。

### 2. 有利于提高教学质量

学习问题是学生的核心问题，也一直是教育心理学的核心问题。如果想提高教学效果，教师必须使自己的教学符合学生学习的心理规律。教师只有掌握了学生认识和学习的规律，才能选择恰当的教法，采取相应的措施，有效地提高教学质量。

### 3. 为教育实践提供了理论依据

教育心理学揭示了学生学习活动的心理特点和规律，揭示了教学活动的心理规律，这就为教学目的、教学内容、教学方法和教学计划的确定、选择及制订提供了科学的依据。例如，根据小学生思维以具体形象思维为主要形式逐渐向抽象逻辑思维为主要形式过渡的基本特点，有位小学教师在汉语拼音教学中是这样给学生讲的："6 是 b，反 6 是 d，拐棍是 f，伞把是 t，一门是 n，两个门 m，椅子是 h。"这样的教学方法符合小学生的思维特点，大大提高了教学效果。

### 4. 有利于因材施教

因材施教是教育工作的一条普遍性原则。要因材施教首先必须了解学生的个别差异，只有了解学生的差异性，才能在教育、教学工作中做到"长善救失"，一把钥匙开一把锁，从而提高教育、教学质量。通过对教育心理学的学习和研究，教师可以找到开不同"密码锁的钥匙"。比如学生学习成绩差的原因很多，教师不能简单地认为是他本人智力落后或是不努力造成的，要用教育心理学的理论加以分析，了解他的学习兴趣、学习动机、学习策略、个性差异等具体情况，有针对性地进行教育。

### 5. 有利于促进教育改革的深入发展

教育改革是当今教育的潮流，基础教育要实施新课改，各级各类教育都需要实施素质教育。教育改革需要深化、创新。培养目标、课程内容、教学方法等一系列重大问题，都需要在改革中明确。怎样改革，这既是一个深刻的理论问题，也是一个广泛的实践问题。而这些课题的讨论和确定,都离不开教育心理学的参与。对教育心理学的学习和研究将有助于解决教育改革中的各种问题,如怎样培养学生的创新能力,怎样教会学生学会学习等,教育心理学中都要给予一定的研究和解答。同时,通过学习和研究也能提高教师的教育经验总结能力、教育科研能力及创新能力,这就为教育改革的深入发展奠定了理论基础和实践基础。

### 6. 有利于教师加强自我教育

传统的观点认为"传道""授业""解惑"是教师的主要职能和角色。然而在当代社会,随着科学技术的飞速发展,社会的急剧变革,特别是知识经济的发展,教学目标、教学内容、教学方法等都发生了巨大变化。这就使教师的角色也发生了重大变化。现代教育对教师的要求更高,所以教师必须不断地进行自我教育,与时俱进,不断地提高自身各种能力、水平和素质。教育心理学告诉我们怎样进行知识传授,现代教师有哪些角色、应具备哪些品质,怎样才能成为一名有威信的教师等。这些理论知识是教师自我教育和发展必须学习和研究的。

# 第二章

# 学生心理发展理论

**内容提要**

本章主要讲述中学生的生理、心理发展特点,主要分3部分来讲授。第一节讲的是学生的心理发展概述,主要讲中学生的心理发展及其特点、中学生的生理发展特点,以及这些生理发展特点带来的问题、中学生性心理的发展特点、中学生人际关系的发展特点。第二节讲的是中学生认知的发展,主要讲两种学生心理发展阶段论:皮亚杰的认知发展阶段论和维果斯基的最近发展区理论。第三节讲的是学生人格的发展阶段,主要讨论两种人们公认的、影响力巨大的人格发展阶段论:弗洛伊德和埃里克森的心理发展阶段论。

**学习目标**

(一) 认知目标

1. 识记皮亚杰的认知发展阶段理论、埃里克森的人格发展阶段理论。
2. 理解心理发展的基本特征、心理发展的普遍性与个别差异性、少年期个体的心理发展特点、青年期个体的心理发展特点、生理变化对心理活动的冲击、学习准备的内容、最近发展区、弗洛伊德的性心理发展期。
3. 了解少年期心理发展特点、格塞尔的成熟势力说、泛灵论、弗洛伊德人格理论。

(二) 情感目标

1. 让学生理解中学生的生理、心理发展特点,了解学生跟成人的区别。
2. 能够从学生的角度出发,理解学生。

(三) 能力目标

1. 根据皮亚杰的认知发展阶段论,能够按照学生认知发展的特点来设定教学目标。
2. 根据维果斯基的最近发展区理论,进行教学设计的时候会充分考虑学生的最近发展区。
3. 运用埃里克森的人格发展阶段理论,能够理解小学生、初中生、高中生每个阶段的发展任务;能够从学生的发展任务出发,有意地培养学生相关的能力。

> 王老师教八年级的英语课。一天，刚上课时她就很兴奋地宣布："我想告诉你们，咱们班出了一名诗人。小丽写了一首很美的诗，我想读给大家听听。"王老师朗读了那首诗，它的确很美。然而，王老师注意到小丽的脸红了，看上去非常不安。班上有些同学在窃窃私语。后来，王老师问小丽是否愿意再写一首诗去参加全市的诗歌比赛，她说她再也不想写了，因为她真觉得自己在这方面并不擅长，并且也没有时间写。
> 案例中的学生为什么有如此表现？如果你是老师，该如何鼓励她？

为什么儿童似乎在几个月里在一个特定的水平上停滞不前，而一两个星期后成绩却突飞猛进？为什么某个年龄段的儿童能很轻松地学会某种技能，而年龄更小的时候费九牛二虎之力也学不会？为什么儿童在学会某一领域的一种技能之后，在解决另一领域里一个相似的问题仍感到困难？学完本章的内容，这些问题的答案就不言而喻了。

# 第一节 学生的心理发展概述

## 一、心理发展的含义

### (一) 心理发展概述

心理发展有广义和狭义之分，广义的心理发展包含种系的心理发展、种族的心理发展、个体心理的发展；狭义的心理发展仅指个体心理的发展。

#### 1. 种系的心理发展

种系的心理发展是指从动物到人类的心理演变过程，包括动物心理的进化过程和人类心理的进化过程。研究的学科领域叫动物心理学或比较心理学。

#### 2. 种族的心理发展

种族的心理发展是指人类历史发展过程中的心理发展，其研究的学科领域是民族心理学。

#### 3. 个体心理的发展

个体心理的发展指人的个体从受精卵开始到出生、成熟，直至衰老的生命全程中心理发生、发展的过程。它不仅有量的变化，而且更重要的是有质的变化；不仅指向前推进的过程，而且也指衰退、消亡的变化。

但是，由于疾病、疲劳、药物等原因导致的心理变化则不属于发展的范畴，因为这一类的变化只是一种暂时性的变化，可以通过休息或治疗得到恢复。

### (二) 心理发展的基本特征

#### 1. 连续性与阶段性

个体心理的发展是一个从量变到质变的过程，它既表现出一定的连续性，又表现出一定的阶段性。在一定时期内，个体心理的发展处于相对稳定的状态，只发生一些细微变化，即属于量的积累,体现着发展的连续性;当某些代表新质要素的量的积累达到一定程度时,新质要素取代旧质要素占据主要地位,这时量变的过程就发生了质的飞跃,表现出发展中的间断或跳跃现象,意味着新的阶段形成。

连续性:阶段划分的人为性和主观性,人的一生是连续的,前一阶段是后一阶段的基础。

阶段性:不同阶段的质的差异。例如:出生、成熟、衰老、死亡;生、老、病、死;三十而立,四十而不惑,五十而知天命,六十而耳顺,七十而从心所欲,不逾矩……

本书认为个体心理的发展是连续性和阶段性的统一,如图2-1所示。

图2-1 心理发展的连续性与阶段性

### 2. 定向性与顺序性

在正常情况下,个体身心的发展总是指向一定的方向并遵循一定的先后顺序,而且这种顺序是不可逆的,也是不可逾越的。例如,儿童身体和运动机能的发展按照以下两条法则进行。

(1) 自上而下(头尾)法则:头部动作→躯干动作→脚动作,即抬头→翻身→坐→爬→站→行走。

(2) 从中心到边缘(近远)法则:动作发展从身体的中部开始,越接近躯干的部位动作发展越早,越远离身体中心的部位动作发展越晚。例如,上肢动作:肩头和上臂→肘腕→手指。

### 3. 不平衡性

个体在生命全程中的发展不按一个模式进行,也不按相同的速度直线进行,而是表现出不平衡性。

从个体发展的不同方面看,个体神经系统的发展先快后慢,9岁时接近成人水平,而生殖系统的发展则是先慢后快,在青春期前发展缓慢,一到青春期(女童11~12岁,男童13~14岁)则快速发展。

从个体发展的不同阶段看,个体发展的速度是不同的:幼儿前期是第一个加速发展期,然后童年期是一个平稳发展期,而青春期又是第二个加速期,接下来整个成年期是一个少变化期,最后老年期是下降期。

### 4. 普遍性与个别差异性

一般说来,一个正常儿童的发展总是要经历基本的发展阶段。但是同在正常范围内的个体,在发展速度、最终达到的发展水平、发展的领域等方面总是存在着相当大的差异。

1) 个体间发展水平的差异表现

从智力发展速度看，有的儿童早慧，有的大器晚成。

从智力水平看，有的人智力平平，有的人智力超常。

从个人的优势领域看，有的儿童语言能力发展得好，有的儿童动作发展得好。

2) 个体间成熟早晚的差异表现

个体间的成熟差异主要有人才早熟、大器晚成。

人才早熟是指个体小小年纪就表现出了比自己实际年龄更为早熟的各项能力，如李白"五岁读六甲，十岁观百家"；莫扎特三岁时已在钢琴上弹奏简单的和弦，五岁开始作曲，八岁试作交响乐，十二岁创编歌剧。

大器晚成指的是个体的发展晚于同龄人，绝大多数表现为中年成才。中年是成才和创造发明的最佳年龄，是人生的黄金时间。

3) 个体间优势特点上的差异表现

有人擅长想象，有人擅长记忆，有人擅长思考等。

### (三) 心理发展的年龄阶段划分

(1) 划分依据：一段时期内所具有的共同的、典型的心理特点和主导活动。

(2) 个体心理发展阶段：参照国内外现行的年龄阶段的划分方式，我们将个体心理发展的阶段做如下划分：胎儿期(从受精卵～出生)、新生儿期(0～1个月)、乳儿期(0～1岁)、幼儿期(2、3岁～6、7岁)、童年期(6、7岁～11、12岁)、青少年期(11、12岁～18、19岁)、成年早期(20岁～38、39岁)、成年中期(40岁～60岁)、成年晚期(60岁以上)。

## 二、青少年期的心理特征

青少年期是儿童向成人转变的过渡阶段，这个过渡阶段是人生中独一无二的躁动阶段。处于这个阶段的个体充满朝气，有着不稳定的情绪，易激动，常常出现许多不可预测的行为。许多学者把这个时期称为人生的"关键期""危机期""疾风暴雨期"。可见，青少年时期在人的发展中占有多么重要的位置。要了解青少年，就得理解青少年并理解他们的心理发展规律，首先需要了解什么年龄阶段可算为青少年阶段。

按照目前的研究成果，青少年时期的年龄阶段的界限没有统一的标准，综合普遍的说法，一般把青少年时期分为少年期和青年期。

### (一) 少年期(相当于初中阶段)

#### 1. 定义

少年期是指11、12岁到14、15岁的阶段，是个体从童年期向青年期过渡的时期，大致相当于初中阶段。

#### 2. 总的特点

少年期是个体从童年期向青年期过渡的时期，有如下特点。

此时的个体出现半成熟、半幼稚的特征；充满着独立性和依赖性、自觉性和幼稚性的矛盾；产生成人感，独立意识强。

### 3. 认知发展特点

(1) 以抽象逻辑思维为主，但仍需要具体形象的支持。

(2) 思维的独立性和批判性有所发展，但仍带有一定的片面性和主观性。

情(情感)：高级社会情感如理智感、道德感、美感迅速发展。

意(意志)：有一定的自制力，如能长时间集中精力学习，但不稳定。

行(行为)：因自制力不强，容易出现前后矛盾的行为。

(3) 心理活动的随意性显著增长，可长时间集中精力学习，能随意调节自己的行动。

### 4. 心理发展特点

1) 生理变化对心理活动的冲击

(1) 初中生身体外形(身高、体重)的变化(如图2-2、图2-3所示)，使他们产生了成人感，因此，在心理上他们也希望能尽快进入成人世界，尽快摆脱童年时的一切，寻找一种全新的社会角色，获得一种全新的行为准则，扮演一个全新的社会角色，获得一种全新的社会评价，重新体会人生的意义。

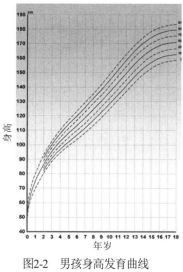
图2-2 男孩身高发育曲线

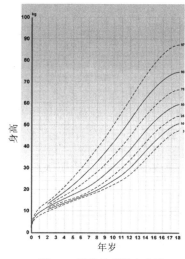
图2-3 男孩体重发育曲线

(2) 由于性的成熟，初中生会对异性产生好奇和兴趣，萌发与性相联系的一些新的情绪和情感体验，滋生了对性的渴望，但又不能公开表现这种愿望和情绪，所以会体会到一种强烈的冲击和压抑。此时的青少年第一性征开始成熟，第二性征开始出现。

2) 少年期心理发展特点

(1) 闭锁性。这是青少年期最显著的特点。一方面，青少年失去了儿童时期的直爽、坦率，即使对最亲近的人也很少吐露真情；但另一方面，其有着希望被别人理解的强烈愿望。心理学家斯普兰格认为青少年期是人生第二次诞生的时期，主要表现在3个方面。第一，自我的发现。儿童不把自己作为意识的对象，而青少年则把探索的视野对准自己的内部，对准自己的主观意识。这种主观意识充满着各种矛盾，如努力和懒惰、开朗和忧郁、大胆和怯懦、社交和孤独。

自我的发现使青少年感到孤独，他们以各种各样的方式进行自我反省。他们常常自问：活着有什么意义？怎样才能活得更好？我适合做什么工作？我是一个怎样的人？这种内省是能促使改变的，他们常常把这种内省以文字的形式记载下来。第二，产生对生活的设想。进入青少年阶段以后，他们对生活的新的态度慢慢表现出来，即意识到自己生活的连续性，明白了未来对自己的重要意义，虽然这一切还是很模糊的，但是已成为一种理想的意识呈现出来。第三，跨入生活的各个领域，积极参与和体验生活。

(2) 动荡性。霍尔认为，青少年是"疾风怒涛"的时期，是矛盾的、情绪激荡的时期，即青少年本质上是动荡的，时而感到无聊，时而感到兴奋，今天无动于衷，明天又热情洋溢。青少年情绪动荡的特点一直会持续到20岁左右。

(3) 皮亚杰认为，青少年最显著的特点是喜欢推理，认为青少年的个体思维能力已经发展到成熟阶段，以后再增加的只是他从生活经验中获得的知识，而他的思维方式不会改变。青少年个体处于思维成熟的初期，所以特别喜欢推理，对一般的理论、公式有特殊的兴趣，认为一般的原理比具体的事物更重要，开始形成个人的政治观点和哲学观点、幸福感和爱情观。

(4) 危机性。埃里克森认为，青少年时期是人生中最重要的时期之一，是人格发展历程中的关键，在青年期存在着一个重要的危机——自我统合危机。所谓自我统合就是个体尝试把自己有关的多个方面统一起来，形成一个自己觉得协调一致的自我整体。如果这一时期统合危机得不到解决，个体难免倾向角色混乱的一端。在青少年期内，青少年在自我成长的路上要面临许多问题，具体如下。

身体上和心理上的成熟使他们感到性冲动的压力，对性知识的缺乏和社会的禁忌，使他们不知如何处理由性冲动引起的压力和困惑；学校和社会的要求使他们对日益繁重的课业和考试成败带来的压力感到苦恼，在求学时只模糊地知道求学成败关系着未来，然而对未来的方向自己却又感到茫然无知；儿童时期的生活多由父母做主，可是到了青少年时期，很多事情需要自己做主，然而青少年往往因缺乏价值判断的标准，在进行选择判断时会感到彷徨无措。

(二) 青年期(相当于高中阶段)

1. 定义

青年期指14、15岁至17、18岁的阶段，相当于高中时期。

2. 青年期总的特点

此时的个体在生理、心理和社会性上已接近成人；与人生观相联系的情感占主要地位，道德感、理智感和美感有了深刻发展；形成理性的自我意识，但理想的自我与现实的自我仍然面临着分裂的危机，自我肯定与自我否定常发生冲突；意志的坚强性与行动的自觉性有了较大发展。

3. 认知发展特点

(1) 智力接近成人。

(2) 抽象逻辑思维已从"经验型"向"理论型"转化，开始出现辩证思维。

## 三、中学生心理发展的教育意义

### (一) 学习准备

#### 1. 学习准备概述

学习准备是指原有的知识水平(或心理发展水平)对新的学习的适应性,即学生在学习新知识时,那些促进或妨碍学习的个人生理、心理发展的水平和特点。

学习准备是一个动态的发展过程,包括纵向和横向两个方面。

(1) 纵向的学习准备是指从出生到成熟的各个年龄阶段的学习准备。

---

**格塞尔的成熟势力说**

美国心理学家格塞尔曾经做过一个著名的实验(见图2-4):让一对同卵双胞胎练习爬楼梯。其中一个实验对象(代号为T)在他出生后的第46周开始练习,每天练习10分钟。另外一个(代号为C)在他出生后的第53周开始接受同样的训练。两个孩子都练习到他们满54周的时候,T练了8周,C只练了2周。

这两个小孩哪个爬楼梯的水平高一些呢?大多数人肯定认为应该是练了8周的T比只练了2周的C好。但是,实验结果出人意料——只练了2周的C爬楼梯的水平比练了8周的T好,C在10秒钟内爬上了特制的五级楼梯的最高层,T则需要20秒钟才能完成。

格塞尔分析说,其实46周就开始练习爬楼梯,为时尚早,孩子没有做好成熟的准备,所以训练只能取得事倍功半的效果;53周开始爬楼梯,这个时间就非常恰当,孩子做好了成熟的准备,所以训练就能达到事半功倍的效果。

这个实验给我们的启示是:教育要尊重孩子的实际水平,在孩子尚未成熟时,要耐心地等待,不要违背孩子发展的自然规律,不要违背孩子发展的内在"时间表",人为地通过训练加速孩子的发展。

在现实中,有些年轻父母,往往不按照孩子发展的内在规律人为地通过训练来加速孩子的发展。孩子一般3个月时会俯卧,能用手臂撑住抬头,4~6个月会翻身,7~8个月会坐会爬,1岁左右才会站立或独立行走。心急的父母则通过"学步车"等,让孩子越过"爬"的阶段,或者很少让孩子爬,就直接学走路。这种"跨越式的发展",虽然能让孩子早早地学会走路,但过早走路,容易把孩子的双腿压弯,影响形体健美,还容易形成扁平足,这是孩子日后走路步伐不稳、跌跌撞撞的原因。

在促进孩子心理发展方面,人为加速孩子的发展,同样会对孩子的心理健康产生危害。幼儿期的孩子正处在"游戏期",这个时期的教育应以游戏为主,在游戏中发展孩子的感官,激发孩子的心智,培养孩子的社交能力。不少家长却认为游戏浪费了孩子的时间,因而提前教导孩子学习知识(如读、写、算)或才艺(如绘画、弹琴、舞蹈),将孩子提前置于不成功便失败的压力之下,这会使孩子养成以后遇事退缩与事后内疚的不良个性。

不妨听一听格赛尔的忠告：①不要认为你的孩子成为怎样的人完全是你的责任，不要抓紧每一分钟去"教育"他；②学会欣赏孩子的成长，观察并享受每一周、每一月出现的新发展新事实；③不要老是去想"下一步应发展什么"，而应该让你和孩子一起充分体会每一阶段的乐趣。

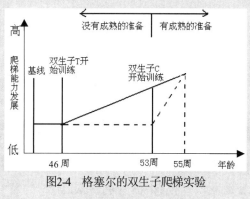

图2-4　格赛尔的双生子爬梯实验

(资料来源：百度文库)

(2) 横向的学习准备是指每个年龄阶段出现的各种内部因素相互影响、相互作用而形成的一个动力结构。

### (二) 关键期

关键期是个体早期生命中一个比较短暂的时期，在此期间，个体对某种刺激特别敏感，过了这一时期，同样的刺激对其影响很小或没有影响。

#### 1. 洛伦兹的动物印刻关键期实验

奥地利生态学家洛伦兹在研究鸟类的自然属性时，发现了"印刻"现象。因此人类心理发展关键期的研究是从奥地利动物心理学家洛伦兹对动物行为发展规律的研究开始的。

洛伦兹首先研究的是鹅的认母行为，1935年洛伦兹在研究刚出生的小鹅的行为时发现，小鹅在刚出生的20个小时以内，有明显的认母行为。它追随第一次见到的活动物体，并把它当成母亲。小鹅第一个见到的是鹅妈妈时，就跟鹅妈妈走，而小鹅见到的是洛伦兹时，就跟随洛伦兹走，并把他当成母亲(如图 2-5)。可是，洛伦兹后来又发现，如果在出生后的 20 小时内不让小鹅接触到活动物体，过了一两天后，无论是鹅妈妈还是洛伦兹，尽管再努力与小鹅接触，小鹅都不会跟随，即小鹅这种认母行为丧失了。

于是，洛伦兹把不需要强化的、在一定时期容易形成的反应叫作"印刻"(imprinting)现象。"印刻"现象发生的时期叫作"发展关键期"。

重要的是，这种"关键期"现象，不仅在小鹅的身上发生，许多研究还发现，几乎所有哺乳动物都有这种"关键期"现象，并且在人类身上也有类似的现象发生。洛伦兹因为"关键期"理论的提出和研究而荣获诺贝尔奖。

图2-5 洛伦兹的小动物印刻实验

**2. 关键期概述**

心理学家在研究儿童行为学习时引入了"关键期"理论，认为儿童的心理发展同样存在关键期。在洛伦兹以后，人们开始把主要精力放在人类各种行为(包括心理、技能、知识掌握等行为)"关键期"的研究中，于是提出了人类心理发展"关键期"理论。

人类心理发展"关键期"理论是指人类的某种行为和技能，以及知识的掌握，在某个时期发展最快，最容易受影响。如果在这个时期施加正确的教育可收到事半功倍的效果，一旦错过这个时期，就需要花费几倍的努力才能弥补，或者将永远无法弥补。

例如，幼儿5岁以前是人类语言能力尤其是口语能力全面发展的时期。如果在5岁以前，幼儿缺乏最基本的语言训练和接触，这个幼儿将很难学会人类的语言。印度"狼孩"的事实是许多人都知道的，我们在第一章中已详细讲述。很久之前我国也曾大量报道过"猪孩"的事例。无知的父母让孩子从小与猪生活在一起，很少管教孩子，结果孩子长大几乎不会说话，不适应人类社会，却很理解猪的叫声和行为。

经过几十年的研究，广大心理学家、生理学家及脑科学家普遍认为，人类的各种能力与行为存在发展关键期的现象是由人类生理发展规律决定的。研究发现，人的脑功能和大脑的组织结构的发展与成熟是相吻合的，也就是说关键期的存在是人的大脑发展的客观规律所决定的。如果在某一能力发展的关键期进行科学系统的训练，相应的脑组织就会得到理想的发展，如果错过了一些脑组织和脑功能的关键期相应训练，则会使一些脑组织造成长期难以有效弥补的发育不足问题，这将带来脑功能的发展局限，外在表现为人的一些功能和行为发展不足与落后。

认识人类心理发展的关键期是重要的，这是开发人类潜能、培养高素质人才的开始。然而更重要的是要创造设计出一套科学、系统、操作性强、适应性广的针对关键期的训练方法。因为不科学的训练方法，在关键期会造成更大的副作用。

人的智能是由上百种能力组成的综合结构系统，而其中有些能力是整个智力结构的基础，其他的能力都是在这些能力的基础上发展起来的。只有这些基础性能力发展好了，即在它们的发展关键期得到了科学、系统的训练，整个智力结构才能优化发展，潜能才能得到最佳的开发。教育者或家长应当依据学生的学习准备水平，抓住关键期，对其进行适时、适当的教育。

# 第二节 学生的认知发展

## 一、皮亚杰认知发展阶段理论

皮亚杰是瑞士著名的心理学家和哲学家，在 20 世纪 60 年代初创立了"发生认识论"。他认为，儿童从出生到成人的认知发展不是一个数量不断增加的简单积累过程，而是一个伴随同化性的认知结构不断再构过程，使认知发展形成几个按不变顺序相继出现的时期或阶段。运算是指心理运算，即能在心理上进行的、内化了的动作。

### (一) 皮亚杰认知发展理论的基本内容

#### 1. 建构主义的发展观

皮亚杰认为，发展是一种建构过程，是个体在与环境的不断相互作用中实现的。所有有机体都有适应和建构的倾向，同时，适应和建构也是认知发展的两种机能。一方面，由于环境的影响，生物有机体的行为会产生适应性的变化；另一方面，这种适应性的变化不是消极被动的过程，而是一种内部结构的积极的建构过程。

#### 2. 皮亚杰认知发展理论的核心——发生认识论

动作是认识的源泉，是主客体相互作用的中介。皮亚杰认为个体认知结构的丰富是一个不断发展的过程，他认为一个人的认知结构是一种内在的心理结构，涉及图式、同化、顺应和平衡 4 个概念。

图式：动作(外部动作)或活动(思维)的结构或组织。最初来自遗传，后来从低级到高级通过同化、顺应两种形式进行。

同化：将环境信息整合到已有的图式中，以加强和丰富原有的知识结构，为一种量的变化而不引起图式改变。

顺应：认知结构不能同化新刺激，而是按新刺激的要求改变原认知结构或创造新的认知结构，以适应环境需要，为一种质的变化而引起图式改变。

平衡：通过同化和顺应使主体达到与环境平衡。

### (二) 皮亚杰的认知发展阶段理论

皮亚杰认为，个体的认知发展存在着连续过程中的阶段性；各阶段均有独特的典型特征；各阶段的发展次序固定；各阶段具有连续性(前后衔接)；先前的认知结构包含并融合在后继的结构之中。

#### 1. 感知运动阶段(0~2岁)

感知运动阶段儿童的认知发展主要是感觉和动作的分化。其中，手的抓取和嘴的吸吮是他们探索周围世界的主要手段。儿童大约在9~12个月获得客体永恒性。

皮亚杰将感知运动阶段又细分为反射、习惯、视觉与抓握的协调、手段与目标的协调、新手段的发现、顿悟这6个小阶段。例如，在反射阶段，儿童没有任何外界环境的概念，世界是一组动画片；在最初习惯阶段，儿童开始寻找他刚刚抓握而被移开的物体；在第三阶段，儿童对消失时间较长的心爱物体进行寻找；在第四阶段，儿童能够移动遮盖消失物体的屏幕；在第五阶段，儿童依据物体位置的移动寻找消失物体，这在以前是不行的；在第六阶段，儿童能运用各种联合动作来寻找物体。

1) 先天无条件反射

处于这一时期的儿童主要靠感觉和动作来认识周围世界，后期思维开始萌芽。他们这时还不能对主体与客体做出分化，因而"显示出一种根本的自身中心化"(皮亚杰，1981年)。用皮亚杰的话来说，儿童在这个时期所具有的只是一种图形的知识(figurative knowledge)，即仅仅是对刺激的认识。婴儿看到一个刺激，如一个奶瓶，就做出吮吸的反应。图形的知识依赖于对刺激形状的再认，而不是通过推理产生的。

从出生到1个月左右，行为表现以遗传性反射的图式为特征，以几个简单的先天反射应对所有的刺激。

觅食反射：当新生儿的面颊触到妈妈的乳房或其他部位时，他就会把头转向刺激物的方向搜寻，一直到嘴接触到可吸吮的东西为止。用手指抚摸孩子面颊时，他也会把头转向手指的方向，手指移到哪儿，孩子的头就转向哪儿。这种反射从出生半个小时就可发现，持续时间为3周，此后逐渐变为由神经控制的动作。其机能是帮助婴儿寻找乳房。

吸吮反射：用乳头或手指轻轻碰新生儿的口唇时，他会出现口唇及舌的吸吮动作。这种反射出生即有，持续终生。吸吮反射是新生儿反射中最强、最重要的一种。当婴儿做吸吮动作时，他的其他一切活动都会终止。吸吮反射使婴儿吃奶成为自动化的动作，具有重要的生存价值。

游泳反射：把新生儿以俯卧的姿势轻轻放进水里，他的双手双脚会扑扑腾腾地做出非常协调的游泳动作。这种反射出生即有，4~6个月逐渐消失，其机能是在婴儿意外落入水里时保护其生命。

眨眼反射：在新生儿醒着的时候，突然有强光照射，他会迅速地闭眼；当孩子睡觉时，如有强光照射，他会把眼闭得更紧，这样的表现出生即有。当孩子长到6~9周时，把一个东西迅速移到他眼前，他也会眨眼，这种反射将持续终生。以上反射的作用是保护婴儿免受强光刺激。

抓握反射：把手指放在婴儿手掌上并轻轻压动，婴儿会抓住成人的手指，抓握的力量之大，足以承受婴儿的体重。其出现时间是从出生到三四个月，它是婴儿以后有意识地抓握物品的基础。

迈步反射(行走反射)：双手抱住婴儿，使其两脚着地，他会做出走路似的迈步动作。持续时间是从初生到2个月。其机能是为将来学习走路做准备。

2) 客体永久性

在婴儿的动作与客体的相互作用中，逐渐产生了动作与由动作造成的对客体影响的结果这两者之间的分化，这意味着因果认识的产生。如图2-6所示，当把婴儿眼前的物体遮挡起来后，婴儿将不再寻找这个物体，似乎认为这个物体已经消失了。直到1周岁左右，儿童才会表现出将眼前消失的物体仍然视为存在，这就是皮亚杰所谓的儿童建立了"客体永久性"。如图 2-7所示，当实验者把婴儿想要抓取的玩具遮挡起来以后，婴儿会绕过障碍物寻找玩具，因为婴儿已经知道，即使物体不在眼前，这个物体也一直存在。

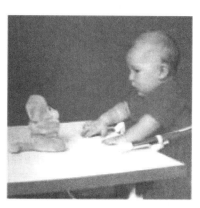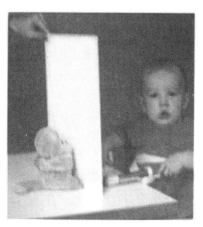

图2-6 皮亚杰客体永久性实验1

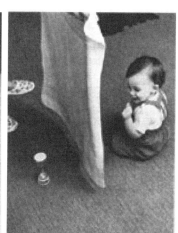

图2-7 皮亚杰客体永久性实验2

**2. 前运算阶段(2～7岁)**

儿童在感知运动阶段获得的感知运动图式在这一阶段开始内化为表象或形象图式。儿童还存在"万物有灵论"的现象,一切以自我为中心,思维具有不可逆性,思维具有刻板性;儿童尚未获得物体守恒的概念。守恒是指物体不论其形态如何变化,其物质总量是恒定不变的。

皮亚杰认为,儿童在两岁时,发生了一种哥白尼式的革命,也就是说,他们的活动不再以主体的身体为中心。这个时期儿童的认知开始出现象征(或符号)功能(如能凭借语言和各种示意手段来表征事物)。正是这种消除自身中心的过程和具备象征功能,才使得表象或思维的出现成为可能。但在这个阶段,儿童还不能形成正确的概念,他们的判断受直觉思维支配。例如,唯有两根等长的小木棍两端放齐时才认为它们同样长,若把其中一根朝前移一些,就会认为它更长一些。

这个阶段的认同认知发展有如下特点。

(1) 泛灵论:认为外界的一切事物都是有生命的。

(2) 自我中心思维:儿童从自己的角度出发看待整个世界,不知道可以变换角度或者意识到他人有不同的观点。此时期的儿童认为所有的人都有相同的感受,一切以自我为中心。皮亚杰通过自己设计的三山实验,证明了此阶段儿童认知发展的自我中心倾向。

该实验的设计是，在桌子上放置三座山的模型，在高低、大小、位置上，三座山之间有明显的差异。实验时，先让一个 3 岁的幼儿坐在一边，然后将一个布偶娃娃放置在对面(见图2-8)。此时实验者要幼儿回答两个问题。第一个问题是："你看到的三座山是什么样子？"第二个问题是："娃娃看见的三座山是什么样子？"结果发现，该幼儿采用同样的方式回答两个问题。其只会从自身所处的角度看三座山的关系(如两座小山在大山的背后)，不会设身处地从对面娃娃的立场来看问题。皮亚杰采用 7 岁以下各年龄阶段儿童为对象进行实验，结果发现 7 岁以下儿童的思维方式，都脱不掉自我中心的倾向。皮亚杰所设计的此项研究，称为三山实验(three-mountain experiment)。

图2-8 皮亚杰的三山实验

(3) 认知活动具有相对具体性，还不能进行抽象的运算思维。
(4) 思维具有不可逆性。

### 3. 具体运算阶段(7～11岁)

7～11岁这个阶段大体相当于小学阶段。处于这一阶段的儿童正在发展数、关系、过程等概念，表现为有了守恒概念、能够进行多维思维、思维具有可逆性、思维去自我中心、思维能反映事物的转化过程。

1) 思维的可逆性

皮亚杰认为，7～8 岁这个年龄一般是儿童概念性工具发展的一个决定性转折点。思维不具有可逆性，只知道 A>B，不知道 B<A。

这一阶段儿童凭已有知识可以做出一定程度的推论。例如，我们把一只足球放在一些篮球中间，然后当着儿童的面把足球放在一些排球中间。这个阶段的儿童能够推理，这是同一只足球，物体不会因为地点改变而改变大小，因此这只足球不会比在篮球中时更大一些。在具体运算阶段，儿童只能联系具体事物进行思考，也就是说，思维的内容和形式尚未分离。

(1) 分类能力的发展。分类是儿童了解事物之间的关系、形成关系概念的基础。它是根据事物的性质或关系对事物进行不同的组合。儿童从感知运动阶段的末期就能进行简单的分类活动。到前运算阶段，幼儿可依据事物的颜色或形状给事物明确分类。但这时的分类只是在同一级的单一维度进行。到了具体运算阶段，由于可逆性思维的形成，儿童可以理解不同级概念关系，看到事物不仅可以按一种方式归入一类，也可以按另一种方式归入另一类，因而能进行复杂的等级性的分类，即形成类包含能力。例如，在学龄儿童面前放 15 张卡片，其中 8 张卡片是花猫，2 张卡片是白猫，5 张卡片是小狗。然后问他们：是花猫多还是猫多？是猫多还是动物多？此时期的儿童可以依据下列运算回答问题。

A(花猫)+A(非花猫)=B(猫)

B(猫)+B(小狗)=C(动物)

故：A(花猫)<B(猫)<C(动物)。

这种等级分类能力是前运算阶段儿童所不具备的。

(2) 列序能力的发展。列序是儿童形成关于事物过程概念的基础，基本上同分类能力一起出现，与可逆性思维的形成有关。其指的是在内心依据大小、多少、轻重和长短等关系对事物的次序做出安排的能力。例如，实验者向儿童出示铅笔 A 和铅笔 B，A 比 B 短，即 A<B；再用铅笔 B 同铅笔 C 比较，B<C，此时把铅笔收起来，问儿童 A 和 C 谁长谁短。前运算阶段的儿童对这个问题茫然、不知所措，而具体运算阶段的儿童通过内心的比较，知道 A<B<C，故 A<C，因而能做出正确回答。

虽然具体运算阶段儿童的智力活动具有了守恒、可逆性，掌握了数量、关系、过程等逻辑运算能力，但这一阶段儿童的运算还离不开具体事实的支持，只能把逻辑运算应用于具体的和观察所及的事物，不能把逻辑运算扩展到抽象概念中去。

例如，向 7~8 岁小孩提出这样的问题：假定 A>B，B>C，那么 A 与 C 哪个大？他们可能难以回答。若换一种说法："张老师比李老师高，李老师又比王老师高，张老师和王老师哪个高？"他们可以回答，因为在后一种情形下，儿童可以借助具体表象进行推理。

2) 守恒

客体在外形上虽然发生了变化，但儿童能够认识到客体所特有的属性不变。

守恒(conservation)是指即使在物体外观改变的情况下，它特定的自然特征，如数量、质量、长度、重量、面积、容积或体积等仍然保持相同。

守恒实验是由瑞士著名儿童心理学家皮亚杰创设的，用来考察前运算阶段儿童(2~7 岁)的思维特征。皮亚杰发现，处于前运算阶段的儿童往往不能达到守恒，他们的思维具有几个特征。

第一，片面性，即考虑问题只将注意力集中在物体的某一个方面，而忽略其他方面，顾此失彼，造成对问题的错误解释。

第二，缺乏可逆性，即集中注意事物的状态，而忽视事物的转化过程。

第三，互补性论断(如液体守恒实验中，儿童认为宽度的增加补偿了高度的下降)。

第四，可逆性论断(如液体守恒实验中，儿童认为能将 C 杯中的水倒回原来的 B 杯中，因此是相同的)。

### 皮亚杰的守恒实验

1. **数量守恒**：关于数的守恒，是明白数目和事物形式的相互关系，通晓物体的数目不会因排列形式不同而改变这个道理。典型的实验是在儿童面前摆两排数目相等的小瓶子，其中一排放得松散，看起来长一些；另一排紧凑，因而看起来短一些。然后询问儿童两排瓶子是否一样多。前运算阶段儿童由于智力活动较多地依赖于知觉提供的材料，故认为松散的一排瓶子多些，而具体运算阶段的儿童会先数一数两排瓶子的数目，然后做出肯定的回答。

2. **长度守恒**：在儿童面前并排呈现两根同样的木棒，在儿童承认两根木棒长度相等后，把其中一根向右(或向左)移动一段距离，问儿童两根木棒的长度是否相等？

  A. 并排两根同样的木棒　　　　　B. 其中一根向右移

3. 液体守恒：向儿童呈现两个一模一样的杯子A和B，把两个杯子装入相同数量的液体。在儿童认为两个杯子装有相同数量的液体后，将B杯中的液体倒入另一个比较高但比较狭小的C杯里，并问儿童C杯(较高的一个)里的水与A杯(比较矮的杯子)里的水相比，是一样多、较少还是较多？(如图2-9所示)。

图2-9 皮亚杰液体守恒实验

4. 重量守恒：先把两个大小、形状、重量相同的泥球给儿童看，在儿童认为两个泥球一样重后，把其中一个做成薄饼状、香肠状或糖果状，问儿童大小、重量是否相同？(如把它们分别放入盛满水的容器中，还可问它们是否排出同样的水，考察容积守恒)

    A. 向儿童呈现两个相同的泥球    B. 其中一个变成薄饼状

5. 面积守恒：向儿童呈现两张相同的纸板，分别在这两张纸板完全相同的位置上摆上相同的积木，问儿童两张纸板中留出的空间面积是否相同？待儿童回答后，实验者把其中一张纸板上的积木截断成小块，再问儿童两张纸板中留出的空间面积是否相同？

(资料来源：①周宗奎. 现代儿童发展心理学[M]. 合肥：安徽人民出版社，1999. ②林崇德. 发展心理学[M]. 北京：人民教育出版社，1994.)

### 4. 形式运算阶段(11～16岁)

儿童在11岁左右，开始不再依靠具体事物来运算，而能对抽象的和表征的材料进行逻辑运算。皮亚杰认为最高级的思维形式便是形式运算。形式运算的主要特征是其有能力将形式与内容分开，用运算符号来替代其他东西。

本阶段儿童的思维是以命题的形式进行的。其能够发现命题之间的关系；能够用逻辑推理、归纳或演绎的方式来解决问题；能够进行系统思维，思维具有灵活性，不再恪守规则。这个阶段的儿童正处于初高中阶段，他们的认知发展有如下特点。

1) 假设—演绎思维

进入形式运算阶段以后，儿童的认知能力趋于成熟，可以摆脱具体事物的内容而在纯形式水平上，依据一定的假设进行逻辑推理和命题运算，我们常称之为科学推理。在假设演绎的思维活动中，结论首先是通过假设的方式而被预先接受的，就是说结论在与现实接触之前，就以可能的方式存在了。在这里，可能性先于现实性，这样，儿童的思维就摆脱了现实范围的束缚而大大扩展了。

例如，有"地球是平的"和"地球是圆的"两个命题，要儿童做出是非判断。处于形式运算阶段前的儿童思维受具体事物或知觉资料的支配，他们所看到的地球是平面的，因而无法理解为什么地球是圆的。而一个形式运算阶段的儿童不受眼前具体事物的支配，可依据假设进行推理。他们可能会这样思考：如果地球是平的，那么太阳就不可能每天都从东方升起，在西边降落，只有是圆形的，才能解释这一现象。由这一假设演绎的过程，得出了地球是圆的这一结论。

2) 抽象思维

抽象思维指运用符号的思维。达到形式运算阶段的儿童可以解决如 $(a+b)^2=a^2+2ab+b^2$ 这样的代数问题。

3) 系统思维

系统思维指儿童在解决问题时，能分离出所有有关的变量和这些变量组合。

例如，问学生，根据下列原料能列出多少种不同的食谱。3种肉：猪肉、鸡肉、鱼肉；3种蔬菜：黄瓜、豆角、西红柿；3种主食：大米、小米、玉米。

形式运算阶段的儿童能系统地列出下列食谱：猪肉黄瓜大米、猪肉黄瓜小米、猪肉黄瓜玉米、猪肉豆角大米、猪肉豆角小米、猪肉豆角玉米等。

可是，一个具体运算阶段的儿童却很少这样系统，其可能列出一系列自己喜欢吃的食谱。大约在青春前期左右，儿童的思维开始发展到形式运算阶段。

### (三) 皮亚杰认为影响儿童心理发展的基本因素

#### 1. 成熟

成熟指机体的成长，特别是神经系统和内分泌系统的成熟。皮亚杰认为，成熟主要在于揭开新的可能性，它只是某些行为模式出现的必要条件，如何使可能性成为现实性，这有赖于个体的练习和经验。

#### 2. 练习和经验

练习和经验指个体对物体做出动作过程中的练习及习得的经验(不同于社会经验)。皮亚杰把经验区分为物理经验和逻辑数理经验两种。物理经验指个体通过与物体打交道而获得的有关物体特性的经验，如物体的大小和重量等。而逻辑数理经验是基于施加在物体上的动作，从动作及相互关系中抽象出来的经验。

#### 3. 社会性经验

社会性经验指社会环境中人与人之间的相互作用和社会文化的传递。社会环境因素对个体的发展具有重要影响，但是社会环境因素不是发展的充分因素。与物理经验一样，它们对主体的发展发挥作用必须建立在其能被主体同化的基础上。

#### 4. 具有自我调节作用的平衡过程

皮亚杰认为，智力的本质是主体改变客体的结构性动作，是介于同化和顺应之间的一种平衡，是主体对环境的能动适应。实现平衡的内在机制和动力就是自我调节。

### (四) 皮亚杰认知发展理论的教育价值

#### 1. 充分认识儿童不是"小大人"是教育获得成功的基本前提

从思维方面讲，成人考虑问题往往从多方面入手，且常常通过命题思维，而儿童就不同。只有发展到形式运算阶段，儿童的思维才与成人一样，能够彻底摆脱时间、空间的限制，可能从纯粹的假设去得出结论，而不仅仅从实际的观察中去求得结论。从言语方面来说，成人的言语具有稳定性、社会性、逻辑性和交流性，而儿童就不完全如此。儿童只有发展到形式运算阶段，才逐渐像成人一样去使用语言。从以上分析可以看出，儿童的确不是"小大人"。他们无论是在思维上还是在语言上都与成人有质的差异。不仅如此，儿童在心理发展的不同时期，也有质的差异。因此，教育的主要目的就是形成儿童智力的与道德的推理能力。

#### 2. 遵循儿童的思维发展规律是教育取得成效的根本保证

儿童的思维发展经历了感知运动、前运算、具体运算和形式运算4个阶段，每一个阶段都有其特定的优势和劣势，具体表现为：一方面，儿童具有完成一定的典型活动的能力；另一方面，儿童具有犯一定典型错误的倾向。儿童的智力发展不仅是渐进的，而且是遵循一定顺序的，每个阶段之间是不可逾越、不可颠倒的，前一阶段总是后一阶段发展的条件。教育必须遵循这一规律，但是不能消极地等到儿童智力达到一定水平再进行教育，而是要先行一步，以加快儿童智力的发展。

### (五) 认知发展与教学的关系

#### 1. 认知发展制约教学的内容和方法

皮亚杰认为，学习从属于发展，从属于主体的一般认知水平——各门具体学科的教学都应研究如何对不同发展阶段的学生提出既不超出当时的认知结构的同化能力，又能促使他们向更高阶段发展的富有启迪作用的内容适应。

在教学内容上，不主张教给儿童明显超出他们发展水平的内容。不过，过于简单的内容对儿童认知发展的作用也不大。小学阶段"数与式"的学习(有理数—实数—代数式—整式和分式)只有进入形式运算阶段(11~15岁)的学生才能够摆脱对可感知的具体事物的依赖，从而获得纯粹以命题呈现的概念和规则。

在教学方法上，既不要毫无根据地或人为地加速儿童的发展，也不要教授过于简单的内容妨碍儿童的发展。

#### 2. 教学促进学生的认知发展

适当的教育训练是可以提高学生的认知发展水平的。虽然不主张拔苗助长，但只要教学内容和方法得当，经过系统训练，肯定可以起到加速学生认知发展的作用。因此，不能把皮亚杰的认知发展理论看作一成不变的、僵化的模式。

### (六) 各发展阶段具体教学指导

#### 1. 前运算阶段儿童(学龄前儿童)的教学

第一，使用具体的支持物和视觉的帮助。

例如，当你和他讨论"部分""整体"或"一半"等概念时，不要用理论解释，而要用具体物体表示，如让孩子用数棍子、数石子等进行加和减的运算。

第二，指导说明的话要短，尽量使用动作。

例如，当休息之后告诉幼儿如何进入教室准备上课时，可以要求一名幼儿为其他幼儿通过动作示范这个程序，即轻轻走进教室，走到座位前，拿出语文课本、纸、铅笔放在桌子上；通过行动将游戏的一部分做出来的办法向孩子解释怎么做游戏，如可以使用投影仪等给学生展示，让幼儿看到要求他们完成的作业是什么样子。

第三，不要期望每个幼儿都用同样的观点看世界。

例如，避免学习内容偏离学生的经验。

第四，对幼儿对同一个词有不同理解的现象要敏感，他们也希望别人理解他们发明的词。

例如，如果一个幼儿抗议"我不睡觉，我刚休息过"，要了解到，他说的睡觉可能指在家里他自己的床上休息。

第五，要给学生大量的技能练习的机会，为掌握更复杂的技能做准备。

例如，用字母拼字，为阅读做准备。在活动中(做饭、分爆米花等)进行简单的计算，为学数学做准备。

第六，提供广泛的经验为概念学习和语言学习建立基础。

例如，带儿童到动物园、公园、剧场或邀请"故事大王"到班上来讲故事等。又如，给学生词汇用以描述他们正在做、听、看、摸、尝、闻的东西。

### 2. 具体运算阶段儿童(小学生)的教学

第一，继续使用具体的和视觉的支持物，特别是在应对较难的问题时。

例如，在历史课上使用时间曲线，在数学课上使用三维模型。

第二，继续给学生操作和测验物体的机会。

例如，用图表说明政府机构的层次关系。又如，设计像下列包含火和氧关系的实验。当你从一定距离吹火苗时会发生什么？(如果你不把火苗吹灭，火苗会在一瞬间变大，因为它得到较多的氧气)当你用一个罐盖住火苗时会发生什么？(用完了氧就会灭)再如，让学生亲自动手做一些食品，如面包。

第三，读物等应是简短并组织得很好的。

例如，指导学生先阅读较短的课外书，然后阅读长篇的。又如，停止呈现以提供给学生练习前两个步骤的机会，然后做第三步。

第四，使用熟悉的例子解释复杂的思想。

例如，拿学生的生活和故事中人物的生活做比较。又如，教学生面积的概念时，用让学生丈量教室的办法。

第五，给学生区分和分类物体的机会。

例如，让学生分析句子，划分段落。又如，使用轮廓、层次等关系解释要讲解的复杂事物的关系。

第六，使用需要逻辑、分析性思维的问题。

例如，使用刺激思维的开放性问题，如城市如何对待被遗弃的动物。

### 3. 形式运算阶段儿童(中学生)的教学

第一，继续使用具体运算阶段的教学策略和资料。例如，使用图表等说明复杂问题；又如，将故事中主人公的经验与学生自身经验做比较。

第二，给学生探索假设性问题的机会。例如，让学生写出如果地球上人类灭绝会是什么样子的文章。

第三，给学生解决实际问题和科学推理的机会。

第四，只要有可能，教师教一些抽象的概念而不仅仅是事实，使用与学生生活有关的资料和思想。

## 二、维果斯基的心理发展观

### (一) 维果斯基的文化历史发展理论

苏联心理学家维果斯基从历史唯物主义的观点出发，在20世纪30年代提出"文化历史发展理论"。"文化历史发展理论"是维果斯基心理发展观的核心。

维果斯基区分了两种心理机能：一种是作为动物进化结果的低级心理机能，另一种则是作为历史发展结果的高级心理机能，即以符号系统为中介的心理机能。高级心理机能是人类所特有的，它使得人类心理在本质上区别于动物心理。高级心理机能的实质是以心理工具为中介，受社会历史发展规律的制约。

### (二) 最近发展区理论

维果斯基认为心理发展是个体的心理自出生到成年，在环境与教育的影响下，在低级心理机能的基础上，逐渐向高级机能转化的过程。

"最近发展区"：儿童现有水平与经过他人帮助可以达到的较高水平之间的差距，就是"最近发展区"。教学应着眼于学生的最近发展区，把潜在的发展水平变成现实的发展，并创造新的最近发展区。维果斯基主张教学应走在儿童现有发展水平的前面，教学可以促进发展。

教学的作用表现在两个方面：一方面可以决定儿童发展的内容、水平、速度等，另一方面可以创造最近发展区。因为儿童的两种水平之间的差距是动态的，它取决于教学如何帮助儿童掌握知识并促进其内化。只要教学充分考虑儿童现有的发展水平，而且能根据儿童的最近发展区对其提出更高的发展要求，就能促进儿童的发展。

# 第三节 学生人格发展阶段

人格也称个性，英文单词是 personality。这个词源于希腊语 persona，原义是指演员在舞台上戴的面具，类似于中国京剧中的脸谱，后来心理学借用这个术语用来说明在人生的大舞台上，人也会根据社会角色的不同来换面具，这些面具就是人格的外在表现。面具后面还有一个实实在在的真我，即真实的人格，它可能和外在的面具截然不同。因此，人格有以下两个方面的含义。

一是指一个人在人生舞台上所表现出来的种种言行，是一个人遵从社会文化习俗的要求而做出的反应；二是指一个人由于某种原因不愿展现的人格成分，即面具后面的真实自我，这是人格的内在特征。

据美国心理学家奥尔波特 1937 年统计，人格定义已达 50 多种，人格的现代定义也有 15 种之多。我国心理学界认为，每个人的行为、心理都有一些特征，这些特征的综合就是人格。心理学家黄希庭在综合各界的定义以后认为，人格是个体在行为上的内部倾向，它表现为个体适应环境时在能力、情绪、需要、动机、兴趣、态度、价值观、气质等方面的整合，是具有动力一致性和连续性的自我，是个体在社会化过程中形成的有特色的心身组织。

## 一、弗洛伊德的人格发展阶段理论

### (一) 弗洛伊德人格理论

弗洛伊德认为人格由本我(id)、自我(ego)和超我(superego)构成。

#### 1. 本我(id)

本我是人格结构中最原始的部分，从出生起即已存在。构成本我的成分是人类的基本需求，如饥、渴。本我中有需求产生时，个体要求立即满足，故而从支配人性的原则看，支配本我的是唯乐原则。例如，婴儿每感饥饿时即要求立刻喝奶，决不考虑母亲有无困难。

#### 2. 自我(ego)

自我是个体出生后，在现实环境中由本我中分化发展而产生的，由本我而来的各种需求，如不能在现实中立即获得满足，就必须迁就现实的限制，并学习到如何在现实中获得需求的满足。从支配人性的原则看，支配自我的是现实原则。此外，自我介于本我与超我之间，对本我的冲动与超我的管制具有缓冲与调节的功能。

#### 3. 超我(superego)

超我是人格结构中居于管制地位的最高部分，是由于个体在生活中，接受社会文化道德规范的教养而逐渐形成的。超我有两个重要部分：一为自我理想，是要求自己行为符合自己理想的标准；二为良心，是规定自己行为免于犯错的限制。因此，超我是人格结构中的道德部分，从支配人性的原则看，支配超我的是完美原则。

### (二) 弗洛伊德的性心理发展期

人格发展的顺序，依次分为5个时期。其中前3个时期以身体的部位命名，原因是6岁以前的个体，其本我中的基本需求是靠身体上的部位获得满足的。因此，这些部位即称性感带区。

#### 1. 口腔期(0~1岁)

原始欲力的满足，主要靠口腔部位的吸吮、咀嚼、吞咽等活动获得。婴儿的快乐也多来自口腔活动。此时期的口腔活动若受限制，可能会留下后遗性的不良影响。成人中有所谓的口腔性格，可能就是口腔期发展不顺利所致。在行为上表现贪吃、酗酒、吸烟、咬指甲等，甚至在性格上表现悲观、依赖、洁癖等，都被认为是口腔性格的特征。

### 2. 肛门期(1~3岁)

原始欲力的满足，主要靠大小便排泄时所产生的刺激及快感获得。此时期卫生习惯的训练，对幼儿而言是非常关键的。如果管制过严，可能会留下后遗性的不良影响。例如，在行为上表现冷酷、顽固、吝啬等，可能就是肛门性格的特征。

### 3. 性器期(3~6岁)

原始欲力的需求，主要靠性器官获得。

### 4. 潜伏期(7岁至青春期)

7岁以后的儿童，兴趣扩大，感情由对自己的身体和父母，转变到周围的事物，故而从原始的欲力来看，呈现出潜伏状态。此时期的男女儿童之间，在情感上较疏远，团体性活动多呈男女分离趋势。

### 5. 两性期(青春期以后)

两性期开始的时间，男生约在13岁，女生约在12岁。此时期个体性器官成熟，生理上与心理上所显示的两性差异开始显著。自此以后，情感需求转向相似年龄的异性。

## 二、埃里克森的人格发展阶段理论

埃里克森认为儿童人格的发展是一个逐渐形成的过程，它必须经历一系列顺序不变的阶段，每一阶段都有一个由生物学的成熟与社会文化环境、社会期望之间的冲突和矛盾所决定的发展危机，每一个危机都涉及一个积极的选择与一个潜在的消极选择之间的冲突。如果个体能够成功合理地解决每个阶段的危机和冲突，就会形成积极的人格特征，有助于健全人格的发展；反之，危机得不到解决或解决得不合理，个体就会形成消极的人格特征，导致人格向不健全的方向发展。

### (一) 危机与冲突

埃里克森认为其中的每一个阶段都由一对冲突或两极对立组成，形成一种危机。

他所指的危机不是指一种灾难，而是指发展中的一个重要转折点。危机得到积极解决，自我力量就会增强，人格就会得到健全发展，有利于个人对环境的适应；危机得不到解决，自我力量就会削弱，人格就会不健全，从而阻碍个人对环境的适应。前一阶段中的危机得到积极解决，会增大后一阶段危机解决的可能性。埃里克森不强调性的本能，而是把重点放在个体的社会经验上。他的阶段论称为"心理社会发展阶段论"，以区别于弗洛伊德的理论。

### (二) 埃里克森的人格发展阶段理论

埃里克森认为，人格在人的一生中是不断发展的，这是其理论的重要部分。

他认为人从出生到死亡一共经历8个阶段，这8个阶段的先后顺序不变，普遍存在于不同文化中，是由遗传因素决定的，但每一个阶段能否顺利度过，是由社会环境决定的。在不同文化的社会中，各个阶段出现的时间不尽一致。

### 1. 婴儿期(0～2岁)

婴儿期的发展任务是获得信任感，克服不信任感。

埃里克森认为，这个阶段的儿童最为软弱，非常需要成人的照料，对成人的依赖性很大。如果护理人(父母等)能够爱抚儿童，并有规律地照料他们，满足他们的基本需求，婴儿就会对周围的人产生一种基本的信任感，感觉世界是美好的，人是充满爱的，是可以接近的。这是人格发展中的第一个转折点，埃里克森把它叫作"精神生活的根本前提"。埃里克森在《同一性：青春期与危机》一书中写道：基本信任感是对自己世界的一般态度，对他人的根本信任感，以及对自己的基本可信赖感。相反，如果儿童的基本需要没有得到满足，他就会产生不信任感与不安全感，在以后的一生中都会对他人表现出疏远和退缩，不相信自己，也不相信别人。

### 2. 儿童早期(2～4岁)——人生第一个反抗期

儿童早期的发展任务是获得自主感，克服怀疑与羞怯感。

父母养育儿童，要根据社会的要求，对儿童的行为有一定的导向和限制，但又要给他们一定的自由，不能伤害他们的自主性，必须理智、耐心。对子女过分严厉，限制、惩罚、批评过多或过度保护都会阻碍这个年龄阶段儿童的自主性发展。如果不允许儿童探索，他们就不能获得个人控制感，不知道如何对外界施加影响，从而会感到羞怯，并对自己的能力产生疑虑。

这一阶段的危机如果得到积极解决，儿童的自主性就会超过羞怯和疑虑，他们就会形成一种良好的品质，即意志品质。意志坚强的儿童目的明确，会努力克服困难，取得成功，羞怯和疑虑的儿童则依赖性很强，缺乏果断性，对自己的能力缺乏自信，而这些正是激烈竞争中取得成功的消极因素。

### 3. 学前期(4～7岁)

学前期的发展任务是获得主动感，克服内疚感。

这是他们形成主动性的关键时期，这个阶段儿童的主要任务是发展主动性。通过前面两个阶段的发展，儿童已懂得他们是人，随着身心的进一步发展，他们开始探索自己是什么样的人和应该成为什么样的人，探索什么是允许的，什么是不允许的。如果父母肯定和鼓励儿童的主动行为和想象，那么儿童的主动性就会得到发展；如果父母经常否定儿童的主动行为和想象，儿童就会缺乏主动性，总是依赖别人，并且感到内疚，生活在别人为他安排的狭隘圈子里。

这一阶段的危机如果得到积极解决，儿童的主动性就会超过内疚，他们就会形成一种良好的品质，即目的品质。

### 4. 学龄期(7～12岁)

学龄期的发展任务是获得勤奋感，克服自卑感。

这个阶段的儿童大多在上小学，不仅会受父母的影响，还会受教师和同学的影响。学习是他们的主要活动。

儿童在这一阶段最重要的是体验稳定的注意和勤奋完成工作的乐趣。儿童在学校与同学竞争，他们比学习，也比在游戏中的表现。儿童如果体验到成功，就会产生勤奋感和对自己的力量和能力的信任感，这为他们以后踏入社会铺平了道路。失败的体验则会使儿童产生自卑感，不相信自己的力量和能力。

这个阶段的危机如果得到积极解决，儿童的勤奋就会超过自卑，形成一种良好的品质，即能力品质。能力就是不会为儿童期的自卑所损害的，在完成任务中能自如运用的聪明才智。

埃里克森重视教师在培养学生勤奋习惯中的作用。一个自卑的学生如果遇到好教师，则能克服自卑感，提高学习成绩，重新开始勤奋学习。埃里克森说，他不止一次观察到，在具有天赋和灵感的人中，大部分是教师点燃了他们未被发现的天才的内心火焰。许多人对工作和学习的态度及习惯可以追溯到这一阶段的勤奋感。

### 5. 青春期(12～18岁)

青春期的发展任务是建立自我同一性，防止同一性混乱。

自我同一性是一种关于自己是谁，在社会上应占什么样的位置，将来准备成为什么样的人，以及怎样努力成为理想中的人等一系列的感觉。

同一性并不是在青春期才出现的。儿童在学前期已形成各种同一性，但是进入青春期后，早期形成的同一性已不能应付眼前必须做出的种种选择和决断。因为青春期儿童身体迅速发育，性成熟开始，新的指向未来的思维能力出现，加之即将面临的种种社会义务和选择，如异性朋友、职业理想等，就使儿童对原已形成的自我同一性产生怀疑。此时儿童迫切要求了解自我，以形成一个真正独立的自我。

自我同一性对发展儿童健康人格十分重要，其形成标志着儿童期的结束和成年期的开始。如果儿童在前几个阶段中形成了积极的人格品质(信任感、自主感、主动感、勤奋感)，那么其解决同一性危机的机会就较多；反之，同一性危机将持续到其人生发展的后续生活之中。

### 6. 成年早期(18～25岁)

恋爱与婚姻是成年早期的主要特征，所以成年早期的发展任务是获得亲密感，避免孤立感。

亲密感在危急情况下，往往会发展成为一种互相承担义务的感情，其是在共同完成任务的过程中建立起来的。埃里克森指出，只有建立了牢固的自我同一性的人，才敢热烈追求他人并与他人建立亲密的爱的关系。因为他要把自己的同一性与他人的同一性融合在一起，其中包含着让步和牺牲。没有建立自我同一性的人担心同他人建立亲密关系会丧失自我、离群索居，从而有孤独感。

这一阶段的危机如果得到积极解决，个体的亲密感会超过孤独感，就会形成一种良好品质，即爱的品质。埃里克森指出，爱是一种由遗传导致的对立而永久的相互献身精神。

### 7. 成年中期(25～65岁)

成年中期主要通过生儿育女，获得生殖感而避免停滞感，体现着关怀的实现，其积极成果是关怀后代。

成年人已经建立家庭和自己的事业，有的人已成为父母。如果形成了积极的自我同一性，成人会通过对自己孩子的教育，丰富自己的生活，感受生活的乐趣。也有些父母，很少从教育孩子中获得快乐，而是感到厌烦，对生活不满。

这一阶段的危机如果得到积极解决，个体就会形成一种良好的品质，即关心品质。具有这种品质的人，能自觉自愿地关心、爱护他人。

### 8. 成年晚期(65岁以后直至死亡)

成年晚期大约从 65 岁开始，直至生命结束。在体验了人生的众多喜怒哀乐后，这一阶段的发展任务主要为获得综合的完善感,避免对自己的失望和厌恶感。其积极成果为体验完成人生的使命感。

这个阶段相当于老年期,一生的主要工作差不多已经完成,容易回忆往事。前面 7 个阶段都能顺利度过的人,具有充实、幸福的生活,对社会有所贡献,具有充实感和完善感,会怀着平静的心情向人间告别。这种人不惧怕死亡,在回忆过去的一生时,自我是整合的。而生活中有过挫折的人回忆过去时,经常会体验到绝望,因为他们的主要生活目标尚未达到,过去只是一连串的不幸。他们感到自己的人生已快终结,再开始已经太晚。他们不愿匆匆离开人间,对死亡没有做好准备。

这一阶段的危机如果得到积极解决,个体的自我整合会超过绝望,于是会形成一种良好的品质,即明智品质。明智是以超然的态度来对待生活和死亡。

### (三) 人格发展理论的教育含义

埃里克森的心理发展理论指出了人生每个阶段的发展任务及所需要的支持帮助,这有助于教育工作者了解中小学生在不同发展阶段所面临的各种冲突,从而采取相应的措施,因势利导,对症下药。

根据这个理论,初中和高中阶段正是青少年儿童开始建立自我同一性的时期,老师要理解学生需要大量的机会来体验各种职业和社会角色,同时提供机会让学生了解社会,了解自我,通过讨论的形式使他们解决自身所面临的问题。在这当中,要始终给学生有关其自身的真实的反馈信息,以便学生能正确认识,确定合理的、适当的自我同一性。

小学生正处于第四阶段(7~12 岁),对于小学生,主要是教育他们勤奋,克服自卑。

中学生正处于第五阶段(12~18 岁),对于中学生,主要是帮助他们形成自我同一性,克服角色混乱。

在对青少年进行教育的过程中应当注意如下几点。

第一,不应把他们当成"孩子"看待。

第二,不应在他们的同伴或其他人面前轻视他们。

第三,给以明确的指示,让他们独立完成任务。

第四,注意同伴之间的影响。

## 三、影响人格发展的社会因素

### (一) 生物遗传因素

#### 1. 双生子研究法

双生子研究法是研究遗传因素对人格的影响的最好方法。如同卵双生子奥斯卡·斯托尔和杰克·伊弗。他们刚出生就被分开,奥斯卡由母亲带回德国,杰克由父亲抚养,在以色列的一个集体农庄中长大。兄弟俩过着截然不同的生活,从未见过面,31 岁初次相遇竟发现两人在着装与修饰上有着许多惊人的相似性,还有着共同的兴趣爱好和生活习惯(见图 2-10)。

图2-10 同卵双生子奥斯卡·斯托尔和杰克·伊弗

#### 2. 遗传因素对人格的作用随人格特质的不同而异

人们平时总说"江山易改，本性难移"，"龙生龙，凤生凤，老鼠的儿子会打洞"，这都说明遗传对人格的形成有很重要的作用。

### (二) 社会文化因素

#### 1. 适应行为的标准

社会文化因素对人的适应行为的标准起着重要的作用。

1920年，印度山林里，人们发现一群狼，狼群里有两个人，披头散发、赤身裸体地跟随狼群奔跑和生活。当地人都很害怕，以为是妖怪。这时美国有个叫辛格的传教士去探险，追踪这群狼，果然有一天他真发现了这群狼里面有两只人形的"狼"，是两个女孩。

她们是小时候不幸被母狼叼走在狼窝长大的。孩子救回来后，也不知道是谁家的。小女孩大约1岁半左右，给她取名叫阿玛拉；大女孩大约8岁左右，取名卡玛拉。他们虽然被救回，可惜因为错过了人类的早教阶段，在她们身上，人的一切心理现象已经全部消失。

她们有如下特点：不肯穿衣服，强迫给穿上也不会脱，只会用"爪子"把衣服撕碎，没有人的羞耻感；不吃熟食，也不吃五谷杂粮，专吃生肉、生鸡，腐烂的肉也吃；喜欢喝牛奶，但不用杯子喝，要人泼在地上，然后在地上舔食；不肯睡床，也不愿盖被子，喜欢趴在地上睡觉，也不怕冷，并且是白天睡大觉，晚上活动，半夜里还爬到窗户外嗥叫。

#### 2. 人格塑造的功能

文化因素和亚文化同样对人格起着塑造的作用。例如，一个妇女穿着暴露地在街上行走，某些国家认为这是正常行为，而某些国家就会认为这是裸露癖；同性恋在某些国家是为法律所禁止的，而在一些国家，同性恋就和异性恋一样，是合法的，如德国规定同性恋可以结婚，在法律上予以承认。

### (三) 家庭环境因素

教育心理学家鲍姆宁曾根据控制、成熟的要求、父母与儿童的交往、父母的教养水平4个指标，将父母的教养行为分为专制型、放纵型和民主型3种教养方式。不同的教养方式所培养出的孩子的个性特点如下。

民主型：社会交往能力强，自立、自尊，与人相处融洽。
专制型：社会行为能力、自主性差，沟通能力不强。
放纵型：缺乏控制力，为所欲为。

---

本章案例中学生的表现与其所处的年龄阶段有关，按照皮亚杰的心理发展观，这个年龄段的孩子可以说具有"自我中心"的特点，见不得别人好，也就是说妒忌心强，对出众的学生他们表现出排挤的态度。这种环境(同学之间的关系)对孩子的影响是比较大的。如果我是老师，我会私下鼓励她，或是帮她表达感受和想法，因为嫉妒只发生在小差距的人之间，大的或是悬殊的就会变成羡慕。要对孩子们的认识加以引导，因为孩子是具有可塑性的。

# 第三章

# 学习及学习理论

## 内容提要

本章主要讲述学习的含义、作用、特点与分类，行为主义与认知主义学习理论，建构主义与人本主义学习理论，以及对未来学习领域的展望——教育神经科学与脑科学。本章内容旨在使学生在了解什么是学习的基础上，进一步掌握学习理论和学习理论未来的发展，对于学生未来从事教育、教学工作具有重要的指导意义。

## 学习目标

**(一) 认知目标**

1. 识记学习、学习的分类、学习理论中相关的关键概念。
2. 能够陈述行为主义学习理论、认知主义学习理论中各理论的主要内容。
3. 熟悉建构主义学习理论与人本主义学习理论。

**(二) 能力目标**

1. 培养学生运用相关的学习理论来解释学生的学习现象。
2. 锻炼学生运用相关的学习理论解决一些学习问题。

**(三) 情感目标**

通过本章的学习，帮助学生感受学习理论的有趣和有用，培养教师教育专业的学生对教学工作的热情与兴趣。

---

林女士的女儿在某小学四年级就读，一段时间里，孩子经常和她说，老师经常对同学们进行"罚款"，有的同学因为没穿校服，有的男同学因为上课违反纪律，班主任就处以10元罚款。据班主任说，学生交的罚款都用来做班费，可同学们在开学的时候都已经交过班费了，所以同学们对老师的说法不信服。而且近日，林女士的女儿和她说：有的同学作业写错了一个字，语文老师就让这个同学把写错的字写一本。这位老师的做法，你是否同意？这种问题可以应用什么原理解决？怎样做会更好一些？同学们会在后续的学习中找到答案。

# 第一节 学生的学习

一个小孩子被邻居家的狗咬了一口,从此他看到任何狗都躲着走;当他看到另一个儿童因为某种良好行为受到夸奖的时候,他也会去模仿。雪虎是杰克·伦敦的名著《雪虎》中的一只狼犬,在幼崽时期看到主人生火,就用舌头去舔这种太阳颜色的东西,结果舌头和鼻子都被灼伤了,雪虎从此知道火是危险的东西,不可触碰;长大一些,它看到有些狗被人用枪打死打伤,当看到人类拿出枪来的时候,它知道躲到墙后藏起来。无论是人类中的儿童还是动物中的狼犬,他们都是因为学习而发生了上述的变化。学生作为以学习为主要活动方式的个体,教师作为以教学为主要活动方式的个体,都应该更深刻地了解什么是学习,以及学习的特点、学习的分类等基本问题。

## 一、学习概述

学习一词最早见于我国古代儒家名著《论语》中,如"学而时习之,不亦说乎?"在当时,学与习两个字是分开使用和理解的。所谓"学"是指获取知识和技能;"习"是指巩固知识和技能。而心理学中所研究的学习,尽管各家各派的观点与定义不同,但其内涵远远超过了知识和技能的学习。

学习问题非常复杂,学习的范围十分广泛,层次丰富,影响因素多种多样,心理学中对学习有多种定义,但较为广泛接受的定义是:学习是由于个体在特定情境下由于练习或反复经验而产生的行为或行为潜能的比较持久的变化。由于学习心理学中的认知革命,目前更为广泛接受的定义是:学习是由于经验所引起的行为或思维的比较持久的变化。

我们可以从以下几个方面对学习这一概念进行更深入的理解。

第一,学习的发生是由于经验所引起的。这里的"经验"与"经历"等同,即个体通过某种活动来获得经验的过程,是个体与外界信息相互作用的过程。经验或经历越丰富,个体的学习发生得越多,从这个层面上来讲,"两耳不闻窗外事,一心只读圣贤书"是片面的学习,而"见多识广"才是全面的学习。

第二,学习的结果有可能是马上就能看到的行为变化,也有可能是行为潜能的变化,并不是所有的学习都能立竿见影。早在1930年,行为主义心理学家托尔曼就从老鼠的身上发现了这种学习——在无奖赏时能够发生的但在有需求时才表现出来的学习过程。当然,无论是看不见的潜伏学习、思维变化,还是看得见的行为变化,都是比较持久的。

### 潜伏学习的实验

1930年,托尔曼和C. H. 杭席克设计了一个实验,研究白鼠学习迷津过程中食物(强化物)对学习的作用。他们选用3组白鼠,甲组没有食物奖赏,即目标间无食物;乙组有食物奖赏,甲乙均为控制组;丙组为实验组,延迟受奖,即前10天不给食物,从第11天起才能在目标间找到食物。实验组的目的在于比较乙组和丙组的成绩,从而探索动物开头几天不给食物而中途给予食物对成绩的影响。结果是:乙组较甲组更快地逐日减少错误,乙组与丙组比较,丙组从第

11天开始给予食物,到第12天只喂过一次,可是乙、丙两组的错误次数几乎相似,以后丙组甚至优于乙组。托尔曼认为,丙组动物虽然开始时未受奖赏,但动物学会了迷津中的空间关系,形成一种认知地图,"知道"迷津中的每一部分都有一端不通,另一端则有一个通向别的部分的门。当丙组在第1天给予食物时,因为加强了白鼠对迷津情境的认识,所以迅速减少错误,甚至比乙组学习更好。所以,这种学习是潜伏的、隐匿的。

(资料来源:根据网络资料整理)

第三,不能简单地认为凡是行为的变化都是因为发生了学习。有机体的变化可能是由学习引起的,也有可能是由本能、疲劳、适应和成熟等引起的。

第四,学习是一个广义的概念,不仅人类普遍具有,而且动物也存在学习。学习不仅指有组织地学习知识、技能和策略,也包括态度、行为准则等,既有学校的学习,也包括从出生以来就出现的并一直持续终生的日常生活中的学习。

综上所述,我们对学习做这样的界定:学习是个体(人或动物)以自己现有的知识、技能、态度等心理结构为基础,通过与客体信息进行的双向的相互作用来形成、充实或调整自己的知识、技能和态度的过程,而这种变化对个体以后在相关情境中活动的水平和方式产生影响。

## 二、学习的作用

学习的作用包括很多方面。

### (一) 学习是个体适应环境,与环境保持动态平衡的重要手段

人是最高等的动物,生活方式极为复杂,固定不变的本能行为最少。人类行为的绝大部分都是后天习得的,学习的能力以及学习在人类个体生活中的作用也是最大的。人类婴儿与初生动物相比,独立能力差,天生的适应能力也差。可以说,离开父母的养育,婴儿是无法生存下去的。但人类有着动物不可比拟的学习能力,可以迅速而广泛地通过学习适应环境。人能够成为万物之灵,靠的就是学习。国外有句名言,叫作"不学习就灭亡"。1972年联合国教科文组织国际发展委员会发表著名的研究报告,题为《学会生存》,该报告把学习同生存直接联系在一起,可见学习对人类生存的重要性。

### (二) 学习可以促进个体的成熟和生理的发展

受"用进废退"自然法则的支配,"用"即意味着后天的学习,学习可以促进个体的生理发展,动物与人类的学习实验都证明了这一点。动物,尤其是初生动物的环境丰富程度可以影响动物感官的发育,也会影响大脑的重量、结构和化学成分,从而影响智慧的发展。

**环境对幼鼠大脑发育的作用的实验**

美国心理学家克雷奇将幼鼠分成3组:第一组给予丰富刺激,使它们的反应越来越复杂;第二组在笼中过着正常的生活;第三组与环境刺激完全隔离。80天之后对3组幼鼠进行解剖比较分析。结果发现,在大脑皮层的重量和密度方面,第一组最优,第三组最差;在与神经冲动

的传递密切相关的乙酰胆碱酯酶方面，3组也呈现重大差异，第一组含量最丰富，第二组次之，第三组含量最少。

怀特关于初生婴儿眼手协调动作训练的实验研究说明了学习和训练对成熟的促进作用。怀特发现，经过训练的婴儿，平均在3.5个月时就能举手抓取到面前的物体，其眼手协调的程度相当于未训练的5个月婴儿的水平。这就说明了学习、训练对成熟的促进作用——学习促进了潜能的表现和能力的提高。

(资料来源：付建中. 教育心理学[M]. 北京：清华大学出版社，2010.)

### (三) 学习可以提高人的素质

学习可以提高人的文化修养。人类在社会历史发展过程中创造了大量的物质文化与精神文化，特别是精神文化，如在文学、艺术、教育、科学等方面的成果，尤其需要我们通过学习获得，以提高自己的文化素养。缺乏一定文化素养的人不能算作真正健全的人，现代社会的新型人才必须是具有较高文化素养的人。

学习可以优化人的心理素质。一个现代社会的新型人才，应该具备诸多方面的良好素质，如高尚的品德、超凡的气质、敬业的精神、目标专一的性格及坚韧不拔的意志等。这些都可以通过学习获得。

### (四) 学习是文明延续与发展的桥梁和纽带

美国著名民族学家、原始社会历史学家摩尔根认为，人类社会的历史可概括为3个时代，即蒙昧时代、野蛮时代和文明时代。在蒙昧时代，人类世代生活在热带或亚热带的森林中，以野生果实、植物根茎为食，还有少部分栖居在树上。随着地壳的变化、气候的改变，人类不得不从树上移居地面，学会了食用鱼类，使用火，打制石器，使用弓箭，磨制石器等生存的本领，并世代相袭。到了野蛮时代，人类又学会了制陶术、动物的驯养繁殖和植物的种植。这一时代后期，人类还学会了铁矿的冶炼，并发明了文字，从而使人类历史过渡到文明时代。

由此看来，人类文明的延续和发展，如同一场规模宏大且旷日持久的接力赛：前代人通过劳动和生活获得维持生存和发展的经验，不断总结，不断积累，不断提高，形成知识和技能，传给后人；后辈人在学习前辈人经验的基础上，进一步丰富和提高，以适应时代与环境的变迁。如此代代传递，便形成了一部人类文明延续发展的历史。

值得注意的是，由于人类文明在一定意义上存在加速发展的趋势，所以学习活动对人类社会的作用更加明显。

## 三、学生学习的特点

学生的学习是人类学习的一种特殊形式。学生在学校的学习有如下特点。

### (一) 学生的学习以掌握书本的间接经验为主

间接经验是人类在漫长的社会实践中所积累起来的精神财富，包括文化科学知识、生产技术和行为规范。学习直接经验和间接经验对于人类来说都是必要的，但学生的学习则是以掌握间接经验为主。因为学生要在短时间内掌握人类数千年积累起来的知识，若要求他们事事都直接经历和体验，这既无可能，也不必要。强调学生要以掌握间接经验为主，这并不排除学生也要获得必要的直接经验。因为没有一定的直接经验，学生学习间接经验就会存在困难。

### (二) 学生的学习是在教师的指导下进行的

学生在教师的组织和指导下的学习跟人们在日常生活中的学习是不同的。教师是经过教育和训练的专职教育工作者，他们能按照一定的教育目的和要求，遵循教学和学生身心发展的规律，有计划、有组织地进行教育和教学。学生在教师指导下的学习，其学习目的、任务比较明确，学习要求具体，学习内容丰富而系统，时间安排比较科学，学习形式灵活多样，这样就会使学生在较短时间内掌握比较系统的科学知识，取得良好的学习效果。这同人们在日常生活中通过交往而进行的学习和自学，在学习的目的、内容和效果等方面，都有明显的区别。在教师指导下进行的学习，是学生学习的一个重要特点。

### (三) 学习的主要目的是为参与未来的生活实践做准备

学生在学校里学习系统的科学知识，形成技能，发展智力，形成科学的世界观和道德品质，为参与未来的社会实践做准备。学生的学习实际上是一种社会化的过程，他们不仅要学习科学知识，更要学会做人和掌握社会行为规范。由于学生的学习是为将来参加社会实践做准备，他们对学习的重要性、紧迫性往往认识不足，因而必须对学生进行目的教育，培养和激发其学习动机，以充分调动他们的学习积极性。

## 四、学习的分类

学习是一种极为复杂的现象，范围广泛、形式多样、层次不一。因此，对学习可以从不同的角度做不同的分类。

### (一) 按学习水平分类

认知心理学家加涅在 1970 年根据学习的简繁水平不同，提出了 8 类学习，分别为信号学习、刺激—反应学习、连锁学习、言语联想学习、辨别学习、概念学习、规则的学习、解决问题的学习。加涅的这一分类是由简单到复杂、由低级到高级的。前 3 类学习都是简单反应，许多动物也能完成。1971 年，加涅对这种分类做了修正，变为：连锁学习、辨别学习、具体概念学习、定义概念学习、规则的学习、问题解决的学习。

### (二) 按学习的方式分类

奥苏伯尔是认知学习理论的代表人物，他根据学习的方式将学习分为接受学习与发现学习、意义学习与机械学习。

#### 1. 接受学习与发现学习

接受学习即将知识以定论的形式，把学习的内容传授给学习者。学习者"被动"接受，把学习的内容内化为自身的知识，在适当的时候能够提取出来或应用。而发现学习是指讲授者不直接把学习内容教给学生，学生在内化之前，要自己独立发现这些内容。学生的主要任务是"主动"地发现，然后将其内化为自己的知识。发现学习与接受学习的区别在于，发现学习之前多了一个"发现"的环节，然后同接受学习一样，将发现的内容同化，以便在以后予以运用。

### 2. 意义学习与机械学习

意义学习即在用符号、文字所代表的新知识与学习者原有的知识结构之间建立一种"实质"的和"非人为"的联系。机械学习则是指在学习过程中，学习者没有理解学习符号的真实含义，只是在学习内容和已有知识结构之间建立一种非本质的、人为的联系，如同常说的死记硬背。奥苏伯尔以一个图对以上4类学习及其关系进行了对比，如图3-1所示。

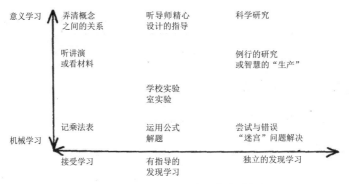

图3-1　不同学习方式及其关系举例

### (三) 按教育目标分类

美国教育家和心理学家布鲁姆根据教育目标对学习进行分类。他认为教育目标也是学习的结果，就此把学习分为认知学习、情感学习、技能学习三大领域。每一类学习又分为不同水平的目标，以认知领域的学习目标为例，认知领域的目标分为6个主要级别，由低到高依次是知识、领会、运用、分析、综合、评价。

(1) 知识：先前学习的材料的记忆，包括具体的知识和一般的知识，以及处理知识的方法和手段等，是最低水平的认知学习结果。

(2) 领会：能把握材料的意义，包括翻译、解释和推断所提供的教材。

(3) 运用：能将习得的材料应用于新的具体情境，包括概念、规则、方法、规律和理论的应用。

(4) 分析：能将整体材料分解成它的构成成分并理解组织结构。

(5) 综合：能将部分组成新的整体，强调创造能力，需要产生新的模式和结构。

(6) 评价：对材料做价值判断的能力。

### (四) 按学习的结果分类

1977年加涅在《学习的条件》一书中指出，根据学习活动的复杂性程度对学习进行的分类仍然对学校学习不适合，于是，他根据学习的结果又提出学习的分类方式。

(1) 言语信息的学习：学生掌握的是以言语信息传递的内容，学生的学习结果是以言语信息表达出来的。

(2) 智慧技能的学习：言语信息的学习帮助学生解决"是什么"的问题，而智慧技能的学习要解决"怎么做"的问题，表现为使用符号与环境相互作用的能力。

(3) 认知策略的学习：是学习者用以调节和支配自己的注意、学习、记忆、思维和问题解决过程的有内在组织的能力。

(4) 态度的学习：态度是影响个体行为选择的内部状态，这种状态影响着个人对某种事物、人物及事件的选择倾向。学校的教育目标应该包括态度的培养，态度可以从各种学科的学习中得到，但更多的是从学校内外活动中和家庭中得到。

(5) 运动技能的学习：表现为平稳而流畅、精确而适时的运动操作能力，如体操技能、写字技能、作图技能、操作仪器技能等。个体获得运动技能，不仅是指个体能完成某种规定的动作，还包括个体能将这些动作组织得合乎规则、流畅而准确。

# 第二节 行为主义与认知主义学习理论

数十年来，关于学习理论的争论一直是教育心理学界的主题之一，这种争论可以分为两大派别：一派认为学习是个体在一定条件下形成刺激与反应之间的联结而获得新经验的过程，这一派别被称为行为主义学习理论，代表人物是巴甫洛夫、桑代克、斯金纳、班杜拉等；另一派别认为学习是个体积极主动地形成新的完形或认知结构的过程，这一派别被称为认知学习主义理论，其代表人物是苛勒、布鲁纳、奥苏伯尔和加涅。

## 一、行为主义学习理论

行为主义学习理论认为，一切学习都是通过条件作用，在刺激 S 和反应 R 之间建立直接联结的过程。强化在刺激—反应联结的过程中起着重要作用。在刺激—反应联结之中，个体学到的是习惯，而习惯是反复练习与强化的结果。习惯一旦形成，只要原来的或类似的刺激情景出现，习得的习惯性反应就会自动出现。

### (一) 桑代克的尝试错误说

#### 1. 桑代克的经典实验

桑代克设计了"饿猫开谜笼"实验(见图 3-2)来证明学习是一个尝试错误的过程。

将饿猫关入笼中，笼外放一条鱼，饿猫急于冲出笼门去吃笼外的鱼，但是要想打开笼门，饿猫必须一口气完成 3 个分离的动作：首先要提起两个门闩，然后按压一块带有铰链的台板，最后把横于门口的条板拨至垂直的位置。经观察，刚放入笼中的饿猫以抓、咬、钻、挤等各种方式想逃出谜笼，在这些努力和尝试中，它可能无意中一下子抓到门闩或踩到台板或触及横条，结果使门打开，多次实验后，饿猫的无效动作越来越少，最后一入谜笼就能立即以一种正确的方式触及机关打开门。

图3-2 桑代克"饿猫开谜笼"实验

### 2. 基本观点

桑代克认为，学习的过程是刺激与反应之间建立联结的过程，在这个过程中，随着错误反应的逐渐减少和正确反应的逐渐增加，最终在刺激与反应之间建立起牢固的联结。这个过程就叫作尝试错误，简称试误。

### 3. 桑代克的学习定律

桑代克根据自己的实验研究得出了3条主要的学习定律。

(1) 准备律：指学习者在学习开始时的准备定势。学习者有准备而且给一活动就感到满意，有准备而不活动则感到烦恼，学习者无准备而强制活动也感到烦恼。

(2) 练习律：指一个学会了的反应的重复将增加刺激反应之间的联结。也就是刺激—反应联结受到练习和使用得越多，就变得越来越强；反之，变得越弱。在他后来的著作中，他也修改了这一规律，因为他发现没有奖励的练习是无效的，联结只有通过有奖励的练习才能增强。

(3) 效果律：桑代克的效果律表明，如果一个动作跟随着情境中一个满意的变化，在类似的情境中这个动作重复的可能性将增加，但是，如果跟随的是一个不满意的变化，这个行为重复的可能性将减少。这样就能发现，一个人当前行为的后果对决定他未来的行为起着关键作用。

## (二) 巴甫洛夫的经典性条件作用理论

### 1. 巴甫洛夫的经典实验

巴甫洛夫最早用精确的实验对条件反射做了研究(见图3-3)。他在研究消化现象时，观察了狗的唾液分泌，即对食物的一种反应特征。他的实验方法是，把食物呈现给狗，并测量其唾液分泌。在这个过程中，他发现如果随同食物反复给一个中性刺激，即一个并不自动引起唾液分泌的刺激，如铃响，狗就会逐渐"学会"在只有铃响没有食物的情况下分泌唾液。

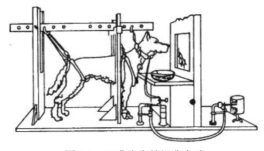

图3-3 巴甫洛夫的经典实验

### 2. 基本观点

一个原是中性的刺激与一个原来就能引起某种反应的刺激相结合，而使动物学会对那个中性刺激做出反应，就是经典条件作用的基本内容。在这个实验中，食物被称为无条件刺激，由食物引起的唾液分泌为无条件作用；铃声原来是一种中性刺激，铃声和食物在时间上多次结合，原是中性刺激的铃声就成了条件刺激，铃声和唾液分泌之间就建立了一种新的联系，称之为条件作用。巴甫洛夫对条件反射的研究是开创性的，而且他的实验方法与研究结果被后来的心理学家广泛接受，因此，他的条件反射理论被称为巴甫洛夫的经典性条件作用理论。

### 3. 巴甫洛夫关于学习规律的观点

尽管巴甫洛夫没有专门概括学习的规律，但他的实验以及他提出的条件反射原理中包含许多重要的学习规律。

1) 刺激的获得与消退

在条件作用的获得过程中，条件刺激与无条件刺激之间的时间间隔十分重要。一方面，条件刺激和无条件刺激必须同时或近于同时呈现，如狗边听铃声边进食，或听完铃声马上进食，时间间隔太久则难以建立联系；另一方面，条件刺激作为无条件刺激出现的信号，必须先于无条件刺激而呈现，否则也将难以建立联系，如给狗听完铃声马上进食可以建立起条件反射，进食以后马上听铃声则难以形成条件反射。

2) 刺激泛化与分化

刺激泛化指的是人和动物一旦学会对某一特定的条件刺激做出条件反应以后，其他与该条件刺激相似的刺激也能诱发其条件反应，如"一朝被蛇咬，十年怕井绳"。借助于刺激的泛化，可以把已有的学习经验扩展到新的学习情境，从而扩大学习范围。但是，泛化刺激所引起的泛化反应，有时是不准确或不精确的，这就需要刺激分化。

刺激分化指的是通过选择性强化和消退使有机体学会对条件刺激和与条件刺激相类似的刺激做出不同的反应。如给狗呈现一种铃声使狗对该铃声产生反应，而对另一种铃声则不产生反应。在实际教育和教学过程中，也经常需要对刺激进行分化，如一味要求学生"听话"，则会损坏学生的勇敢；一味要求学生"记住"，则会损坏学生的创造性。

刺激的泛化和刺激的分化是互补的过程，泛化是对事物相似性的反应，分化则是对事物的差异的反应。泛化能使我们的学习从一种情境迁移到另一种情境，而分化则能使我们对不同的情境做出不同的恰当反应，从而避免盲目行动。

### (三) 斯金纳的操作性条件作用理论

#### 1. 斯金纳的经典实验

斯金纳在20世纪30年代发明了斯金纳箱(见图3-4)，他用这种学习装置以老鼠为研究对象来研究学习行为。

斯金纳把饥饿的白鼠放入斯金纳箱内，它可以自由活动，当偶然碰上杠杆时，食物提供装置就会自动落下一颗食物丸，白鼠经过几次尝试，会不断压杠杆，直到吃饱为止。这样，白鼠就逐渐学会了按压杠杆取得食物的反应。

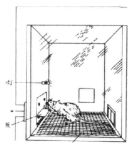

图 3-4 斯金纳箱

### 2. 两类行为与两类反射

斯金纳认为，人和动物的行为有两类：应答性行为和操作性行为。应答性行为是由特定刺激所引起的反应；操作性行为是有机体自身发出的反应，与任何已知刺激无关。与这两类行为相对应，斯金纳把条件反射也分成两类：应答性反射与操作性反射。斯金纳认为，人类行为主要是由操作性反射构成的操作性行为，操作性行为是作用于环境而产生结果的行为，在学习情境中，操作性行为更有代表性。在日常生活中，人的大部分行为都是操作性行为，操作性行为主要受强化规律的制约。

### 3. 强化理论

1) 正强化、负强化和惩罚

斯金纳认为强化是操作性行为形成的重要手段。强化是一种操作，强化的作用在于改变同类反应在将来发生的概率。强化需要用到强化物，凡是能增强反应概率的刺激和事件都叫作强化物。

强化分为正强化和负强化两种。正强化也叫积极强化，是获得强化物以加强某个反应，如老师的表扬使学生增加了主动学习的行为。负强化也叫消极强化，是去掉讨厌的刺激物，由于刺激的退出而加强了那个行为，如教师取消附加作业而使学生增加了守纪律的行为。需要注意的是，不管是增加了强化物，还是取消个体讨厌的刺激，正强化和负强化的结果都是使行为增加。而惩罚则是当有机体做出某种反应之后，呈现一个厌恶刺激，以消除或抑制此类反应的过程。如学生不遵守课堂纪律，被老师罚站，老师的目的是施加给学生一个令他讨厌的刺激，减少不遵守纪律的行为。也就是说，与强化相反，惩罚的结果是使个体行为的反应概率降低。

2) 强化的程序

个体行为的建立通过一次强化就完成显然是不切实际的，如果进行多次强化就需要对这些强化按科学的程序进行编排。斯金纳将强化按时间间隔和间隔次数分成两大类。

连续强化：也称为即时强化，即对每一次或每一个阶段的正确反应予以强化。

间隔强化：也称为延缓强化，包括定时距式强化和变时距式强化(按间隔时间是否固定划分)、定比率式强化和变比率式强化(按间隔次数是否固定划分)。

(1) 定时距式强化：强化的时间间隔是固定的，如学生每学期都会考的期末考试。

(2) 变时距式强化：强化的时间间隔是变化的，如学生上课时的随堂小考。

(3) 定比率式强化：每两次强化之间间隔相等的次数，如上课按学号或座位顺序让学生回答问题。

(4) 变比率式强化：每两次强化之间间隔次数不相等，如买彩票、赌博。

每一种强化的程序都有其效果,也会有其局限性。连续强化对于行为的建立有较快的作用,但是一旦强化停止,行为也很难维持;间歇强化是当强化停止后,个体会因为以前也有过没有强化的时候而期待下一次强化的到来,所以还会维持行为,但行为建立初期很难认识到强化和行为之间的因果关系。所以比较好的做法是,在行为建立初期使用连续强化,在行为建立起之后根据行为的性质和内容转为相应的间歇式强化。

3) 普雷马克原理

在强化时,还可以使用普雷马克原理,即用高频的活动作为低频活动的强化物,或者说用学生喜爱的活动去强化学生参与不喜爱的活动。如"你要先吃完蔬菜,然后才能吃甜点",或"你要先写完作业,然后才能看动画片"。

在使用普雷马克原理的时候要注意以下 3 点。

第一,要注意强化和行为之间的先后顺序。如要想使学生养成回家就写作业的习惯,就一定要让学生先写作业,然后才能做他自己喜欢的事情,如看动画片或做游戏。如果把这个顺序倒过来,则达不到强化的目的。

第二,要使学生认识到强化和行为的真正的依随关系。如要求学生先写完作业然后看动画片,学生为了早些看动画片,结果乱写乱画,速度是提高了,但没有达到强化的预期目的。所以在做要求的时候要与学生达成共识,即学生一定要保质保量地完成作业才能看动画片。

第三,要用学生喜欢的活动去强化学生不喜欢的活动。由于普雷马克原理是用一种活动去强化另一种活动,所以涉及活动的频率,这里假设学生喜欢的活动是高频活动,学生不喜欢的活动是低频活动。如周日一位家长对孩子说:"今天上午你先弹一小时钢琴,然后我让你画一小时画。"而对于孩子来说,他宁愿弹两小时钢琴,也不愿意画画,这样自然达不到家长预定的目的。

4) 外部强化的副作用

在实际教学中,尤其是对于低年级的学生,强化作为一种教学手段是十分有效的。很多教师都切身体会到了强化的有效性,所以经常使用。但是,仅作为对行为的操作方法,强化的作用也是有限的。

### 这是怎么回事?

在一个院子里,一位老先生的邻居中有一些十来岁的孩子。孩子们每每聚在一起时,总是追逐打闹、嘻嘻哈哈、吵声震天,使得这位老先生大受其苦。面对孩子们的吵闹,老先生屡次出面干涉却全然不起作用,孩子们很快就在游戏中把"吵闹会影响他人休息"的事忘得一干二净。老先生想出了一个好主意来解决这个问题,他把孩子们叫到身边,告诉他们,他的听力不太好,但又想分享他们的快乐,听到他们的欢笑声,所以,谁的叫声高,他给谁的钱就多。结果,有些孩子得到5角钱,有些得到2角钱,有些只得到5分钱。此后的一周里,总是施以同样的奖励,孩子们也卖力地大声叫喊。但是,从第二周开始,老先生不再给予任何金钱奖励。结果,孩子们感觉自己受到的待遇颇不公正:"今天喊得这么响,怎么连一分钱都不给?""不给钱了谁还给你喊?"至此,孩子们对大声喊叫完全失去了兴趣。

(资料来源: 赵希斌. 好懂好用的教育心理学[M]. 上海: 华东师范大学出版社, 2013.)

实施了奖励之后，孩子们的某些行为怎么反而被抑制了？心理学家德西对这个问题进行了非常有意思的研究。他让大学生学习一种类似于"七巧板"的智能游戏，事先调查表明，参加实验的大学生对这种游戏很感兴趣，经常在闲暇时间玩这种游戏。实验分3天进行，每天让被试者摆若干个图形，要求每个图形必须在13分钟内摆完。学生分成两组，一组为实验组，一组为对照组。两组的唯一区别是在第二天的实验中，实验组的被试每摆成一个图形就会得到1美元的报酬，而对照组则没有任何报酬。结果发现，实验组在第三天对游戏的投入程度就明显低于第一天，而对照组则没有这种变化。从这个实验中可以看出，外部强化是有副作用的，具体体现在如果个体原来就有内部动机，则不需要强化，强化反而会使内部动机向外转移。如学生本来就有求知欲与好奇心，外部强化反而会使学生感到不是为了自己的兴趣而学习，而是为了考试或奖励而学习，一旦考试停止或奖励撤销，学生就失去了学习的欲望。

**4. 斯金纳学习理论在教学中的应用——程序教学法**

程序学习的过程是将各学科的知识按其中的内在逻辑联系分解成一系列的知识项目，将这些知识项目按一定的顺序呈现给学生，要求学生一一回答，然后学生可得到反馈信息。问题相当于条件反射形成过程中的"刺激"，学生的回答相当于"反应"，反馈信息相当于"强化"。程序学习的关键是编制出好的"程序"，为此，斯金纳提出了编制程序的5条基本原则。

(1) 小步子原则：教材上的知识项目应该是许多具有逻辑联系的小步子，上一步与下一步之间的难度、深度差异不宜太大，要方便学生顺利地学习。

(2) 积极反馈原则：要使学生对所学内容做出积极的反应，否认"虽然没有表现出反应，但是的确明白"的观点。

(3) 及时(反馈)强化原则：对学生的反应要及时强化，使其获得反馈信息。

(4) 自定步调原则：学生根据自己的学习情况，自己确定学习的进度。

(5) 低的错误率原则：使学生尽可能每次都做出正确的反应，使错误率降到最低。

## (四) 班杜拉的社会学习理论

自20世纪40年代以来，行为主义心理学家们对儿童是如何获得社会行为的很感兴趣。这些行为包括合作、竞争、攻击、伦理道德和其他社会反应。社会反应主要通过观察和模仿别人的行为而学得。强化理论已经不能令人满意地解释所有的模仿形式。首先，儿童为什么总是有选择性地模仿而不是模仿所有受到强化的行为；其次，为什么儿童有时模仿那些过去没有相互作用过的行为；最后，为什么儿童在最初观察的几天、几周之后，他们没有受到强化，也没看到榜样的这种行为受到强化，却会模仿新的行为。面对这一系列问题，班杜拉提出了一套被人们广为接受的模仿理论。

**1. 班杜拉的经典实验**

班杜拉曾经做过这样一个实验：学前儿童观看一场电影，在电影中，一个人正在踢打一个充气娃娃。第一组儿童看到那个人因为这种行为受到奖励；第二组儿童看到那个人受到惩罚；第三组没有看见任何结果。看完电影后，这些儿童被带到摆有充气娃娃的房间。结果发现，第一组儿童最具攻击性，踢打这些玩具；第二组儿童攻击行为最少，但是如果他们被告知，模仿电影中的人踢打充气娃娃可得到奖励，他们就会将攻击性行为表现出来；第三组意味着，尽管学习已经发生，但除非情境是合适的或者有引起行为的刺激，否则是不会表现出来的。外在强化或者学习者对即将出现的后果的高度相信会影响其表现而不是影响其学习。①

#### 2. 基本观点

班杜拉的社会学习理论关于学习实质问题的基本看法是，学习是指个体通过对他人的行为及其强化性结果的观察，从而获得某些新的行为反应，或已有的行为反应得到修正的过程。他认为观察学习包括注意、保持、再现和动机4个子过程。注意过程调节着观察者对示范活动的探索和知觉；保持过程使得学习者把瞬间的经验转变为符号概念，形成示范活动的内部表征；再现过程以内部表征为指导，把原有的行为成分组合成信念的反应模式；动机过程则决定哪种经由观察习得的行为得以表现。如在课堂教学中，儿童注意到其他同学举手回答问题得到老师的表扬，这种举手回答问题的模式就会转变成记忆可以存储的符号保留在儿童的记忆中，并且举手回答问题的主角会变为儿童自己，当老师再次提问的时候，儿童就会将已经习得的行为表现出来，自己举手回答问题。

#### 3. 观察学习的基本规律

斯金纳提出的强化理论中的强化属于直接强化，除此之外，班杜拉还提出了两种强化：替代性强化和自我强化。所谓替代性强化，是指观察者因看到榜样受到强化而受到的强化。例如，当教师强化一个学生的助人行为时，班上的其他学生也将花一定时间互帮互助。而自我强化则依赖于社会传递的结果，社会向个体传递某一行为标准，当个体的行为表现符合甚至超过这一标准时，他就对自己的行为进行自我奖励。如某学生的考试成绩达到甚至超过了自己在考前预定的目标，他就会对自己进行奖励；如果没有达到预定目标，他也会对自己进行惩罚。

## 二、认知学习理论

认知学习理论认为，有机体获得经验的过程，不是在外部环境的支配下被动地形成刺激—反应联结，而是通过积极主动的内部信息加工活动形成新的认知结构的过程。

### (一) 苛勒的完形—顿悟学习理论

#### 1. 苛勒的经典实验

1913年至1917年，苛勒以大猩猩为被试，做了大量的学习实验研究。这些研究主要是给大猩猩设置各种各样的问题，并观察大猩猩解决这些问题的过程。以下是两项最有代表性的实验。

(1) "接杆问题"的实验(见图3-5)。实验时，大猩猩被关在笼内，它喜欢吃的香蕉放在笼外不远的地方。笼内有一根较短的竹竿，笼外有一根较长的竹竿，但哪一根竹竿的长度都不足以使猩猩够到香蕉。大猩猩为了取得香蕉，拾取了较短的竹竿，但竹竿太短够不到，有些大猩猩气愤地把竹竿都丢掉了。但有一只名为苏丹的大猩猩在实验中解决了这个问题，它用较短的竹竿拨到了较长的另一根竹竿，当它玩弄这两根竹竿时，好像突然明白了什么，然后将两根竹竿接起来得到了一根更长的竹竿，并用这根竹竿够到了香蕉。

---

① 陈琦, 刘儒德. 当代教育心理学[M]. 北京：北京师范大学出版社, 2007.

(2) "叠箱问题"的实验(见图3-6)。香蕉挂在笼子的顶棚上,笼内有一只木箱可以利用。要想够到香蕉,大猩猩必须将木箱搬到香蕉下面,然后爬上木箱,跳一下才能够着。这个问题对于大猩猩来说是一个难题,但是苏丹在没有得到任何帮助的情况下就顺利地解决了这个问题,其他6只大猩猩也在人把箱子放在香蕉下后,或观看到其他猩猩使用木箱之后解决了问题。后来,苛勒把问题升级,大猩猩必须爬到叠起的3只木箱的上面才能够到香蕉。大猩猩解决这个问题有一定的困难,起初站在一只木箱上够,够不到,就跳下木箱,对周围的木箱和高处的香蕉进行了良久的"观察",突然迅速地将3只木箱叠在一起,爬到箱顶,取下香蕉。

图3-5 接杆问题的实验　　　图3-6 "叠箱问题"的实验

### 2. 主要观点

1) 学习是通过顿悟过程实现的

苛勒认为,学习是个体利用本身的智慧和理解力对情境与自身关系的顿悟,而不是动作的累积或盲目的尝试。顿悟虽然常常出现在若干尝试与错误的学习之后,但与桑代克所说的那种盲目的试误不同,顿悟是在做出外显反应之前,在头脑中进行的一番类似于"假设检验"的思索。所以,学习是一种积极主动的过程,而不是盲目、被动的过程。

2) 学习的实质是在主体内部构造完形

完形是一种心理结构,是对事物关系的认知。苛勒认为,学习过程中问题的解决,都是通过对情境中事物关系的理解而构成一种"完形"来实现的。如大猩猩解决"接杆问题"时,它的行为是针对食物(目标),而不是针对竹竿(手段和工具)。这就是说,动物领会了食物(目标)和竹竿(工具)之间的关系,才解决了这个问题。

完形—顿悟学说作为最早的一个认知性学习理论,肯定了主体的能动作用,强调心理具有一种组织功能,把学习视为个体主动构造完形的过程,强调观察、顿悟和理解等认知功能在学习中的重要作用,这对反对当时行为主义学习论的机械性和片面性具有重要意义。但是,苛勒的完形—顿悟学习与桑代克的尝试—错误学习并不是互相排斥和绝对对立的。尝试—错误往往是顿悟的前奏,顿悟则是练习到某种程度时出现的结果。

### (二) 布鲁纳的认知—结构学习理论

布鲁纳是一位在西方教育界和心理学界都享有盛誉的学者。他非常关心学校教育和学生学习的问题,强调学习理论和教学理论在教学上的作用。长期以来,布鲁纳主要研究知觉与思维方面的认知学习,并在此基础上形成了他自己的教学理论。其基本观点如下。

## 1. 学习的实质在于主动地形成认知结构

布鲁纳认为，认知结构是指在感知、理解客观事物的基础上，在头脑中形成的心理结构。它是学习和理解新知识的内部因素和基础。学习是学生积极主动的信息加工过程，而不是被动地形成刺激与反应的联结。布鲁纳非常重视学习过程中学生的积极性和主动性，强调学习是一种主动的认识过程，认为学习的最好动机是对所学材料本身的兴趣。

## 2. 学习过程是复杂的认知过程

布鲁纳认为，学习过程包含着3个过程，即新知识的获得、知识的转化和评价。新知识的获得过程是与已有的知识经验和认知结构发生联系的过程，是主动认识和理解的过程。往往通过"同化"和"顺应"把新知识纳入已有的认知结构中。知识的转化是对获得的知识进一步分析和概括，使之转化为另一种形式，目的在于更好地学习新知识。评价是对知识转化的一种检验，通过评价，可以核对处理知识的方法是否合适，分析概括是否得当，运算是否正确等。学生学习任何一门学科，都要经过知识的获得、转化和评价3个过程。

## 3. 强调各门学科基本结构的学习

学科的基本结构是指某一学科的基本概念、原理及其体系。布鲁纳认为，掌握学科的基本结构有5个方面的作用：第一，有利于理解该学科的内容；第二，有利于对学习内容的记忆；第三，有利于学习迁移；第四，有利于激发学习动机和兴趣；第五，有助于发展学生的智力。布鲁纳还认为，要使学生掌握学科基本结构，老师要把握以下4条教学原则。

(1) 动机原则：所有学生都有内在的学习愿望，内部动机是维持学习的基本动力。学生具有3种最基本的内在动机，即好奇内驱力(求知欲)、胜任内驱力(成功的欲望)和互惠内驱力(人与人之间和睦共处的需要)。教师如能善于促进并调节学生的探究活动，便可激发他们的这些内在动机，有效地达到预定的学习目标。

(2) 结构原则：任何知识结构都可以用动作、图像和符号3种表象形式来呈现。动作表象是借助动作进行学习，不需要语言的帮助；图像表象是借助表象进行学习，以感知材料为基础；符号表象是借助语言进行学习，经验一旦转化为语言，逻辑推导便能进行。至于究竟选用哪一种呈现方式为好，则视学生的知识背景和课题性质而定。

(3) 程序原则：教学就是引导学习者通过一系列有条不紊地陈述一个问题或大量知识的结构，以提高他们对所学知识的掌握、转化和迁移的能力。通常每门学科都存在着各种不同的程序，它们对学习者来说，有难有易，不存在对所有的学习者都适用的唯一的程序。

(4) 强化原则：教学规定适合的强化实践和步调是学习成功重要的一环。知道结果应恰好在学生评估自己作业的那个时刻。知道结果过早，易使学生慌乱，从而阻挠其探究活动的进行；知道结果太晚，易使学生失去接受帮助的机会，甚至有可能接受不了正确的信息。

## 4. 提倡发现学习

布鲁纳认为，发现学习不限于追求人生中尚未知晓的事物的行为，还包括用自己的头脑亲自获得知识的一切形式或方法。他积极主张要让学生在学习中自己努力去探索、发现，提出解决的问题和设想，以达到掌握知识的目的。发现学习能提高学生的智慧的潜力，有助于使外来的动因转化为内在的动机，能增强对所学材料的回忆。

布鲁纳的学习理论对我们有不少启发和值得借鉴的地方。例如，他强调学生在学习中的积极性、主动性；强调学生的认知结构和独立思考的重要性；强调学生不但要学习特定的东西，还要学会如何学习等。这些观点较之联结说和顿悟说的学习理论，更能说明人的学习特点和规律，不仅对反对机械主义的学习理论有积极作用，而且对我们研究学习理论也有重要的参考价值。但是他的学习理论也存在着一定的片面性。例如，他在强调学生主观能动性和运用发现法进行学习的同时，忽略了教师的主导作用和学生学习的特点。他片面强调教材的现代化、理想化，忽视了学生对基础知识的学习，这些观点要引发我们对学习、对教育进行更深刻的思考。

### (三) 奥苏伯尔的有意义学习理论

美国心理学家奥苏伯尔与布鲁纳都致力于探讨学生的学习，但奥苏伯尔认为布鲁纳的理论忽视系统知识的传授，轻视知识的循序渐进性，会造成学生基础薄弱，教学质量滑坡。他主张学生应按照有意义的方式获得系统知识，形成良好的认知结构。

#### 1. 有意义学习的实质和条件

奥苏伯尔从两个维度对学习做了区分：从学生学习的方式上将学习分为接受学习与发现学习，从学习内容与学习者认知结构的关系上将学习分为有意义学习和机械学习。他认为学生的学习应是有意义的接受学习。

所谓有意义学习，奥苏伯尔认为就是将符号所代表的新知识与学习者认知结构中已有的适当观念建立起非人为的和实质性的联系。相反，如果学习者并未理解符号所代表的知识，只是依据字面上的联系，记住某些符号的词句或组合，则是一种死记硬背式的机械学习。所谓实质性的联系，是指表达的词语虽然不同，但是等值的，也就是说这种联系是非字面的联系。所谓非人为的联系，是指有内在联系而不是任意的联想或联系，指新知识与原有认知结构中有关的观念建立在某种合理的或逻辑基础上的联系。奥苏伯尔认为要使有意义学习产生，必须具备以下3个前提条件。

(1) 学习材料本身必须具备逻辑意义。所谓逻辑意义是指学习材料可以和学习者认知结构中的适当观念建立起非人为的和实质性的联系。

(2) 学习者必须具备有意义学习的倾向，即积极主动地把新知识与学习者认知结构中原有的适当知识联系起来的倾向性。

(3) 学习者认知结构必须具有同化新知识的适当观念。

以上3个条件必须同时具备，才能实现有意义学习。学习者必须积极主动地使用具有逻辑意义的新知识，与原有认知结构中的有关的旧知识发生相互作用，使旧知识得到改造，新知识获得实际意义。

#### 2. 有意义学习的过程

奥苏伯尔认为，当学生把教学内容与自己的认知结构联系起来时，有意义学习就产生了。所谓认知结构，就是指学生现有知识的数量、清晰度和组织结构，是由学生眼下能回想出的事实、概念、命题、理论等构成的。奥苏伯尔认为有意义学习过程的核心是学生能否习得新信息，主要取决于他们认知结构中已有的有关观念。有意义学习是通过新信息与学生认知结构中已有的有关观念的相互作用才得以发生的，这种相互作用，导致了新旧知识的有意义的同化。根据新旧观念的概括水平及其联系的方式的不同，他提出了3种有意义学习的过程：类属(下位)学习、总括(上位)学习、并列结合学习。

### 3. 提倡接受学习

奥苏伯尔大力提倡讲授式教学，认为学习应该是通过接受而发生，而不是通过发现。教师给学生提供的材料应该是经过仔细考虑的、有组织的、有序列的、完整的，因此学生接受的应是最有用的材料。他把这种强调接受学习的方法叫作讲授教学，这种学习主要适用于有意义的言语学习，或者称为言语信息的学习，即以一种有组织、有意义的方式将知识讲授给学生。

1) 讲授教学的特点

讲授教学的特点包括以下几个方面。

(1) 要求师生之间有大量的相互作用。有意义学习强调学生将新知识与认知结构中原有的知识经验联系起来，为了避免教师灌输和学生死记硬背，教师与学生之间必须通过大量的相互作用激活学生已有的认知结构中的相关知识经验，教师也能验证自己的教学是否引发了学生的有意义学习。

(2) 要求教师大量使用例证。例子的生动、形象、具体等特征能起到两个作用：第一，可以引发学生的相应知识经验的激活；第二，可以更加容易地被学生接收。但如果要例证达到目的，必须能非常恰当地说明教师要说明的原理。

(3) 教学过程是演绎的，从一般到特殊的。由于认知结构有根据抽象概括程度不同可以分级的特点，抽象概括程度高的认知结构可以覆盖更广泛的抽象概括程度低的认知结构，所以先讲授一般性的知识，再讲授特殊知识的时候就可以与先前学习过的一般性的知识发生有意义的联系。

(4) 讲授教学是有顺序的，材料的呈现有一定的步骤，最先呈现先行组织者(见后文)。

2) 讲授教学的原则和技术

由于讲授法具有以上特点，所以教师在使用讲授法进行教学的时候，需要遵循两个原则：逐渐分化原则与综合贯通原则。逐渐分化原则是指首先应该传授最一般的、包含性最广的观念，然后根据具体细节对它们逐渐加以分化，这样可以为每个知识单元的教学都提供理想的固定点，即对新知识起固定作用的先前知识。综合贯通原则是指在教学中比较观念间的相同点与不同点，在观念间建立起联系。通过综合贯通，分化的观念能互相联系起来。这一原则保证了总括学习和并列学习过程的进行。

奥苏伯尔就如何贯彻逐渐分化原则和综合贯通的原则，提出了具体应用的技术：设计先行组织者。这也是奥苏伯尔提出的一种重要的教学策略。所谓先行组织者，是先于学习任务本身呈现的一种引导性材料，它要比学习任务本身具有更高的抽象、概括和综合水平，并且能清晰地与认知结构中原有的概念和新的学习任务关联。设计组织者的目的，是为新的学习任务提供概念上的固定点，增加新旧知识之间的可辨别性，以促进类属性的学习。也就是说，通过呈现先行组织者，给学习者已知的东西与需要知道的东西之间架起一道知识之桥，使其更有效地学习新材料。

### (四) 加涅的信息加工学习理论

加涅的信息加工学习理论认为，学习者是信息的主动加工者通过选择、组织相关信息和自己已有的知识对信息的解释，从而理解信息。因此，学习过程就是接收、编码、操作、提取和利用信息的过程。例如，学习者在一个学习情境中，其眼、耳、鼻、舌等各种感官接受的刺激作用好比是输入，通过感官转换成一定的神经传递信息，这些信息经过神经系统的转换，得以储存并被回想起来，这种被回想起来的信息又再次被转换成另一类的神经传输信息，它可以控制肌肉的活动,这种转换的结果就是语言或其他类型的运动,也就是输出。这些形形色色的转换形式就是学习过程。

加涅还认为,学习是神经系统中发生的各种过程的复合,学习不是刺激反应间的一种简单联结。在加涅的信息加工学习观中,学习的发生同样可以表现为刺激与反应,刺激是作用于学习者感官的事件,而反应则是由感觉输入及其后继的各种转换而引发的行动,反应可以通过操作水平变化的方式加以描述。因此,加涅根据信息加工理论提出了学习过程的基本模式,认为学习过程就是一个信息加工的过程,即学习者将来自环境刺激的信息进行内在的认知加工的过程。根据信息加工的流程,加涅进一步认为,学习包括外部条件和内部条件,学习过程实际上就是学习者头脑中的内部活动,他把学习过程划分为8个阶段:动机阶段、了解阶段、获得阶段、保持阶段、回忆阶段、概括阶段、操作阶段和反馈阶段,如图3-7所示。

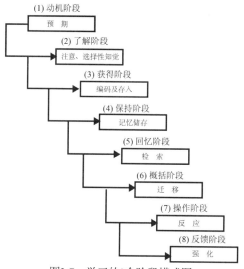

图3-7 学习的8个阶段模式图

信息加工学习理论对实际教学很有启示作用。首先,吸引学生的注意是教学中一个很重要的问题。在呈现重要的教学内容之前,教师应该让学生停止手头上的活动,把注意力转移过来。另外,最好能让学生带着问题去学习。例如,在进行物理实验之前,教师可以让学生预测实验的结果,而不同学生的预测可能不同,为了解决争议,学生设计和进行实验,并收集和分析数据,把实验同自己的问题结合起来,这样就可以把学生的注意力集中到与学习有关的活动上,而不只是动手和图热闹。其次,教师应该突出教学的重点,在重要的地方做强调,以便于学生对信息的选择编码。再次,教师应该引导学生复述这些内容,并用原有的知识来理解和解释这些内容,如用自己的话说出来,通过举例或用自己的经验来解释某种知识,这样可以增强学生对知识的记忆。

加涅的学习模式是在行为学派和认知学派研究的基础上提出的,它注意到了人类学习的特点,是认知主义中比较有代表性的学习模式。如果将奥苏伯尔的理论看作认知—接受说,布鲁纳的理论看作认知—发现说,那么加涅的理论则被看作认知—指导说。在实际教学中,这三者都具有一定的合理性和各自的适用条件,教师要根据学生特点和教学实际情况,用理论联系实际解决教学实际问题。

# 第三节 建构主义与人本主义学习理论

20 世纪 90 年代以来,随着心理学家对人类学习过程认知规律研究的不断深入,认知学习理论的一个重要分支——建构主义学习理论在西方逐渐流行。建构主义是学习理论中行为主义发展到认知主义以后的进一步发展,被誉为当代教育心理学中的一场革命。除建构主义外,人本主义心理学是 20 世纪六七十年代继行为主义和精神分析学派的第三思潮。这种思潮既反对行为主义机械的环境论,又反对精神分析本能的生物决定论,强调心理学应该研究人的本性和潜能、尊严和价值,强调社会文化应促进人的潜能的发挥以及普遍的自我实现。本节从建构主义与人本主义的学习观、学生观、教学观等出发,探讨建构主义与人本主义对教育的影响。

## 一、建构主义学习理论

建构主义理论的内容很丰富,但其核心只用一句话就可以概括:以学生为中心,强调学生对知识的主动探索、主动发现和对所学知识意义的主动建构(而不是像传统教学那样,只是把知识从教师头脑中传送到学生的笔记本上,甚至教师把知识从教科书上传送到学生的笔记本上)。从这个核心观点出发,建构主义的学习理论包括以下主要观点。

### (一) 建构主义学习理论的主要内容

建构主义学习理论的理论主体由以下几部分组成。

#### 1. 建构主义知识观

在知识观上,建构主义在一定程度上对知识的客观性和确定性提出了质疑,强调知识的动态性。建构主义有如下观点。

(1) 知识不是对现实的纯粹客观的反映,任何一种传载知识的符号系统都不是绝对真实的表征。知识只不过是人们对客观世界的一种解释、假设或假说,不是问题的最终答案,它必将随着人们认识程度的深入而不断变革、升华和改写,出现新的解释和假定。

(2) 知识并不能绝对准确无误地概括世界的法则,提供对任何活动或问题解决都实用的方法。在具体的问题解决过程中,知识是不可能一用就准、一用就灵的,而是需要针对具体问题的情景对原有知识进行再加工和再创造的。

(3) 知识不可能以实体的形式存在于个体之外,尽管通过语言赋予了知识一定的外在形式,并且获得了较为普遍的认同,但这并不意味着学习者对这种知识有同样的理解。真正的理解只能是由学习者自身基于自己的经验背景而建构起来的,这取决于特定情况下的学习活动过程。否则,就不叫理解,而是叫死记硬背或生吞活剥,是被动的复制式的学习。

#### 2. 建构主义的学习观

基于以上对知识的理解,那么学生的学习过程必将不是传统的学习过程。学习不是简单的知识由外到内的转移和传递,而是学习者主动地建构自己的知识经验的过程,即通过新经验与原有知识经验的相互作用,来充实、丰富和改造自己的知识经验。学习不是由教师向学生传递知识的过程，而是学生建构自己的知识的过程，学习者不是被动的信息接收者，相反，他要主动地建构信息的意义，这种建构不可能由其他人代替。学习者的这种知识建构过程具有3个重要特征。

1) 主动建构性

面对新信息、新概念、新现象或新问题，学习者必须充分激活头脑中先前的知识经验，通过高层次思维活动，即需要付出高度心理努力的有目的、有意识、连贯性地对知识进行分析、综合、应用、反思和评价的认知活动。学习者要不断地思考，对各种信息和观念进行加工转换，基于新、旧知识进行综合和概括，解释有关的现象，形成新的假设和推论，并对自己的想法进行反思性的推敲和检验。学习者作为学习活动的主人，承担着学习的责任，需要对学习活动进行积极自主的自我管理和调节。

2) 社会互动性

学习是通过对某种社会文化的参与而内化相关的知识和技能，掌握有关的工具的过程，这一过程常常需要通过一个学习共同体的合作互动来完成。所谓学习共同体，是指由学习者及其助学者(包括教师、专家、辅导者等)共同构成的团体，他们彼此之间经常在学习过程中进行沟通交流，分享各种学习资源，共同完成一定的学习任务，因而在成员之间形成了相互影响、相互促进的人际关系，形成了一定的规范和文化。学习共同体的协商、互动和协作对于知识建构有重要意义。

3) 情境性

传统教学观念认为，概括化的知识是学习的核心内容，这些知识可以从具体情境中抽象出来，让学生脱离具体物理情境和社会实践情境进行学习，而所习得的概括化知识可以自然地迁移到各种具体情境中。但是，情境总是具体的、千变万化的，抽象概念和规则的学习无法灵活适应具体情境的变化，因此，学生常常难以灵活运用在学校中获得的知识来解决现实世界中的问题，难以有效地参与社会实践活动。因此，建构主义者提出，知识是生存在具体的、情境性的、可感知的活动之中的。它不是一套独立于情境的知识符号，不可能脱离活动情境而抽象地存在。它只有通过实际情境中的应用活动才能真正被人所理解。学习应该与情境化的社会实践活动结合起来。

### 3. 建构主义的学生观

建构主义强调，学习者不是空着脑袋进入学习情境中的。在日常生活和以往各种形式的学习中，他们已经形成了有关的知识经验，他们对任何事情都有自己的看法。即使有些问题他们从来没有接触过，没有现成的经验可以借鉴，但是当问题呈现在他们面前时，他们还是会基于以往的经验，依靠他们的认知能力，形成对问题的解释，提出他们的假设。所以，教学不能无视学习者的已有知识经验，简单强硬地从外部对学习者实施知识的"灌输"，而是应当在学习者原有的知识经验中，发展新的知识经验。教学不只是知识的传递，而是知识的处理和转换。教师不单是知识的呈现者，不是知识权威的象征，而应该重视学生自己对各种现象的理解，倾听他们时下的看法，思考他们这些想法的由来，并以此为据，引导学生丰富或调整自己的理解。

教师与学生、学生与学生之间需要共同针对某些问题进行探索，并在探索的过程中相互交流和质疑，了解彼此的想法。由于经验背景的差异不可避免，学习者对问题的看法和理解经常是千差万别的。其实，在学生的共同体中，这些差异本身就是一种宝贵的资源。建构主义虽然非常重视个体的自我发展，但是也不否认外部引导，即教师的影响作用。

## (二) 建构主义关于教学的基本观点

建构主义学习理论强调以学生为中心，认为学生是认知的主体，是知识意义的主动建构者；教师只对学生的意义建构起帮助和促进作用，并不要求教师直接向学生传授和灌输知识。在建构主义学习环境下，教师和学生的地位、作用和传统教学相比已经发生很大变化。近年来，教育技术领域的专家们进行了大量的研究与探索，力图建立一套能与建构主义学习理论以及建构主义学习环境相适应的全新的教学设计理论与方法体系。建构主义使用的教学设计原则如下。

### 1. 强调以学生为中心

为了体现以学生为中心，建构主义认为可以从3个方面努力：第一，要在学习过程中充分发挥学生的主动性，要能体现出学生的首创精神；第二，要让学生有多种机会在不同的情境下应用他们所学的知识；第三，要让学生根据自身行动的反馈信息来形成对客观事物的认识和解决实际问题的方案。

### 2. 强调"情境"对意义建构的重要作用

建构主义认为，学习总是与一定的社会文化背景即"情境"相联系的，在实际情境下进行学习，可以使学习者利用自己原有认知结构中的有关经验去同化和索引当前学习到的新知识，从而赋予新知识某种意义；建构主义注重让学生解决现实问题，强调提供复杂的、一体化的、可信度高的学习环境的重要性，这种教学情境应具有多种视角的特性，可以将学习者嵌入现实和相关情境(真实世界)中，作为学习整体的一部分，为他们提供社会性交流活动。在传统的课堂讲授中，由于不能提供实际情境所具有的生动性、丰富性，因此学习者对知识的意义建构产生了困难。

### 3. 强调"协作学习"对意义建构的关键作用

建构主义认为，学习者与周围环境的交互作用，对于学习内容的理解起着关键的作用。这是建构主义的核心概念之一。学生们在教师的组织和引导下一起讨论和交流，共同建立起学习群体并成为其中的一员。在这样的群体中，学习者共同考察各种理论、观点、信仰和假说；进行协商和辩论，先内部协商再相互协商。通过这样的协作学习环境，学习者群体的思维与智慧可以被整个群体所共享，即整个学习群体共同完成对所学知识的意义建构，而不是其中的某一位或某几位学生来完成。

### 4. 强调利用各种信息资源来支持"学"(而非支持"教")

为了支持学习者主动探索和完成意义建构，在学习过程中要为学习者提供各种信息资源(包括各种类型的教学媒体和教学资料)。这里利用这些媒体和资料并非用于辅助教师的讲解和演示，而是用于支持学生的自主学习和协作式探索。对于信息资源应如何获取、从哪里获取，以及如何有效地加以利用等问题，是主动探索过程中迫切需要教师提供帮助的内容。

### 5. 强调学习过程的最终目的是完成意义建构(而非完成教学目标)

在建构主义学习环境中，强调学生是认知主体，是意义的主动建构者，是把学生对知识的意义建构作为整个学习过程的最终目的。教学设计通常不是从分析教学目标开始，而是从如何创设有利于学生意义建构的情境开始，整个教学设计过程紧紧围绕"意义建构"这个中心展开，不论是学生的独立探索、协作学习，还是教师辅导，学习过程中的一切活动都要从属于这一中心，都要有利于完成和深化对所学知识的意义建构。

## 二、人本主义学习理论

人本主义主张，心理学应当把人作为一个整体来研究，而不是将人的心理肢解为不能整合的几部分。应当研究正常的人，而且更应关注人的高级心理活动，如热情、信念、生命、尊严等内容。人本主义心理学的学习理论从全人教育的视角阐释了学习者整个人的成长历程，以及发展韧性；注重启发学习者的经验和创造潜能，引导其结合认知与经验，肯定自我，进而自我实现。人本主义学习理论重点研究如何为学习者创造一个良好的环境，让其从自己的角度感知世界，形成对世界的理解，达到自我实现的最高境界。

### (一) 马斯洛的学习理论

美国心理学家马斯洛被公认为人本主义心理学的领导人之一，他以性善论、潜能论和动机论为理论基础，创建了理论化、系统化的自我实现心理系。

#### 1. 自我实现的人格观

人本主义心理学家认为人的成长源于个体的自我实现需要，自我实现的需要是人格形成发展、扩充成熟的驱动力。所谓自我实现的需要，马斯洛认为是人对于自我发挥和完善的欲望，也就是一种使他的潜力得以实现的倾向。正是由于人有自我实现的需要，有机体的潜能才得以实现、保持和增强。所以，马斯洛认为人的潜能是自我实现，而不是教育的作用使然。

#### 2. 内在学习论

马斯洛认为，外在学习是单纯依赖强化和条件作用的学习，其着眼点在于灌输而并不在于理解，属于一种被动的、机械的、传统的教育模式。马斯洛批判传统的学习是一种外在学习，学习活动不是由学生决定的，是由教师强调的。学生只是对个别刺激做出零星反应而已，学生所学的知识缺乏个人意义。他认为理想的学校应反对外在学习，倡导内在学习，所谓的内在学习，就是依靠学生的内在驱动，充分开发潜能，达到自我实现的学习。

### (二) 罗杰斯的学习理论

20世纪60年代，罗杰斯将他的"来访者中心疗法"移植到教育领域，创立了以学生为中心的教育和教学理论，该理论成为20世纪最重要的教育理论之一。

#### 1. 情知统一的教学目标

罗杰斯认为，情感和认知是人类精神世界中两个不可分割的有机组成部分，彼此融为一体。因此，罗杰斯的教育理想就是要培养躯体、心智、情感、精神、心力融为一体的人，也就是既用情感的方式又用认知的方式行事的情知合一的人。当然这只是一种理想化的人的模式，而要最终实现这一教育理想，应该有一个现实的教学目标，即促进变化和学习，培养能够适应变化和知道如何学习的人。因此，人本主义重视的是教学过程而不是教学内容，重视的是教学的方法而不是教学的结果。

## 2. 有意义的自由学习观

罗杰斯认为，学生学习主要有两种类型：认知学习和经验学习。其学习方式也主要有两种，无意义学习和有意义学习，并且认为认知学习和无意义学习、经验学习和有意义学习是完全对应的。因为认知学习的很大一部分内容对学生自己是没有个人意义的，它只涉及心智，而不涉及情感或者个人意义，是一种在颈部以上发生的学习，因而与全人无关，是一种无意义的学习。而经验学习以学生的经验增长为中心，以学生的自发性和主动性为学习的动力，把学生的愿望、兴趣和需要有机地结合起来，因而经验学习必然是有意义的学习，必然能有效地促进个体的发展。因此，罗杰斯所倡导的学习原则核心之一就是让学生自由学习。他认为，只要教师信任学生，信任学生的学习潜能，并愿意让学生自由学习，就会在与学生的交往中形成适应自己风格的、促进学习的最佳方法。

## 3. 以学生为中心的教学观

罗杰斯从人本主义的学习观出发，认为凡是可以教给别人的知识，相对来说都是无用的；能够影响个体行为的知识，只能是他自己发现并加以同化的知识。因此，教学的结果是毫无意义或者有害的。教师的任务不是教学生知识，也不是教学生如何学习，而是为学生提供各种学习的资源，提供一种促进学习的气氛，让学生自己决定如何学习。罗杰斯认为促进学习者的心理气氛因素有：真诚，学习的促进者表现真我，没有任何矫饰、虚伪和防御；无条件积极关注，学习的促进者尊重的情感和意见，关心学习者的方方面面，接纳作为一个个体的学习者的价值观念和情感表现；同理心，学习的促进者能够了解学习者的内在反应，了解学生的学习过程。在这样一种气氛下进行学习，是以学生为中心的，教师只是学习的促进者、协作者或者伙伴、朋友，学习的过程就是学习的目的之所在。

# 第四节 展望：教育神经科学与脑科学

教育教学工作要讲科学，不能只是按传统或者凭经验，这是我们常说的一句话。教育教学的科学性主要体现在遵从对"人"自身的认知，尊重人的成长规律，以及研究社会及时代发展的需求。为什么教师感到现在的学生越来越难教？为什么不少学生智力没有任何问题，但学习成绩不佳？为什么教师接受的培训不少，但教学能力没有显著提升？这些问题都需要科学来回答。人类在不断探索外部世界的同时，对于自身的研究也一直在深入，其中对于大脑以及神经系统的研究就取得了非常丰硕的成果。由此最先引发的就是在教育活动中的实验和运用。近20年来，在教育学家、心理学家及神经学家的努力下，已经形成了一门称作"教育神经系统学"的学科，其专门钻研关于大脑的研究成果如何运用于学校教育和课堂教学中。

## 一、教育神经科学

教育神经科学是将生物科学、认知科学、发展科学和教育学等学科的知识与技能进行深度整合，提出科学的教育理论，践行科学的教育实践，并且具有独特话语体系的一门新兴学科。

作为一门新兴的学科,教育神经科学将神经科学对于认知功能的神经机制的关注融入教学行为的研究之中,使得教育研究充满科学的实据。

## (一) 教育神经科学的诞生、内涵与特征

"教育神经科学"一词最早出现于1978年由Chall与Mirsky合著的《教育与脑》一书中,"21世纪,会有一个新的专业,教育神经科学,将教育与神经科学这两个完全不同的专业领域整合起来"。从1989年美国"脑十年"计划的提出,到1991年欧洲脑十年委员会的成立,再到20世纪90年代中后期美国认知神经科学学会、国际脑研究联盟及日本脑科学研究所等一系列研究机构与组织的出现,以人类如何知觉、学习、记忆及思考等为核心研究内容的认知科学也在脑科学研究热潮中得以进一步发展。而认知科学的发展又反过来促进了我们对自身更加深入地了解、指导着更为广泛的行为科学及教育等领域的研究与实践。

在推动脑研究与认知科学发展过程中功不可没的当属研究方法的推陈出新。传统心脑研究的方法局限于比较解剖学或脑损伤的研究,而随着脑磁图(MEC)、功能性磁共振成像(fMRI)、经颅磁刺激(TMS)等神经科学技术的飞速发展,曾经遥不可及的正常被试无创条件下大脑功能的分析日渐成熟。

神经科学的发展不仅促进了脑科学与认知科学的研究,而且对研究分析记忆、阅读、数学等过程的生物机制,制定更为合理的教学政策及方法有着重大意义。最后,不可或缺的当然是对传统的"专家创造知识,教师传递知识,学生储存知识"的工厂式教学模式的突破,对更加贴合学生学习过程的科学教育范式的呼唤。教育神经科学正是在这样一个脑与认知科学备受重视、神经科学研究方法飞速发展的时期应运而生。以2003年国际心智、脑与教育协会的成立及2007年《心智、大脑与教育》杂志的创刊为里程碑,教育神经科学在各界学者的共同努力下,在各国政府的积极扶持下开始走上了独立的发展之路。

中国学者周加仙指出,"教育神经科学研究的是与课堂学习行为相关的脑与认知的问题,心理学、脑科学、学习过程及教育研究等不同学科不同情境的问题均整合其中。从突触、神经元、基因等分子生物学的微观问题到学生学习、教师教学等行为科学的中观问题再到教学目标的规划、教育政策的制定等指导思想的宏观问题,都属于教育神经科学的研究范畴"。在教育神经科学视角下,教育心理学与神经科学之间不是简单的单向关系,而是一种双向合作关系。认知神经科学的理论与发现能够指导课堂教学,而教育研究的实践反过来又有助于修正神经科学的理论构想,进一步推动教育神经科学的发展。

## (二) 教育神经科学的启示、问题与对策

著名教育家吕型伟认为,科学和技术的发展,使教育正面临重大而深刻的复苏,一种崭新的教育模式将在世界上诞生,从而取代产生于工业时代一直沿用至今的教育模式。这种新教育模式将建立在两个全新的基础之上,其一是信息技术,即教育的物质基础与外部条件;其二是脑科学,这是人类对自身的发现,即内部条件。前者使教育的手段更加先进,后者使教育更自觉,更符合规律。两者结合,将使教育产生一个飞跃,最终使人的潜能得到极大开发。教育学可以与现代脑科学"桥接",开辟一个全新的教育领域,为教育科学创出一个崭新的天地。教育神经科学正是这样一种产物,它从脑、认知与行为3个层次来理解人的一生中不同阶段的学习能力;解决学习者在学习过程中普遍存在的问题;为教育决策、课程与教学改革实践提供科

学的依据。这一新兴专业的诞生，可以使教育不再根据普遍性的、平均化的、标准化的价值观来对学生进行施教，而是在对学生学习的数据进行科学分析的基础上，确定学生的发展阶段、特长与弱点、擅长学习的教学内容、学习生涯中可能出现的问题，并根据每一个孩子成长与成熟的状况，扬长避短，设计出适合其发展的最佳教育计划。教育神经科学还能够及早鉴别出有特殊需要的学生，尽早对其采取有效措施进行教育干预。

应该说，教育神经科学的诞生为教育心理学的发展带来了新的契机。但当前的教育神经科学仍面临着诸多问题，这主要表现在几个方面。第一，神经科学家以追求科学知识的普遍性为首要任务，因此他们对学习或教学规律"是什么、为什么"的兴趣要远远大于利用这些规则"怎么办"。这从他们所选择的被试中就可见一斑，为了方便对学习机制进行探索，他们往往选择低等动物作为研究对象，这无疑弱化了研究成果对人类学习的借鉴意义。第二，教育工作者囿于自身知识结构对教育神经科学的研究成果知之甚少且无法消化，更难以自觉地运用到实际教学过程中去。而事实上，教育神经科学所具有的垂直的超科学向量已经预设了一个基调：只有掌握神经科学基本常识的教师和学生才有可能成为一个更有能力的教育者或学习者，而只有那些能发现来自真实教育情境下问题的神经科学家才有可能发现大脑的奥秘。

## 二、脑与学习

人类的大脑结构精巧绝伦、令人惊叹，虽然它不足以产生足够点亮一盏灯的能量，但其巨大的威力仍可能使其成为地球上最强大的神奇物质。人类迈进21世纪后，脑与认知科学成为众科学中最活跃的一个前沿领域。最新的脑结构与脑功能成像技术能够使我们直接观察到人脑如何进行学习和思考，产生情绪、情感和各种社会行为。脑学习的机制和加工过程为教—学的原理提供了更为科学的证据，指导教育学家开展更为有效的教学。

### (一) 大脑发育及学习的关键期假说

人的大脑从婴儿期到儿童期不停地发育和增长，并在青年期完成成熟的过程。这个过程不是直线的，而是分阶段的。人脑有大约 100 亿～150 亿个神经细胞，这些神经细胞长有许多腕足，形如章鱼。这些腕足就是神经细胞的树突和轴突。每个神经细胞都有一条轴突和多条树突。树突和轴突的末端有许多分支，尤其是树突的分支更为繁茂，这些分支叫树突刺。树突刺越多，和别的神经元伸过来的轴突末梢接触的机会就越多。大脑的秘密主要就在于这些神经细胞。突触是电信号从一个神经细胞传递到下一个神经细胞的地方，举个通俗的例子，你想移动你的大拇指，在大脑皮层中会产生一个兴奋，兴奋沿脊髓神经传递到运动神经元，最终传递到手臂的肌肉细胞中。突触间有一条狭长的裂缝，化学物质可以通过这条裂缝进行扩散，而电刺激则无法穿越这条裂缝，所以信号的传递是由化学物质来完成的。离子流穿过裂缝，从而产生了细胞膜电势的变化，换而言之，传递了"动一动大拇指"的指令。

脑科学的研究提出大脑神经突触生长呈倒 U 形的模型假说，即人在出生后的前 20 年里神经突触密度的变化呈倒 U 形，刚出生时低，童年期达到高峰，而成年后又降低下来。因为突触的增多是学习过程的细胞机理，突触密度变化的倒 U 形现象就不是一个简单的事实，它表明神经突触密度与智力水平是直接关联的。从出生到 10 岁，随着突触联系和密度迅速增加，与此相关的技能和能力也随之迅速发展，一直持续到成年后才逐渐衰退。假定这个倒 U 形模型存在的话，似乎可以得出这样一个结论：突触生长高峰期的童年是学习收获最多和智力发展最充分的一个时期。

实际上，大脑的发展是具有一定关键期的。在此期间，脑对某种类型的信息输入产生反应，以创造和巩固神经网络。大脑发展的关键期的概念是英国学者戴维·休伯尔等人在20世纪60年代提出来的。他们的研究发现，将出生后的小猫或小猴子通过外科手术缝上眼皮，数月后打开，这些动物就无法获得视觉信息，尽管它们的眼生理机制是正常的，而且这些早期被剥夺了视觉经验的动物在视皮层上的结构也无异于正常的动物。休伯尔等人由此提出了一个视觉机能发展的关键期概念。

最近这30多年来，数以百计的脑科学专家对"关键期"做了大量的研究并已取得相当的进展。其科学结论简要说来就是，脑的不同功能的发展有不同的关键期，某些能力在大脑发展的某一敏感时期最容易获得，此时相应的神经系统可塑性大，发展速度特别快，过了这段关键期，则可塑性与发展速度都将受到很大的影响。此外，对不同的人来说，脑的不同功能发展的关键期也并不完全一致，存在着一定的个体差异，在脑的不同发展上有着不平衡性。如果教育工作者在适时的关键期给予儿童适当的学习机会，他们不但学得快，还可以促进生理发展，进而更能促进其相应能力的发展。

### (二) 学习与脑的可塑性

大脑的变化、学习和记忆及脑内神经元的联结程度由环境对大脑的刺激决定。大脑的生理变化是经验的结果，而大脑功能的水平在很大程度上取决于其工作时所处的环境状态，服从"用进废退"的规则。人并不是生来就拥有一个功能完备、高效运转的大脑，大脑的逐渐成熟是一个人的遗传特征与外部经验交互作用的结果，也就是基因与环境交互作用的结果。

有人用幼鼠做研究，将断奶时的幼鼠与成年鼠放在一起饲养，或单独放在带有各种学习和问题解决任务的笼子里饲养。在复杂环境中饲养的幼鼠大脑显示出更成熟的突触结构，更多的树突分支，更大的神经元树突范围，每个神经元上有更多的突触，更多的支撑胶质组织和更多的毛细血管分支以增加大脑供血和供养。

近年来，计算机科学和脑成像技术的快速发展为研究人类学习与脑的可塑性提供了重要的技术条件。脑成像的研究揭示，在学习过程中，随着经验的丰富，皮层表征会发生相应的变化，可表现为3种情况：一为特定脑区的适应或习惯化，由于学习和经验的作用，特定神经网络的反应更加灵敏，可以观察到相应脑区激活水平的降低；二为特定脑区的反应增强和范围扩展；三为不同脑区的相互激活或联系的方式发生改变。

总之，一个美好愿景的展开，不仅需要有大胆而美好的设想，而且需要有小心而切合实际的做法，这是教育神经科学和脑科学发展的必然前提。来自教育学、心理学、神经科学等学科的整合趋势应该不容置疑，而其展现的美好愿景值得我们去期待、去实现。

案例中的情况是老师应用惩罚希望学生能养成良好的学习习惯和提升学生的学习成绩。不过由于老师考虑问题过于片面，所以导致解决问题的方式有些过于简单。如果懂得强化理论的原理，老师不会仅选择惩罚这种单一的手段，而是可以结合正强化、负强化、惩罚等多种方法，效果会比单一惩罚效果好得多。

# 第二篇 学习心理

- 第四章　学习动机
- 第五章　知识的获得
- 第六章　学习策略
- 第七章　问题解决能力及创造性的培养
- 第八章　技能的学习
- 第九章　品德的形成与培养

# 第四章

# 学习动机

**内容提要**

本章比较系统地介绍了学习动机问题,不仅包括动机的因素、种类、功能、形成与相互作用、与活动的关系,还重点介绍了有关学习动机的理论,特别是学习动机的激发与培养。学习动机是激发个体进行学习活动,维持已引起的学习活动,并致使个体的学习活动朝向一定的学习目标的一种内部启动机制。学习动机具有激活、指向、维持和调整的功能。学习动机对教师的有效教学和学生的有效学习具有重要意义。本章旨在帮助学生了解学习的动力产生、发展的基本规律,以提高自己的学习积极性。

**学习目标**

(一) 认知目标
1. 理解学习动机的含义、功能和分类。
2. 厘清学习动机的强度与学习效率之间的关系。
3. 掌握学习动机的培养与激发的方法。

(二) 情感目标
1. 培养学生积极的学习动机。
2. 客观地评价学习动机理论。

(三) 能力目标
1. 能运用所学的学习动机理论对厌学及学习成绩不良的学生个案进行分析、诊断并设计具体的培养方法。
2. 能举例说明如何根据不同强化程序的特点进行教学。
3. 能举例说明成就动机对学生学习的重要作用。
4. 能运用有效方法消除习得性无力感、增强自我效能感。

小刚是大三学生,各方面表现都非常出色。他对自己的要求很高,一上大学就进行了认真细致的生涯规划,一步一个脚印向前走:成绩要拔尖,二年级通过英语国家六级和托福考试,为将来出国留学做好准备;争取三年级入党,与此同时锻炼自己在各方面的能力。于是,在大学他像一只陀螺飞速运转着,珍惜大学的分分秒秒,因为他相信付出总有回报。但是最近他发现离自己的目标越来越远,开始怀疑自己的能力,感到自己在学习上的优势在丧失,甚至多年积累的自信也受到挑战。对未来,他忽然担心起来,不知道该怎么办。

小刚在学习动机上出现了什么问题?通过本章的学习你就会帮助他解决困扰。

# 第一节 学习动机概述

## 一、学习动机的含义

动机是指直接推动人行为的内部动力。有机体的各种行为和活动都是动机所引起的。

动机总是和一定的实践活动联系在一起的,与不同实践领域的活动联系在一起就会有不同的动机,因此才会有演唱动机、表演动机、劳动动机、学习动机等。

学习动机是直接推动学生进行学习的内部动力,是激励或指引学生进行学习的一种需要,或者说学习动机是激发与维持个体的学习行为,并使之朝向一定目标的内在过程或内部心理状态。

学习动机与学习行为是相互作用的。学习动机推动学习行为,反之学习行为又能产生或增强后续学习的动机。例如,学生为解决某一物理问题而学习物理知识,这时他获得了求知乐趣、成功体验及自我提高,通过学习也感到自身知识的薄弱,从而产生了进一步学习物理知识的动机。一个学生是否想要学习,为什么而学习,喜欢学习什么,以及学习的努力程度、积极性、主动性等,都受学习动机的影响。

## 二、学习动机的构成

### (一) 学习需要与内驱力

学习需要是指个体在学习活动中感到某种欠缺而力求获得满足的心理状态。它的主观体验形式是学习者的学习愿望或学习意向,包括学习的兴趣、爱好和学习的信念等。

内驱力也是一种需要,但它是动态的。从需要的作用上来看,学习需要即为学习的内驱力。所以学习需要就称为学习内驱力。

### (二) 学习期待与诱因

学习期待是个体对学习活动所要达到目标的主观估计。学习期待与学习目标密切相关,但二者又不是一回事。学习目标是个体通过学习活动想要达到的预期结果,而在个体完成学习活动之前,这个预想结果是以观念的形式存储于头脑中的。

影响学习期待的因素包括如下方面。
(1) 父母对子女的要求(正相关)。
(2) 学生原来的学习成绩(正相关)。
(3) 学生在班级中的成绩所处的位置。
(4) 教师对学生的期望水平。

诱因是指能够激起有机体的定向行为，并能满足某种需要的外部条件或刺激物。学习期待就其作用来说就是学习的诱因。

## 三、学习动机的功能

学习动机的功能主要有3种，具体表现为学习动机的激活功能、指向功能和强化功能。

### (一) 激活功能

学习动机能促使个体产生学习行为，就这一功能来说，学习动机是引起学习行为的原动力，对学习行为起着始动作用。例如，某学生知道自己的英语听力能力较差，产生了要训练听力的动机，他便在这一学习动机的驱使下，出现了相应的学习行为——观看美国原声电影。

### (二) 指向功能

学习动机能使学生的学习行为指向某一特定目标，就指向功能来说，学习动机是引导学生学习行为的指示器，对学习行为起着导向作用。上文中，那位学生在要练习听力这一动机的引导下，将所激发的观看美国原声电影这一学习行为明确指向训练听力这一目标，观看时把注意力集中在电影中的人物对话上。

### (三) 强化功能

学习动机能维持和调节学生学习行为的强度、时间和方向。就这一功能而言，学习动机是学生学习行为的控制器，对学习行为起着调控作用。个体的行为产生后，是否坚持下去同样会受到动机的调节和支配。动机使有机体保持适当的行为强度直到选择的活动得以完成。上文中，那位学生观看美国原声电影时把注意力集中在人物的对话上，这一学习行为的强度和维持时间的长度都受到相应学习动机的影响与调控。

## 四、学习动机与学习效果的关系

学习动机和学习的关系是辩证的，学习能产生动机而动机又能推动学习，二者相互联系。学习动机的强度和性质影响着学习的方向、进程和效果。一般来说，动机对学习具有促进作用。尤古罗格卢和华尔伯格考察了大量的关于动机与成就关系的研究报告，并分析了其中232项动机强度和学业成就之间的相关系数，发现其中98%是正相关。该调查覆盖面为1至12年级的学生，共63.7万人，是有一定代表性的。这一调查结果表明，高动机水平的学生，其成就也高，反之，高的成就水平也能产生高的动机水平。邵瑞珍等的研究发现，成就动机强的被试较之成就动机弱的被试更能坚持学习，而且学习更有成效。

可见，学习动机与学习效果是统一的。学习动机越强，学习积极性越高，学习效果越好；学习动机越弱，学习积极性越低，学习效果也就越差。

有些研究表明动机水平与学习结果的关系并不总是一致的，有些学生学习动机水平较高，但学习成绩不理想，这说明动机强度与学习效率之间的关系并不是简单的直线关系，而是呈倒U形的曲线关系。耶克斯与多德森等人的研究均已表明：学习动机强度的最佳水平不是固定不变的，而是根据作业难度的不同而不同。难易适中的课题，最佳水平为中等动机强度。比较容易或简单的课题，其最佳水平为较高的动机强度；比较复杂或困难的课题，其最佳水平为较低的动机强度。这一规律在心理学中被称为耶克斯-多德森定律，如图4-1所示。

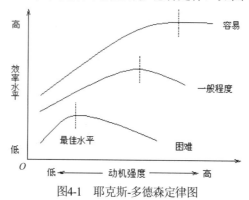

图4-1 耶克斯-多德森定律图

从图中可以看出，在动机强度低于最佳水平时，随着其强度的增加，学习效率不断提高；而动机强度超过最佳水平时，随其强度的增加，学习效率不断下降。可见，高度强烈的学习动机与低强度的学习动机一样会降低学习效率。这是因为，在过分强烈的动机状态下，焦虑水平也过高。在焦虑状态下，个人的注意力和知觉范围变得过分狭窄，思维效率降低，因此，正常的学习活动受到限制，学习效率下降。

因此，教师在教育实践中应根据学科的难易程度，适当地激发学生的动机强度，以取得最佳的学习效果。一定要注意避免给学生提出过高的学习目标或给学生太大的压力，过高的目标和过分的压力不仅不会促进学生的学习，反而会带来延误儿童终身的心理障碍。

## 五、学习动机的分类

学生的学习动机可以根据不同的标准划分为不同的类型。

### (一) 根据学习动机的社会意义不同划分

学习动机可分为正确的或高尚的学习动机和错误的或低下的学习动机。有利于社会发展和进步的动机是正确的动机；相反，阻碍社会发展和进步的动机就是错误的动机。

### (二) 根据学习动机起作用时间的长短不同划分

学习动机可分为直接的近景性动机和间接的远景性动机。直接的近景性动机是与学习活动直接相联系的、具体的动机，主要来源于对学习的兴趣持续的时间较短，比如只为了一次考试而努力学习。远景性动机是与学习的社会意义和个人的远大理想相联系的动机，其持续的时间比较长，比如学生为了祖国的兴旺发达而努力学习，为了成为一名科学家而刻苦钻研。

### (三) 根据动机的动力来源不同划分

学习动机可分为外部动机和内部动机。外部动机是指将学习结果或学习活动以外的因素作为学习的目标而引发的推动学生学习的动力，学习活动只是达到目标的手段。例如，一个学生为了考出好的成绩、班级的排名、教师的表扬或其他奖赏而学习就是外来动机的作用。内部动机是指将学习活动本身作为学习的目标而引发的推动学生学习的动力，学习者在学习活动过程中获得满足。例如，一名将学习当作一种乐趣，积极听课、看书学习的学生就是受内部动机的驱使。

外部动机和内部动机在学习活动中的动力作用是不同的。外部动机是由于各种外部诱因引起的，如表扬、奖励、批评、惩罚、考试、评分、就业，这些外部诱因对学习活动的推动作用可能是巨大的，同时也可能是容易变化和短暂的，其动力作用会随外来目标(诱因)的满足而降低。内在动机对学习的推动作用是稳定而持久的，因此，由学习需要、求知欲、学习兴趣而引发的学习，学习者会孜孜不倦，正所谓"知之者，不如好之者，好之者，不如乐之者"。在学校学习活动中，内在动机和外来动机既可以同时发挥作用，也可以交替发挥作用，二者之间还可以相互转化。作为教育者，我们不仅要注意调动学生的外来动机，更应注重培养学生的内在动机。研究表明，受内在动机驱使的学生比受外来动机支配的学生会取得更好的学业成绩。

#### (四) 奥苏伯尔的划分

奥苏伯尔在其《学校学习》一书中提出学校情境中的成就动机主要有以下3种内驱力。

(1) 认知内驱力。它是以求知作为目标本身，即直接指向学习任务的动机。有这种动机的学生，渴望了解、掌握知识，有系统地阐述问题并解决问题的需求。它主要是由好奇心派生出来的。如儿童不断地问成人，这是什么，那是什么，这就是儿童最初的潜在的认知内驱力。但它还没有特定内容和方向，只有在后天的不断学习中才有其具体的方向。

(2) 自我提高的内驱力。它是指个体要求凭借学业成就赢得相应地位的愿望。如学习好可以受到老师和同学的尊重，学习好可以找到好的职业。"学而优则仕"的想法是典型的自我提高的内驱力。

(3) 附属内驱力。它是学生为了得到家长、教师等长辈们的赞许或认可而努力学习的一种需要。这种内驱力在中小学生身上较常见，大学生有时也有这种内驱力。如为了得到自己所尊重的老师的赞扬，而努力学习他所讲授的学科。

## 第二节　学习动机理论

学习动机的多种多样，导致对学习动机作用的解释也种类繁杂，并由此派生出许多不同的动机理论。针对教育实践的需要，本节主要介绍如下几种动机理论。

### 一、强化理论

#### (一) 基本观点

学习动机的强化理论是由行为主义心理学家斯金纳、赫西等人提出的，也称行为修正理论或行为矫正理论。

行为主义心理学认为学习是刺激—反应的联结，而外部强化是引起学习的最重要的因素，所以，我们可以说行为主义的学习动机理论就是强化理论。斯金纳认为人或动物为了达到某种目的，会采取一定的行为作用于环境。当这种行为的后果对他有利时，这种行为就会在以后重复出现；不利时，这种行为就减弱或消失。人们可以用这种办法来影响行为的后果，从而修正其行为。

斯金纳把强化定义为增大行为发生概率的事件。他认为，强化从形式上可分为正强化和负强化。正强化就是给予被试奖励性刺激，以提高行为发生的概率。负强化就是撤销那些令人厌恶的或惩罚性的刺激，以提高行为发生的概率。

现代的行为主义心理学家不仅用强化来解释操作学习的发生，而且用强化来解释学习动机的产生。实际上在某些行为主义心理学家看来，引起动机与习得行为并无两样，都可以用强化进行解释，他们认为，人们是否对某种行为产生动机，完全取决于先前这种行为和强化之间建立起来的联系。这种联系越牢固，人们对这种行为的动机越强烈，反应则越弱。如果学生因学习而得到家长的表扬(强化)，他们就会有较强的学习动机；如果学生的学习没有得到强化，就缺乏学习动机。由于外部强化所引起的动机属于外来动机，因此行为主义心理学对动机的研究主要集中于外来动机方向。

行为主义的强化理论过分强调引起学习行为的外部力量(外部强化)，忽视甚至否定了人的内在因素和主观能动性对学习动机的作用，有较大的局限性。

### (二) 强化的依随性及其程式

美国心理学家斯金纳的研究表明，某一操作出现后，马上呈现外部强化，这种操作出现的概率增强，即行为依随于外部强化而变化。反应之后出现强化这一依随关系，被称为强化的依随性。在早期的研究中，斯金纳认为只有及时强化才有作用，后来研究发现，只要人们能够意识到反应与强化的依随关系，就可以了，而并不一定非得及时强化，在强化过程中可以用一个经常出现的或较喜爱的活动作为强化物，去强化一个较少出现的或较不喜欢的活动。如要求儿童去做作业，然后可以看动画片。各年龄阶段的儿童对于强化物的要求会有所不同，如表4-1所示[①]。

表4-1 中国台湾地区男性儿童喜欢的各类强化物(节选前三位)

| 强化物类别 | 小学高年级<br>(773人) | 小学中年级<br>(1104人) | 小学低年级<br>(743人) | 幼儿园<br>(761人) |
| --- | --- | --- | --- | --- |
| 消耗性强化物 | 1. 饮料<br>2. 冰淇淋<br>3. 果汁 | 1. 冰淇淋<br>2. 饮料<br>3. 汽水 | 1. 冰淇淋<br>2. 汽水<br>3. 水果 | 1. 冰淇淋<br>2. 汽水<br>3. 糖果 |
| 活动性强化物 | 1. 打球<br>2. 看电影<br>3. 游泳 | 1. 打球<br>2. 游泳<br>3. 骑车 | 1. 游泳<br>2. 看电影<br>3 养小动物 | 1. 看电视<br>2. 找朋友玩<br>3. 骑车 |

---

① 路海东. 教育心理学[M]. 长春：东北师范大学出版社，2002.

(续表)

| 强化物类别 | | 小学高年级<br>(773人) | 小学中年级<br>(1104人) | 小学低年级<br>(743人) | 幼儿园<br>(761人) |
|---|---|---|---|---|---|
| 操弄性强化物 | | 1. 电视游乐<br>2. 球<br>3. 玩扑克牌 | 1. 电视游乐<br>2. 球<br>3. 玩扑克牌 | 1. 电视游乐<br>2. 玩具<br>3. 球 | 1. 玩具<br>2. 贴纸<br>3. 球 |
| 拥有性强化物 | | 1. 电脑<br>2. 手表<br>3. 钱 | 1. 手表<br>2. 电脑<br>3. 文具 | 1. 手表<br>2. 钱<br>3. 故事书 | 1. 文具<br>2. 手表<br>3. 图书 |
| 社会性<br>强化物 | 口头<br>鼓励 | 1. 好聪明<br>2. 不错<br>3. 好孩子 | 1. 好聪明<br>2. 好孩子<br>3. 好宝宝 | 1. 好聪明<br>2. 好孩子<br>3. 好用功 | 1. 好宝宝<br>2. 好聪明<br>3. 很棒 |
| | 身体<br>接触 | 1. 微笑<br>2. 竖大拇指<br>3. 点头 | 1. 微笑<br>2. 竖大拇指<br>3. 点头 | 1. 微笑<br>2. 握手<br>3. 竖大拇指 | 1. 竖大拇指<br>2. 微笑<br>3. 拥抱 |

强化的程式是指反应在什么时候或多频繁地受到强化，也称强化的程序。强化的程序分类情况在前面第三章行为主义学习理论中已提到，分为连续式强化(或即时强化)和间隔式强化(或延缓强化)两大类。间隔式又分为时距式和比率式；时距式又分为定时距式和变时距式；比率式又分为定比率式和变比率式。

每种强化程序都会产生相应的反应模式。连续式的强化在更新任务时最有效，但一旦不给强化反应，消退就会马上产生。间隔式强化比连续式强化有更高的反应率和更低的消退率。定时距式由于两次强化间有一个固定的时间间隔，所以在一次强化后会出现一次较低的反应率，但在时间间隔的最后阶段反应率会上升，出现一种扇贝效应。

学生在平时不下功夫学习，而在期末考试前临时抱佛脚，就证明了这一点。定时距式强化由于两次强化间的时间间隔不一定，所以学生在期待强化出现的驱使下会持续地付出努力，如不定期的抽查会使学生在平时也会用功学习。定比率式对稳定的反应率比较有益，而变比率式则对维持稳定和高反应率最为有效。

### (三) 强化应遵循的基本原则

(1) 教新任务时，要进行即时强化，不要进行延缓强化。在行为主义学习理论中有一条重要的原理就是，后果紧跟行为比后果延缓要有效得多。即时反馈有两个作用：首先是使行为和后果之间的联系更为明确；其次它增加了反馈的信息价值。

(2) 在任务的早期阶段，强化每个正确的反应，随着学习的发生，对比较正确的反应优先强化，再逐渐转到间隔式强化。

(3) 强化要保证做到朝正确方向促进或引导，不要坚持一开始就做到完美，不要强化不希望出现的行为。值得注意的是，外部强化具有副作用。自20世纪70年代以来，很多研究发现，外部强化虽然能够提高学生的外来动机，但也存在着明显的副作用，即会损害学生对某些活动的内在动机，也就是说，一些活动本来能够由内在动机激发，却由于外部强化的介入，而且这些奖励太过显眼，简直就是一种贿赂时，使人们误以为结果似乎就是为了这种外部奖励，从而损害了学生的内在动机和对活动本身的兴趣。

如蒂西在1971—1972年用谜语做了一系列的研究。通常，解谜语是人们感兴趣的活动，被认为是由内在动机激发的。在一次实验中，蒂西将大学生分成3组去解谜语。甲组被试者事先被告知，他们解开谜语能得到钱；乙组被试者在解完谜语之后被告者知他们因为这样做而得到钱；丙组被试者得不到任何提示，也不给钱。解完一些谜语后，实验者让3组被试者分别单独待一会，在这段时间里，他们可以自由地做他们想做的任何事情。结果发现，甲组被试者很少会自动返回到解谜语上去，他们似乎对解谜本身已不再感兴趣。相反，丙组被试者对解谜仍然很感兴趣，愿意继续解谜的人更多。有趣的是，乙组被试者在解谜之后才被告知有金钱奖赏，因此，他们实际上并没有为钱而解谜，所以内在动机并没有因此减弱，他们仍然继续解谜语。莱珀等人于1973年在幼儿园进行的一项研究也得到类似的结果。儿童中有一部分人本来是很喜欢用彩笔绘画的，但实验者对其中的一部分孩子进行了奖励，每画一张就送给他们每人一个小奖杯。结果，当孩子们知道用彩笔画画再也不会得到奖励时，他们就不再继续画了。莱珀认为这是因为这些儿童失去了对绘画的内在兴趣。[①]

外部奖励的破坏作用主要出现在所奖励的是完成某种任务而不是在多大程度上或多好地完成任务。另外，外部强化的使用还易使学生的注意范围变窄，只关心考试分数和奖励，而忽略对所学内容本身的掌握。现在几乎所有的教师都会遇到学生提出的同一个令人尴尬的问题："老师，你讲的这部分内容会考吗？"

综上所述，可以得出这样的结论：外部强化有利于激发学生的外来动机，但在使用时一定要慎重。对于学生本来有内在兴趣的学习活动要避免由于使用外部奖励造成的损害，而对于一些学生缺乏兴趣的学习活动，教师可以适当运用外部强化去激发学习动机并使学生最终对学习活动本身产生兴趣。

## 二、需要层次理论

美国著名的心理学家，人本主义心理学创始人之一马斯洛对于学习与教学的看法，是人本主义学习动机理论的典型代表。他所提出的需要层次理论尽管并非主要用于解释学习动机，但其中蕴含着有关学习动机的理论观点。

马斯洛用人本主义的思想来解释人的需要并提出了需要层次理论。它既不同于行为主义的外因决定论，又不同于弗洛伊德的生物还原论，它以认知论的观点，肯定人的行为的意识性、目的性与创造性，说明人与动物的差异，注意人的价值和人的特殊性。马斯洛将人的需要由低到高分成7个层次，如图4-2所示。

### (一) 生理需要

生理需要是指维持生存及延续种族的需要。这在人的所有需要中是最基本也是最有力量的。

---

[①] 路海东. 教育心理学[M]. 长春：东北师范大学出版社，2002.

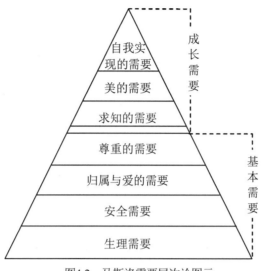

图4-2 马斯洛需要层次论图示

### (二) 安全需要

安全需要是指寻求保护或免于遭到威胁从而获得安全感的需要,它表现为人们要求稳定、安全、受到保护、有秩序、能免除恐惧和焦虑等。如人们希望寻求一份稳定的职业,愿意参加各种保险,这些都表现了他们的安全需要。婴幼儿由于无力应对新环境带来的不确定因素,所以他们的安全需要就更加强烈。

### (三) 归属与爱的需要

归属与爱的需要是指被接纳、爱护、关注、鼓励和支持等需要。其表现为一个人要求与其他人建立感情联系,如交朋友,追求爱,渴望参加一个团体并在其中获得一定位置等,就是归属和爱的需要。

### (四) 尊重的需要

尊重的需要是指被人认可、赞许、关爱等获取并维护个人自尊心的一切需要。它包括自尊和受到别人的尊重,自尊的需要得到满足时会使人增强自信和能力的发挥,并且更加富于勇气和创造性。反之,会使人感到自卑、无所作为,以及没有足够的信心和勇气去面对问题和困难。

### (五) 求知的需要

求知的需要是指探索、实验、阅读、询问等个体对人和事物变化中所不理解的部分希望获得理解的需要。其表现为对周围的一切充满好奇心,爱分析,愿把事物还原为它的基本组成部分,喜欢做实验,希望看到实验结果,愿对问题做出解释并构成某种理论或体系等。

### (六) 美的需要

美的需要是指对美好的事物欣赏的需要。其表现为对符合个体美的标准的事物的偏爱与追求。

### (七) 自我实现的需要

自我实现的需要是指在精神上臻于真、善、美合一的至高人生境界的需要，亦即个人所有理想全部实现的需要。其表现为人们追求实现自己的能力或潜能，并使之完善化。马斯洛认为任何人都有可能达到自我实现，但各人的自我实现方式是不同的。一个炊事工人、一名教师甚至一名家庭主妇都有机会完善自己的能力，满足自我实现的需要。

马斯洛又将7个层次的需要分为两大类，前4层被称为基本需要，都是由于生理上或心理上的缺失而导致，因此又被称为缺失性需要。后3层为成长需要，基本需要一旦获得满足，其需要强度就会降低，而成长需要不但不会随其满足而减弱，反而因获得满足而增强，因此求知、求美、追求自我实现都是永无止境的。关于这7个层次的需要马斯洛的主张如下。

(1) 需要层次越低，它的力量就越强，潜力也越大。随着需要层次的上升，需要的力量也相应减弱。

(2) 高级需要满足前必须先满足低级需要。只有在低级需要满足后或部分满足后高级需要才可能出现。

(3) 个体发展过程中，高级需要出现得较晚。在生物进化过程中高级需要也同样出现得较晚，如所有生物都需要食物和水，而只有人类才有自我实现的需要。

(4) 高级需要比较复杂，因此满足高级需要要求有较好的外部条件，如社会条件、经济条件和政治条件等。

马斯洛的需要层次论，迄今为止是心理学界最为推崇的需要理论。其积极意义主要表现在如下几方面。

(1) 马斯洛的需要层次论注重社会正常人的需要，因此它具有普遍性。他的理论在各行各业中得到广泛应用。

(2) 马斯洛的需要层次论是一个有严格组织的层次系统。

(3) 马斯洛的需要层次论比较客观，准确地揭示了人类需要产生的客观规律。

总之，马斯洛需要层次理论强调人所特有的高级需要，将内部动机和外部动机结合起来，对学校的教育教学具有重要的指导价值。但该理论也存在缺陷，其建立在描述现象的基础之上，许多观点带有假设的性质，尽管有些描述与现实吻合，但仍有待进一步验证；其提出的自我实现等需要的界定不够明确，认为高级需要是低级需要满足后自然出现的，带有遗传决定论的特点。具体说来，该理论的缺陷主要表现在以下几个方面。

(1) 马斯洛脱离社会现实生活实践和人类社会的发展历史去看待人性，将人的社会性需要也看成是与生俱来的潜能，将人类的一切需要都看成是由潜能决定的，因此降低了社会生活环境在人的需要发生发展中的重要作用。

(2) 马斯洛强调低级需要向高级需要发展，但没有充分认识到高级需要对低级需要的调解作用。因为在某些特定的背景中，即使低层次的需要没有获得基本的满足也可能产生高层次的需要。

(3) 马斯洛是一个人本主义者，他的许多概念是从抽象的人性论出发，而未能顾及这些概念的现实社会内容。

## 三、成就动机理论

最先研究成就动机的是美国心理学家默里，其于1938年提出"成就需要"的概念。他将成就需要定义为"克服障碍、施展才能，力求尽快尽好地完成困难的任务"的驱力。20世纪50年代以后，麦克莱兰和阿特金森等人在默里的基础上对成就动机进行了更为深入的研究，提出了系统的成就动机理论，并以数量化的形式说明成就动机。

成就动机是指在人的成就需要的基础上产生的，激励个体对自己认为重要的或有价值的工作乐意去做并力求成功的一种内在驱动力。成就动机是人类所独有的，是后天获得的具有社会意义的动机，是决定个体努力程度的动力因素。

1956—1957年，阿特金森对成就动机进行了研究并在实验的基础上提出了成就动机的"期望—价值"理论模型。他认为某种行为倾向的强度是动机水平、期望和诱因值三者乘积的函数。如果用 $Ts$ 来表示追求成功的倾向强度，那么它就是由以下3个因素所决定：渴望成功的程度 $Ms$；在该项任务上将会成功的可能性 $Ps$；成功的诱因值 $Is$。用公式表示为

$$Ts = Ms \times Ps \times Is$$

在这个公式中，$Ms$ 代表渴望成功的程度，$Ps$ 表示主体理解到的成功的可能性，$Is$ 是指人在成功时所体验到的满足感。一般说来，课题越难，成功概率越小，而成功后的满足感越大。所以 $Ps$ 和 $Is$ 之间的关系，可表示为 $Is = 1 - Ps$。这一关系说明：一个困难的任务取得成功后所体验到的满足感比一个容易的任务成功后体验到的满足感更强烈。阿特金森认为，在与成就有关的情景中既能引起对成功的期望，也能引起对失败的担心。决定对失败担心的因素，类似于对成功希望的因素，即避免失败的倾向 $Tf$ 是以下3个因素的乘积的函数：避免失败的动机 $Mf$，也就是因失败而体验到的羞愧感的大小；失败的可能性 $Pf$；失败的消极诱因值 $If$。用公式表示为

$$Tf = Mf \times Pf \times If$$

同样，在这里 $If = 1 - Pf$，也就是说，当失败的可能性减小时，失败的诱因值就会增加。即一个容易完成的任务，如果失败了那么个体所感受到的羞愧程度会大大增加；反之，一个困难的任务失败，引起的羞愧感就会减小。

阿特金森认为，一个人追求成功的动机倾向 $Ts$ 和回避失败的倾向 $Tf$ 同时存在，要预测个体的行为，必须把这两种相反的动机同时考虑在内。一个人面临一个任务时最终是趋向还是回避，要取决于 $Ts$ 和 $Tf$ 的强度，用公式表示为

$$Ta = Ts - Tf = (Ms \times Ps \times Is) - (Mf \times Pf \times If)$$

如果一个人在一种特定的情境中获得成功的需要大于避免失败的需要，那么他就敢于冒险去进行尝试并力求成功。根据这一理论，如果一个学生 $Ts > Tf$，那么他为了探索某一问题，就要能够容忍一定数量的失败，而且在遇到失败之后，他不但不会放弃，而会提高他去解决这一问题的欲望；另一方面，如果获得成功过于容易，反而会使他的学习动机受到损害。有研究表明，这类学生在选择任务难度时最有可能选择成功概率为50%的任务，因为这种任务既能给他们提供大的挑战，同时不是不可能完成。他们在完成任务的过程中能坚持自己的看法，有独立的见解，并且在学业成绩和智力测验中也往往能取得较好的分数。他们不喜欢从事完全不可能

或非常容易的活动。相反，如果一个学生 $Ts < Tf$，那么他在选择任务时，倾向于选择非常容易或非常困难的任务。因为选择容易的任务可使他免遭失败，而选择困难的任务，由于其他人也会失败，所以当他失败时也会以任务较难，为自己找到借口，从而减少失败带来的羞愧感。20世纪50年代末60年代初，麦克莱兰做了一个实验证实了这一点。该实验用5岁的儿童作为被试。主试让这些儿童逐个走进一个房间，并且发给他们许多绳圈，让他们用这些绳圈去套位于房间中间的一个木桩。孩子们可以随意选择自己站立的位置。在套木桩之前，主试让他们对自己能套中多少绳圈进行预测。结果发现，成就动机水平较高的儿童选择了与木桩距离适中的位置，而成就动机水平较低的儿童要么选择了距离木桩非常远的位置，要么选择了距离木桩非常近的位置。麦克莱兰对此是这样解释的：成就动机强的儿童倾向于选择既具有一定挑战性，又具有一定成功可能性的任务，所以他们选择了与木桩距离适中的位置。这一结论在不同年龄、不同任务中取得了一致的结果。成就动机弱的儿童关心的不是成功与失败的取舍，而是尽量避免失败和与此有关的消极情绪。因此他们要么站得离木桩非常近，能够很容易成功；要么站得离木桩非常远，几乎没有成功的可能，因为这是任何人都很难达到的，所以即使失败也不会带来消极的情绪。

成就动机水平对学习有重要的影响，成就动机水平高的学生在没有教师监督的情况下仍能保持良好表现，在面临失败和打击时，成就动机水平高的学生比成就动机水平低的学生有更强的坚持性。同时，成就动机水平高的学生自信心强，而且他们成功时会更相信自己的能力，一旦失败，他们会认为是由于采用了不合适的策略或是努力程度不够，从而会更加努力地去完成任务。相反，成就动机水平低的学生自信心差，而且往往设置一些不切合实际的目标，不付出足够的努力，于是自然会导致一次又一次的失败，这样更加坚定了他们认为自己能力不足的看法，并将失败归因于缺乏能力，而将成功归因于运气、机遇和任务简单，这样无论成功还是失败对他们来说，都不会产生积极的影响。成功了，他们不会再付出努力，而一旦失败，则会导致他们进一步去避免失败而损害成就动机。

在教学过程中，不仅仅是任务的难易程度会影响到学生的行为，教师的评分标准也会对学生的行为产生影响。阿特金森在一项经典实验中证实了这一点：他在实验中把80名大学生分成4组，每组20人，给他们一项同样的任务。对第一组学生说成绩最好者能得到奖励，获胜希望概率为 $Ps = 1/20$；对第二组学生说，成绩排前5名者将会得到奖励，获胜希望概率为 $Ps = 1/4$；对第三组学生说，成绩排前10名者可以得到奖励，获胜希望概率为 $Ps = 1/2$；对第四组学生说，成绩排前15名者都能得到奖励，获胜希望概率为 $Ps = 3/4$。结果如图4-3所示。

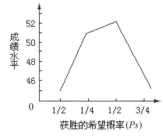

图4-3 成绩与对成功的估计

成功可能性适中的两个组成绩最好，成功概率太高或太低时成绩下降。第一组学生大多都认为，即便自己尽最大努力也极少有可能成为第一名；而第四组学生一般都认为自己肯定在前15名之列，于是，这两组学生都认为不需要努力了。研究表明，最佳的成功概率是1/2左右。因为大多数学生认为，如果尽自己努力，很有希望获得成功；如果不努力的话，也有可能会失败。[①]

---

① 陈琦. 当代教育心理学[M]. 北京：北京师范大学出版社，1998.

由上述实验可以看出，如果学生认为不论怎样努力都肯定会不及格时，他们的学习动机就会处于极低的水平。因此，在教学中需要教师适当地掌握评分标准，让学生感到要得到好成绩是可能的，但也不是轻而易举的。

## 四、成败归因理论

成败归因理论最早是由社会心理学家弗里茨·海德于1958年提出来的。归因是人们对自己或他人活动及其结果的原因所做的解释。在学习和工作中，人人都会体验到成功与失败，同时人们还会去寻找成功与失败的原因，这就是对成败行为的归因。人们会把成败归结为不同的原因，并产生相应的心理变化，从而影响之后的行为，因此我们在教学中应予以足够的重视。

归因理论的代表人物是美国心理学家维纳，他在海德理论的基础上提出了系统的成败归因理论。他认为个体的归因是复杂的、多维度的，归因结果对其以后的行为动机会产生不同程度的影响。维纳对行为结果的归因进行了系统的探讨，发现人们倾向于将活动成败的原因即行为责任归结为6个因素，即能力高低、努力程度、任务难易、运气(机遇)好坏、身心状况、外界环境。同时，维纳认为这6个因素可以归纳为3个维度，即内部归因和外部归因、稳定性归因和非稳定性归因、可控制性归因和不可控归因。最后，将三维度六因素结合起来，就组成了归因模式。其可用表4-2表示。

表4-2 维纳成败归因理论中的六因素与三维度表

| 因素 | 成败归因维度 | | | | | |
|---|---|---|---|---|---|---|
| | 因素来源 | | 稳定性 | | 可控制性 | |
| | 内部 | 外部 | 稳定 | 不稳定 | 可控 | 不可控 |
| 能力高低 | ✓ | | ✓ | | | ✓ |
| 努力程度 | ✓ | | | ✓ | ✓ | |
| 任务难易 | | ✓ | ✓ | | | ✓ |
| 运气(机遇)好坏 | | ✓ | | ✓ | | ✓ |
| 身心状况 | ✓ | | | ✓ | | ✓ |
| 外界环境 | | ✓ | | ✓ | | ✓ |

能力属于内部稳定的不可控制因素，努力程度属于内部不稳定的可控制因素，任务难易属于外部稳定的不可控制因素，运气属于外部不稳定的不可控制因素，身心状况属于内部不稳定的不可控因素，外界环境属于外部不稳定的不可控制因素。

由于归因理论是从结果来阐述行为动机的，因此他的理论价值与实际作用主要表现在3个方面：一是有助于了解心理活动发生的因果关系；二是有助于根据学习行为及其结果来推断个体的心理特征；三是有助于从特定的学习行为及其结果来预测个体在某种情况下可能产生的学习行为。

一个总是失败并把失败归于内部的、稳定的和不可控的因素(即能力低)的学生会形成一种习得性无助的自我感觉。习得性无助即当个体感到无论做什么事情都不会对自己的重要生活事件产生影响时所体验到的一种抑郁状态。

根据归因理论,学生将成败归因于努力比归因于能力会产生更强烈的情绪体验。努力而成功,体验到愉快;不努力而失败,体验到羞愧;努力而失败,也应受到鼓励。因此,教师在给予奖励时,不仅要考虑学生的学习结果,而且要联系其学习进步与努力程度状况来看,强调内部、稳定和可控制的因素。在学生付出同样的努力时,对能力低的学生给予更多的奖励,对能力低而努力的人给予最高评价,对能力高而不努力的人则给予最低评价,以此引导学生进行正确归因。

---

**智力成就归因量表简介**

克兰代尔编制的"智力成就归因量表(IAR)"由34个项目构成,每个项目在叙述一件事之后,都提供两个解释,一个是内部归因,一个是外部归因,要求被试选其一。具体如下。
(1) 你这次考试成绩很好。这可能是:a.因为我学习用功了;b.这次考试很容易。
(2) 老师夸你是个好学生。这可能是:a.因为她那天心情愉快;b.因为我各方面表现都好。
(3) 运动会上你跑得最慢。这可能是:a.我练习得不够;b.计时搞错了。
然后,分别计算被试内外归因题目的得分。如内控分高于外控分,则为内归因者,否则倾向于外归因。

(资料来源:路海东. 学校教育心理学[M]. 长春:东北师范大学出版社,2004.)

## 五、习得性无力感理论

习得性无力感的概念最初是由塞利格曼等人提出的。习得性无力感是指由于连续的失败体验而导致的个体对行为结果感到无法控制、无能为力而自暴自弃的心理状态,也称习得性无助。从20世纪60年代开始,国外在这方面进行了大量的实验研究,并形成了较为系统的理论。现在人们常用无力感理论来说明人类的自暴自弃、丧失信心行为的形成和抑郁症的产生。

塞利格曼和梅尔于1967年在实验中首先发现了习得性无力感现象。实验以狗作为被试并分成3组,实验分两个阶段进行。在第一阶段,将狗用皮带固定在吊床上,并给以多次无法预测的、足以造成痛苦的电击。第一组中的狗只要用鼻子推动吊床底部的嵌板,即可逃避电击;第二组中的狗则无论如何做也无法逃避或控制电击;第三组中的狗只是被缚在吊床上,没有接受电击。24小时后进入第二阶段的实验。三组狗都被移放到一个双间穿梭箱内,在那里,每只狗只要跳过中间的栏杆,就可以避免电击。结果发现,第一组和第三组的狗很快就学会对条件刺激做出反应,跳过穿梭箱中间的栏杆以回避紧接着条件刺激的终止而来的电击。然而,在第一阶段接受了不可逃避电击的第二组的狗则无法学会如何避免电击,它们甚至不去尝试逃避电击,只是坐着不动,忍受电击。这些狗之所以无法学会逃避电击,是由于先前的对电击无法控制的经验所致,因此,塞利格曼和梅尔用"习得性无力感"这一术语来说明这种现象。[①]

在现实生活中,无力感现象是广泛存在的。人们在工作、学习和交往活动中,常常会因连续遭受挫折和失败而变得丧失信心,怀疑自己的能力,进而表现出面对问题束手无策、退缩不前的行为倾向,在精神上则出现抑郁反应。在学校里,学生常会因为在学业上屡遭失败,而逐

---

① 路海东. 教育心理学[M]. 长春:东北师范大学出版社,2002.

渐对自己丧失信心，以至于无心向学、自暴自弃，因此，无力感现象的研究对教学和现实生活都有重要的实际意义。

人们经研究发现，无力感产生会有3方面的表现：第一，动机水平下降，表现为消极被动，对什么都不感兴趣；第二，认知障碍，形成外部事件无法控制的心理定势，在进行学习时本应学会的东西也难以学会；第三，情绪不调，表现得冷漠和抑郁。

塞利格曼在习得性无力感理论中对无力感产生的原因进行了说明，他认为无力感产生可分为4个阶段：第一，获得"结果不可控的"失败体验；第二，在体验的基础上产生"结果不可控"的认知，即认为无论如何努力都会失败；第三，形成"将来结果也不可控"的期待；第四，产生无力感，表现出动机、认知和情绪上的损害并影响后来的学习。

在实际生活中，我们可以看到，并不是所有的人在经历了失败和挫折之后都产生无力感。有些人即使产生无力感，其程度和表现形式也各不相同。后来的研究发现，无力感产生及其程度与人们对失败的归因有关。因此，艾布拉姆森和塞利格曼等人为了应用归因理论说明无力感的产生情况，首先对维纳的二维归因模式进行了修订，增加了一个维度，把失败的原因归结为普遍或特殊的原因两类，称之为普遍性维度。这样就可以从控制点、稳定性和普遍性3个维度对个体对失败的归因加以说明，如表4-3所示。

表4-3　一个考试失败的学生的归因

| 普遍性 | 内部归因 | | 外部归因 | |
|---|---|---|---|---|
| | 稳定归因 | 不稳定归因 | 稳定归因 | 不稳定归因 |
| 普遍归因 | 智力不足 | 体质不佳(感冒) | 外语的试题太难 | 运气不好 |
| 特殊归因 | 数学能力低 | 考数学那天刚好感冒 | 数学题太难 | 考数学那天运气不佳 |

根据无力感的归因理论，易产生无力感的个体总是对失败进行内部归因和稳定的归因，同时普遍的归因会产生普遍的无力感，即会在各种情况中出现无力感，如对各种特殊的归因会产生特殊的无力感。

德韦克等人研究了学生对失败的不同反应，将学生区分为"无力感的学生"和"掌握定向的学生"两种，并指出两种学生之间存在以下不同。一是无力感学生失败后，总是在失败的原因上思前想后、不能自拔；而掌握定向的学生(即以掌握知识为学习动力的学生)失败后关注于寻找解决问题的办法，以走出失败。二是无力感学生在失败后，行为策略马上受到损害，他们既承认失败又开始为自己的失败找借口，总是低估自己的能力和以往成功的次数，而高估他们的失败的次数，当他们获得成功之后往往并不期望下一次的成功；而掌握定向的学生在失败后并不自暴自弃或找借口，他们不承认失败而只是把失败看作成功之前的插曲。三是无力感的学生总是认为自己对于某种任务无能为力，无论怎么做也不可能成功，因此他们表现得退缩不前，因为如果没有尝试就失败，则可以将失败归因为没有尝试，这样会让他们更加好过一些；而掌握定向的学生则会乐于迎接挑战并千方百计地找出解决问题的方法，并试图取得成功。

习得无力感的教育对策，除了学生自身的因素，还涉及学校和家庭教育两个方面。

首先，学校情景中习得无力感的教育对策。学校要为孩子提供表现自我的机会，让学生体验成功的喜悦，使学生养成乐观的态度，给学生以消除自卑心理的方法。

其次，家庭环境中习得无力感的教育对策。父母对孩子产生习得无力感的两个最重要的预防措施：一是培养他们能控制自己生活的感觉和信念；二是使他们明白一个具体的行为与他们本身并不等同，不能"以偏概全"。做错了一件事并不说明他们就没有一点能力，一次考试失败并不意味着他们的智力低下。只有消除了这些不良因素，他们才能学会如何自我评价，避免"习得性无力感"。

## 六、自我效能感理论

自我效能感是指个体对自己是否能成功地进行某一成就行为的主观判断，也可称作自我能力感。这一概念是由美国心理学家班图拉于1977年提出来的。

研究表明，自我效能感对学生的心理和行为有着多方面的影响。

(1) 影响人们对活动的选择，以及活动时的坚持性。自我效能感强的人喜欢选择富有挑战性的任务，在困难面前能坚持自己的行为，而自我效能感弱的人则相反。

(2) 影响人们在困难面前的态度。自我效能感强的人敢于面对困难，有较强的自信心，相信通过努力一定能克服困难取得成功，而自我效能感弱的人则会缺乏自信，不愿尝试。

(3) 影响人们对新行为的习得和已习得行为的表现。

(4) 影响人们活动时的情绪。效能感强的人活动时情绪饱满、信心十足，效能感弱的人则充满恐惧和焦虑。

班图拉和同事对自我效能感的形成条件及其对行为的作用问题进行了大量的研究，并发现学生的学业自我效能感受到以下因素的影响。

(1) 行为的成败经验。先前的成功会提高个体的自我效能感，持续的成功能巩固自我效能感，不断的失败会降低自我效能感。

(2) 替代经验。当学生观察到教师或同学良好的榜样示范时会增强自我效能感。

(3) 目标设置。为学生设置合理的近期目标，学生在达到目标的同时就可以增强他们的自我效能感。

(4) 成败归因。将学生的成功与努力相联系，可以提高学生的自我效能感；将成功归结为个人的能力，也能增强自我效能感。

(5) 奖励。对学生良好的学习行为给予适当的奖励会增强他们的自我效能感。

(6) 学习监控。在学生自我监控或教师外部监控两种情况下，均能对学生自我效能感的增强起到积极的作用。

班图拉认为学校是学生自我效能感形成、发展和变化的一个重要场所。教师应在教学中根据具体情况采用适当手段来增强学生的自我效能感。

自我效能感对学习的影响如下。

(1) 影响任务的选择。自我效能感水平高的人会选择富有挑战性的任务，并期望获得成功。学生在某一方面的自我效能感水平越强，成功的可能性越大，就会越多地选择从事这方面的活动；反之，学生会逃避那些自己感到不能胜任的活动。例如，数学自我效能感较强的学生，会更多地选择数学学习活动。

(2) 影响努力的程度、坚持性，决定在困难面前的态度。具有高度自我效能感的人自信心强，有助于激发和维持向困难挑战的精神；相反，自我效能感低的人，怀疑自己的能力，在困难面前缺乏自信、畏首畏尾、不敢尝试。

(3) 影响活动时的情绪。自我效能感高的人在活动时情绪饱满，信心十足，体验到的紧张、焦虑和恐惧水平低；而自我效能感低的人则是垂头丧气，充满着紧张、焦虑和恐惧。

(4) 影响任务的完成。自我效能感高的学生确信自己能够很好地掌握有关知识和技能，从而集中注意力，能够适当运用有关学习策略，取得最佳学习效果，完成各种学习任务；自我效能感低的学生则总是担心失败，把思想聚集在个人不足上，因此，不能很好地完成学习任务。

那么，如何培养和形成自我效能感呢？具体包括以下几个方面。

(1) 成败经验。一般而言，成功的经验能提高个人的自我效能感，多次的失败会降低自我效能感。但这还要受个体归因方式的影响。

(2) 替代性经验。人们通过观察他人的行为而获得的间接经验会对自我效能感产生重要影响。

(3) 目标设置。观察榜样示范时会增强自我效能感。

(4) 成败归因。归于个人努力能增强自我效能感。

(5) 奖励。适当奖励会增强自我效能感。

(6) 学习监控。学生自我监控或教师的外部监控，都能增强学生的自我效能感。

(7) 言语劝说。言语劝说的价值取决于其是否切合实际。缺乏事实基础的言语劝说对自我效能感的影响不大，在直接经验或替代性经验基础上进行劝说的效果会更好。

(8) 情绪反应和生理状态。个体在面临某项活动任务时的心身反应、强烈的激动情绪，通常会妨碍行为的表现而降低自我效能感。

(9) 情境条件。不同的环境提供给人们的信息是大不一样的。某些情境比其他情境更难以适应和控制。当一个人进入陌生而又易引起焦虑的情境中时，其自我效能感水平与强度就会降低。

## 第三节　学习动机的培养与激发

什么是学习动机的培养与激发？培养与激发的关系如何？这是首先要弄清楚的问题。学习动机的培养是使学生从没有学习需要或很少有学习需要到产生学习需要的过程。学习动机的激发是把已形成的潜在的学习需要充分调动起来，提高学习的积极性。培养是激发的前提，而动机激发的结果又培养和加强了已有的学习动机。

影响学生学习动机的因素是复杂的、多方面的，培养和激发学生学习动机的方法也是多样的。下面介绍几种主要的途径和方法。

### 一、向学生提出明确、具体的学习目标

学习目标具有直接指引学习动机的作用。长远目标的动机作用较为稳定和持久，但离开近期的具体目标，其功能是无法实现的。因此，在学习的各个环节，教师都要向学生提出明确而具体的目标要求。目标的高低要因人而异，要尽力与个人的学习能力相一致，过高的目标与学生已有的知识和技能差距较大，学生可能望而不可即；过低的目标又缺乏挑战性。只有既在学

生能力范围内，又具有一定挑战性的目标，才能有最佳的动机激发作用。因此，教师在对学生进行学习目标教育时，要把近期的具体目标和长远目标、远大的理想结合起来，这将进一步提高实现目标的动机。

## 二、进行成就动机训练

近年来，人们对如何培养成就动机进行了大量的研究。由于成就动机是在一定的社会、文化、教育条件下形成的，因而能够通过一定的方法来培养和提高，进行成就动机训练可分为6个阶段。

### (一) 意识化

与学生谈话、讨论，学生注意到与成就动机有关的行为。

### (二) 体验化

让学生进行游戏或其他活动，从中体验成功与失败、选择目标与成败的关系、成败与感情上的联系，特别是体验为了取得成功所必须掌握的行为策略，如根据自己的水平选择目标，不断了解不同目标的难度，达到目标的途径及自己的行为结果等。

### (三) 概念化

让学生在体验的基础上理解与成就动机有关的概念，如"成功""失败""目标"及"成就动机"本身的含义。

### (四) 练习

实际上是体验化与概念化两个阶段的重复，通过重复练习，学生将不断加深体验和理解。

### (五) 迁移

使学生把学到的行为策略应用到学习场合，不过这往往是一些特殊的学习场合，这种场合要具备自选目标、自我评价以及能体验成败的条件。

### (六) 内化

使取得成就成为学生自身的需要，学生可以自如地运用所学的行为策略。

很多研究证明，对成就动机进行训练是有效果的。其直接效果表现为受过训练的学生对取得成就更为关心，并能够根据自己的实际情况去选择所追求的目标。其间接效果是能够提高学生各学科的学习成绩。成就动机训练对成就动机较低、学习成绩较差的学生尤为有效。

## 三、培养与激发学习兴趣

学习兴趣是学习动机的重要心理组成部分，它使人们在学习活动或探索知识的活动中产生愉快的情绪体验，从而产生进一步学习的需要。由这种需要而产生的动机为内部动机，它会对学生进一步学习和保持学习的状态有非常重要的作用。因此，教师在培养和激发学生的学习动机时要注意培养学生的学习兴趣。

### (一) 加强学习目的性教育、明确知识的社会意义，有助于激发学生的学习兴趣

加强学习目的性教育、明确知识的社会意义，是培养学生学习兴趣的重要手段。尤其对培养学生的间接兴趣，有更重大的作用。虽然学生感到有些学习活动本身枯燥无味，但如果教师能设法使学生知道这些知识的重要性，就会使学生产生对知识的需要，从而产生学习兴趣；同时会使原有的学习兴趣进一步被激发出来，例如，讲计算机在现代生活中的种种奇妙用途，使学生迫不及待地想掌握有关技巧。

### (二) 培养学生对每门课程的积极的学习态度，形成定势，有助于培养其学习兴趣

苏联心理学家西·索洛维契克曾做过一个实验，证明了学习的积极态度能促使学生在学习中积极思考，并从中培养起学习兴趣。在实验中，同学们根据自己的学习情况选择一门不太感兴趣的课程，在每天开始上这门课或学习这门课的内容之前，完成以下几种活动：①面带微笑，搓着双手，还可以哼唱自己喜欢的歌曲，总之是作摩拳擦掌、跃跃欲试状，而且让自己充分感觉到这一点；②同时脑子里不断地想，下面的学习内容将是我能够理解的，我将高兴地学习；③提醒自己，一定要努力地学习，要比平时更细心一些，要花更多的时间，因为细心就是对学习产生热爱的源泉。结果，实验极有效地改变了同学们以前的消极学习态度，解除了原来的苦恼，并从探索知识的过程中体验到了乐趣。参加这个实验的三千多名小学生中，绝大多数成功了，他们开始对原来最感头痛的课程产生了兴趣。而报告失败的信件只有几封。这个实验十分简单，而且一般只需持续3周左右便可见效。

### (三) 利用教师期望效应培养学生的学习兴趣

教师的期望对学生有深刻的影响。只有把学生看作渴望学习的人，学生才能更有可能成为渴望学习的人，教师要把学生看作积极的、有强烈的成长动机的学习者。

### (四) 利用已有的动机和兴趣形成新的学习兴趣

在学生缺乏学习动力、没有明确的学习目的和兴趣的情况下，可以利用学生爱好游戏或其他科技、文体活动的动机和兴趣，使这些已有的动机和兴趣与学习发生联系，把这些活动的动机转移到学习上，从而使学生产生对学习的需要。教师对班级中不愿学习的学生应给予仔细观察，注意发现他们的兴趣。

### (五) 组织学生参加课内外实践活动

组织学生参加课外活动小组，使学生在实践中运用知识并渴望获得新的知识。许多研究表明，学生为了解决某种实际问题，更能有效地激发其学习兴趣。在实践中他们能进一步体会到知识的实践意义，遇到问题后，会感到自己的知识不足，从而激发起学习需要，产生学习兴趣。例如，参加课外的航模小组、课件制作小组、电器修理小组等，既可以使学生运用所学的知识，又可以获得某些新的知识，从而发展学生的学习兴趣。

### (六) 不断改进教学方法，努力提高教师的教学水平

教学实践表明：大多数学生喜欢听水平高的老师讲课，对其所教的学科感兴趣，为此，在教学中要想使学生对你教的学科感兴趣，就必须提高自己的讲课水平和艺术，用生动的语言、新颖的知识、有趣的事例激发学生的兴趣。利用现代化教学手段将书本上的知识生动地演示给学生，引起他们进一步探索的需要。如运用多媒体、视频、案例驱动法、讨论法、合作学习法、小组学习等教学手段呈现教材内容，还可以通过模拟教材内容的游戏、角色扮演等方式进行教学。

### (七) 注重学生在某一领域知识的积累

研究表明，某一领域的知识的积累是对该领域产生稳定而浓厚兴趣的基本条件。学生在某一学科上基础越扎实，拥有的知识越丰富，学习起来就越轻松，就会对这个学科感兴趣。相反，在某一学科知识基础薄弱，"欠债"过多，学习起来就会索然无味。

## 四、创设问题情境，实施启发式教学

教学实践表明，创设问题情境，实施启发式教学，是培养学生学习动机行之有效的方法。

### (一) 创设问题情境的含义

创设问题情境是指在教学中提出一些学生用现有的知识和习惯的方法不能立即解决的问题，从而在教材内容和学生的求知心理之间制造一种不协调，引起学生的认知矛盾，把学生引入与问题有关的情境，从而激发起学生的求知欲望和积极的思维，让学生处于一种"心求通而未解，口欲言而不能"的"愤""悱"境界，就是孔子所说的"不愤不启，不悱不发"。这就是我们现在所说的"启发式"教学。

### (二) 创设问题情境的基本要求

创设问题情境要求教师熟悉教材内容，掌握教材内容的结构，了解新旧知识之间的内在联系，并且充分了解学生已有的认知结构状态，使新的学习内容与学生已有水平构成一个适当的跨度。

例如，物理老师讲授"浮力定律"一课，先问学生："木块放水里为何总是浮在水面上？铁块为何沉下去？"学生说："铁重。"老师又问："一斤重的铁块和木块放水里为何木块浮上来铁块沉下去？"学生愕然了。老师又问："钢铁制成的万吨巨轮应该很重吧，为何却浮在水面上？"这一问使学生又愕然了："万吨巨轮为何不沉下去？"此时学生处于"心求通而未解，口欲言而不能"的境地，急切地等待老师的解答，这样就设置了问题的情境，激起了学生浓厚的认知兴趣和强烈的学习动机，这时教师再讲解"阿基米德定律"就产生了良好的教学效果。又如，初中生物老师在讲"贫血"这一概念时，讲了这样一则幽默故事：有一位新屠夫为一户人家杀猪，由于紧张，一刀捅歪了，趁主人不注意，赶紧用手捂住猪的口鼻，把猪闷死了。后来主人问："这猪怎么只流这么一点血？"屠夫赶紧回答："这猪贫血！"在同学们的笑声中，教师提出问题："这猪真的贫血吗？究竟什么叫贫血？如果有人患了贫血，会表现出哪些异常

症状？我们应该给贫血患者提出哪些合理建议(如饮食方面)？"

### (三) 创设问题情境应遵循的基本原则

创设问题情境应遵循以下几项原则。
(1) 问题要能使学生的新旧知识联系起来。
(2) 问题要小而具体。
(3) 问题要新颖有趣。
(4) 问题要有适当的难度。
(5) 问题要富有启发性。

### (四) 问题情境的形式

一个合适的问题情境，其形式是非常多样的，可以是一个游戏、一个故事、一个问题、一个试验，也可以是一种直观形象、一段录像资料、一段音乐、一幅图画、一个小品，或者是以上多种方法的结合。

### (五) 创设问题情境的方法

创设问题情境的方式可以多样化，既可以用教师设问的方式提出，也可用作业的方式提出；既可以从新旧教材内容的联系方面引进，也可以从学生的日常经验引进。问题情境的创设既可以在教学的开始阶段，也可以在教学中和教学结束时进行。

创设问题情境，通常可采用以下两种方法。

#### 1. 语言提问法

语言提问法即在教学中，直接提出与新知识有关的问题。如在讲排列组合时可向学生提问："在0~9十个数字中，任意选出7个数字组成一个电话号码，共可以组成多少个？"这种具有启发性的提问，有的学生立即动手去排列，有的可能在想尽快排出的办法，但是又难以排出。这样就激起了学生的求知欲。

#### 2. 活动法

活动法即让学生参加实践活动，在活动中遇到问题，这样就会激起学生的好奇心和求知欲。这里的活动既包括课堂内的活动，也包括课外活动。许多的研究都证明了学生头脑中有没有问题，对学习积极性的影响是不同的。伯利纳曾做过这样一项研究，让平均能力相等的两组大学生学习同一篇读物，其中一组在未学习以前经过一次测试，测试的题目与学习的读物有关；另一组没有进行测试。结果前一组学生知道自己有什么问题不懂，激发了学习积极性，学习时更有的放矢，从而在学习和记忆两个方面都产生了良好的效果；而后一组的学习积极性则未被充分调动起来。

## 五、设置榜样

为学生设置学习的榜样，如为学生讲述一些卓有成就的名人的学习习惯和成长历程，使学生学习他们的想法、活动方式及行为特点，养成敢于创新、不怕失败的优良品质，提高学生的成就动机。同时教师还要为学生设置一些身边的榜样，如本班学习成绩及各方面表现都很优秀的学生，教师可以通过班会的形式让这些学生介绍一下他们是如何学习的，并以此帮助那些学习成绩较差的同学，使其找到学习的方法并提高学习动机。教师也应以身作则，应以对所教学科的兴趣和热情为学生做良好的示范。

## 六、利用学习结果的反馈作用

让学生及时了解自己的学习结果，会产生相当大的激励作用。因为学生知道自己的进度、成绩及在实践中应用知识的成效等，可以激起进一步学习的愿望。同时，通过反馈的作用又可以及时看到自己的缺点和错误，并及时改正，还可以激发起上进心。因此，在教学过程中，教师应注意两点。一是及时批改和发还学生的作业、测验和试卷。"及时"是利用学生刚刚留下的鲜明的记忆表象，满足其进一步提高学习的愿望，增强学习信心；二是眉批、评语要写得具体，有针对性、启发性和教育性，使学生受到鼓舞和激励。

学习结果对动机的激励作用已被许多实验所证明。

布克与诺维尔让两组大学生以最快速度和正确性来做练习，连续进行75次，每次30秒。在前50次练习中，甲组知道每次练习的成绩，乙组不知道。自第50次练习开始，两组条件对换，结果前50次甲组成绩比乙组好，后25次甲组成绩变差，乙组成绩明显上升，见图4-4。

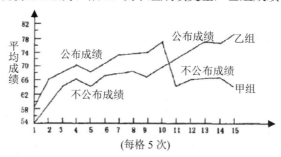

图4-4　了解结果与不了解结果的成绩比较

## 七、正确评价，适当运用表扬与批评

教师对学生的学习结果进行适当的评价具有强化作用。佩奇曾对74个班的学生，共两千多人进行实验。他把每个班的学生都分成3组，给以不同评价。第一组为无评语组，只给甲、乙、丙、丁的等级；第二组为顺应评语组，即除标明等级外，还按照学生的答案给以相称的评语；第三组为特殊评语组，对甲等成绩者，评以"好，坚持下去"，对乙等成绩者，评以"良好，继续前进"，对丙等成绩者，评以"试试看，再提高点吧"。结果发现，顺应评语针对学生答案中的优缺点进行评定，效果最好；特殊评语的内容针对性不够，虽有激励作用，但不如顺应评语；无评语的成绩明显较差。因此，教师对学生作业、测验等进行评价时，不仅应打分数、评等级，还应加上有针对性的评语，这样效果会更好。

适当的表扬与批评作为学习的外部诱因，能够给学生的学习活动以肯定或否定的强化，从而巩固和发展学生的学习动机。赫洛克在实验中将106名四、五年级学生分成4个等组，在4

种条件下做加法练习，A组为受表扬组，B组为受训斥组，C组为受忽视组(旁听甲乙两组受表扬与训斥)，D组为控制组(单独进行，不受任何评价)。结果表明，对学习结果进行评价，能强化学习动机，对学习起促进作用；适当的表扬效果明显优于批评；批评的效果比不做任何评价要好。具体情况见图4-5。

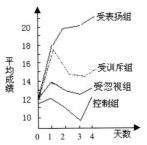

图4-5 不同诱因对算术成绩的影响

运用表扬与批评时应注意3点：一是客观公正、实事求是；二是多用表扬，少用批评；三是针对学生的年龄与性格特点。

## 八、适当开展竞赛

竞赛是激发学习积极性的有效手段。在竞赛过程中，学生的好胜性动机和期望成功的需要会更加强烈，会对学习产生兴趣并会提高在困难面前的韧性。这已被许多的研究所证明。切拨曼和费得在实验中，让五年级两个等组的儿童进行10天(每天10分钟)的加法练习，竞赛组的成绩每天都在墙上公布，并为优胜者贴红星；无竞赛组只做练习，无任何诱因。结果竞赛组的成绩优于无竞赛组。具体情况见图4-6。

然而，竞赛也有一定的消极作用。过于频繁的竞赛不但会失去激励作用，反而会制造紧张气氛，加重学习负担，有损学生身心健康。学习成绩差的学生常因竞赛失败而丧失学习信心。在某些情况下，竞赛还可能带来人际关系紧张等消极影响。

为使竞赛能对大多数学生起到激励作用，必须注意以下几点。

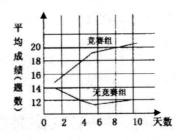

图4-6 加法练习竞赛成绩比较

### (一) 按项目分组竞赛

按项目分组竞赛，会使不同智力、不同兴趣、不同特长的学生都有施展自己才能的机会。

### (二) 按能力分组竞赛

按能力分组竞赛，会使各小组参赛人员都处于同一水平线上，可以适当组织几组竞赛使全班所有的人都有取胜的机会。

### (三) 提倡学生自己与自己竞赛

学生可以"今天的新我和昨天的旧我"展开竞赛，争取这次成绩比上次好，下学期的成绩比上学期好，从而提高自己的能力和学习动机。

### (四) 竞赛要适量

适量，主要指竞赛不能过多，避免频繁竞赛而带来消极的影响。

总之，激发学生学习动机的方式和手段多种多样，只要教师有效地利用上述手段来调动学生学习的积极性，学生就有可能学得积极主动，并学有成效。

## 九、引导学生正确归因

归因是指对他人或自己的行为进行分析，指出其性质，推论其原因的过程。这是日常生活和实践中最常见的心理现象。如，"这次考试为什么没及格？""这个老师今天为什么没有讲好？"这就是归因。在众多归因理论中，维纳的理论影响最大，具有代表性。

成败归因理论的研究表明，学生对学习结果的归因，不仅解释了以往学习结果产生的原因，更重要的是对以后的学习行为会产生影响。不同的归因方式对学生以后的行为所产生的影响不同。倾向于能力归因时，当个体成功时，就会认为自己能力强而信心十足，甚至得意洋洋；当学习失败时，就认为自己天资太差，脑子笨，因而失去信心，甚至自暴自弃。当把成败归为努力程度时，成功了的个体会认为是由于努力的结果，就会鼓励自己继续努力，并预期今后再次获胜；个体失败时，会认为是由于不努力造成的，因此认为自己只要努力，一定可以获得下次的成功。倾向于任务难度时，当个体成功时，会提醒自己不要骄傲，今后可能会遇到更困难的任务；个体失败时，则会抱怨客观条件，并趋向于选择难度较小的学习任务。倾向于运气归因时，当个体成功时，会认为只不过是自己此次侥幸，并不是自己真实水平；个体失败时，则自认倒霉，但祈求今后的好运气还能降临。

正是因为归因不同，学生的学习积极性不同，所以，教师在教学中一定要注意引导学生进行正确归因，要通过归因，归出信心，归出力量，归出勇气，归出希望。

## 十、消除学生的习得性无力感，增强自我效能感

学生对学习缺乏兴趣和动力在很大程度上是由于学生对某一学科或某些学科产生了习得性无力感。因此，教师在教学过程中应注意观察学生，了解他们的情况，对产生无力感的学生应有针对性地予以消除并增强他们的自我效能感。

消除习得性无力感，首先，使学生获得成功经验，打破失败不可避免的神话；其次，改变学生的消极归因；最后，转移学生对失败的注意力。

增强学业自我效能感，要让学生在学习活动中体验到更多的成功；教师要为学生提供适当的榜样示范；指导学生树立适当的学习目标和作业目标；给学生以积极的归因反馈，并指导学生学会适当的自我归因；给学生以适当奖励；给学生以学习策略的指导，使学生学会自我监控。

　　小刚的表现是学习动机过强的问题。学习动机过强往往是因为个体学业期望过高，自尊心强，对自己的学习能力缺乏恰当的估计，由此造成学业自我效能感下降，心理压力大；或者是渴望学业成功而又担心学业失败，受表面的学业动机的驱使，渴望外在的奖励与肯定，特别是由于学业优秀带来的心理满足使学生更看重自己的学业优势，因此造成学习强度过大，引起心理疲劳。具体表现为：①成就动机过强；②奖励动机过强；③学习强度过大；④经常自责。

　　过强的学习动机对学习的影响也是非常大的，所以在学习过程中，一定要正确认识自己的潜质，制定恰当的学业目标与学业期望，调整成就动机；将表面的学习动机转化为深层的学习动机，淡化外在奖励特别是学业成就的诱因，正确对待荣誉与学业成绩；端正学习态度，树立远大理想，保持旺盛的学习热情，坚持不懈。

# 第五章

# 知识的获得

**内容提要**

本章对知识的获得进行了比较系统的介绍。首先介绍了知识与知识获得的含义、知识的种类、知识获得的条件及方式、知识的构建的组织原则；其次重点阐述了注意与教学、观察与知识的感知、记忆与知识的巩固、思维与知识的理解、学习迁移与概念的掌握等相关问题。本章旨在帮助学生明确什么是知识，各种知识在头脑中是如何组合的，有哪些类型的知识，又有哪些因素影响着知识的掌握，从而使学生实现对知识的获得、领会及巩固。

**学习目标**

(一) 认知目标

1. 掌握知识、知识获得、陈述性知识、程序性知识、感觉、知觉、注意、观察、记忆、遗忘、思维、概念、学习迁移的概念。
2. 了解知识的种类、知识获得的条件与方式。
3. 了解感知觉的分类及特性、注意的分类及品质。
4. 了解记忆与直观教学的种类，掌握记忆的方法。
5. 了解思维的种类、过程及特征，会对概念进行分类；了解如何进行概念教学。
6. 掌握知觉的基本规律、遗忘的规律及影响遗忘的因素；掌握影响知识理解的因素。
7. 掌握促进学习迁移的有效条件与措施。

(二) 情感目标

1. 培养学生对知识的热爱，并使其产生对新知的追求。
2. 使学生养成细心观察的良好习惯。
3. 使学生养成爱思考、善于发散思维的良好学习习惯和态度。

(三) 能力目标

1. 能利用注意、知觉规律组织教学，能灵活运用各种直观教学。
2. 能运用知觉的规律促进知识的保持。
3. 能运用遗忘的规律正确组织复习。
4. 能运用观察方法培养与提高学生的观察能力。
5. 能运用迁移理论有针对性地解决学习中的迁移现象。

李老师教初一年级的英语课。每学习一篇课文时，她首先领着学生反复读生词表中的生词，接着给学生读一篇课文，然后给学生逐句分析课文中每一句话的语法结构，并让学生将每一句话翻译成汉语。课后，她要求学生将每个生词至少写20遍并完成语法练习题，第二天上课时检查。几节课下来，一些同学开始抱怨单词太多记不住，即使当时记住了，过一段时间又忘了，而且对课文的理解也感到越来越困难。课堂上，老师分析每一个句子的语法成分时，学生似乎也能听明白。可是，课后学生自己阅读课文时，许多句子还是读不懂。学生向她提出："老师能否慢点讲，讲这么快我们跟不上。如果讲课进度慢一点，我们会有更多时间去记忆和理解。"她回答说："教学进度不能放慢，否则我们完不成教学任务。同学们现在学习中遇到的最大困难是单词记得不熟，如果单词都记熟了，理解课文自然就容易了。记单词没有什么窍门，就是要多花时间反复读、反复记。记的遍数越多，记得就越牢。所以，请同学们每天课后多用一些时间来记单词。每天上课时，我们都要对前一天学过的单词进行测验，测验不及格的同学，每天放学后要留下背单词，背会才能回家。"功夫不负有心人，从此之后，每天课堂上的单词测验，同学们的成绩多数都很好。她心里感到些安慰。很快到了期末，区教育部门组织全区各校联考。结果，考试成绩下来后，李老师所教的班学生平均成绩不及格。试卷中阅读理解题占的比重较大，由于平时缺少这方面的训练，学生答得一塌糊涂。词汇部分占的比重虽然不多，但同学们答得也并不理想，许多平时测验中能答对的单词，现在又忘了。

为什么会出现这种情况？通过本章学习，你就会找到问题的答案。

## 第一节　知识获得的概述

### 一、知识与知识的获得

#### (一) 知识概述

皮亚杰把知识定义为主体通过与其环境相互作用而获得的信息及其组织。贮存于个体内，即为个体的知识；贮存于个体外，即为人类的知识。

我们认为，知识是人对客观现实认识的结果。知识是以经验和理论的形式，存在于人的头脑、书本及其他物质载体中的。知识是人对事物属性与联系的能动反映，它是在人们认识世界、改造世界的过程中形成的，所以知识是人对社会历史文化或经验的总结与概括。在人与外界的相互作用中，在人的现实活动中，我们会获得来自客体的各种信息，并且会用一定的方式对这些信息进行加工和组织，形成对事物的经验和理论，这就是知识。知识一方面会存储在个体的头脑中，成为个体知识、主观知识，同时可以通过文字符号及其他的物质载体等表述出来，传播开来，成为公共知识，或者说"客观知识"。而人可以通过学习和交往活动，借助公共知识来发展自己的个体知识。心理学所关心的主要是个体知识的获得、存储和应用问题。

### (二) 知识的获得

知识的获得有广义和狭义之分，我们这里讲的是狭义的知识获得，即学生的知识获得。学生的知识获得是指在教师的指导下，学生通过感知、记忆、思维等一系列积极的心理活动，获取知识经验的过程。学生的知识获得有以下两个特点。

(1) 在教师指导下有计划、有目的地进行和实现。
(2) 以学习前人积累起来的间接经验为主。

所以我们说学生获得知识的过程，是一种特殊的认识过程。

## 二、知识的种类

知识的范围相当广泛，从不同的角度划分就有不同的种类。例如，有自然科学知识和社会科学知识；有理论知识和实践知识等。从心理学的角度，美国著名认知心理学家安德森把知识分为以下两类。

### (一) 陈述性知识

陈述性知识(declarative knowledge)是说明事物、情况是怎样的，是对事实、定义、规则、原理等的描述。陈述性知识主要指言语方面的知识，用来回答"是什么"的问题，我国传统的"知识"含义与此相吻合。如"南方夏季气候的特点是什么"；"很多人爱看足球比赛的原因是什么"。这种知识与人们日常使用的知识概念内涵比较一致，也称为狭义的知识，一般通过记忆获得。本章所使用的知识的获得的概念指的就是这种狭义的知识概念。

### (二) 程序性知识

程序性知识(procedural knowledge)是关于怎样完成某项活动的知识。程序性知识只能借助于某种作业形式间接推测其存在，多指与智慧技能和认知策略有关的知识，主要用来解决"怎么做"或"怎么办"的问题，包括如何完成各种活动的技能。我国传统的"技能"一词的含义与此相吻合，如学生利用三角形的概念识别几何图形中的三角形。程序性知识是一套办事的操作步骤，在本质上，它们由概念和规则构成。比如分数的加减法，实质上就是运用通分、求最小公分母等规则解决问题的过程。由于运用概念和规则办事的指向性不同，程序性知识又可分为两类：一类为运用概念和规则对外办事的程序性知识，另一类为运用概念和规则对内调控的程序性知识。前一类程序性知识被称为智慧技能，后一类程序性知识被称为认知策略。智慧技能和认知策略的根本区别在于前者运用习得的概念和规则加工外在的信息，后者运用习得的概念和规则来调节、控制自己的加工活动。

---

**陈述性知识和程序性知识举例**

陈述性知识：
1. 知道计算面积的公式；
2. 知道圆是什么；

3. 知道各国及其首都的名称；
4. 知道毕达哥拉斯定理；
5. 知道《战争与和平》的作者是谁。

程序性知识：
1. 知道怎样写作文；
2. 知道怎样玩篮球；
3. 知道怎样使用一个计算机程序；
4. 知道怎样完成一个数学运算；
5. 知道怎样完成一个实验步骤。

[资料来源] 路海东. 学校教育心理学[M]. 长春：东北师范大学出版社，2000：45.

这里需要指出两点。一是陈述性知识和程序性知识的关系。两者虽有区别，但在实际的学习和解决问题的活动中是相互联系的。在实际活动中，陈述性知识常常可以为执行某个实际操作程序提供必要的信息资料，如果基本的公理、定理和公式都没有掌握，何谈运用它们去解决问题。反过来，程序性知识的掌握也会促进陈述性知识的深化。二是陈述性知识和程序性知识不是对客观知识的划分，而是对人的头脑中的个体知识的分类。同样是学习一个知识点，学习者既可以形成关于它的陈述性知识，也可以形成关于它的程序性知识。

### (三) 策略性知识

策略性知识是关于如何学习和如何思维的知识，是关于如何使用前两种知识去学习、组织、解决问题的一般方法。例如，学习时如何有效组织，写作时如何拟定提纲，解决问题时如何明确思维等。当代的知识观重视的是策略性知识的获得，因为只有在策略性知识的指导下，陈述性知识和程序性知识才能更有效地被感知、理解和组织，才能更有效地被用来解答问题。

## 三、知识获得的一般条件

心理学家认为知识的获得最终表现为认识结构的形成和发展。为此，心理学家对认识结构做了大量的研究，美国心理学家奥苏伯尔曾对认识结构的概念及其在知识获得中的作用做过详细阐述，认为认识结构是"个体在特殊学科领域内的知识的组织"。由于认识结构的稳定性和清晰性直接影响知识的获得与保持，所以，奥苏伯尔认为教学活动应着重培养学生完整的认识结构。

奥苏伯尔认为知识获得的心理机制是同化(assimilation)，也就是说知识的获得是学习者认识结构中原有的知识，吸收并固定新学习的知识的过程。新知识同化到原有的知识结构中，改变了原有的认识结构，使学生的认识结构不断发展变化。

知识的同化需要以下几个条件。

### (一) 学生原有的认识结构中必须具有同化新知识的相应的知识基础

如果没有这个基础，新学习的知识将无法与原有的知识结构取得联系，只能机械地学习，没有潜在意义，即认识结构中没有适当起固定作用的观念，即使有愿意学习的倾向，也不可能获得新的心理意义。所以奥苏伯尔说:"假如必须把一切教育心理学还原为一条原理,我就要说影响学习最重要的一个因素是学习者已经知道了什么。"其要求"弄清楚学习者已经知道了什么,并在此基础上进行教学"。特别是"囊括性观念"一旦形成,便具有以下特点。

(1) 特别适合后继的学习任务,并可建立直接的关系。
(2) 有牢固地固定新学习的心理意义。
(3) 通过这一共同的知识点,可以组织有关知识,使新旧知识联系起来。
(4) 能充分解释教学材料的细节,使其具有潜在意义。

上述这些特点说明:原有的适当观念是学习新知识的关键。

### (二) 学习材料本身应具有内在的逻辑意义,并能够反映人类已有的认识成果

奥苏伯尔提出意义学习的原则是不断分化和融会贯通,这就是科学知识群中纵向和横向同化的体现。新旧观念相互作用的结果,导致有潜在意义的观念转化为实际的心理意义,同时使原有认识结构发生量变和质变。可见,同化的核心是相互作用。

### (三) 学习者还应具有学习的动机

具备了上述两个条件,新旧知识之间才能进行同化,而学生内在的学习动机则能促进其积极主动地将新知识同化到原有的认识结构中,使学习真正成为一种有意义的活动。

同化论的观点可以用来说明知识获得的内在过程。在知识学习过程中,总体来看,学生要学习的新知识与其认识结构中起同化作用的原有观念具有3种关系:一是新观念是原有观念的上位观念,即新观念较为概括,而原有观念较为具体;二是新观念是原有观念的下位观念,即新观念较为具体,而原有观念较为概括;三是新观念与原有观念处于并列地位,构成并列结合关系。

## 四、知识获得的方式

### (一) 下位学习

认识结构中原有知识观念的概括水平高于新学习的知识,那么这种关系的学习就是下位学习,也称类属学习。在这种学习中,新知识与原有知识的某一部分有联系,学习是把新知识归入认识结构中有关部分的过程。类属学习过程可以分为派生类属过程和相关类属过程。前者是指新学习的内容只是认识结构中原有观念的一个例子或例证,后者是指新学习的内容是原先学习过的概念的深入、精致、修饰或限定。其心理过程如图5-1所示。

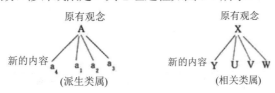

图5-1 下位学习示意图

例如，在学生已经有了哺乳动物的概念后，学习"鲸"这种动物，只需告诉学生"鲸是哺乳动物"，学生就可以通过"哺乳动物"的概念来理解鲸的属性。鲸是哺乳动物的一种，这种学习就是派生类属学习。再如，假设学生原有关于"智育心理"的内容主要包含知识和智慧技能两种，现在要使学生认识到"认识策略"也是智育心理的内容之一，这种学习就是相关类属学习。这种学习的特点是在学习了新内容后，原有的观念也随之发生变化。

一般来说，以上两种类属学习的主要区别在于学习后原有观念是否发生本质属性的改变。在派生类属学习中，新的观念纳入原有观念之中，原有观念的本质属性不发生改变，而在相关类属学习中新知识与原有观念有一定的关联，新知识的学习同时也引起原有观念的扩展、深化或修改。

下位学习的条件是新知识是原有知识的组成部分，是原有知识的深化和具体化。学生通过这种学习使自己的有关知识更为深入、细致，并使自己的认识结构不断得到深化。

### (二) 上位学习

上位学习也称总括学习，是指在原有观念的基础上学习一个概括和抽象水平更高的观念，原有的观念是从属观念，新学习的观念是总括观念。同化模式如图5-2所示。

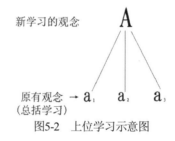

图5-2 上位学习示意图

上位学习遵循从具体到一般的归纳概括过程，这种学习在低年级学生的学习中最常见。如儿童在认识了狗、兔、鸡、老虎等之后，来学习动物的概念；儿童在知道了月季、玫瑰、牡丹等之后学习花儿的概念。在学习了动物和植物的概念后再来学习生物的概念也是上位学习。一旦上位观念形成，又可以成为下次新的学习中同化下位知识的上位知识。这时学习又转化为下位学习。总括学习的条件是新知识与原有知识相比，更为概括和更为抽象。通过总括学习，学生的知识将更为系统、完整和概括，从而有助于学生把握事物的本质属性和共同规律。

### (三) 并列结合学习

新旧知识之间处于同一个层次，这时产生的联合意义的学习就是并列结合学习。在这种学习中，新观念与认识结构中的原有观念既不是类属性关系，也不是总括性关系。其心理过程如图5-3所示。

新学习的观念　A→B—C—D
　　　　　　　原有观念
　　　　　　(并列结合学习)

图5-3 并列结合学习示意图

实际学习中,有很多新概念的学习都属于这种学习。这些新知识往往由一些已经学习过的观念经过合理的组合而构成,它们与整体的有关认识内容一般是吻合的,所以,它们能与认识结构中有关内容的一般背景联系起来,从而具有潜在的意义。例如,在学习了"物质与意识""运动与静止""量变与质变"等概念之间的辩证关系后,再来学习"生产力与生产关系"或"经济基础与上层建筑"之间的关系时,只要说明它们之间是辩证关系,学生就可以按照辩证唯物主义的观点来理解它们。

这种学习的条件是新旧知识处于同一个层次,学生可以通过自己已经掌握的规律理解新知识,使自己的知识得到广泛迁移。

# 第二节 注意与教学

## 一、注意

### (一) 注意的含义

注意(attention)是心理活动对一定对象的指向和集中,是心理过程的动力特征之一。例如,专心地听讲、仔细认真地观察、聚精会神地思考等描述的都是学生在上课时的注意状态。注意与认识过程、情感过程、意志过程密切联系,是一切心理活动的共同特征。注意能保证人们对事物有更清晰的认识和更准确的反映,它是人们获得知识、掌握技能、完成各种智力活动和实际操作的重要心理条件。

### (二) 注意的特点

注意有两个特点:指向性和集中性。

指向性是指人在某一瞬间,其心理活动或意识选择了一定的对象,而离开其余对象。在大千世界中,每时每刻都有大量的信息作用于我们,但是,我们不可能对所有信息都做出反映,只能选择某一对象来反映,才能保证意识的清醒和完整。例如在课堂上,有些学生把注意集中在老师讲课内容上,而没有注意其他学生在做什么;相反,个别学生没有把注意指向老师,而是注意邻桌同学在做什么。上课听讲和分心表明了学生注意的指向性不同,也就是他为自己的意识活动选择了不同的方向。集中性是指心理活动反映事物达到一定清晰和完善程度。当人集中注意于某一事物时,心理活动会离开一切无关的事物,并且抑制多余的活动,从而保证对事物的认知清晰、完善和深刻。例如,医生在做复杂的外科手术时,他的各种心理活动高度集中在病人的患病部位和自己的手术动作上,而不会分散在与手术无关的人或物上。与此同时,注意的高度集中往往会使人消耗大量的体力和精力。

注意的指向性是指心理活动朝向哪个对象,它表明反映的对象和范围;注意的集中性是指对选定的事物产生明晰、完整和深刻的反映,它表明反映的程度。因此,二者又是紧密联系着的。当人的心理活动指向于某一对象时,同时也集中在这一对象上。没有指向性就没有集中性,而指向性又是在集中性中表现出来的。

### (三) 注意的属性

注意本身不是一种独立的心理过程，而是伴随着其他心理过程而发生的一种心理准备状态。例如，人在注意着什么的时候，也就是在感知着什么，记忆着什么，思维着什么或者想象着什么。在学校中，经常所说的"注意教师讲课""注意黑板上的字"，实际上是要求学生"注意听教师的讲课""注意看黑板上的字"。学生的这种注意如果离开了"听"和"看"，是不能单独存在的。

注意不仅伴随着认识过程，还伴随着情感过程和意志过程。例如，当人们喜悦的时候，注意着引起喜悦的事物；当人们遇到困难的时候，注意着如何去克服困难。显然，人们不能离开引起某种情感的对象或活动中所要克服的困难而单独去进行注意。任何心理过程的开端，总是表现为注意指向这一心理过程所反映的对象，当心理过程开始之后，注意并不消失，而是和心理过程一起进行，它始终伴随着心理过程的顺利进行和不断深入。没有注意的参加，无论哪种心理过程都不可能发生、发展和完成。因此，注意与心理过程是不能分割的，注意伴随着心理过程，心理过程也离不开注意。但是，注意并不反映心理过程所指向的对象，它不揭露事物的意义和作用。注意仅仅是所有心理过程共同具有的一种特性，故又称注意为心理特性。

## 二、注意的功能和外部表现

### (一) 注意的功能

注意是人的整个心理活动的组织者和调节者，在人的心理活动中具有重要的地位和作用，其功能主要表现在以下3个方面。

#### 1. 选择功能

选择功能是指注意能够使人选择那些有意义的、必要的、与当前活动相一致的对象，抑制对无关事物的反映。周围环境每时每刻都给人们提供了大量的刺激，带来了丰富的信息。但是，并不是所有的刺激对人们都是重要的，人们也不是对所有信息都感兴趣。为了防止无意义的刺激对人产生干扰作用，保持人的正常生活和工作，就必须善于选择重要的信息。人脑这种对信息或刺激的选择就是注意的选择功能。注意使心理活动能够选择合乎需要的、与当前活动相一致的、有一定意义的信息，同时排除其他与当前活动矛盾的干扰作用的各种影响，使认识对象更加明确。如果没有注意的选择，心理活动便难以正常进行。

#### 2. 保持功能

保持功能是指注意能够使心理活动始终稳定在选定的对象上，直至达到认识活动或行为动作的目的为止。当我们的某一心理活动深入于所选择的事物时，我们就会越来越少地察觉到周围的其他事物，甚至对周围的其他事物"触而不觉"，从而使我们反映的对象一直维持在意识之中，处于注意中心的事物就会被鲜明、清晰而深刻地反映出来。

#### 3. 调节和监督的功能

调节和监督的功能是指在集中注意时，人可以排除来自内部或外部的干扰，控制心理活动向着既定的方向和目标进行。注意能使人调节其心理状态而集中心思，克服困难，监督自己继续坚持到底，达到预定的目标，尤其是当外界情境与本身状态或所遇对象发生变化时。

注意这种心理现象能促进人对自己的各方面进行调整，使心理活动处于一种积极的状态之中。例如，生活、学业所导致的紧张、焦虑、精神不振，还有轻度的恐怖症、强迫症都可以用注意去调整。再如"超觉静坐"，短时间里注视一个目标，在心里数数，握紧拳头再放松几次等，这些做法能让人在紧张场合尽快放松下来，集中注意做事情。

### (二) 注意的外部表现

注意是一种比较清晰、紧张的内部心理状态，它是通过外部行为表现出来的。人在注意时，一般会伴随一些特有的生理变化和表情动作，通常将其称为注意的表现。注意的表现主要有以下几种情况。

#### 1. 适应性的运动

人在注意时，会有适应性运动。他们的感觉器官常常朝向所注意的对象，以便得到最清晰的印象。如人们注意听一个声音的时候，把耳朵朝向声音的方向；注意看一个物体的时候，把视线集中于该物体上；也可能伴随某些特殊的表情动作，如沉浸于思考问题或想象某一事物的时候，常表现出眉头紧皱、两眼呆视、握拳或托住下巴等。

#### 2. 无关运动的停止

当人在注意的时候，常常表现为无关运动的停止。例如，学生注意听课，听得出了神，抬起头，一动也不动地望着老师。

#### 3. 呼吸的变化

人在集中注意时，呼吸变得轻微而缓慢，头部血管扩张，肢体血管收缩等；呼吸的时间比例也改变了，一般吸得更短促，呼得更长。当注意达到高峰的时候，全身的肌肉都紧张起来，一切多余的运动都会停止，甚至连呼吸也会出现暂时停止的情况，即所谓"屏息"现象。

#### 4. 其他外部表现

人在注意时，有一些其他的外部表现，如心跳加速、牙关紧咬、握紧拳头等。

## 三、注意的种类

根据引起和维持注意时有无目的性和意志努力程度的不同，可以把注意分为无意注意、有意注意和有意后注意3种。

### (一) 无意注意

#### 1. 无意注意概述

无意注意是指事先没有预定目的，也不需要意志努力的注意，或称不随意注意，表现为人们不由自主地被强烈、新颖、有趣或出乎意料的事物所吸引。例如，学生正在上课，突然有人敲门，大家都不由自主地把脸转向教室的房门，以求了解是什么人来了和来做什么。这种注意就是无意注意。这种注意的产生和维持不靠意志努力，而是人们不由自主地对强烈的、新颖的和感兴趣的事物所表现的心理活动的指向和集中。它往往是在周围环境发生变化时产生的。无意注意的实质是一种定向反射，是有机体以自己相应的感受器官指向新异的刺激物，力求探索其究竟的反射活动。借助于这种反射活动，有机体才有可能弄清楚新异刺激物的意义和作用。动物也有无意注意，无意注意是注意的一种初级表现形式。

### 2. 引起无意注意的因素

引起无意注意的因素有两个方面：一个是客观因素，即刺激物的特点；另一个是主观因素，即人的内部状态。同时，这两个因素也是密切联系的。

1) 刺激物的特点

(1) 刺激物的强度。刺激物的强度是引起无意注意的重要因素。如强烈的光线、巨大的声响、浓郁的气味，都会不由自主地引起我们的注意。就刺激物的强度而言，固然强烈的刺激物能引起人们的注意，但对无意注意起决定作用的往往不是刺激的绝对强度，而是刺激的相对强度，即刺激物的强度与周围环境刺激强度的对比。一个强烈的刺激物在其他强烈刺激物构成的背景里出现，可能不会引起人们的注意；相反，一个不甚强烈的刺激物，如果在没有其他刺激物的背景里出现，则可能引起人们的注意。例如，在喧嚣的地方，很大的声音也不会使人们注意；而在寂静的夜晚，轻微的耳语声，也能引起人们的注意。

(2) 刺激物之间的对比关系。刺激物在强度、大小、形状、颜色或持续时间等方面的差别越显著、越突出，就越容易引起人的无意注意。如鹤立鸡群、万绿丛中一点红、一群小孩儿中的几个大人、一页英语中夹着的几个汉字、许多短促声音中的一个长声音等，都容易引起人的无意注意。

(3) 刺激物的运动和变化。运动的、变化的刺激物比不运动、不变化的刺激物更容易引起人的无意注意。例如，教师讲课时声音抑扬顿挫的变化、夜空中一颗飘落的流星、街道一明一暗的霓虹灯，都很容易引起行人的注意。

(4) 刺激物的新异性。刺激物具有异乎寻常的特性，与人们已有经验不一致时，容易引起人们的无意注意，如蛇长脚、鱼长翅膀、猪下蛋、赤道附近下雪等。而千篇一律的、刻板的、公式化的事物，由于人们对它们已经习以为常，故不易引起人们的注意。

2) 人的内部状态

无意注意虽然主要由外界刺激物的特点所引起，但也取决于人内部的状态。可能引起一些人的注意的刺激，并不会引起另一些人的注意。一个人的内部状态在无意注意中起着重要作用。引起无意注意的主观因素，主要有以下几种。

(1) 需要和兴趣。凡是能够满足人的需要和引起人们兴趣(尤其是对事物或活动本身的兴趣，即直接兴趣)的事物，都会使人产生期待的心情和积极的态度，从而易于引起无意注意。例如，人们天天看报，所注意的消息往往有所不同。从事文教工作的人，总是更多地注意文教方面的新闻；从事体育工作的人，总是更多地注意体育方面的新闻。人们常常会被感兴趣的事物所吸引，不自觉地加以注意。一般来说，凡与一个人已有知识有联系并能增进新知识的事物容易引起无意注意。

(2) 情绪状态。首先，心境对无意注意有直接影响。人的情绪状态，在很大程度上影响着无意注意。如果一个人心情愉快，平时不大容易引起注意的事物，这时也很容易引起他的注意；如果一个人心情忧郁，平时容易引起无意注意的事物，这时也不易引起他的注意。其次，凡是能引起人的情感体验的事物都能引起无意注意，特别是与人有着特殊感情的人和事，更容易引起他的无意注意。

(3) 知识经验。已有的知识经验影响着对无意注意的保持，因为新异刺激物固然能够引起人们不由自主的无意注意，但如果人对它一点也不理解，即使能一时引起无意注意，也会很快消失。如果人对新异的刺激物有一些理解，但又不完全理解，为了求得进一步理解，则能引起长时间的注意。因此，知识经验的影响主要表现在刺激物的意义性上。如旧体小说中的作者或说书人在描写到紧张的情节时，突然停止，并照例添上一句结束语："欲知后事如何，请听下回分解。"其目的就是要引起人们对新章节的期待，吸引人们的注意。在人声嘈杂的公共场合，当有人悄悄议论你的名字时，你会不由自主地注意到他，这也是由于刺激物的意义性引起的。正是由于意义性的作用，某些在物理强度上异常微弱的刺激，也能引起人们的注意。

### (二) 有意注意

#### 1. 有意注意概述

有意注意是有预定目的、需要做出一定意志努力的注意，或称随意注意。

有意注意是一种主动地服从于一定的活动任务的注意，它受人的意识的自觉调节和支配。有意注意的指向和集中，并不是取决于客观刺激物本身的特点，而是取决于人已经确定了的一种活动的目的和任务。有意注意的保持，需要人做出一定的意志努力，才能避免被周围环境中那些新异的、强烈的、富有兴趣的刺激物吸引。例如，某学生正在读一部生动有趣的小说，上课时间到了，这时虽然他的思想被小说中的紧张情节所吸引，但他往往给自己提出"必须好好学习"的目的要求，便立即放下小说，把注意转移到听课上来。在这个过程中，他要排除小说中有趣内容浮现的干扰，要克制自己不耐烦的情绪波动，要努力坚持自己的注意，以保证良好的听课效果。这种注意就是有意注意，是由人的意识支配的注意，它充分地体现了人的意识的能动作用。有意注意是人从事学习、工作和一切劳动所不可缺少的条件。有意注意是注意的高级形式，是人所特有的。

#### 2. 引起和保持有意注意的条件和方法

在教学工作中发展和培养学生的有意注意是一项重要任务。学习是一种艰苦的智力活动。在学习过程中，仅仅重视利用无意注意的规律是远远不够的，为了使学生牢固地掌握知识和技能，应该帮助学生树立明确的学习目的，发展多方面的兴趣与爱好，并且培养良好的意志品质。这样才能使学生克服学习过程中遇到的各种困难，坚持不懈地努力。

引起和保持有意注意的条件和方法主要有以下几点。

1) 明确活动的目的与任务

有意注意是有预定目的的注意。人们对活动的目的、任务的重要意义理解得越清楚、越深刻，对完成任务的愿望越强烈，与完成任务有关的一切事物也就越能引起和保持人的有意注意。如有经验的老师常常要求学生上课前进行预习，事先了解一节课要讲的内容，知道哪些地方自己没有理解，这样学生有了比较明确而具体的听课目的，就能更有效地从课堂上选择信息。因此，知识经验也影响着有意注意的保持。如在听报告时，如果报告的内容和自己已有的知识经验有联系，你能理解它、接受它，那么维持注意就较容易。相反，如果报告的内容对你而言太陌生，你像听"天书"一样根本不知所云，则要维持有意注意就很困难。

2) 合理地组织活动

在明确活动目的、任务的前提下，合理地组织活动，有助于保持有意注意。

(1) 适时地提出自我要求。根据任务的需要，提出一定的自我要求，经常提醒自己保持注意。特别是在要求加强注意的紧要关头，向自己提出"必须注意"的要求尤其重要，这样可以起到集中注意的作用。

(2) 提出问题。在活动中，围绕所要达到的活动目的，提出问题有利于加强有意注意。人们为了回答问题，必然注意有关事物。在教学过程中，向学生提问，不仅可以检查学生的知识水平、努力程度，而且有利于其有意注意的保持。

(3) 智力活动与实际操作相结合。因为智力活动容易造成大脑疲劳、注意力分散，所以要配合外部活动。在课堂教学中，教师要求学生记笔记，做些小实验，用铅笔尖指着地图上的山脉、河流、铁路和公路等，比教师自始至终地讲解效果要好。应该把注意的对象作为实际的对象，这样实际行动本身就要求注意参与，从而保证活动的顺利进行。

3) 培养稳定的间接兴趣

在有意注意中，人的兴趣起着重要作用。不过这种兴趣主要是对活动目的、结果的兴趣，并不是受活动本身的吸引，因而具有间接性。例如，初学外语的人一般对单词拼写和语法规则感到乏味，毫无兴趣。但是，他们一旦认识到学好外语的重要性，便对外语学习产生了间接兴趣，就能够克服困难，刻苦攻读，专心致志地学习外语。这种对活动目的、结果的兴趣越强烈、越稳定，有意注意就越集中、越持久。因此，稳定的间接兴趣是引起和保持有意注意的重要条件。

4) 培养良好的意志品质

有意注意需要人做出一定的意志努力去排除干扰。干扰可能是外部的刺激物(如无关的声音、光线)，也可能是内部的某些生理状态(如疾病、疲倦)或无关的思想或情绪(如急躁)等。一般来说，排除内部干扰比排除外部干扰更需要意志上的努力。在学习过程中应尽可能采取一些切实可行的措施，以降低或消除无关刺激的影响。例如，在熟悉的学习环境下学习，设置必备的学习用品，清理一切妨碍学习的物品。对不可能完全消除的干扰因素，则需要用意志努力保持有意注意。因此，有意注意体现着人的意志特点和个性特征。具有良好的意志品质和坚毅性格的人，能够排除内外干扰，从而使自己的活动服从于当前的目的、任务，保持有意注意。

### (三) 有意后注意

有意后注意是事先有预定的目的，但不需要意志努力的注意，也叫随意后注意。它是在有意注意的基础上发展起来的一种特殊的注意形式。例如，儿童在最初学写字时的注意是有意注意，而当他掌握了写字技巧来记笔记时，原来的有意注意则转化为有意后注意。

经常依靠意志努力来保持注意，会产生很大的心理压力，而且非常令人疲倦。有意后注意既服从于当前的活动目的与任务，又不需要意志努力，因而对完成长期、持续的任务特别有利，如学习外语。有意后注意的培养关键在于发展对活动本身的直接兴趣。当我们完成各种复杂的智力活动或动作技能的时候，要设法增进对这种活动的了解，让自己逐渐喜爱它，并且自然而然地沉浸在这种活动中，这样才能形成有意后注意，使活动能长久地保持下去，并取得良好的成效。

## 四、注意的品质

注意的品质包括注意的广度、注意的稳定性、注意的分配、注意的转移4种品质。

### (一) 注意的广度

注意的范围也称注意的广度，是指在同一时间内所能注意到的对象的数量。

人在同一时间内不能注意所有对象，只能注意少数对象。一个人注意到某些对象的同时，便离开了其他的对象。集中注意的对象是注意的中心，其余的对象有的处于注意的边缘，多数处于注意范围之外。在同一时间内，人能清楚地看到或听到的东西，其数量是很有限的。实验表明，成人一般能够注意到5～9个对象。

注意的范围受注意对象特点的影响，也与个人的活动任务和知识经验有关。

一般说来，注意的对象越集中，排列得越有规律，越能成为相互联系的整体，注意的范围也就越大。注意的范围也因为活动任务的不同而有所不同，活动任务越复杂，注意范围越小。注意范围与人的知识经验有关，人的知识越广泛，经验越丰富，注意的范围也就越大。例如，阅读文章时，成人要比小学儿童知觉到的字的数量多得多。

提高注意的范围，可以提高学习和工作效率。在学习过程中，注意范围大，就标志着在同样的时间内输入更多的信息。教学工作也要求教师具有较大的注意范围，这样既可以满足学生获得关注的期望，也能获得更多的反馈信息。

### (二) 注意的稳定性

注意的稳定性是指人在一定的事物上注意所能持续的时间。这是注意在时间上的特征。人的注意保持在某种事物或某种活动上的时间越长，注意的稳定性越高。

怎么样才能保持稳定的注意？

首先，明确工作要完成的总任务是什么。因为在头脑中经常考虑如何实现活动任务，从前一步想到后一步，积极地思考，所以注意就能坚持下来。

其次，要求活动多样化。如不断提出新问题，不断出现新内容，不同活动交替进行，把内心注意和外部的实际活动结合起来。

注意的稳定性与人的身体状况有关。当人失眠、疲劳、生病时，人的注意力就不稳定；如果人的身体健康、精力充沛，人的注意力就能持久稳定。

注意的稳定性并不意味着注意总是指向一个对象，而是指活动的总方向始终不变，行动所接触的对象和行动本身可以变化。在"38个小时"内挖土的父亲一边挖掘，一边观察周围的环境，不断改变方案，不断调节自己的心态等，才能坚持38个小时枯燥艰辛的工作。然而，如果让儿童注意监视一个门，看有什么人出入，则很难持久。如果让儿童把出入门的人的主要特征用最简单的画法画下来，他就忙个不停，这样就可以较长时间地稳定注意了。

人在集中注意感知某一事物时，很难长时间地保持不变。把一只手表放在离开被试者耳朵一定的距离上，使他刚刚能听到表的滴答声。这时，被试者时而听到表的声音，时而听不到，或者感到表的声音时强时弱，注意的这种周期性地加强或减弱，叫作注意的起伏现象。在观察知觉"双关"图形时，也可以明显看出存在着间歇性的波动起伏(见图5-4)。

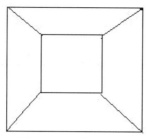

图5-4 "双关"图形

请你聚精会神地看这个被截去顶端的棱角锥体图形(见图 5-4),你可以看到中间的小方形时而凸出,时而凹进,一直注视图形的变化,时限 3 分钟。只要图形变化,就在纸上记上一小横线。接着要求被试:你现在要加强意志努力,一边注视图形,一边把它想象成为一个空房间,三面是墙,上面是天花板,下面是地板,小四方形是凹进去的。就这样看下去,而当你看到图形变化时就用铅笔在纸上记上一横线,时限 3 分钟。计算你在第一次、第二次两个 3 分钟注意起伏的次数,填入下表 5-1。

表5-1 注意起伏次数表

| 被试姓名 | 注意起伏次数 ||
| --- | --- | --- |
| | 第一次(三分钟) | 第二次(三分钟) |
| | | |
| | | |

你会发现,第二次起伏次数比第一次少。可见,注意的起伏与意志努力紧密相连。并且,并非所有的人的注意总是同样地起伏。

与注意的稳定性相反的情况是注意的分散。注意的分散是指人的注意力离开当前任务而被无关刺激所影响。例如,课堂上一个非常好动、易受外界影响的同学,在上课时总是动来动去,并不断注视其他同学,不听讲课。另外一个同学在出神沉思他新近读过的一本书,也不听讲。这些都是注意的分散,是不同的心不在焉现象。前者是一种不稳定的和指向外部的不随意注意,而且是容易转移的注意,这主要是儿童的特点;后者是指向内部而又很不容易转移的,其特点是非常强烈和稳定。许多科学家把注意集中于他们自己的思想上的笑话,正是表明了这种"心不在焉"。当然这种"心不在焉"如果发生在学生身上,会学无所成;发生在汽车司机、飞行员、机器操控者身上,不仅会产生误差,而且可能造成事故。

### (三) 注意的分配

注意的分配是指在同一时间内,把注意分配到两种或几种不同的对象或活动上。注意的分配是完成复杂工作任务的重要条件。如果一个汽车司机不能同时把注意分配在不同的活动上,就不能成为一个合格的司机。有些交通事故正是由于司机不能很好地分配注意造成的。对教师来说,注意的分配也是很重要的。有经验的教师在讲课的同时,还能很好地照顾全班同学的活动,谁开小差了,谁在向邻座的同学递纸条,谁在偷看课外书籍,都知道得一清二楚。因此,教师注意的分配直接关系到课堂教学组织的好坏。

注意分配是有条件的，具体应满足以下两个基本条件。

(1) 在同时进行的两种或几种活动中，至多有一种是不熟练的，而其他几种活动是相当熟练、自动化的。这样在进行活动时，就不需要对熟练的、自动化的活动给予太多注意，从而把大部分注意集中到比较生疏的活动上，使注意的分配成为可能。因此，只有个人熟练地掌握了某些活动，才能进行注意分配。例如，只有熟练地驾驶自行车，才能做到既安全行车，又能与同行人交谈。初学自行车的人，往往顾了手扶车把，就顾不了脚蹬车，更不用说与他人交谈。

(2) 同时进行的几种活动之间具有一定的内在联系。如果同时进行的几种活动彼此不相联系，它们的同时进行便有困难。例如，一个人比较容易边弹边唱同一首歌曲，但很难在弹一支歌曲的同时去唱另外一首歌曲。

注意的分配能力是人们从事多种复杂学习和工作的重要条件。因此，注意培养和训练自己分配注意的能力，是十分必要的。应有意识地通过各种活动指导学生养成必要的熟练动作，使他们善于分配注意，能够把注意集中在主要的学习任务上，同时又能够照顾到次要的方面。

### (四) 注意的转移

所谓注意的转移是指人有意识地根据任务的需要，主动地把注意从一个对象转移到另一个对象上。注意的转移与注意的分散是不同的。虽然两者都存在着注意从一个对象到另一个对象的转移，但前者是主动的，有目的的，是根据活动需要而转移的；后者是被动的，没有目的的，是被无关事物所吸引的。

注意的转移是注意的灵活性的表现。注意转移的快慢和难易，主要取决于以下两个方面因素的影响：一方面，注意的转移取决于先后活动紧张度的对比，如果新的活动比原来的活动更有趣、更激烈，则注意容易转移；反之，注意的转移就比较困难。另一方面，注意的转移也与人的主观努力有关。如果人们的意志坚强，对需要转移的活动意义理解深刻，那么即使原来的活动吸引力强，也能顺利实现注意力的转移。

应当指出，注意的上述 4 种品质是密切联系的。一个人注意力的好坏，不仅取决于注意品质的个别特点，还取决于这几种品质的相互搭配和有机结合。虽然注意的个别差异也与一个人神经的机能状态有关，但主要是在不同的生活实践、教育和训练中养成的。因此，注意的不同品质是可以通过实践活动的锻炼、教育和训练而改善和提高的。

## 五、注意的规律及其在教学中的运用

### (一) 无意注意的规律在教学中的运用

无意注意是由刺激物本身的特点和人的主体状态所引起的。刺激物的特点和人的主体状态，既可以引起学生学习上的注意分散，也可以借助它顺利地进行教学。为此，教师在教学过程中，应尽量避免那些分散学生注意因素的出现，紧紧地把握住吸引学生对教学内容产生注意的因素，从而有效地搞好教学活动。

#### 1. 创设良好的教学环境

教学环境是教师从事教学活动的最基本的前提条件，是课堂教学得以顺利进行的重要保证。教学环境良好，学生在学习时就会减少注意分散的程度。一般来说，保持良好的教学环境，要注意防止和避免与教学无关的刺激物的出现，教室周围的环境应保持安静，防止有人大声喧哗和吵闹。教室所在地，应当与操场、马路、音乐教室及其他分散学生注意的事物距离远一些。教学楼应设在远离闹市、公路、铁路、工厂、商店的地方，以防止较强烈噪音刺激的干扰。教室内的布置要简单，不要过多地装饰和张贴东西，以免引起学生上课时的无意注意。同时，还要保持教室内空气清新，光线充足，桌凳清洁，防止对学生情绪产生不良影响。此外，课桌的高矮应符合学生身体发育状况，学生座次的安排应兼顾其个头高低与视力情况，防止由于安排不当而影响学生注意的稳定。

### 2. 运用生动的语言和表情

注意规律表明，凡是符合人的需要和兴趣的事物，都容易引起人的注意。教师教学通常是凭借生动的语言来集中学生注意的。为此，教师在教学中应运用生动、形象、简洁、准确、精练、严谨通俗、富有趣味性的语言来组织教学，使学生产生兴趣，引起无意注意。如果教师的语言单调、乏味、有气无力，或含糊不清，或累赘冗长，都难以集中学生的无意注意。因为这些都会产生学生难以理解又超越学生注意范围的刺激，容易引起学生的疲劳和厌烦，使学生注意分散。要使学生在课堂学习中保持良好的注意状态，教师应根据学生听课的情况，随时调整自己的语调、语速、音高和强弱，以及必要的停顿等，并伴以适当的表情和必要的手势，以强化语言的感染力，提高学生的注意程度。同时，教师还应把丰富的感情投注给学生，引起学生情感上的共鸣，达到和谐共振。在教学中，教师应注意随时可能出现的不利刺激因素。如教师讲话时所带的口头语"这个""那个""啊""反正"等过多、过繁，势必影响学生注意的分散，形成不良的语言刺激。如果教师刚刚烫完一种新发型，刚换一件新衣服，都需注意在上课前主动和学生接触一下，避免由于新异刺激而造成学生上课时注意分散。另外，教师不可在讲课中手势过繁，或表情过于丰富，类似演戏般地变换表情，因为这也容易造成学生无益的无意注意，影响学习效果。

### 3. 尽量使用现代化教学手段并提高板书技巧

教师在教学中，要采用录音、录像、电影、电视、幻灯胶片等现代化直观教学工具及多媒体课件教学，以生动形象和新颖的内容，引起学生的无意注意。在教学中，教师要伴以适当的语言指导，使学生注意的目标更明确、更集中。教学中使用的图表要力求简明、清晰、准确，并且色彩要鲜明，大小要适宜，以引起学生的注意，形成正确的第一印象。教师的板书是教学中重要的一个环节，是牵引学生学习注意的重要手段。教师要在教学中保持学生良好的注意状态，板书要做到条理清晰，纲目分明有序，重点难点突出，结构合理得当，布局新颖独特，颜色搭配适宜，使学生一目了然。这样不仅能使学生保持良好的注意状态，还有助于加强学生的理解和记忆。在板书设计中，还应体现教师独特的教学风格和技巧。良好的板书是增强学生注意力、提高教学效果不可忽视的重要手段。

### 4. 丰富教学内容

教学内容是整个教学过程中的关键环节，是维系教学过程的主坐标，也是影响学生注意的核心因素。心理学研究表明，注意维持在单调贫乏的内容上的时间是短暂的，且需要较大的意志努力，而对丰富、充实、新颖、有趣的内容，却能保持相当长久的注意。因此教师在教学内容的选择上，既要注重体现教材的科学性、思想性，又要注重其新颖性、开创性、趣味性。在突出主题、明确重点的前提下，尽可能做到旁征博引，丰富讲授内容，同时还要深入浅出、有主有次，这样才能使学生保持长久的注意。教师为了紧紧吸引学生的注意，还要不断更新教学内容，注入新的知识，使学生的知识体系能跟上时代发展的需要，对相关知识也产生较好的注意。同时，教师讲授内容的难易程度应适应学生的心理发展特点和原来的知识基础，不宜过深或过浅。如果内容过深，学生摸不到底，即使教师讲得头头是道，也不能引起学生的兴趣和注意；如果内容过浅，缺乏新奇感，学生则感到是"老生常谈"，索然无味，同样也不能引起兴趣和注意。心理学研究表明，最能引起兴趣和注意的是那些使人感到熟悉又感到陌生的内容。此外，教师在传授新知识时，还要和学生已有的知识联系起来，这也是引起和保持学生注意的重要因素。

### 5. 运用灵活多样的教学方法

教学方法是教学过程中一个重要的环节。好的教学方法是维持课堂学生良好注意状态的关键。为了使学生课堂学习保持最佳注意状态，教师应采取灵活多样的教学方法，适当地利用刺激物的新异变化和刺激物的强度对比等特点，从而吸引学生的注意。教师要防止使用单一、呆板的教学方法，避免学生长时间从事某一种活动，否则将使学生的大脑皮层产生抑制过程，使之疲劳并分散注意。教学方法多样化，时而讲解、时而叙述、时而提问、时而讨论分析，使学生处于多维度的学习过程之中，就可保持其良好的注意状态。同时，教师变换教学模式，可采用模型、图表、幻灯片等多种直观教具，再配合老师的讲述、提问、练习、实验演示等多种方法，就可以保持学生持久的和良好的注意状态，使教学效果大大提高。这是符合注意的"变化刺激"规律的。

### 6. 维持良好的课堂纪律

课堂纪律是教师从事课堂教学活动的重要保证，是保持学生注意，防止分心现象的先决条件。教师要组织好课堂教学纪律，维持正常的教学秩序，就必须运用无意注意的规律，善于妥善处理一些分散学生注意的偶发事件。例如，偶然碰到课堂秩序混乱时，教师如果立刻停止讲课，把视线指向有关的学生，这种突然发生的变化就能引起学生的无意注意，提醒学生有所意识，使课堂秩序得以恢复。又如，有时偶然碰到个别学生在上课时故意捣乱或闹纠纷，分散了其他学生的注意，一般情况下，教师不宜把课停下来立刻处理，更不要与学生发脾气或将该学生轰出教室。这样不仅分散了学生的注意，使学生的注意很快从课堂教学上转移到该项事端上，而且会使事情闹僵而难以收场。较好的做法是设法使课堂安静下来，或者用暗示的语言、严厉的目光传递批评的信号，或者将闹事者暂换座位，等下课后处理。这种"冷处理"的方法比"热处理"效果要好得多，因为是在不牵动全局注意的情况下，只做了局部调整。这种处理仍然能较快地恢复课堂注意的局面。

### (二) 有意注意的规律在教学中的运用

学习是一种紧张、艰苦和持久性的活动。学生要搞好学习不能只凭兴趣，还必须要学习那些自己不感兴趣，但又必须学习和掌握的知识。因此，教师在教学中要遵循有意注意的规律去组织教学。

### 1. 帮助学生树立明确的学习目的

注意的规律表明，注意的目的和任务越明确，学习的自觉性越高，就越能引起有意注意。为了使学生牢固地掌握知识和技能，教师在教学中，应帮助学生树立正确的学习目的，深刻了解学习的意义和重要作用，发展学生多方面的学习兴趣和爱好，掌握良好的学习方法和学习技巧。同时，教师还要培养学生良好的性格和意志品质，使其善于调节自己学习中的情绪，主动排除各种干扰，养成良好的学习习惯。这样学生才能保持高度、持久的注意状态，顺利完成学习任务。

### 2. 引导学生积极思考

良好的有意注意是伴随着积极的思维活动进行的。要使学生保持较好的有意注意，教师必须善于启发学生进入积极的思考状态，用新颖、独特、有创见的问题紧紧吸引学生的注意，引导其用脑思考；同时还应引导学生自觉发现问题、观察事物、寻找解决问题的途径。这样就可以使学生的注意始终伴随着思考状态而集中不散。在教学中，教师还应多设置一些带有思考性和一定难度的问题情境，让学生在解决问题的同时培养自己的注意品质和思维能力，促进智力的发展。

### 3. 强化课堂调控手段

课堂调控手段的运用是有效防止课堂上学生分心现象的有力措施，一般表现为以下几方面。①信号控制。课堂上教师可能采用举目凝视、变化表情、变换语调和语气等方式，或做出特定手势，或暂时停止语言活动等暗示性信号，向开始分散注意的学生发出信号控制的信息，以便及时制止课堂分心现象的出现，同时不影响教学进程。②临近控制。为使信号更加奏效，教师可以一边凝视学生，一边走近他，站立其旁，进行暗示，或轻轻碰一下他的书本，或轻轻拍拍他的后背，或轻声道句警语，以唤起注意，使其尽快进入学习角色。这种控制法既纠正了注意分散者，也不影响其他人的听课学习。③问题控制。教师的提问能引起学生的有意注意，当发现学生上课分心时，可结合教学内容机智灵活地提出一些问题，以唤起学生的注意。一般提问时应面向全班，先提问题后找学生回答。提出的问题应有启发性，防止提出不用动脑就能回答的简单问题。④表扬与批评控制。教师为了维持课堂秩序可以表扬专注者，批评不注意听课者，使不注意听讲的学生产生警觉，使专注者受到鼓励。教师在批评时应力求客观准确、简明扼要、点到为止。批评指责要公正，严防侮辱学生人格。

### 4. 把智力活动和实际操作结合起来

实际操作过程离不开有意注意，操作难度越大，对有意注意的要求越高。为此，在教学过程中，要有计划地加强学生动手动脑的活动。如课堂试验，课堂练习，课堂讨论，课堂记笔记、作摘要，编提纲等，加强这些操作活动，就会增强和保持学生的有意注意。

### (三) 两种注意转化规律在教学中的运用

无意注意与有意注意是两种性质不同的注意，但在学习和各种实践活动中又是互相联系的，也是互相转化和交替的。两种注意的相互交替，使注意能长时间地保持集中。

在教学中，学生完全依靠有意注意来学习，大脑皮层长时间地处于兴奋状态，容易产生疲劳和注意的涣散。如果没有无意注意参加，学生难以长时间坚持学习。但是单凭无意注意来组织,也难以维持较长时间地学习,因为任何一门学科的内容和任何一位教师的讲授,都不可能完全具备吸引人的趣味性,也不能轻而易举就被学会并掌握。这就必须通过有意志努力的有意注意的加持,才能完成学习任务。

因此,在教学过程中,教师要善于引导学生的两种注意有节奏地交替轮换。就一堂课来说,上课之初,学生的注意还可能停留在上一节课或课间活动的有趣对象上,这就要通过组织教学来引起学生对本节课的有意注意,强调本节课的基本内容和学习纪律。一旦本节课要求的注意稳定了,教师就应通过生动的语言、直观教具、演示实验等手段,引导学生对教材本身产生浓厚兴趣,从而引起无意注意。随后,教师要根据由近及远、由浅入深、由具体到抽象的原则进行教学,让学生掌握教材的重点难点,这样就使学生的无意注意转向有意注意。在紧张的有意注意之后,又要通过教学方式的改变,或用新的课题、新的内容、新的教具及更有趣的讲授来引起学生的无意注意。这样,既能使学生保持长时间的稳定注意,又减轻了学生学习时的疲劳感,增强了学习的效果。教师根据教学内容和学生的实际情况应当灵活地交替使用无意注意和有意注意的规律,不断培养学生抗干扰的能力,使注意的品质得到锻炼和培养。

# 第三节 观察与知识的感知

## 一、观察与观察力

### (一) 观察的含义

美国当代著名的社会心理学家班杜拉认为,人只能通过直接经验或观察而习得行为。苏联生理学家、心理学家巴甫洛夫从科学实践中总结出生物科学的重要研究方法——观察、观察、再观察,并将之永远镌刻在他实验室的墙上。显然,观察是学生获得感性知识和积累经验的重要途径,通过观察可以获得知识、提高知识、发展智力。因此,观察在学生的成长中有着十分重要的意义。

我们认为,观察是有目的、有计划、比较持久的知觉活动。观察过程是一种特殊的知觉过程,但观察和知觉是有差异的。心理学家认为,在观察时,绝对不是只停留在一般的知觉活动上,它要比知觉过程复杂、深入得多;观察中还包含着积极的思维活动,所以人们又把它称为"思维的知觉"或知觉中发展的高级形式。

### (二) 中学生的观察与观察力

观察是人的各种实践活动所必需的,特别是在科学研究、文学、艺术创作、教育活动中都不可缺少,在学校教育、教学活动中更有特殊意义。如在中学生的写作方面,如果学生不对生活仔细观察,就不会有深刻的感受;如果观察后不会分析,看不清事物与现象的本质,也不可能表达深刻。所以,只有提高观察、分析生活的能力,才能提高中学生的语言表达能力。

观察力是指人迅速、敏锐地发现事物细节和特征等方面的知觉能力。观察与观察力是两个既有区别又有联系的概念。中学生的观察能力,是在长期观察实践活动中得到锻炼并形成个人的风格。从概念上说,观察是知觉,观察力是个体的能力,观察是观察力发展的基础,观察力通过观察活动而得到提高。它广泛作用于心理过程的各个方面，影响着中学生的语文学习和作文写作，以及其他所有课程的学习成绩。观察力是智力结构的重要组成部分，人的观察存在显著的个别差异，主要表现在观察能力上。中学生在观察活动中能够克服年龄小、知识经验不足的欠缺，观察仔细全面、不遗漏主要细节；能发现事物之间的微小差别，快速抓住事物的主要特征；能够区分事物不甚显著的特征，并从一般事物中看出本质特征，这些是观察力强的表现。而有些中学生却与此相反，他们的观察目的往往不能贯彻始终，不能摆脱枝节纠缠，不能将注意力始终集中在重要内容上。这些都属于观察力不良的表现，长期下去，一旦形成习惯，便很难纠正。

## 二、感觉与知觉的概述

### (一) 感觉

#### 1. 感觉的含义

感觉是人脑对直接作用于感觉器官的客观事物的个别属性的反映。

个体认识事物是从感知的心理过程开始的。感知是感觉与知觉的总称，感觉是知觉的基础，是单一分析器活动的结果。感觉是人脑反映事物的初级阶段，是最简单、低级的心理现象，是认识过程的开端。

感觉的意义就在于：感觉提供了内外环境的信息，保证了机体与环境的信息平衡，是人全部心理现象的基础。

#### 2. 感觉的种类

根据感觉所接受的信息来源和感受器在个体身上所处的位置不同，可以把感觉分为两大类。

1) 外部感觉

外部感觉是接受外部刺激、反映机体内部变化的感觉。外部感觉包括：视觉、听觉、嗅觉、味觉、触觉和皮肤觉。

2) 内部感觉

内部感觉是指感受内部刺激、反映机体内部变化的感觉，主要分为：机体觉、运动觉和平衡觉。

(1) 机体觉，即内脏感觉。它是反映我们身体内部状况及各器官活动变化状态的感觉。

(2) 运动觉，即关节肌肉的感觉。它传递人们对四肢位置、运动状态及肌肉收缩程度的信号。

(3) 平衡觉，即静觉或姿势感觉。这种感觉能够发出关于运动与头部位置的信号，反映运动速度的变化(如加速或减速)。

#### 3. 感觉的特性

感觉的特性指的是感觉的相互作用引起感受性发生变化的现象。它有两种形式：一是同一感觉的相互作用，包括感觉适应、感觉对比、感觉后象3种特性；二是不同感觉的相互作用，包括感觉的相互补偿和联觉特性。

1) 感觉适应

在外界刺激物的持续作用下感受性发生变化的现象叫感觉适应。适应现象发生在所有的感觉中，"入芝兰之室久闻不知其香，入鲍鱼之肆久闻不知其臭"，这是嗅觉的适应；手放在温水里，开始觉得热，慢慢就不觉得热了，这时温度觉得适应。

视觉的适应分为暗适应和明适应。暗适应是指照明停止或由亮处转入暗处时视觉感受性提高的现象。如人们从阳光照射的室外走入电影院，或夜晚由明亮的室内走入室外，都发生暗适应现象。明适应是指照明开始或由暗处转入亮处时视觉感受性下降的现象。如当从电影院出来时，开始觉得光线耀眼，但很快就恢复了正常状态。

2) 感觉对比

不同刺激作用于同一感觉器官，使感受性发生变化的现象叫感觉对比。感觉对比分为同时对比和继时对比两种。

同时对比：几个刺激物同时作用于同一感觉器官，使感受性发生变化的现象叫同时对比。如绿叶映衬红花，红花显得更红了，这是彩色对比现象；又如，明暗相邻的边界上，看起来亮处更亮，暗处更暗了(即马赫带现象)，这是明度的对比。

继时对比：几个刺激物先后作用于同一感觉器官，使感受性发生变化的现象叫继时对比。如先喝苦水再喝糖水就会感到特别甜。

3) 感觉后象

外界刺激停止作用后，暂时保留的感觉印象叫感觉后象，也叫感觉后效。如歌声停止了，你会感觉到耳朵里还有这个声音的余音在萦绕，这就是听觉的后象。

感觉后象分为正后象和负后象。

正后象：与刺激物性质相同的后象叫正后象。例如，看到白光以后眼睛里仍保留着白光的感觉。

负后象：与刺激物性质相反的后象叫负后象。例如，看到灯灭了，眼睛里却留下了一个黑色灯泡的形象。

正、负后象可以相互转换，后象持续的时间与刺激的强度成正比。

4) 感觉的相互补偿(或机能代偿)

机能代偿，即某种感觉系统的机能缺失后可以通过其他感觉系统的机能加以弥补。如聋哑人"以目代耳"；盲人失去视觉后，通过实践活动使听觉、触觉更加灵敏。

5) 联觉

一个刺激不仅引起一种感觉，同时还引起另一种感觉的现象叫联觉，或一种感觉兼有另一种感觉印象。例如，看到橙色就感到暖，看到蓝色就感到冷等。

(二) 知觉

1. 知觉的含义

知觉是人脑对直接作用于感觉器官的客观事物的整体反映。知觉在感觉的基础上产生，感觉是各种分析器协同活动的结果，并受人的知识经验和态度的制约。同一物体，不同的人对它的感觉是相同的，但对它的知觉会有差别。对事物的各种属性感觉越丰富、越精确，那么对事物的知觉也越完整、越深入，而有意识的知觉过程经常是在观察活动中进行的。

### 2. 知觉的种类

根据知觉反映的客观对象的不同，知觉可分为：空间知觉、时间知觉、运动知觉。

1) 空间知觉

空间知觉指人脑对物体的空间特性的反映。空间特性指形状、大小、方位、距离和深度等，因此反映事物特性的空间知觉包括形状知觉、大小知觉、方位知觉、距离知觉和深度知觉等。空间知觉是视、听、动觉和皮肤觉多种分析器协同活动的结果，也称复杂知觉。

2) 时间知觉

时间知觉指人脑对客观现象的延续性和顺序性的感知，如物体运动速度的快慢、事物出现的先后顺序等。时间知觉是根据一定的标准产生的。如我们根据钟、表针的位移来确定时间，根据太阳的升落来辨别白天黑夜，根据气候的变化来划分春夏秋冬，那么"钟、表针的位移""太阳的升落""气候的变化"分别是确定时间、辨别白天黑夜、划分春夏秋冬的标准。

3) 运动知觉

运动知觉指人脑对物体空间位移的知觉，是视、听、动觉分析器协同作用的结果。运动知觉分为：真动知觉、似动知觉、诱动知觉和自主运动知觉等。

真动知觉：物体发生实际的空间位移所产生的运动知觉。即物体在一定的速度或加速度从一处向另一处连续位移时，人所产生的物体在运动的知觉。如电风扇转动的叶片、高速运转的车轮、宇宙中光线的穿越等都属于真动知觉。真动知觉是处于静止状态的观察者对物体实际运动的知觉。如人站在地上看天上的飞机，就会产生真动知觉。

似动知觉：指实际不动的物体在一定条件下知觉为运动的物体，或在没有连续位移的地方看到了连续的运动。它主要有动景运动、诱发运动和自主运动3种形式。

动景运动：当两个刺激物按一定的空间距离和时间间隔相继呈现时，人就会感觉到一个刺激物在向另一个刺激物做连续运动。例如，电影和霓虹灯都是按照动景原理制成的，其实在于视觉后象，即在视觉刺激消失后，感觉仍然保留一段时间而不立即消失。

诱发运动：由于一个物体的运动使相邻的一个静止的物体产生运动的印象。例如，夜空中的浮云是运动的，月亮是相对静止的，但浮云的运动会使人感觉好像月亮在云朵中穿行。

自主运动：实际是一种运动幻觉，也叫游动错觉，是指在黑暗的背景上注视一个静止的光点，过一段时间便会感到这个光点不停地游荡。例如，一直看天空的星星，会觉得它好像在不停地眨眼睛。

在各种知觉中都可能发生错觉。错觉是知觉的一种特殊形式，是对客观事物的歪曲的不正确的知觉。如"欢娱嫌夜短，忧患恨夜长"就是人所产生的错觉。错觉的种类较多，有线条错觉、图形错觉、方位错觉、时空错觉等。我们对错觉要采取适当的措施加以识别，以防止失误和发生事故；而在军事、建筑等方面也可以利用错觉，使其发挥作用。

### 3. 知觉的特性

知觉的特性有4个。

1) 知觉的选择性

知觉的选择性是指知觉的对象能迅速地从背景中被选择出来。知觉的对象与背景相比较，它形象清楚，好像突出在背景的前面，而背景则好像退到它的后面，变得模糊不清。如当学生注视多媒体屏幕上的课件时，课件中的文字或图片就被学生清晰地知觉到，而屏幕附近的墙壁、黑板上教师的板书等好像退到它的后面而成为模糊的背景。知觉的对象与背景是相互依存、互相转化的。如当学生从注视多媒体屏幕上的课件转移到黑板上的板书时，板书便成了清晰的对象，而多媒体课件则是知觉的背景。知觉对象和背景的互相转换在两歧图形中表现得更为清楚。两歧是指对于这些图形有两种或两种以上的解释。如图 5-5(A)可以知觉为黑色背景上的白色花瓶，又可以知觉为白色背景上的两个侧面人像。又如图 5-5(B)可以知觉为翘鼻子的少妇，又可以知觉为一位老妇人。知觉对象与背景的相互转化体现了事物之间的相互关系影响着人们的对象知觉。

A　　　　　　　　　B

图5-5　对象与背景转换的两歧图形

(资料来源：黄希庭. 心理学导论[M]. 北京：人民教育出版社，1991.)

由于知觉具有选择的基本特性，故在教学中教师要想方设法调动学生学习的积极性，提高他们的学习兴趣，使教学内容与教学方法成为学生选择的感知对象，并做到清晰地感知。

2) 知觉的理解性

知觉的理解性是指在知觉过程中，人们往往会利用已有的知识经验，理解和把握知觉对象。也就是说，人在知觉过程中，不是被动地把知觉对象的特点登记下来，而是以过去的知识经验为依据，对知觉对象做出某种解释。知觉的这一特征可以解释这一现象：虽然教师以同样的教学方法、教学手段面向全班几十位学生讲授同样的教学内容，但学生因为知识基础、生活经历和社会经验的不同，而存在吸收、消化、理解上的差异。中学生各自的经验影响着他们感知的方向与理解程度，这最终影响着每个学生的学习效果，教师应当注意到这一点。与此同时，教师还应注意问题的另一面，那就是学生的知识经验并不丰富，旧经验间的联系还不牢固，具有很大的可塑性。教师一开始就应对学生提出严格、规范的要求，且要求应符合大多数学生的实际水平。只有这样，才有可能取得比较好的教学效果。

3) 知觉的整体性

知觉的整体性是指在知觉过程中，将知觉对象作为整体进行反映。在教学活动或日常活动中，学生听课、参观或观察实验，尽管当时知觉的对象仅仅是某一事物的一个部分，或者事物本身在构成整体时还存在一定的缺陷，但中学生在知觉的心理加工中依然将它感知为事物的全部，主动补充事物的缺陷，而产生整体的映象。如图5-6中的三个图形，从客观的物理现象看，没有一个是完整的，全由一些不规则的线和面所堆积而成。但是，任何人都会看出，各图均明确显示其整体意义：左图是由白色圆形与黑十字重叠，而后又覆盖在一个双边方形上所构成；中图是由白方块与黑十字重叠，而后又覆盖在四个黑色圆上所形成；右图是由两个三角形重叠，而后又覆盖在三个黑色方块上所形成。值得注意的是，中学生因为知识和生活经验方面的限制，在进行整体感知时，时常受刺激物刺激的强弱影响，忽视弱刺激部分，过分突出强刺激部分，而做出不全面的甚至错误的反映，这是常见的现象。如在几何课教学中，一些学生面对几何图形，难以觉察到较为隐蔽的辅助线，这除了思路方面的原因，还和学生知觉过程中容易忽视弱刺激有关。

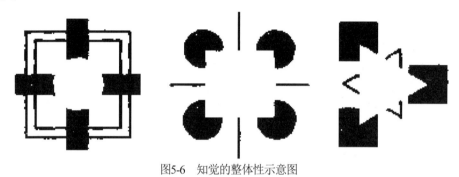

图5-6　知觉的整体性示意图

(资料来源：章志光. 心理学[M]. 北京：人民教育出版社，1984.)

4) 知觉的恒常性

知觉的恒常性是指知觉条件(如距离、角度、照明度)在一定范围内发生变化时，知觉映象保持相对不变。如同一个花瓶，人们通过不同的距离、角度和明暗条件看它，虽然视网膜上的物像各不相同，但仍将其知觉为同一个花瓶。知觉恒常性现象在日常生活中表现得很明显、很普遍，它分为下面几种：同样的一个人站在离我们3米、5米、15米的不同距离处，在人们视网膜上的像因距离不同而发生改变，但是人们看到这个人的大小是不变的，这是大小恒常性现象；家中的大门，无论它以多大角度开着，人们总是把它看成长方形，尽管它在视网膜上的形状与实际形状可能不完全一样，这是形状恒常性；即使在强烈的阳光下，煤块反射的光量远大于黄昏时白粉笔所反射的光量，人们还是把煤块知觉为黑色的，把粉笔知觉为白色的，这是明度恒常性；不论在黄光照射下还是在蓝光照射下，人们总是把国旗知觉为红色的，这是颜色恒常性。知觉的恒常性对中学生的学习和生活的意义是不言而喻的，它能够使中学生摆脱单纯物理刺激所得到的局部的、片面的知觉，可以全面稳定地反映客观事物，保证中学生更好地适应不断变化的环境。

## 三、感知规律在教学中的运用

### (一) 利用知觉规律组织教学

要想在直观过程中获得有关的感性知识，首先必须注意和观察直观对象。而要想有效地观察直观对象，必须运用强度律、差异律、活动律、组合律等感知规律，突出直观对象的特点。

1. 强度律

强度律指的是作为知识物质载体的直观对象(实物、模象或言语)必须达到一定强度,才能为学习者清晰地感知。这里的强度是相对强度,只有相对强度的刺激才容易引起人们清晰的感知。心理学研究表明,过强或过弱的刺激属于不适宜刺激,不能使人获得清晰的感知,只有适当的刺激强度,才符合心理反应的要求,才能使刺激接受者做出恰当的刺激反应。这就可以很好地解释教师在一个喧闹的教室里即使声嘶力竭也不会比在安静的环境中娓娓细语更有效果。古语"此时无声胜有声",说的就是相对环境条件的适度刺激,虽然绝对强度小一些,但也会产生良好的感知效果。所以,在教学中,教师的板书、实物展示、挂图,以及多媒体课件中的文字与图片等都要适当,既不能太大也不能太小,应以保证全体学生都能看清楚为宜。教师的声音要洪亮,同时要做到抑扬顿挫、轻重有落,重点部分语调要强一些,以利于学生感知。

2. 差异律

差异律是指对象和背景的对比差异大的容易被感知,又称为对比律。这符合学生的知觉选择性规律,对象和背景的差异越大,对象从背景中区分开来越容易,学生越能优先选择感知的对象,作为反映的内容。这就可以解释教学用的黑板为什么要漆成黑色,而粉笔总是白色的,因为在黑板上写白字易被感知,否则就不易被感知。所以,教师在教学中运用差异律要注意这几个方面:一是在直观教具的运用方面,挂图、标本和多媒体课件的制作,要突出重点、层次分明,课件的字与背景之间的颜色反差一定要大;二是在教材和板书的设计方面,凡是题目、标题、重要的定律、定理、公式、结论等都应用粗笔,主板书与副板书之间要有区分,排列得当;三是在教师的语言运用方面,除了要求艺术、生动、形象,还应根据教学需要,做到语气婉转、音色生动、声调起伏,在重要处声音应有所强调,或者采用突然停止讲话的方式以引起学生的注意后,再做流畅表达。所以,有经验的教师在上课时发现个别学生讲话并不直接去制止或批评,而是突然停顿,有时可以收到更好的效果。

3. 活动律

活动律是指活动的对象较静止的对象更容易被感知,也就是说,在固定的背景上活动的物体容易引起知觉。在教学中,教师要善于使作为对象的知识活动起来,也就是说,要注意在变化中呈现对象。如教师能画出的图,就不用挂图;课件中能制成动画的,就不用静止的图;教师除写板书外,不必局限于讲台后的狭小空间,可以适当在讲台前或学生中间走动,保持运动的状态,以吸引学生的注意,使教学内容更好地被学生感知。另外,授课中教师还可伴有合适的体态语,以丰富传递教学信息的渠道。20世纪50年代的一位研究肢体语言的先锋人物麦拉宾发现:一条信息所产生的全部影响力中,7%来自语言(仅指文字),38%来自声音(其中包括语音、音调及其他声音),剩下的55%则全部来自无声的肢体语言。可见,教师在讲话中以表情、手势等非言语沟通方式相辅,可以收到比较好的教学效果。

4. 组合律

组合律是指凡是空间上接近、时间上连续、形状上相同、颜色上一致的事物,容易构成一个整体为人们所清晰地感知。这符合学生的知觉整体性规律。在教学中,在教学内容上教师要做到条理清晰、层次分明,加上必要的归纳,使教学内容"接近"而便于学生理解;板书设计条块合理、顺序得当,书写优美流畅,使学生感到自然连续而提高视觉效果;讲课中注意范围、中心明确,重点突出,使学生产生整体效果便于系统地掌握知识。

### (二) 利用直观教学提高对知识感知的效果

直观教学是指学生通过对直接感知到的信息(直观材料)的表层意义、表面特征进行加工,从而形成对有关事物具体的、特殊的、感性的认识活动。它在各种知识学习中都是必需的。例如,在物理教学中总要观察模型、进行实验,在历史地理教学中总要观看历史图片、地理模型,在文学教学中总要阅读或倾听形象化的言语描述。

就直观的对象而言,可以把直观分为实物直观、模象直观和言语直观3种。这3种直观形式各有其优缺点,在教学活动中教师应根据实际需要选择不同的直观方式或直观方式的组合。

#### 1. 实物直观

实物即实际事物,实物直观即通过直接感知要学习的实际事物而进行的一种直观方式。例如,观察各种实物、演示各种实验、到工厂或农村进行实地的调查访问都属于实物直观。由于实物直观是在接触实际事物时进行的,它所得到的感性知识与实际事物间的联系比较密切、比较一致,因此它在实际生活中定向作用较好,在将来的职业活动中也能很快地发挥作用。同时,实物直观给人以真实感、亲切感,因此它有利于激发学生对科学知识的学习兴趣,调动其学习科学知识的积极性。正因为实物直观有这些优点,所以在教学活动中可以广泛采用。

但是,在实际事物中,本质要素与非本质要素往往混杂在一起,而且事物的非本质要素有时还比较突出,本质要素反而比较隐蔽。由于强的刺激因素对弱的刺激因素起着隐蔽作用,往往难以突出本质要素,因此必须透过现象看本质,这具有一定的难度。例如,在物理学习中,学生在观察实际的杠杆时,杠杆的外在特征很容易觉察,而支点、动力及动力作用线与动力臂、阻力及阻力作用线与阻力臂等有关杠杆的本质属性却难以突出。同时,由于时间、空间和感官特性的限制,许多事物难以通过实物直观获得清晰的感性知识。又如,动植物的生长过程由于过于缓慢而难以直接觉察;许多化学反应过程又由于过于迅速而难以直接觉察;宏观的宇宙天体和微观的基本粒子又由于过大或过小而不便直接感知。由于实物直观有这些缺点,因此它不是唯一的直观方式。

#### 2. 模象直观

模象即事物的模拟性形象,它是实际事物的模拟品,而非实际事物本身。所谓模象直观,即通过对事物的模象的直接感知而进行的一种直观方式。例如,各种图片、图表、模型、幻灯片和教学电影电视等的观察和演示,均属于模象直观。由于模象直观的对象可以人为制作,因而模象直观在很大程度上可以克服实物直观的局限,扩大直观的范围,提高直观的效果。

首先,模象直观可以人为地排除一些无关因素,突出本质要素。例如,在用图解讲述杠杆时,可以排除其他情节,清楚地把支点、动力及动力作用线与动力臂、阻力及阻力作用线与阻力臂表示出来。其次,模象直观可以根据观察需要,通过大小变化、动静结合、虚实互换、色彩对比等方式扩大直观范围。例如,利用地图或模型,可以把某一地区的地形和地貌置于学生的视野之内(缩小);利用原子结构示意图,可以清楚地看到原子核与电子结构(放大);利用幻灯或电影胶片,可以观察到动植物的缓慢生长过程(加快)和化学反应的快速运动过程(变慢)。正因为模象直观具有这些独特的优点,所以它已成为现代化教学的重要手段。

但是，由于模象只是事物的模拟形象，因此与实际事物之间有一定距离。为了使通过模象直观而获得的知识在学生将来的职业活动中发挥更好的定向作用，一方面应注意将模象与学生熟悉的事物相比较，另一方面在可能的情况下，应使模象直观与实物直观相结合进行。

### 3. 言语直观

言语直观是在形象化的言语作用下，通过学生对语言的物质形式(语音、字形)的感知及对语意的理解而进行的一种直观形式。例如，在中学语文教学中，王维的《山居秋暝》与马致远的《天净沙·秋思》中的语言就非常直观，读起来朗朗上口，读者很自然地会联想起一幅幅画，真是诗(词)中有画，画中有诗(词)。在历史、地理教学中，有关历史生活、历史事件、历史人物和有关地形地貌、地理位置的领会，均少不了言语直观。

言语直观的优点是不受时间、地点和设备条件的限制，可以广泛使用。言语直观的效果主要取决于教师语言的质量。教师的讲解声调要抑扬顿挫，声音应有高低起伏的变化，并且语言应精练、优美且富有情绪性。所以，言语直观的另一个优点是能运用语调和生动形象的事例去激发学生的感情，唤起学生的想象。但是，言语直观所引起的表象，往往不如实物直观和模象直观鲜明、完整、稳定。因此，在可能的情况下，应尽量配合实物直观和模象直观。

## (三) 各种直观形式在教学中的灵活运用

直观是学生在实物、模象和言语刺激物的作用下，通过各种感官及大脑的复杂活动，从而在头脑中形成有关事物的特征与联系的感性认识的过程。

既然实物直观、模象直观和言语直观各有其优缺点，那么为了提高直观的效果，应依据教学的需要和问题的性质，灵活运用多种直观形式。

### 1. 实物直观和模象直观的选用

实物直观虽然真切，但是难以突出本质要素和关键特征；而模象直观虽然与实际事物之间有一定距离，却有利于突出本质要素和关键特征。因此，一般而言，模象直观的教学效果优于实物直观的教学效果。例如，心理学家曾用实验研究过实物直观和模象直观对掌握花的构造的不同效果。该实验把学生分成能力相等的两组，一组为实验学习组，一组为挂图学习组。实物学习组的学生，实地到花园去观察各式各样花的构造；挂图学习组只在教室内根据放大了的挂图来学习花的构造。两组学习时间相等。事后以有关花的知识与实物辨认两种方式来测量两组学生的学习成绩。结果发现挂图学习组在两方面的成绩均好于实物学习组。形成这一现象的主要原因就是实物学习组的学生受到过多无关刺激的干扰，不能从众多的刺激中发现事物的本质要素，不能很快地把握到要点。

以上实验说明模象直观一般比实物直观教学效果好。但是，这一结论只限于科学知识的学习阶段。当学习有了一定基础后，由简化的情境进入实际的复杂情境，更多地运用实物直观，自然是必要的。我们强调的是先进行模象直观，在获得基本的科学概念和科学原理后再进行实物直观，这比一开始就进行实物直观的教学效果更好。

### 2. 实物直观、模象直观与言语直观的配合

为了增强直观的效果，不仅要注意实物直观和模象直观的合理选用，而且必须加强词(即言语直观)与形象的结合。首先，形象的直观过程应该受到词的调节，以组织学生的注意，提高感

知的目的性。为此，在形象的直观过程中，教师应提供明确的观察目标，提出确切的观察指导，提示合理的观察程序。其次，形象的直观结果应用确切的词加以表述，以检验直观效果并使对象的各组成要素进行分化。再次，应依据教学任务，选择合理的词与形象的结合方式。如果教学任务在于使学生获得精确的感性知识，则词与形象的结合，应以形象的直观为主，词起辅助作用；如果教学任务在于使学生获得一般的、不要求十分精确的感性知识，则词与形象的结合方式可以采取词的描述为主，形象直观只起证实、辅助作用。

同样，由于言语直观是通过唤起学生头脑中的表象而起作用的，因此在言语直观过程中，必须注意学生是否具备有关的记忆表象，并想方设法丰富学生的记忆表象；其次，教师的言语描述必须讲究质量，注意语言的形象性和确切性。

## 四、中学生观察能力的培养

知识传递的效果取决于教师和学生借助于一定媒体的辅助作用。在直观教学的过程中，教师操纵某一直观教材，其效果如何，主要取决于学生的观察能力。因此，为了更好地完成教学任务，必须认真组织和培养中学生的观察能力。

### (一) 指导学生明确观察的目的

观察前，必须让学生明确观察的目的。良好的观察要以明确的目的和任务为前提，只有目的明确，才能正确地组织学生的注意力，使之指向和集中在所要观察的对象上。在指导学生观察时，有时既要明确总的任务，又要提出一系列阶段性的具体的任务。在教学实践中，经常会出现这样的现象：学生听了教师布置的任务以后，好像都明白了观察的任务，但教师检查观察效果时会发现，并没有达到预期的目的。这往往是因为学生在观察活动中不能将任务贯彻到底。具体来说，有些学生对任务的细节并不明确，嘴上说会其实并没有真正理解，也有的学生在活动的过程中把任务忽视了，等等。因此，教师在指导学生观察时要特别注意这个问题。

### (二) 具备观察事物或现象的必要知识

俗话说，谁知道得多，谁就看到得多。一个知识贫乏、经验不足的人，对相应事物不可能做出全面、深刻的观察。所以，在组织学生观察前，教师应指导学生寻找必要的资料，向学生介绍有关的书籍，通过学生自己动手、动脑，积极储备相应的知识，这要比过去那种只由教师讲解，向学生灌输知识的方法好。主动地学习比被动地接受知识印象更深、记得更牢，而且用得灵活。总之，事前的知识准备，会直接影响学生的观察效果。通过有关知识的学习，学生的观察活动可以在理论指导下有方向地进行，这既有利于学生的实践同理论相结合，又可使他们得到生动、系统的知识。

### (三) 掌握一定的观察方法

观察过程中，要认真培养学生观察的技巧和方法。观察应有计划、系统地进行，让学生把握合理的观察程序，防止顾此失彼、遗漏重点。教师应和学生商量，制定出每一次观察的重点、观察步骤及观察方法，使每一位学生心中有数。一般说来，应该先由整体到部分，再由部分到整体。即先对整体对象有了初步的、一般的认识后，再分出对象的各个部分，并对这些部分进行细致的观察，进而了解各个部分之间的联系，把它们综合为一个整体，达到对观察对象的确切、细致、全面的认识。观察过程中，教师可以启发学生运用多种方法协调观察活动，努力做到眼到、耳到，用心思索，保证获得全面的观察效果；引导学生在观察中不被表面的枝节现象所迷惑，透过现象抓住事物的主要内在特征；提醒学生做好观察记录，以便积累感性材料，巩固观察成果等。

### (四) 做好观察后的整理、归纳与总结工作

为了培养学生的观察能力，养成良好的观察习惯，在每次观察结束后，教师要指导学生及时整理观察结果，要求学生对观察结果和资料进行分析、整理和总结，写出观察报告。总结一定要在分析研究的基础上进行，力求避免就事论事，只停留在表面的现象。这样可以大大促进学生观察的积极主动性，并使其在观察过程中变得更认真。在巩固获得的观察知识的同时，学生也能提高自己分析问题和解决问题的能力。

## 第四节　记忆与知识的巩固

### 一、记忆的概述

#### (一) 记忆的含义

记忆是过去的经验在头脑中的反映，也可以说是人脑对经验的识记、保持、再现或回忆过程。凡是过去感知过的事物、思考过的问题、体验过的情绪、发生过的动作，都可以以映象的形式存储在大脑中，在一定条件下，这些映象可以从大脑中提取出来，这个过程就是记忆。

记忆是一个从"记"到"忆"的复杂的心理过程。它包括识记、保持、再认或回忆3个基本环节。

#### (二) 记忆的种类

关于记忆种类，目前主要有以下几种划分形式。

**1. 根据记忆内容不同，分为形象记忆、语言—逻辑记忆、情绪记忆、运动记忆和情景记忆**

1) 形象记忆

对感知过的事物形象的记忆叫形象记忆。形象记忆可以是视觉的、听觉的、触觉的、嗅觉的或味觉的形象。一般来讲，正常人的视觉记忆和听觉记忆发展得比较好，而且在生活中起主导作用。触觉、味觉、嗅觉等记忆，虽然正常人也都有一定的发展，但从事某些特殊职业或活动的人，在这方面的记忆能力会得到高度发展，从而超越正常人许多倍。从这一意义上讲，触觉、嗅觉、味觉等记忆是职业形式的记忆。

2) 语言—逻辑记忆

语言—逻辑记忆是以语词所概括的逻辑思维结果为内容的记忆，是对揭示事物本质的概念、定理、公式、规律等的记忆。由于它是通过语言的作用和思维来实现的，所以有时又叫意

义记忆。它是人类所特有的，具有高度理解性、逻辑性的记忆。

3) 情绪记忆

对体验过的某种情绪和情感的记忆叫情绪记忆。它是曾经产生过的情绪体验被保持下来并重新再现的过程。这种记忆可以成为一个人因某种体验经常激起或制止行为的力量或出现某种心境的原因。一般来讲，情绪记忆比其他记忆表现得更为持久，甚至令人终生不忘。

4) 运动记忆

对过去做过的动作或运动的记忆叫运动记忆或动作记忆。运动记忆对形成各种熟练技巧是非常重要的。在运动记忆中，大肌肉群的动作不易遗忘，而小肌肉群的动作则容易遗忘。

5) 情景记忆

对亲身经历过的事件的记忆叫情景记忆。如上大学报到时的情景、入党宣誓时的情景等历久弥新。

**2. 根据信息保持的时间，分为感觉记忆、短时记忆和长时记忆**

1) 感觉记忆

感觉记忆(sensory memory)也叫瞬时记忆，是极为短暂的记忆。当作用于感觉器官的刺激停止作用后，感觉信息在一个极短的时间内保存下来。感觉记忆是记忆系统的开始阶段，感觉记忆中的信息保存的时间非常短，如果没有受到注意或加工，会很快消失，视觉信息约在1秒钟内衰退，听觉信息约在4秒钟内衰退；如果受到注意，它就进入了短时记忆系统进行保存。斯柏林巧妙地设计了一个新的实验程序——部分报告法，考查了感觉记忆容量的大小。

感觉记忆的特点如下。

(1) 时间极短：一般是0.25~1秒之间，最多不超过4~5秒。

(2) 容量较大：一般来说，凡是进入感觉通道的信息都能被登记，其记忆容量很大，以图像记忆为例，记忆容量为9~20个比特。

(3) 形象鲜明：感觉记忆存储的信息未经任何处理，以感觉痕迹的形式存在，完全按客观刺激的物理特性编码，并按感知的先后顺序被登记，所以形象鲜明。

(4) 信息原始，记忆痕迹容易衰退。

2) 短时记忆

短时记忆(short-term memory)又叫工作记忆，信息在头脑中储存的时间比感觉记忆长一些，但一般不会超过1分钟，它是感觉记忆和长时记忆的中间阶段。

在实际操作过程中产生的，保存时间在1分钟之内的记忆称为短时记忆。如我们在电话簿上查到一个需要的电话号码，立刻就能根据记忆拨号，但事后往往就记不清了。

短时记忆的特点如下。

(1) 时间很短：不会超过1分钟，一般是30秒左右。

(2) 容量有限：一般为7±2个组块，平均值为7。但是，如果对材料进行编码，形成组块，则可扩大短时记忆的容量。

(3) 意识清晰：短时记忆是服从当前任务需要，主体正在操作、使用的记忆，主体有清晰的意识。

(4) 易受干扰：信息在短时记忆中易受干扰，未经复述很容易遗忘。

3) 长时记忆

长时记忆(long-term memory)又叫永久性记忆,是指信息在记忆中储存时间超过 1 分钟,直至几天、几周或数年,甚至终身不忘。从信息来源来讲,长时记忆是对短时记忆加工复述的结果,会经过各种复杂的编码,主要是对信息进行意义的编码来实现的。

长时记忆的特点如下。

(1) 信息容量大。

(2) 保持时间长。

(3) 信息是以意义的方式编码的。

### 3. 根据记忆过程中意识参与的程度,分为内隐记忆和外显记忆

1) 内隐记忆

内隐记忆(implicit memory)是指个体在无意识的情况下所进行的记忆,又叫自动的无意识记忆。无意识指的是信息提取过程是无意识的,并非记忆过程是无意识的。

2) 外显记忆

外显记忆(explicit memory)是指个体在意识控制下进行的记忆,又叫受意识控制的记忆。信息提取过程是有意识的,可用言语进行准确的描述。

(三) 记忆的品质

#### 1. 记忆的敏捷性

记忆的敏捷性指记忆速度的快慢和单位时间内记忆数量的多少。记忆的这种品质很重要,因为只有记得快,才有条件记得好。那么怎样提高记忆的敏捷性呢?首先是明确记忆的目的,知道在每种场合记什么,不记什么,这样就可避免浪费时间。其次是应当集中注意,因为在由注意引起的大脑皮层的优势兴奋中心区内,最容易形成暂时神经联系,也就最容易进行记忆。

#### 2. 记忆的精确性

记忆的精确性指记忆内容与原有事物相符合的程度。记忆的这种品质极为重要。培养记忆的精确性,首先,必须认真地记忆,在大脑皮层上建立精确的暂时神经联系。其次,在复习时要把类似的材料经常加以比较,防止混淆。最后,要把正确记忆的事物同仿佛记忆的东西区别开来,把所见所闻的真实材料与主观的增补臆测区别开来。

#### 3. 保持的持久性

保持的持久性指人们对识记材料保持的时间的长短。一般来说,记忆的敏捷性往往与保持的持久性相联系,即记得快的人,常常也是保持得持久的人。如何加强保持的持久性呢?首先要善于把记忆的材料纳入已有的知识体系中,其次是及时和经常地进行复习。

#### 4. 记忆的准备性

记忆的准备性指能否保证记忆内容迅速准确地提取出来。增强记忆的准备性,关键要使所掌握的知识系统化,这样才能做到从有条不紊地记忆仓库中,随时迅速提取所需要的材料。

## 二、记忆过程分析

记忆过程包括识记、保持、再认或回忆3个基本过程。

(一) 识记

### 1. 识记的含义

识记是获得事物的映象并成为经验的过程。它是记忆的开端。在时间上，它是连续展开的过程。

### 2. 识记的种类

(1) 根据识记有无明确的目的，可把识记分为无意识记和有意识记。

无意识记是事先没有预定目的，也无须意志努力的识记。例如，学生看电影、听广播、听音乐，当时并没有记住的意识，但有不少内容自然而然地被记住了，这就是无意识记。

有意识记是有预定的目的，经过一定的意志努力，并运用一定的方法的识记。例如，给学生提出识记某些外文单词、历史事件及某些定理法则的任务，这时，学生不仅有明确的识记目的，而且为了达到这个目的尽可能地采取有效的方法或经过一定的努力进行识记。

(2) 根据识记时是否以理解为基础，可以把识记分为机械识记和意义识记。

机械识记是在对事物没有理解的情况下，依据事物的外部联系机械重复所进行的识记。如人们对外文生词、历史年代、没有意义的数字、不理解的公式定理等的识记，这类识记也就是通常所说的死记硬背。

意义识记是在对事物理解的基础上，依据事物的内在联系所进行的识记。如在对某些句子的含义以及句子之间的逻辑关系充分理解的基础上来背诵，就是意义识记。这种识记由于是通过积极的思维活动，揭露事物内在的本质联系和关系，找到新材料和已有知识的联系，并将其纳入已有知识系统中来的识记，所以材料容易记住，保持的时间也长，并易于提取。

(二) 保持与遗忘

### 1. 保持

保持是过去的事物映象在头脑中得到巩固的过程。它是记忆的中间环节，是对识记的材料的进一步加工。要想保持就必须克服遗忘，所以，这里我们要重点介绍遗忘。

### 2. 遗忘

1) 遗忘的含义

遗忘是指对识记过的事物不能再认和重现，或者是错误地再认和重现。遗忘可能是永久的，即不再学习，记忆永远不能恢复。遗忘也可能是暂时性的，如在考场上回忆不出的知识，一出考场就能想起来等。遗忘的程度有不同情况，这不仅表现在明显的数量和质量变化上，而且表现在为了恢复所需要的复习次数和时间上。

2) 遗忘的原因

目前，对遗忘原因的解释主要有4种理论假设，即痕迹消退说、干扰说、提取失败说和压抑说。

(1) 痕迹消退说。条件反射的学说认为记忆是暂时联系的形成和留下痕迹的过程，当不再强化时，暂时联系或痕迹就逐渐削弱和消退，以致消失。遗忘就是痕迹消退的结果。消退先表现在精细分化被破坏，细节被遗忘，以后其他部分也可由消退而遗忘。消退说的另一种解释认为，痕迹消退是由于细胞的新陈代谢而使有机体本身变化的结果。就是说，记忆痕迹随大脑皮层的代谢，神经元的更新，必然引起变化而逐渐消退。这一假说与日常生活中"日久而淡忘"的常识性经验相吻合，但不能解释所有记忆的事实。因为，有时多年前的经验并不因岁月消逝、细胞的新陈代谢而消失，往往是记忆犹新；有时早年的记忆反而比新近的经验印象深刻。

(2) 干扰说。干扰说认为，遗忘是因为在学习和回忆之间受到其他刺激的干扰。他们认为记忆痕迹本身不会变化，它之所以不能恢复活动，是由于存在着干扰，一旦干扰被排除，记忆就能恢复。这个学说最有力的证据是倒摄抑制和前摄抑制。倒摄抑制就是后学习的材料对先前学习材料的干扰作用，前摄抑制是指先前学习的材料对后学习的材料的干扰作用。在学习中，前摄抑制和倒摄抑制的影响是比较明显的。如学习一篇课文，一般总是开头部分和结尾部分容易记住，而中间部分则容易遗忘，其原因在于中间部分受到前摄和倒摄两种抑制的干扰。人们都相信，就寝前或晨起学习的材料记得比较好，这都是干扰少的原因。

(3) 提取失败说。这一理论认为存储在长时记忆中的信息并没有消失，遗忘是因为没有找到合适的提取线索。我们可能有过这样的体验：不能回忆起某件事，但又确定这件事是知道的。如我们有时明明知道某人的姓名或某个字，可就是一时想不起来，事后却能回忆起来；学生走进考场拿到试卷的那一刻，因为紧张往往会发现前几题的答案明明知道，可一时就是想不起来，等到把后面的题目做完，再回头做前面的，却发现前几题的答案不假思索便迎刃而解。这种明明知道某件事，但就是不能回忆出来的现象在心理学上被称为"舌尖现象"或"话到嘴边现象"。这种情况说明，遗忘只是暂时的，并不是永久的，只不过一时找不到合适的提取线索，就像有人把物品放错了地方怎么也找不到或是手上拿着某物找该物一样。从信息加工的观点来看，这种遗忘是一时难以提取出的信息。一旦有了正确的线索，经过搜寻，那么所要的信息就能被提取出来。

(4) 压抑说。这一理论认为，遗忘是由于情绪或动机的压抑作用而引起的，又称为动机性遗忘或心因性遗忘。有人对生活中某一特定阶段的经历完全遗忘，通常与这一阶段发生的不愉快事件有关。这种遗忘是因为不想记，而将一些记忆推出意识之外，回忆对他们来说太可怕、太痛苦、太有损于自我。有一个学生小时候看到父亲虐待母亲，心里非常难受，时常想为母亲出气，但慑于父亲的压力没敢那么做。上大学后，他竟将与父亲有关的事情全部忘记了，但童年时与母亲一起生活的情景仍记忆犹新。这种遗忘就和情绪与动机的压抑作用有关。弗洛伊德是第一个把记忆和遗忘看作是个体维护自我动态过程的心理学家。他在给精神病人施行催眠术时发现，许多人能回忆起早年生活中的许多琐事，而这些事情平时是回忆不起来的，它们大多与罪恶感、羞耻感、不道德感等负面的情感相联系，因而不能为自我所接受，平时回忆不起来。可见，有的遗忘并不是记忆保持的永久消失，而是记忆被压抑。

在实际生活中，遗忘的原因是多方面的。上述每一种理论都只能解释遗忘的部分现象但不能解释所有的遗忘现象。对于遗忘的原因，应当把上述4种理论综合起来再联系个体的具体情况加以解释。

### 3) 遗忘的规律

心理学的研究证明，遗忘是有规律的。德国心理学家艾宾浩斯是心理学史上第一个对遗忘进行实验研究的人。为了使学习和记忆尽量避免受原有经验的影响，他采用无意义音节作为学习材料，以重学时所节省的时间或次数为指标，测量了遗忘的进程，其结果见表5-2。

表5-2　不同时间间隔后的记忆成绩

| 时间间隔 | 重学时节省时间的百分比/% |
| --- | --- |
| 20分钟 | 58.2 |
| 1小时 | 44.2 |
| 8小时 | 35.8 |
| 1日 | 33.7 |
| 2日 | 27.8 |
| 6日 | 25.4 |
| 31日 | 21.1 |

艾宾浩斯根据这个实验结果制成了第一遗忘曲线，见图5-7。

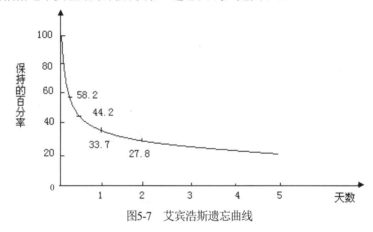

图5-7　艾宾浩斯遗忘曲线

这就是著名的艾宾浩斯遗忘曲线。从这条曲线可以看到，遗忘的进程是不均衡的，先快后慢。在识记初期遗忘得比较快，以后逐渐减慢。

---

### 艾宾浩斯对遗忘进程的经典研究

艾宾浩斯以自己为被试进行实验，实验中要记忆的材料是一些无意义音节。他创造了一种测量遗忘数量的方法，即节省法，又叫重学法。

他首先将无意义音节学到恰能背诵的程度，记下学习所用的时间或次数，间隔一定时间后，由于遗忘而不能背诵，再重新学习达到背诵的程度，记下第二次学习所用的时间或次数，然后计算一下第二次比第一次节省的时间或次数，并计算出不同时间间隔后记忆保持的比率或遗忘的比率。实验结果表明：学习后经过约20分钟，遗忘41.8%；经过1小时，遗忘55.8%；经过1

天，遗忘66.3%；经过2天，遗忘72.2%；经过31天，遗忘78.9%。他将上述实验结果绘成曲线图，即著名的艾宾浩斯遗忘曲线图。

在艾宾浩斯之后，其他人用有意义的材料和无意义的材料进行实验，所得结果和艾宾浩斯的结论大体相同。这些实验结果表明：遗忘并不是人们以前认为的是在记忆以后过了很久才开始的。事实是，学习之后遗忘就立即开始了，而且如艾宾浩斯所说："开始遗忘是很快的，而在最后遗忘是很慢的。"可见，遗忘的进程是不均衡的，先快后慢是遗忘的基本规律。

(资料来源：路海东. 学校教育心理学[M]. 长春：东北师范大学出版社，2000.)

4) 影响遗忘进程的因素

影响遗忘进程的因素是多方面的，归纳起来有以下几个主要方面。

(1) 材料的意义。对人有意义的材料忘得较慢，对人无意义的材料忘得较快。

(2) 材料的性质和数量。形象的材料比抽象的材料保持的时间更长，材料的细节和不熟练的动作遗忘较快。一次识记的材料数量越多，遗忘得越快。

(3) 学习程度。学习程度是指个体对材料的掌握程度。对一个材料的学习达到恰能背诵的程度以后，如果再继续学习就是过度学习。显然过度学习要比恰能背诵好，遗忘的少。但从记忆过程的时间和效率来讲，并不是无限度的过度学习就好。一般认为150%的过度学习比较合适。

(4) 材料的序列位置。材料的开头和结尾识记的效果好，而中间的部分效果较差。

### (三) 再认与回忆

再认与回忆是记忆的最后一个环节。再认是指对过去经历过的事物重新出现时能够识别出来。例如，学习过的字能够认识，曾经见过的人能够认出，这些都是再认。回忆是经历过的事物不在眼前，在一定条件下能把它重新再现出来。如把学过的字写出来，学过的诗歌背诵出来，这都是回忆。再认和回忆没有什么本质区别，都是信息提取的过程，可难度却不同，回忆比再认难。

## 三、中学生记忆能力的培养

### (一) 明确记忆的目的和任务，不断提高记忆的自觉性

提出明确的识记目的和任务对识记的效果有极为重要的作用。因为有了明确的识记任务，人们就能把全部精力集中到识记的任务上去，并采取各种方法去实现它。所以，在其他条件相同的情况下，有意识记要比无意识记有效得多。苏联教育家赞科夫曾对两组被试进行实验，要求甲组被试尽可能完全地记课文，而对乙组则不提出识记任务。结果甲组被试平均记住了课文中的12.5个句子，而乙组只记住了8.7个句子。这就说明提出明确识记目的和任务的记忆效果更好。另有人研究，要求两组学生记忆难度大致相同的两篇课文，告知甲组一周以后测验，告知乙组两天后测验，实际上都在两周后同时测验，结果表明甲组成绩明显优于乙组。这就说明，记忆目标的长期性决定着记忆效果的持久性。

### (二) 识记材料的数量要适当

材料的数量多少对识记的效果是有很大影响的。一般来讲，要达到同样的识记水平，材料越多，识记所用的平均时间和次数也就越多。实验证明，在识记 12 个音节时，平均每个音节需要 14 秒；识记 24 个音节时，平均每个音节需要 29 秒；而识记 36 个音节时，平均每个音节需要 42 秒。所以，指导学生记忆时要使识记材料的数量适当。

### (三) 加强对识记材料的理解

以理解为基础的意义识记在全面性、敏捷性、准确性和牢固性等方面都比机械识记的效果更好。因此，指导学生在记忆时一定要对材料进行分析、归类和编码，这样才有助于提高记忆效果。

### (四) 掌握正确的识记方法

引导学生掌握科学的记忆方法对于提高他们的记忆能力具有重要意义，常能收到事半功倍的效果。下面就介绍几种常用的记忆方法。

#### 1. 谐音记忆法

谐音记忆法是利用谐音为中介的一种记忆方法。这种方法能把无意义的材料变成有意义的材料，把生疏的材料变成熟悉的材料。

#### 2. 位置记忆法

位置记忆法是一种传统记忆术。简单来说，位置记忆法就是将记忆项目与熟悉的地点位置相匹配，使地点位置作为恢复各个项目的线索，如按学生座位记姓名。

#### 3. 口诀(或歌诀)记忆法

学习中，如果把需要识记的材料编成合辙押韵的口诀或歌诀，能收到极好的记忆效果。如记全国的地名用口诀"两湖两广两河山，五江云贵福吉安，四西二宁青甘陕，还有内台北上天"。在编口诀或歌诀时，最好靠自己动脑，这样印象更深刻。口诀或歌诀力求精练准确，富有韵律。

#### 4. 形象记忆法

形象记忆法指把抽象的材料加以直观形象化来记忆。学生在学习理性知识时，必须以相应的感性经验为支柱才能真正理解和牢固地记住。例如，幼儿常常把自己的两只鞋子穿反，幼儿园老师说"大弯的朝里"。这样，幼儿就全都穿对了。

#### 5. 归类比较法

对那些在认识上容易混淆的相似材料，通过归类比较，分辨其思维的差别，就能保持牢固的记忆。例如，对形近而音义不同的"烧""浇""绕""侥""饶"这 5 个字，根据其笔画在空间上占有情况不同，进行归类比较，同时用歌诀记忆法把它们编成"用火烧，用水浇，绞丝把圈绕，依靠别人是侥幸，丰衣足食财富饶"的顺口溜，则记得更快、更牢。

#### 6. 逻辑记忆法

逻辑记忆法即前面说的理解记忆法。如记忆数字149162536496481，可以理解为1~9的平方。又如，记车牌号12365，找出数字之间的内在逻辑联系——12个月，365天。

#### 7. 过度记忆法

过度记忆法是指所学材料达到刚刚成诵后的附加记忆，过度记忆的量为150%效果最好。

#### 8. 联想记忆法

联想记忆法就是利用记忆内容在时间、空间或意义上的联系建立联想来帮助记忆。例如，淝水之战发生于公元383年，通过"淝"可以联想到"肥胖"，由"肥胖"联想到胖娃娃，而8字的两个圆正好是胖娃娃的头和身体，两个3则是两个耳朵，这样一想就记牢了。

#### 9. 组块记忆法

组块(chunk)指将若干较小信息单位联合成熟悉的、有意义的、较大单位的信息的加工，也指这一加工所组成的单位或结果。组块记忆法可以提高记忆的容量和效率。

#### 10. 多感官协同活动记忆法

多感官协同活动记忆法即调动多感官进行活动，眼到、耳到、口到、手到、心到，也称"五到"记忆法。如记忆外语单词，可以眼看、耳听、口说、手写，多种分析器进行活动比单一分析器活动记忆效果好。

此外，还有趣味记忆法、笔记(或卡片)记忆法、规律记忆法、尝试记忆法、重点记忆法、分类记忆法、特征记忆法、体验记忆法、情景记忆法、联系生活记忆法、图形记忆法、兴趣记忆法、游戏记忆法、争论记忆法、实验记忆法、实践记忆法、随时随地记忆法、有序记忆法、层次记忆法、系统记忆法、概括记忆法、知识结构图记忆法、重复记忆法、改错记忆法、背诵记忆法、限时记忆法、红色标识记忆法、首次印象记忆法、阅读记忆法、烂笔头记忆法、集中注意记忆法、自我检测法、互相检测法、整体识记和部分识记相结合、机械识记和意义识记相结合、有意识记和无意识记相结合等。

当然记忆的方法很多，有百种以上，这里不再赘述。

以上介绍的记忆方法均带有一定的强化性质，我们不能把它们绝对分开孤立地看待，应与其他方法结合起来运用才会收到更好的记忆效果。

### (五) 利用记忆规律正确组织复习

为了获得更好的记忆效果，根据记忆规律，学生在学习的过程中应注意以下几个方面。

#### 1. 组织有效的复习

1) 复习要及时

我们知道，在识记之后不久，遗忘就迅速开始。遗忘开始的一般标志是识记的精确性降低，相似、相近的材料在再认与回忆中容易发生混淆，有时也表现为只能再认而不能回忆(不完全遗忘)。所有这些都表明遗忘已经开始了。遗忘的规律是"先快后慢""先多后少"，所以要想提高复习的效果，必须在遗忘没有发生前及时进行，这样才能节省学习时间。如果等大部分材料都已经遗忘后再开始复习，则要花费更多的时间和精力。如果学生只重视课上听讲、课后做作业，而忽略复习环节，就会使所学知识的系统性、完整性受到破坏，时间一长所学的知识就会模糊、忘却、不系统，最容易忘记的是那些暂时还不理解的知识。所以，教师在教学上也要遵循"及时复习"的原则，使复习紧随课堂教学，从而提高教学效果。

2) 合理地分配复习时间

一般来讲，分散复习的效果比集中复习的效果好。苏联心理学沙尔达科夫做了这样一个实验，让五年级甲、乙两个班复习自然课，甲班在期末用5节课集中复习，乙班则把5节课分为4个单元复习，最后统一测验，其结果如表5-3所示。

表5-3 集中复习与分散复习效果比较

| 复习方式 | 成绩 | | | |
| --- | --- | --- | --- | --- |
| | 劣 | 及格 | 良好 | 优秀 |
| 集中复习 | 6.4% | 47.4% | 36.6% | 9.6% |
| 分散复习 | — | 31.6% | 36.8% | 31.6% |

分散复习之所以优于集中复习，一方面是因为集中复习很容易疲劳，容易引起大脑的保护性抑制。复习越集中，抑制作用就越大。而在分散复习时，休息能使神经细胞恢复工作能力，抑制作用明显减弱。另一方面，每次复习的材料数量越多，越容易产生前摄抑制和倒摄抑制，干扰增强，影响复习效果。虽然分散复习优于集中复习，但在学习中如何合理地复习要根据材料的多少、难易来确定。一般来讲，复习的材料较少，复习的时间可以相对集中些；最初复习时，各次复习的间隔可以稍短些，以后随着对材料的熟悉，各次复习的时间间隔可以逐渐加长。

3) 阅读与尝试回忆相结合

复习时单纯地一遍一遍阅读的效果并不好，应当在没有完全熟记以前就试图回忆。回忆是一种比阅读更为积极的过程。它要求积极地思考，发现哪些记住了，哪些没记住，使整个复习过程更有目的性。另外，尝试回忆又是一种自我检查的过程，可以集中精力掌握难点和改正回忆中的错误。

4) 注意排除前后材料的干扰

复习时要注意材料的序列位置效应，对材料的中间部分加强复习。根据遗忘的干扰理论，一个学习材料的两端内容学习快，记得牢一些，而中间部分的内容一般会学得慢，记得差一些。中间部分记忆效果之所以差，是因为同时受到前摄抑制、倒摄抑制双重干扰的结果；而两端(即最前和最后部分)的记忆之所以好，是仅受到前摄抑制或倒摄抑制的影响。

5) 复习次数要适量

有关研究表明，教材的保持或遗忘与复习的次数密切相关。一般来说，复习次数越多，识记和保持的效果越好；反之，遗忘越会发生。过度学习在一定条件下是必要的。所谓过度学习，是指在学习达到刚好程度以后的附加学习。如背诵一篇课文，背4遍刚好能背下来，在能背下来之后增加的学习就是过度学习。过度学习也并不是越多越好。研究表明，学习的熟练程度达到150%时，记忆效果最好；超过150%，效果并不好，可能会引起疲劳、厌倦等。

### 2. 深度加工材料

通过注重记忆材料的细节，赋予意义并与有关观念形成联想能够提高记忆效果。如续写故事、补充细节、举例说明、做出推论、远距离联想、编歌诀等。研究表明，信息加工的深度不同，记忆的效果也不同。

### 3. 多种记忆线索提取

单调的重复容易引起学生的疲劳和厌倦情绪，并降低记忆的效果。因此，记忆必须多样化。记忆时要尽可能利用多种分析器的协同活动，来提高记忆的效果。也就是说，要让学生在记忆时，手、脑、眼、耳并用，把机体中的多种分析器的积极性调动起来帮助记忆。

在学习过程中，要注意记忆线索的储存。当学习新知识、新概念、新术语、新单词时，最好多种感官并用，这样可以在记忆编码时，有目的地记住具有意义的线索，以帮助在需要时通过线索顺利地提取信息。教学经验也表明，各种感官的协同活动是提高记忆成效的有效条件之一。如学生记英语单词，常常是视、听、读、写相结合，这样可以提高词汇的记忆效果。

### 4. 培养学生良好的记忆品质

要培养记忆力，应是在保证记忆高度精确的前提下，既识记敏捷，又保证长久，更善于根据当前要求准确及时地把所需事物提取出来解决问题，满足要求。为使记忆高度发展，培养记忆力应以记忆的基本品质为目标。教师在教学中应根据学生的记忆特点，有意识地培养学生记忆的敏捷性、精确性、准备性和保持的持久性等良好记忆品质，提高他们的记忆能力。

## 第五节 思维与知识的理解

### 一、思维的概述

#### (一) 思维的含义

思维是人脑对客观事物的本质和内部规律性的间接、概括的反映。通过思维可以揭示各种现象之间本质的、必然的联系，即规律性。思维同感知觉一样是人脑对客观现实的反映，但是思维与感知觉又有本质的区别。

#### (二) 思维的基本特征

##### 1. 思维的间接性

思维能通过已有的知识经验或其他事物的媒介作用来认识感官所不能把握的事物，这就是思维的间接性特征。例如，医生根据体温、验血结果、心电图与病人的自诉等便可推知病人的病情和病因，做出诊断；人类学家根据古生物的化石及其他有关资料，就能推断人类发展的历史；气象学家根据各种预兆和仪器测量的数据来预测未来的风云变幻。所有这些都是人脑通过已有的知识经验或其他事物的媒介作用而实现的间接反映。

## 2. 思维的概括性

思维能透过现象把握事物的本质属性，根据外部联系发现事物的内部规律性，这就是思维的概括性特征。例如，通过感知觉人们只能认识形状、结构、性能等不同的形形色色的具体的"笔"，而思维就能把握住笔的本质属性——"笔是写字的工具"。又如，通过感知觉我们可以认识到买和卖的商品交换活动、昼夜交替、刮风下雨等各种社会现象、自然现象之间的外部联系，通过思维就能揭示各种现象之间本质的、必然的联系，即规律性。如发现支配商品交换的价值规律，刮风是空气对流的表现，下雨是水蒸气遇冷液化的结果，昼夜交替是地球自转所致。

## 3. 思维对经验的改组性

思维是一种探索和发现新事物的心理过程。它常常指向事物的新特征和新关系，这是人们对头脑中已有的知识经验不断进行更新和改组。例如，原来认为最小的物质是原子，后又发现是质子、中子。又如，计算机程序的不断更新是对经验的改组。

### (三) 思维的种类

可以从不同的角度对思维进行划分。

根据思维的凭借物和个体发展水平，可以把思维划分为以下 3 种类型。

(1) 直观动作思维。

直观动作思维是依赖具体的动作进行的思维。其特点是直观的，是结合实际操作发生和进行的。从个体思维发展来看，首先发展的是动作思维。3 岁前的儿童是动作思维时期，其思维是伴随动作进行的，他们不能离开动作进行默默思考。例如，他们离开掰弄手指或摆弄算盘珠的动作，就不能进行数数，离开把物体拆开又重新组合的实际动作，就无法对物体进行分析、综合。成年人仍有动作思维，它往往是伴随着劳动操作进行的。例如，当布置房间或修理自行车的时候，常常是一边操作一边思考。但成年人的动作思维比儿童的动作思维要复杂得多，并且是与其他形式的思维结合进行的。

(2) 形象思维。

形象思维是凭借事物的具体形象和表象的联想来进行的思维。儿童在动作思维的基础上，进一步发展起来的便是形象思维。3 到 6、7 岁的学前期属于形象思维时期，他们还不能运用概念进行判断推理，主要依靠具体形象或表象来思考。成年人也有形象思维，特别是艺术家的艺术形象思维是一种较为高级和复杂的形象思维。

(3) 抽象思维。

抽象思维是运用概念，以判断、推理形式进行的思维。它是人类特有的复杂而高级的思维，借助这种思维能够达到对事物本质属性和规律性的认识。从个体思维发展来看，学龄儿童已逐步进入抽象思维的时期。

根据思维时是否遵循明确的逻辑形式和逻辑规则，可以把思维划分为以下几种类型。

(1) 直觉思维。

直觉思维是未经有意识的逻辑推理过程，而迅速对问题的答案做出合理的设想或突然领悟的思维过程。例如，敏锐的洞察力，对某些不解的现象突然提出的看法、猜想或假设。它是以实践经验和丰富的知识为基础的。

(2) 分析思维。

分析思维是指有明确的逻辑形式、遵循一定逻辑规则的思维，也叫逻辑思维。例如，学生解几何题的多步推理与论证等。

根据思维在解决问题时探寻方法、途径的方向，可以把思维划分为以下几种类型。

(1) 辐合思维。

辐合思维亦称集中思维、聚合思维、求同思维，是指综合问题所提供的各种信息，得出一个正确的答案、结论或方案的思维方式。

(2) 发散思维。

发散思维亦称辐射思维、分散思维、求异思维，是指沿着不同的方向去探求多种答案、结论或可能性的思维方式。

根据思维是否具有创新成分并发现新事物，可以把思维划分为以下几种类型。

(1) 常规思维。

常规思维是指用习惯的方法、方式、固定的模式来解决问题的思维。例如，学生按照教师教授的解题方法去估量或计算土地面积、产值。

(2) 创造思维。

创造思维是指打破常规、具有创见性的思维，或者是指重新组合已有的知识找出新的解决方法的思维。例如，发明家仿照生物原型研制出前所未有的仪器、仪表，艺术家进行新作品的构思，学生独立地想出问题新的解决方法。

根据思维凭借的概念，可以把思维划分为以下几种类型。

(1) 经验思维。

人们凭借日常生活经验进行的思维活动叫作经验思维。如学前儿童根据他们的经验，认为"鸟是会飞的动物"，这属于经验思维。但由于学前儿童知识经验的不足，这种思维易产生片面性，甚至得出错误或曲解的结论。又如"八月十五云遮日，正月十五雪打灯""月晕而风，础润而雨"，都属于经验思维。

(2) 理论思维。

理论思维是根据科学的概念和论断，判断某一事物或解决某个问题。如"心理是客观现实在人脑中的主观映象"，就是理论思维的结果。这种思维活动往往能抓住事物的本质，使问题得到正确的解决。又如，爱因斯坦的相对论、牛顿的万有引力定律等，都是理论思维。

## 二、知识的理解

### (一) 知识理解的一般过程

学生对知识的理解是通过思维活动对感性知识进行复杂加工而完成的。因此，知识理解的过程也就是思维过程。

**1. 分析与综合**

分析是在思想上把事物的整体分解为各个部分、各个方面和各种属性，分别加以考察的过程。与此相反，综合是在思想上把事物的各个部分、各个方面、各种属性联结起来加以考察的过程。对于一种新事物，起初我们只有模糊、笼统的认识，但是通过分析就对其各个部分、各个方面和各种属性有一个清晰的认识；通过综合将分析过的各个部分和各种特性全部联系起来，这时对事物的整体就有了更深刻的认识。

分析和综合是相反的过程，但又是相互联系、相互依存的。我们对某一事物进行分析时，也总是在揭示这个事物的各个部分、特性、方面之间的联系、关系和依存性，即在进行综合。

分析一般有两种形式，即过滤式分析和综合式分析。过滤式分析是通过尝试的方法对问题情境做初步的分析，它能逐渐淘汰那些无效的尝试。综合式分析是通过综合有方向地进行分析。它能提示事物的内在联系，从而发现解决问题的方向。它是分析的主要形式，也是培养中学生分析问题和解决问题能力的重要组成部分。

### 2. 比较、分类、系统化

#### 1) 比较

比较是在思想上确定被比较的事物之间异同点的过程。我们可以就事物发展的不同阶段或前后变化进行比较，以便了解事物发展的进程；也可以在同时存在的两个或两个以上的事物之间进行比较，这有助于我们辨别事物间的异同。比较总是和分析综合相互联系着的。分析综合是比较的前提。例如，为了比较两个学生的学习情况，首先必须把两个学生的学习分别划分为学习的成绩、学习的动机、学习的态度和方法、已有的基础、学习的条件等方面，这就是分析；然后把他们学习的各相对应的方面一一加以对照确定其异同点；最后把各相对应的异同点结合起来考虑，这就是综合。

#### 2) 分类

分类是通过比较确定了事物间的共同点和差异点，据此把它们分为不同的种类。如将具有共同点的事物划为一类，再根据其小的差异点将它们划分为同一类中不同的小类别。这样就可以揭示事物间一定的从属关系和不同的等级系统。

#### 3) 系统化

系统化是在比较和分类的基础上，在头脑中将一类事物按不同的顺序与层次组成一定系统的思维过程。各门科学知识、各种组织机构，都有一定的条理、顺序、层次、门类，这都是系统化的结果。

### 3. 抽象、概括、具体化

#### 1) 抽象

抽象是在思想上抽取同类事物的本质属性、舍弃非本质属性的过程。抽象是在比较的基础上进行的。通过抽象就可以抓住事物的本质。

#### 2) 概括

概括是在思想上把同类事物的本质特征联结起来并推广到同类其他事物的过程。概括是在抽象的基础上进行的，没有抽象就不可能进行概括。抽象与概括是密切联系着的。通过概括就可以形成概念。

#### 3) 具体化

具体化是将通过抽象和概括而获得的原理、理论，用来认识新的具体对象的过程，也就是把一般原理用于具体的、个别的场合。具体化使一般的、抽象的东西和直观的、感性的东西联系起来，从而变得更容易理解。

最后还应指出，分析和综合是知识理解的基本过程。这是因为其他过程都是从分析、综合的过程中派生出来的，或者都是分析、综合的表现和运用。

(二) 影响知识理解的因素

1. 过去的知识经验

学生理解知识，总是以过去的知识经验为基础的。这里所说的过去的知识经验，是指日常生活经验和日常概念。它们对科学知识的掌握有着重大的影响，这种影响可能是积极的，也可能是消极的，这取决于日常生活经验、知识的含义与科学知识的内涵是否一致。当日常生活知识经验的含义与科学知识的内涵基本一致时，日常知识会促进科学理解。例如，学生有"邻居"的日常概念，就容易理解和掌握几何学中的"邻角"概念；学生有"彩虹"的记忆表象，有利于其掌握物理学中"光谱"的概念。当日常概念的含义与科学概念的内涵不一致时，日常概念就会妨碍科学概念的掌握。如"垂直"，日常概念中"垂"总是自上而下的、有方向的，而在科学概念中"垂直"是没有方向的，只要两条直线相交成 90 度角就是垂直。这种不一致严重地妨碍了学生掌握"垂直"这一科学概念。又如"鸟"作为日常概念，其含义是"会飞的动物"，而这一日常概念同样会对学生掌握"鸟"的科学概念有干扰。这要求教师在讲授某一概念、定理、公理等科学知识之前，必须弄清楚学生已有哪些有关的日常概念和知识，它们对科学知识的理解可能会产生怎样的影响，应采取什么样的对策，克服其消极影响，利用其积极因素，促进对科学知识的理解。

2. 变式与比较

所谓变式，是指提供给学生各种具体例证时，保持本质属性不变而变换非本质属性的各种形式。变式对科学的理解具有十分重要的意义。心理学的研究表明，恰当的变式有助于突出事物的本质特征，帮助学生形成正确的抽象和概括，从而准确地掌握概念。如果无变式或变式不恰当，学生就可能形成错误的抽象和概括，把非本质的东西误认为本质的东西。例如，在生物学中介绍"果实"概念时，不要只选可食的果实(如苹果、西红柿、花生)，还要选择一些不可食的果实(如橡树子)，这样才有利于学生看到一切果实具有"种子"这一关键属性，而舍弃其"可食性"等无关特征。又如在讲惯性现象时，不仅要讲解固体惯性现象，还要讲解液体和气体的惯性现象，这样学生才会形成"一切物体均有惯性"的正确观念，而不至于认为只有固体才有惯性。

变式原则也不是万能的，它只有同比较等其他方法结合起来，才能发挥应有的作用。如果说变式是从材料方面促进概念的掌握，那么比较则是从方法方面促进概念的掌握。比较有两种，一是同类事物的比较，即以本类内各种具体事物为对象，通过比较异同，找出其共有的特征，同时舍弃彼此差异的特征。另一种是不同类事物的比较，即以两种不同的具体事物为对象，通过比较异同，找出本类事物独有的共性(即本质属性)，同时舍弃两类事物共同的特征。比较能使人确切地了解事物之间的联系与区别，使有关事物的本质特征更清晰。

3. 形成知识体系

知识是由概念原理构成的知识体系。新旧知识是相互联系的，任何一个概念原理都不是独立存在的，它们都包含在一定的知识体系中。所以，教师在讲课时要把它们有机地放在一定的知识体系中，这样学生在已有的知识基础上学习新知识，更易理解和掌握。此外，教学中还应注意既要按一定的知识顺序循序渐进地讲，又要在一定的章节讲完后，进行适当的总结，指导学生写出总结提纲、分类、图解等一类的作业，这将有助于学生把新学习的知识纳入一定的知识体系，以加强对知识的理解。

### 4. 运用知识

掌握概念原理，不仅是从个别到一般的过程，而且要从一般回到个别。一般回到个别的过程就是概念原理的运用过程，是知识的具体化过程。运用概念原理的方式是多种多样的，如做习题、实验，以及解决日常生活和社会领域中的问题。实际上多数概念原理都不是一次就可以形成的，需要人们经过多次反复地学习和应用，才能全面深刻地理解和掌握。

## 第六节  概念的掌握与学习迁移

### 一、概念的概述

#### (一) 概念及其特征

各科教学都要让学生掌握一些概念，如数学中的三角形、平行四边形，物理中的力、运动、电流。所谓概念，就是用某种符号所代表的具有共同的关键特征的一类事物。所以，有人说概念的学习就是学习分类，就是把具有共同属性的事物集合在一起并冠以一个名称，把不具有此类属性的事物排除出去。

大多数概念包含4个方面：名称、例子、属性和定义。名称就是用语词来命名；例子是用事例来证实，属于这一事物的例子叫正例，不属于这一事物的例子叫反例；属性是以关键特征为标准，是概念的一切正例的共同本质属性，也称定义性特征；定义是以语词加以科学规定的，对同类事物定义性特征的概括。也有人认为概念由两个因素构成：概念的定义性特征和概念规则。其中，概念规则是指整合定义性特征或定义性特征结合的规则。

概念具有下列特征。

(1) 概念是对多个同类事物共同特征的概括。
(2) 概念将大量信息组成有意义的单位，大大简化了人的思维过程。
(3) 概念是用词来表达的。
(4) 概念是有层次的，是一个由低级到高级的系统。

#### (二) 概念的种类

从不同的角度，概念可分为以下几种。

#### 1. 具体概念和抽象概念

根据概念包含属性的抽象与概括程度不同，概念可分为具体概念和抽象概念。按事物的外部特征形成的概念称为具体概念，按事物的内部本质属性形成的概念称为抽象概念。例如，给幼儿看茄子、芹菜、灯泡和领带，要他们分类。如果他们将茄子和灯泡归为一类，则说明他们是根据物体的形状分类的，由此形成的概念是具体概念；如果幼儿将茄子和芹菜归为一类，灯泡和领带归为一类，则说明他们是根据事物的内在属性进行分类的，由此形成的概念是抽象概念。

### 2. 合取概念、析取概念和关系概念

根据概念反映事物属性的数量及属性间的相互关系，概念可分为合取概念、析取概念和关系概念。合取概念根据一类事物中单个或多个相同属性形成，这些属性同时存在于概念中，缺一不可。如，"砖房"这个概念必须具有两个属性，即"用砖砌成的""供人居住的地方"。合取概念是最普遍的一种概念，如"毛笔""鸟类""水果"等都属于这种概念。析取概念是根据不同的标准，由单个或多个属性结合形成的概念。如"好学生"这个概念，可以结合各种属性：热爱集体，拾金不昧，热爱劳动，肯做好事，学习努力，成绩好，有礼貌等。一个学生同时具备这些属性固然是好学生，只具备其中两三种也可以是好学生，所以"好学生"是个析取概念。关系概念指根据事物之间的相互关系形成的概念，如高低、上下、左右等。

### 3. 初级概念和二级概念

根据概念的抽象程度，概念可分为初级概念和二级概念。通过直接的具体经验获得的对同类事物的定义性特征称为初级概念，如"垂直"即"两条直线相交为90度"。二级概念是直接用定义的形式获得的概念，如"等腰三角形"是指"有两个边相等的三角形"。

### 4. 易下定义概念和难下定义概念

这是根据确定概念定义特征的难易程度来划分的。难下定义概念的定义特征不明显，不易用某种规则揭示出来，如书、游戏、智力；易下定义概念的定义特征较明显，容易用某种规则揭示出来，如三角形，其定义性特征是：在平面上，三条边首尾相连所组成的图形。

### 5. 自然概念和人工概念

这是根据概念形成的自然性来划分的。自然概念指在人类历史发展过程中自然形成的概念，其内涵和外延是由事物自身的特性决定的，如自然科学中的声、光、电、分子、原子等概念。在社会科学中，国家、文化等概念都属于自然概念。人工概念是在实验室的条件下，为模拟自然概念的形成过程而人为地制造出来的一种概念。

## 二、在教学条件下影响概念掌握的因素

专门的教学活动是掌握各种科学概念的主要途径。通过教学活动所形成的概念，主要是前人已经积累起来的现成概念。学生在掌握概念时会受到以下因素的影响。

### (一) 过去的经验

过去的经验对科学概念的形成有重大影响。这种影响表现的是积极的还是消极的取决于日常概念的含义与科学概念的内涵是否一致。

当日常概念的含义与科学概念的内涵基本一致时，日常概念会促进科学概念的掌握。当日常概念的含义与科学概念的内涵不一致时，日常概念会阻碍科学概念的掌握。要克服这种消极的作用，需要组织新的经验或者演示直观材料。这对克服过去经验的消极作用能起到一定的作用。

### (二) 学生的认识能力

概念的掌握受个体认识能力发展水平的影响。比如"善恶"这个概念，4 岁儿童是以行为的后果作为判断标准的，要通过奖惩等手段来建立。而 12 岁的少年则以人际关系是否和谐为判断标准，要靠言传身教来建立。因此，不同层次或复杂性的概念需要有不同的认识能力才能掌握。

### (三) 有关特征和无关特征

概念的本质特征越明显，概念的学习越容易；无关特征越明显，概念学习越困难。因此，在概念的教学中，设法扩大有关特征即本质特征，可以促进概念的学习。但在实际应用中，可能注意不到特征间的细微差别。因此，在开始时，可注意强调本质特征，使之明显化，以后不去强调本质特征，本质特征已经在学生心中留下了深刻的印记。

### (四) 变式比较

变式是从不同的角度和方向组织感性材料，使非本质特征发生变化，以突出事物本质特征的方法。它可以帮助学生更准确地掌握概念。

变式有两种。一种是保持事物的本质属性，使非本质属性变化。如讲垂线概念时，保持两条直线相交成直角的本质属性不变，变化方位等非本质属性，这样才能使学生较准确地掌握概念。另一种变式是变化本质特征而保持某些非本质特征不变。例如，"鸟"的概念的本质特征是有羽毛的动物，蝴蝶、蝙蝠虽然在某些非本质特征(如会飞)方面与麻雀、燕子相同，但在本质特征方面则不同，因此，蝴蝶、蝙蝠不属于鸟类。

不充分或不正确的变式常会引起两种错误。当概念的内涵不仅包括事物的本质特征也包括非本质特征时，就会不合理地缩小概念，如认为只有点在直线上方才能作垂线。当概念的内涵包含的不是事物的本质特征而是其他特征时，就会不合理地扩大概念，比如把蝴蝶、蝙蝠看作鸟类。

变式是从材料方面来促进理解的，比较则是从方法方面促进理解的。它们都有利于概念的学习。比较是理解的基础，有关特征和无关特征通过比较而变得更加清晰。比如教学生掌握"平原"这一概念时，先让学生看各种平原地区的图片(变式材料)，然后要求他们比较图片上各个平原地区的特征。比较就是确定事物间的异同，学生确定哪些特征是个别地区所特有的，哪些是各个地区所共有的关键特征，就能得出"平原"这一概念的基本含义：地势平坦。因此，教学中多用比较法有助于概念的学习。

### (五) 肯定例证和否定例证

肯定例证含有概念的本质特征，因此肯定例证有利于传递关键信息。否定例证不包括概念的本质特征，因此否定例证最有利于传递有用的辨别信息。教师不仅要应用肯定例证的各种变式，使学生在各种肯定例证的变式中概括出本质特征，而且要应用否定例证来促进概念学习，使学生在与肯定例证的比较中加强鉴别作用，使概念的掌握更加清晰和稳定。

### (六) 实践

在实践中运用概念，学生掌握概念的积极性就会提高。对于概念的每一次运用都是概念的具体化过程，都会使概念进一步丰富和深化，学生对概念的理解也就更加全面和深刻。

## 三、学习迁移的概述

### (一) 什么是学习迁移

迁移(transfer)是指已获得的知识、技能甚至方法、态度对于学习新知识、新技能和解决新问题的影响。简单来说，学习迁移是一次学习对另一次学习所产生的影响。这种影响可以是积极的，也可以是消极的。它既可以是先前学习对后继学习的影响，也可以是后继学习对先前学习的影响。孔子教育思想中的"举一反三""闻一知十""温故而知新"(宋代朱熹发展了"温故而知新"的思想，提出了"时习旧闻，而每有所得"的主张)等，都是学习迁移问题。

迁移的实质是概括。概括是迁移的基础。概括能力强，迁移的能力就强。知识概括水平越高，迁移的范围和可能性越大；相反，知识概括水平越低，则迁移越困难。无概括则无迁移。因此，有的心理学家提出"为迁移而教"，实质是为"概括而教"。概括是实现迁移的内部条件。

### (二) 学习迁移的分类

学习迁移的范围十分广泛，凡是有学习的地方都会有迁移现象存在。学习迁移基本概括为以下几个方面。

#### 1. 正迁移和负迁移

根据迁移的结果，迁移分为正迁移和负迁移。

正迁移也叫"助长性迁移""积极迁移"，是指一种学习对另一种学习起到积极的促进作用。如阅读技能的掌握有助于写作技能的提高。正迁移通常可以提高学生的学习效率。通常我们所说的教师"为迁移而教"，就是指正迁移在教学中的应用。

负迁移也叫"抑制性迁移""消极迁移"，是指一种学习对另一种学习产生阻碍作用。如数学学习中的十进制对学习计算机二进制产生了干扰，这就是负迁移。

#### 2. 顺向迁移和逆向迁移

根据迁移发生的方向，迁移分为顺向迁移和逆向迁移。

顺向迁移是指先行学习对后继学习产生的影响，包括先行学习对后继学习的促进作用(顺向正迁移)和干扰作用(顺向负迁移)，如"举一反三"就是顺向迁移。

逆向迁移是指后继学习对先行学习的影响，包括后继学习对先行学习的促进作用(逆向正迁移)和干扰作用(逆向负迁移)，如教育心理学中"学习动机理论"的学习有助于巩固普通心理学中"个性倾向性"的学习。

#### 3. 一般迁移和特殊迁移

根据迁移内容的不同，迁移分为一般迁移和特殊迁移。

一般迁移也叫"非特殊迁移""普遍迁移",是指一种学习中所获得的一般原理、原则或态度对另一种学习的具体影响,或指某种学习的内容向广泛范围内容的迁移,如能量的转化与守恒原理向众多的知识领域产生迁移。

特殊迁移也叫具体迁移,是指学习某一内容对相似材料有特殊的实用性,或指某种学习的内容只向特定的内容发生迁移,如学习整数的四则运算后,有助于小数的四则运算的学习。

### 4. 水平迁移和垂直迁移

根据迁移内容的抽象和概括水平的不同,迁移分为水平迁移和垂直迁移。

水平迁移也叫横向迁移,是指在内容和水平上相似的两种学习之间的迁移,如教育心理学和普通心理学的学习有一定的相互影响。

垂直迁移也叫竖向迁移,是指不同难度、不同概括性的两种学习之间的相互影响,如物理中"力"的学习,有助于"重力""浮力"和"压力"的学习等。

### 5. 同化性迁移、顺应性迁移和重组性迁移

根据迁移过程中所需的内在心理机制的不同,迁移分为同化性迁移、顺应性迁移和重组性迁移。

同化性迁移是指不改变原有的认知结构,直接将原有的认知经验应用到本质特征相同的一类事物中去。原有认知结构在迁移过程中不发生实质性的改变,只是得到某种充实。平时我们所说的举一反三、闻一知十、触类旁通等都属于同化性迁移。

顺应性迁移指将原有认知经验应用于新情境时,需调整原有的经验或对新旧经验加以概括,形成一种能包容新旧经验的更高一级的认知结构,以适应外界的变化。这也表明迁移并非仅是先前的学习或经验对以后的影响,也包括后面对前面的影响。

重组性迁移指重新组合原有认知系统中某些构成要素或成分,调整各成分间的关系或建立新的联系,从而应用于新情境。在重组过程中,基本经验成分不变,但各成分间的结合关系发生了变化,即进行了调整和重新组合,如将已掌握的字母进行重新组合,形成新的单词。

## 四、学习迁移的理论

关于学习迁移理论,有早期的学习迁移理论,也有现代的学习迁移理论,下面重点介绍几种主要的学习迁移理论。

### (一) 形式训练说

形式训练说(formal discipline theory)是一种早期的学习迁移理论,源于古希腊和古罗马,形成于17世纪,盛兴于18、19世纪。最早提出的人是维克尔夏姆,其主张迁移要经过一个"形式训练"的过程才能产生,认为通过一定的训练,可以使心的各种官能得到发展,从而转移到其他学习上。这种理论是以官能心理学(faculty psychology)为理论基础的。官能心理学认为,人的心是由许多不同的官能组成的。这些官能包括注意、意志、记忆、知觉、想象、推理等,这些官能可以像肌肉一样通过训练而得到发展和加强。如果一种官能在某种学习情境中得到改造,就可在与该官能有关的所有情境中自动地起作用,从而表现出迁移的效应。德国的沃尔费首先使用"官能心理学"一词,后来流传于欧美大陆。

形式训练说的基本观点可以归纳为以下几个方面。

(1) 形式训练说认为学习要想取得最大的迁移效果，必须经历一个"形式训练"的过程。教育的目的则是对人心的各种官能加以艰苦的训练，以改善其官能。

(2) 形式训练说把训练和改进"心灵"的各种官能作为教学的重要目标，认为学习的内容并不重要，重要的是所学材料的难度及其训练价值。

(3) 形式训练说认为训练得愈严格、愈充分，心智能力的发展愈完善、愈牢固。

形式训练说重视能力的训练，对开辟学习理论研究的先河具有重大的历史价值，但其把学习和迁移看成是对心智的训练而提高，缺乏科学根据。

### (二) 相同要素说

相同要素说(identical elements theory)是桑代克于 20 世纪初提出来的。他认为只有在原先的学习情境与新的学习情境有相同要素时，原先的学习才有可能迁移到新的学习中去，而且迁移的程度取决于这两种情境相同要素的多寡。也就是说，相同要素越多，迁移的程度越高；相同要素越少，迁移的程度越低。这种理论是由桑代克和伍德沃斯创立的，是建立在 1901 年他们从事的一项实验研究基础上的。

在实验中，桑代克训练大学生判断大小和形状不同的纸张的面积。首先，让被试估计 127 张长方形、三角形、圆形和不同规则图形的面积。这一测验旨在了解被试判断面积的一般能力。然后，让每个被试估计 90 个面积从 10 平方厘米到 100 平方厘米不等的平行四边形的面积。接着把被试分两组，要第一组被试判断 13 个类似于前面训练过的平行四边形的长方形面积。结果表明：估计平行四边形面积的训练，有助于学生更好地判断长方形的面积，而对估计三角形、圆形和不规则图形的面积则没有什么帮助。

据上面的实验研究，桑代克便得出结论：如果在两种学习情境之间要有正迁移的话，那么这两种情境必须是非常相似的。伍德沃斯后来把相同要素说改为共同要素说(common components theory)，也就是说在两种活动中有共同的成分才能发生迁移。

相同要素说的基本观点是：从一种学习情境到另一种学习情境的迁移，只是由于这两个学习情境存在相同的成分，迁移是非常具体而有限的。桑代克所谓的"共同元素"实质就是两次学习在刺激—反应联结上的相同要素。

桑代克的相同要素说在当时的教育界曾起过积极的作用，揭示了迁移现象中的一些事实，对原有教育的形式训练教学的改革有促进作用。但他所提出的相同要素实际是从联结主义的观点出发，他把迁移现象归结为联结的形成，把迁移局限于有相同的 S-R 的联结，而未能充分考虑学习者的内在训练过程，未免有失偏颇。他只注重学习情境客观方面对迁移的影响，忽略了学习主体特点对迁移的影响。

### (三) 概括化理论(概括说或概括原理说)

概括化理论(generalization theory)是由贾德于 1908 年提出来的。贾德曾做过一个著名的水下击靶实验。被试是十一二岁的小学高年级学生，将他们分成等能力甲乙两组，射击水中靶子。甲组打靶前学习光学折射原理，而乙组不学。结果射击水下 30 厘米靶子时两组成绩相同，而射击水下 10 厘米靶子时则甲组好于乙组。

由此得出结论：由于经过训练的儿童对不同深度的目标可以做出更适当的调整，故将折射原理概括化，并运用到特殊情境中去。

概括化理论的基本观点是：共同成分只是产生迁移的必要条件，而迁移产生的关键在于学习者能够概括出两组活动之间的共同原理，学习者的概括水平越高，迁移的可能性越大。概括说强调了原理、原则的概括对迁移的作用。

概括化理论对共同元素进行了扩充(增添了共同原理)，给后来者以重要启示。概括的前提是学会原理和原则，这与材料和人的能力密切相关。

概括化理论对我们有以下几点启示。

(1) 知识的迁移是存在的，概括化了的知识经验有助于迁移。一般来说，知识经验越多，对问题的解决越有帮助。

(2) 教学方法的优劣与迁移的作用有很大关系。用这种教法可能发生迁移，用另一种教法则可能发生相反的作用。

(3) 在教学中要让学生掌握一般原理、总结经验，并将所掌握的原理和经验用到以后的学习活动中。

(4) 概括化理论并不十分完善，尚没有真正揭示迁移现象的实质，而且对迁移发生的心理机制还探讨得不够。

根据迁移的概括化理论，对原理概括得越好，新情境中学习的迁移越好。后来，亨德里克森等人改进了贾德的实验，他们把被试分3组，第一组不加任何的原理指导；第二组被试学习物理学的折射原理；第三组则进一步加以指导，给他们解释水越深目标所在位置离眼睛所见的位置越远。结果表明：在学习打靶时，由于第二、三组被试了解原理，故成绩优于第一组的机械练习，而第三组的成绩优于第二组。他们进一步证实了贾德的理论，而且指出概括化不是一个自动的过程，它与教学方法有着密不可分的关系，如果在教学方法上注意如何概括与思维，就会增加正迁移出现的可能性。

### (四) 关系转换理论

关系转换理论的代表人物是苛勒。同意迁移主要是学习者对两种学习情境进行概括而引起的，并进一步认为，迁移的产生主要是对学习情境内部关系的概括，学习者"顿悟"了某个学习情境中的关系，就可以迁移到另一个有相应关系的学习情境中去，产生学习迁移。格式塔学派心理学家从理解事物关系的角度对其进行了重新解释，并通过实验证明迁移产生的实质是个体对事物间的关系的理解。苛勒用"小鸡啄米实验"证明了关系转换的学习迁移理论。其实验如下。

实验：纸下觅食。

被试：小鸡、黑猩猩、幼儿。

程序：两张纸，浅灰与深灰，后者下面有食物。被试学会深灰下觅食，用更深灰的纸代替浅灰，看被试到何种纸张下去觅食。

结果：更灰。

结果表明：被试的反应并不是根据刺激物的绝对性质做出的，即不是根据情境中的相同要素进行反应的，而是受制于事物之间的相对关系。

格式塔关系转换理论强调个体的作用，发现关系，迁移才能发生，但关系转换要受许多因素的影响。

### (五) 认知结构迁移理论

奥苏贝尔在有意义言语学习理论的基础上提出了认知结构迁移理论。认知结构是学生头脑内的知识结构。这一理论认为，一切新的有意义学习都在原有的学习基础上产生，不受学习者原有认知结构影响的有意义学习是不存在的，即一切有意义的学习必然包括迁移，而学习者原有认知结构的特征则始终是影响新的学习与保持的关键因素。

原有认知结构的清晰性、稳定性、概括性、包容性、连贯性和可辨别性等特性都是影响迁移的认知结构变量，始终影响着新的学习的获得与保持。在教学中，可以通过改革教材内容和教材呈现方式来改进学生的原有认知结构变量，以达到迁移的目的。

此外，还有贾德的"经验泛化说"、奥斯古德的三维迁移模式、哈洛的学习定势说和安德森的迁移的产生式理论等。

## 五、迁移规律在教学中的应用

### (一) 影响学习迁移的因素

研究表明，学习的迁移并不是自动发生的，它受制于多种因素，其中主要因素有以下几种。

#### 1. 客体因素

1) 学习材料与情境的相似性

各种知识之间或多或少有一些共同的要素和一般原理。因此，学生掌握的知识越多，越容易顺利地掌握新知识。学习的场所、环境的布置、教师或测验人员等的相似性有利于学生利用有关线索，促进迁移的发生。

2) 教师的指导

在教学过程中，教师启发学生发现不同的知识点之间或情境之间的共同点，启发学生进行概括，指导学生运用已学到的原理去解决问题，要求学生对所学知识能举一反三，这都有利于迁移的发生。

#### 2. 主体因素

1) 学生的智力水平影响迁移

研究表明，学生的智力水平对迁移的效果有影响。智力水平较高的学生能够更有效地把学到的知识应用到新情境中去，他们学的速度较快，而且能恰当地运用所学的知识去解决新问题；而智力水平较低的学生在感知理解两个情境的关系和发现其相似性上都存在一定的困难，这就不利于迁移的发生。

2) 学生的认知结构的数量和质量影响迁移

奥苏伯尔对学生已有认知结构在迁移中的作用非常重视。已有知识经验的准确性、稳定性、丰富性和组织性等会直接影响学生面对新知识、新情境时对已有知识的提取的速度和准确性，从而影响迁移的发生。

学生的认知结构对新的学习既可以产生正迁移，也可以产生负迁移，认知结构的质量起至关重要的作用。一般来说，认知结构的概括水平越高，迁移的可能性就越大，效果就越好；认知结构的概括水平越低，迁移的范围就越小，效果越差。布鲁纳认为，认知结构中的内容越基本、越概括，对新情况、新问题的适应性就越广，广泛的迁移就越有可能发生。因而在教学中，要注意掌握每门学科的基本原理、基本概念。

另外，抽象性的知识结构可以使学生不受许多表面现象的制约，从本质特征着眼，去寻找已有认知结构同新知识之间的结构相似性，促进迁移的产生。有人对专家与新手在迁移方面做了对比研究，发现当先前的学习与后来的学习具有结构相似性但表面不相似时，专家比新手更容易产生迁移。这是因为专家的认知结构组织合理，概括性强，能在抽象水平上发现新旧知识间的相似性，减少相似性的表面特征的干扰。

迁移的产生还需要建立在一定的认知结构的基础上。许多事实和研究表明，正迁移随着练习中所提供的具体事例的数量的增加而增加。专家之所以具有较强的迁移能力，除了因为具有在质量上概括性强、抽象性高的认知结构，还因为它们具有的这种认知结构在数量上也是较多的，这就为迁移的产生提供了良好的基础。

3) 学生的心理定势

定势又叫心向，是指学生从事学习活动的一种心理准备状态，它对学习有一种定向作用。定势有助于迁移的发生，但它促成的迁移可能是积极的，也可能是消极的。

### (二) 促进学习迁移的有效条件

促进学习迁移的有效条件是多方面的，具体说来有以下几个方面。

#### 1. 牢固地掌握相关的知识

心理学家认为，学生在学习新知识时，如果在原有的知识中找到了与之相联系的、有共同点的，且掌握得比较清晰、稳固的知识，就会对新知识的学习产生积极的影响，即正迁移。以后个体就能举一反三、触类旁通、闻一知十。因此，牢固地掌握相关的知识，可以促进迁移。

#### 2. 提高分析和概括能力(已有经验的概括水平)

已有经验的概括水平，必然会影响迁移的效果。凡是分析和概括水平高的，迁移的可能性就越大，效果也就越好。反之，效果就越差。

#### 3. 定势的影响

定势是指先于活动所形成的一种预先的心理准备状态。定势决定解决问题的方向和趋势。定势也是影响迁移的一个因素。积极的定势对新知识的学习可起到积极推动作用，不良的定势则会阻碍新知识的学习，即有利的定势能促进迁移的产生，不利的定势会造成迁移的障碍。

#### 4. 学习任务情境的相似性

一种学习会不会影响另一种学习，其中一个重要条件是这两种学习任务情境之间有没有共同的要素，有没有相似性。两种任务之间的共同要素越多，相似性越大，迁移的可能性就越大。

### 5. 加强学习指导

实验研究证明，教师对学生指导对迁移有重要影响，它可以增加迁移，减少错误，并有助于发展。学习中指导量越大，就越能产生积极的正迁移，并且正迁移的量也越大。迁移有赖于指导，指导有助于迁移。这已为许多优秀教师的经验所证明。

## (三) 促进学习迁移的教学措施

可以从以下几方面加强促进学习迁移的教学措施。

### 1. 关注知识经验，完善认知结构

1) 学生原有认知经验的丰富性

教师要关注学生在学习开始之前，是否具备必要的知识基础。已有的知识经验越丰富，越有利于新的学习，迁移越容易产生。

2) 学生原有认知经验的概括与组织性

学生原有的知识经验越概括，受事物表面特点的制约越小，从结构特性着眼，对新情况、新问题的适应性就越广，就越能产生广泛的迁移。

3) 原有知识经验的可利用性

教师在教学过程中，除了关注知识本身内容的掌握，还需要使学生明白何时、何处、如何迁移某种经验，拥有迁移的心向，利用正确、合理的程序分析问题，提高已有知识经验的可利用性。

### 2. 选择教学内容，设计教学程序

1) 科学精选教学材料

要使学生在有限的时间内掌握大量有用的经验，就必须精选教学内容。教师应选取具有较高概括水平的、最具有广泛迁移价值的科学成果作为教材的主要内容；在选择这些基本的经验作为教材内容的同时，还必须包括基本的、典型的事实材料，并阐明概念、原理的适用条件；还要让学生掌握每一学科的基本结构。

2) 合理编排教学内容

精选的教材只有通过合理的编排才能充分发挥其迁移的效能，否则迁移效果小，甚至阻碍迁移的产生。从迁移的角度来看，合理编排的标准就是使教材达到结构化、一体化、网络化，要突出知识之间的联系，要防止各部分内容之间的相互干扰和机械重复。

3) 有效设计教学程序

教学程序是使有效的教材发挥功效的最直接的环节。在宏观上，教学中应将基本的知识、技能和态度作为教学的主干结构，并依次进行教学。在微观上，应注意学习目标与学习过程的相似性，或有意识地沟通具有相似性的学习。

在各单元的教学中，教师应分析教学内容的结构，看其中包括哪些内容，它们之间有什么联系，有哪些最基本的、核心的知识，哪些内容可以从这些核心知识点上派生出来。对派生性的内容，教师则可大胆利用迁移，启发学生进行知识的推演建构，举一反三。

### 3. 教授学生"学会学习"，提高迁移意识

学习不只是要让学生掌握一门学科或几门学科的具体知识与技能，而且要让学生学会如何

学习，即掌握学习的方法。学习方法好，可对后继学习产生一种比较广泛的一般性迁移。只教给学生组织良好的信息是不够的，还必须使学生了解在什么条件下迁移所学的内容、迁移的有效性如何等。

外语学习不仅包括陈述性知识的掌握，而且更重要的是程序性知识的获得。李老师在英语教学中重视学生对单词和语法规则的学习，这是英语学习中掌握陈述性知识的方面，但她忽略了对阅读理解、写作、听说等方面的学习。由于没有将陈述性知识转化为需要的语言运用技能，因此，尽管学生很努力地学习单词和语法，可一旦考试中出现需要运用程序性知识的阅读理解等内容时，学生的阅读速度则会变慢，而且理解常常错误，于是便手足无措，不免败下阵来。

掌握单词和语法规则是一个复杂的信息加工过程，涉及一系列的认识加工活动，需要运用多种认知加工策略。李老师在指导学生记忆单词的过程中，方法不当，过于单调。她所说的"记单词没有什么窍门，就是要多花时间反复读、反复记，记的遍数越多，记得就越牢"，使学生倾向于运用简单的复述方法去记单词。虽然运用简单复述能将单词从工作记忆转换到长时记忆中储存，但在长时记忆中的保持效果并不好，因此在期末联考中，课堂测验时记住的单词又忘了。另外，李老师为赶进度，没有意识到学生工作记忆的有限容量，很容易因大量的信息同时涌入而造成信息超载，降低工作记忆的加工效率。

第一，通过大量的实践和练习，将学生的陈述性知识(英语单词和语法规则等)转化为程序性知识(英语听、说、读、写的熟练技能)；第二，采用多种策略记忆单词和语法，除维持复述外，还可以利用精制性复述策略、组织策略。例如，让学生用新学的单词造句，让学生用新学的单词与以前学过的单词组成短语，用所学的新单词或短语编写一段英语对话或短文，利用单词的发音和词义形成联想或表象去记忆，将单词按前缀、后缀、词根、词性、词义等分门别类组织起来去记忆。为了防止遗忘，还必须指导学生学会运用及时复习、分散复习、阅读与尝试回忆相结合、部分与整体相结合、运用多种感官协同记忆等有效的复习方法。

# 第六章

# 学 习 策 略

**内容提要**

本章主要探讨学习策略的定义及特点，认知策略、元认知策略和资源管理等主要的学习策略，以及学习策略的教学与训练方法。

**学习目标**

(一) 认知目标
1. 掌握学习策略的含义及其种类。
2. 理解掌握复述策略、精细加工策略和组织策略的含义。
3. 掌握元认知策略的概念与结构。

(二) 情感目标
1. 感受学习策略对学习的重要性。
2. 感受学习策略训练与教学的必要性。

(三) 能力目标
1. 学会运用指导教学模式训练学生的认知策略。
2. 掌握有效进行学习策略训练的原则与方法。

王某是初一学生，智力正常，学习也很用功，但是学习成绩不断下滑，家长和老师都很头疼，他们一致认为王某这么努力学习，但是成绩在班级排名中越来越靠后，就是因为王某的学习方法有问题，不会学习。"学习策略"是学会学习的核心，是学会学习的前提，学会学习包含着学生善于运用一系列的策略，于是以"学生掌握学习方法要比其单纯获得一些知识更重要"的理念，老师对王某进行了多次关于学习的教育，王某也非常积极认真，还去书店买了关于学习方法的书。过了一段时间，王某对于各种各样的学习方法能够倒背如流，但是考试成绩不仅没有提高，反而有些科目还退步了。这让老师和王某的心情很沉重。怎样才能取得理想的学习效果？本章内容的学习，将有助你回答上述问题。

20世纪中叶以来，在学习心理学和教育心理学的研究领域中，学习策略的研究始终占有重要的地位。学习策略作为一种比较系统的理论，主要是指学生为达到一定的学习目标而采用的学习方法、技巧或规则。在信息时代，个人对学科知识的掌握是有限的，因此，掌握获取知识的策略至关重要，好的学习策略不仅能加快学习者的学习速度，还对提升学习质量起着重要的作用。

# 第一节 学习策略的定义及特征

在学校里，对于学生来说，最重要的是学会学习，对于学生的学习来说，无论是知识的掌握、技能的学习，还是问题的解决等，都需要运用一定的学习策略。

## 一、学习策略概述

### (一) 国外关于学习策略的研究

国外对学习策略的研究是在 20 世纪后期，它是心理科学不断发展的产物。随着现代心理学对人类自身研究的不断深入，人们逐渐认识到，人的心理不再是一个不可打开的"黑箱"，人脑学习机制是可以研究的。美国心理学家布鲁纳在其人工概念研究过程中，首次提出"认知策略"(cognitive strategies)。心理学家纽厄尔、肖和西蒙随后利用计算机有效地模仿了问题解决策略，从而形成学习策略概念，引起心理学家，尤其是教育心理学家的极大兴趣。

关于学习策略的界定，目前尚无确切的定义，主要有以下几种观点。

(1) 认为学习策略是内隐的学习规则。丹佛认为学习策略是内隐的学习规则。

(2) 认为学习策略是学习的信息加工活动过程。琼斯、艾米伦、凯蒂姆斯认为学习策略是被用于编码、分析和提取信息的智力活动或思维步骤；瑞格尼认为学习策略是学生用于获取、保存与提取知识和作业的各种操作的程序；丹塞雷认为学习策略是能够促进知识的获得和储存，以及信息利用的一系列过程或步骤；凯尔和比森认为学习策略是一系列学习活动过程而不是简单的学习条件；梅耶认为学习策略是学习者有目的地影响自我信息加工的活动。

(3) 认为学习策略是具体的学习方法与技能。加涅认为学习策略是学习者用来调节自己内部注意、记忆、思维等过程的技能；奈斯比特和舒克史密斯认为学习策略是选择、整合、应用学习技巧的一套操作程序。

(4) 认为学习策略是学习方法和学习调控的结合。温斯坦认为学习策略是学习方法和学习调控的统一体；斯腾伯格指出学习策略由执行的技能和非执行的技能整合而成。其中前者指学习的调控技能，后者指一般的学习技能。

可以看出，第一、二种观点突出了学习策略的内隐性特点，而第三种观点突出了学习策略的外显性特点，第四种观点则包含了这两方面的特点。实际上学习策略是外显性和内隐性的统一。虽然内隐的学习规则系统、学习调控是内部意向活动，但操作的学习方法与技巧的执行过程是外显的。

### (二) 我国学者对学习策略的界定

在古汉语中，"策"与"略"开始是独立存在的，由于二者都有谋划之意，所以后来合二为一，遂成"策略"[①]一词。在现代汉语中，策略指根据形势发展而制定的行动方针和斗争方式[②]。在古汉语和现代汉语中，战术指进行战斗的原则和方法，在现代汉语中，还比喻解决局部问题的方法，在《新牛津英语词典》中，与 tactics(战术)对应的 strategy(策略)被解释为"在战争中从总体上计划和指挥军事作战和调动的艺术"。在我国古代，虽然没有明确出现学习策略，但不乏相关讨论。孔子曾提出"学而不思则罔，思而不学则殆"，通过学习与思考的辩证关系，阐述了学习策略的重要性。"知之为知之，不知为不知，是知也"是对自身理解程度的认识，体现了对元认知策略的重视。《学记》中"学然后知不足，教然后知困，知不足然后能自反也，知困然后能自强也"，体现了元认知策略在教学过程中的作用。

虽然我国古代就有关于学习策略的思想，但真正意义上的学习策略研究是从 20 世纪 70 年代开始的。我国关于学习策略的界定也众说不一。

(1) 认为学习策略是指学习方法和技巧。史耀芳指出，学习策略是学生在学习过程中，为达到一定目标，有意识地调控学习环节的操作过程，是认知策略在学生学习活动中的体现形式，它在一定程度上表现为学习方法和技巧。黄旭认为，学习策略指的是个体在特定的学习情境里，用以促进其获得知识或技能的内部的方法之总和。高文认为，学习策略是学生在形成概念和知识结构过程中如何运用各种认知过程及其不同组合形式开展学习活动的技术和方法。

(2) 把学习策略看作对学习的调控过程。李雁冰认为，学习策略是对学习过程特别是学习方法与技能进行监督与调控的内部活动。魏声汉指出，学习策略就是在元认知的作用下，根据学习情境的各种变量、变量间的关系及其变动，调控学习活动和学习方法的选择与使用的学习方式或过程。

(3) 认为学习策略是学习方法与学习调控的有机统一。胡斌武对学习策略的定义为，学习者为达到一定的学习目的，在元认知的作用下根据学习情境特点，调节和控制学习方法选择与使用乃至调控整个学习活动的内部学习方式或技巧；刘电芝认为，学习策略是指学习者在学习活动中有效学习的规则、方法、技巧及其调控，它既是内隐的规则系统，又是外显的程序与步骤。可见，国内学者在借鉴国外研究的基础上对学习策略的内涵提出了自己的看法，但与国外学者的研究没有本质的区别，主要集中在学习策略的内隐性、外显性两方面的特点上。

国内外关于学习策略含义的种种观点，均有合理性，有助于我们从不同角度理解学习策略。可以看出，学习策略就是指学习者在学习活动中，为了达到有效的学习目的而采用的规则、方法、技巧及其调控方式的综合。

## 二、学习策略的特征

学习策略有以下 5 个方面的特征。

### (一) 学习策略是操作性和监控性的有机统一

操作性和监控性是学习策略结构中最基本的特性，是学习知识的最直接的作用方式。操作性体现在学生认知过程的各个阶段，实质在于进行各种认知加工，而监控性体现在内隐的认知操作之中，因为它具有实施监控的机制。在这种监控机制中，元认知是最主要的动力系统。

---

[①] 辞海编委会. 辞海[Z]. 上海：上海辞书出版社，1979.
[②] 倪文杰等. 现代汉语辞海[Z]. 北京：人民中国出版社，1994.

## (二) 学习策略是外显性和内隐性的有机统一

学习策略可能表现在外部行为上，也可能表现在内部的心理过程中。如SQ3R阅读法是外显的操作程序与步骤，而计划策略等是内隐的思维过程。在学生实际的学习中，我们可以直接观察到学习者在使用某种或某些外部的学习操作，并对此做出适当的监控，由此可见它的外显性特点。同时，对学习策略来说，它对学习的调控和元认知的意识是在头脑中借助内部语言进行的内部意向活动，它支配和调节着外部操作，因而它又具有内隐性的特点。

## (三) 学习策略是主动性和迁移性的有机统一

学习策略的主动性是指学习策略可以根据学习材料和学习情境的特点以及学习的变化，进行自我调整。迁移性则是指从某种学习情境中获得的学习策略，能够有效地迁移到类似或不同的学习情境中去。

## (四) 学习策略对学习的影响有直接影响和间接影响

例如，记忆策略、组织策略可以直接影响学生的学习；而社会支持策略等对学习的影响则是间接的。

## (五) 学习策略的应用有水平差异

例如，同是复述策略，有可能是简单地按次序复述，也可能是选择陌生的或重点的内容复述。此外，学习策略的运用，可能意识得到，也可能意识不到。高水平的策略使用者，对策略的使用已相当熟练，达到了自动化的水平，对策略使用的意识水平即便不高，但当要求描述策略的内容时，特别是当要求他们注意自己的活动时，也能意识到所用的策略；低水平的策略使用者，往往是随机地、盲目地使用，对策略的应用通常处于无意识状态。

# 三、学习策略的意义

## (一) 提高学生的学习质量和速度

通过对学习策略的研究，并在学校教育过程中教会学生掌握一定的学习策略，可以大大提高学生的学习质量和加快学生学习的速度。特别是能促进或改进因学习策略掌握不好或有学习障碍的学生的学习成效，在一定程度上减少他们的学习困难。

## (二) 有效促进教师的教学工作

要教会学生掌握学习策略，首先是教师必须掌握。这一方面可以促进教师自身不断学习，促进教师的专业性发展，另一方面，教师通过学习策略的教学，可减少各学科的教学和训练时间，达到减轻学生学习负担的目的。

## (三) 有利于实施素质教育

在当今终身学习理念的指导下，在信息时代的背景下，个人必须保持不断学习。而任何学科知识的掌握都是有限的，所以掌握获取知识的策略才是至关重要的。

## 第二节 学习策略的分类

学习策略的分类有很多,不同学者从不同角度进行了划分,综合看来,学习策略可分为认知策略、元认知策略和资源管理策略3种,如图6-1所示。

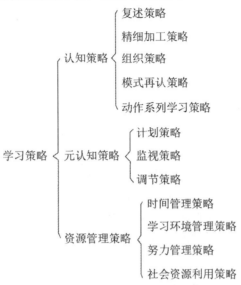

图6-1 学习策略的分类

认知策略是加工信息的一些方法和技术,有助于有效地从记忆中提取信息。认知策略因所学知识的类型而有所不同,针对陈述性知识的认知策略包括复述策略、精细加工策略和组织策略;针对程序性知识的认知策略则包括模式再认策略、动作系列学习策略。

元认知策略是学生对自己认知过程的认知策略,包括对自己认知过程的了解和控制策略,有助于学生有效地安排和调节学习过程。元认知策略包括计划策略、监视策略和调节策略。

资源管理策略包括时间管理策略、学习环境管理策略、努力管理策略和社会资源利用策略,是辅助学生管理可见环境和资源的策略,有助于学生适应环境并调节环境以适应自己的需要,对学生的动机具有重要的作用。

## 一、认知策略

认知策略是学习者进行信息加工的方法和技术。其基本功能有两个方面:一是对信息进行有效的加工与整理,二是对信息进行分门别类的系统储存。

### (一)复述策略

复述策略是指在工作记忆中为了保持信息,运用内部语言在大脑中重现学习材料或刺激,以便将注意力维持在学习材料上的方法。它是短时记忆的信息进入长时记忆的关键。常用的复述策略有:在复述的时间上,采用及时复习、分散复习等方法;在复述的次数上,强调过度学习;在复述的方法上,采用排除相互干扰、运用多种感官协同记忆等方法。

### 1. 利用随意识记和有意识记

随意识记是指没有预定目的、不需经过努力的识记。这种识记也是有条件的，凡是对人有重大意义的，与人的需要和兴趣密切相关的，给人以强烈情绪反应的或形象生动鲜明的人或事，就容易随意识记。在学习中，要尽量能够运用这些条件，如培养学生对某门学科的兴趣，来加强随意识记。

有意识记是指有目的、有意识的识记，是事先有一定识记意图和任务，并经过努力，运用一定的方法和策略所进行的识记。有意识记的任务很明确，是一种主动而又自觉的识记活动。有意识记在学习和工作中占据主导地位。要想记住某一信息，就需要有意识地、用心地去记忆，尝试着自己复述一遍，看看能否复述出来。

### 2. 排除相互干扰

我们知道，人之所以没有记住某一信息，有一个重要原因是这一信息在认知和记忆过程中受到了其他信息的干扰。在前文中，我们还学习了前摄抑制和倒摄抑制。因为记忆有遗忘的特点，人们在进行其他活动之前，一定要花时间在头脑中复述刚刚获得的新信息。在记忆时，要尽量错开学习两种容易混淆的内容，避免相互干扰。

心理学家还发现，记忆有所谓的首位效应和近位效应，即当人对学习材料学习之后，在测验中，对开始和结尾的内容一般要比中间的内容记得牢。因此，要善用首尾时间。

### 3. 整体识记和分段识记

对于篇幅短小或者内在联系密切的材料，适合采用整体识记，即整篇阅读，直到记牢为止。对于篇幅长或者内在联系不强的材料，适合采用分段识记，即将整篇材料根据情况分成若干适宜记忆的段落，先一段一段地记牢，然后合成整篇识记。

### 4. 多种感官参与

心理学家证明，多种感官的参与能有效地增强记忆，如人的学习83%通过视觉，11%通过听觉，6%分别通过嗅觉、触觉和味觉。所以，在进行识记时，要学会同时运用多种感官，用眼看、用耳听、用嘴说及用手写等。

### 5. 复习形式多样化

对所学知识的最好复习是在实践中应用。采用多种形式进行复习，比单调重复更有利于理解和记忆。如将所学的知识向别人讲解或者写成报告等就是很好的复习形式。在实践中应用是最好的一种复习形式。专家之所以能记得住许多专业知识，就是因为他们在实践中反复地应用这些知识。因此，要善于在不同的情境下反复应用所学的知识，以加深对知识的理解和保持。

### 6. 阅读时要学会画线

画线也是阅读时常用的一种复述策略，画线时要注意：①在段落中寻找主题句等重要内容；②谨慎画线，遵循少而精的原则；③复习时用自己的语言解释画线部分。

此外，还可以将圈点批注的方法，与画线策略一起使用。

## (二) 精细加工策略

精细加工策略是指把新信息与头脑中的旧信息联系起来，从而增加新信息意义的深层加工策略。它常被描述成一种理解记忆的策略，旨在建立信息间的联系。联系越多，能回忆出信息原貌的途径就越多，即提取的线索就越多。精细加工越深入越细致，回忆就越容易。对于比较复杂的课文学习，精细加工策略包括说出大意、总结、建立类比、用自己的话做笔记、解释、提问及回答问题等。

### 1. 记忆术

记忆术即通过把枯燥无味但又必须记住的信息"牵强附会"地赋予意义，使记忆过程变得生动有趣，从而提高学习记忆的效果的方法。常用的记忆术主要有以下几种。

(1) 形象联想法。这种方法是通过人为联想，使无意义的难记的材料和头脑中的鲜明奇特的形象相结合，从而提高记忆效果的方法。想象的形象越鲜明越具体越好，形象越夸张越奇特越好，形象之间的逻辑联系越紧密越好。首先找出新旧材料之间的内在逻辑联系，然后通过联想，将新材料与旧知识联系在一起，赋予新材料以更多的意义，也就是在理解的基础上把过去的旧知识当作"衣钩"来"挂住"所要记住的新材料。

(2) 谐音联想法。这种方法是通过谐音线索，运用视觉表象、假借意义进行人为联想。例如，把圆周率"3.1415926535"编成顺口溜"山巅一寺一壶酒，尔乐苦煞吾"。

(3) 缩简和编歌诀。缩简就是将识记材料的每条内容简化成一个关键性的字，然后变成自己熟悉的事物，从而将材料与过去的经验联系起来。例如，首字连词法是利用每个词语的第一个字形成缩写，或者用一系列词描述某个过程的每个步骤，然后将这一系列词提取首字作为记忆的支撑点。有时，也可以将材料缩简成韵律和谐、抑扬顿挫的歌诀，如《二十四节气歌》：春雨惊春清谷天，夏满芒夏暑相连，秋处露秋寒霜降，冬雪雪冬小大寒。

在缩简材料编成歌诀时，应力求精练准确、富有韵律，这更有助于记忆。也可以利用现成的歌诀，但要仔细辨别分析，把引用的东西变成自己的东西。

(4) 位置记忆法。这是一种传统的记忆术，最早被古希腊演讲家使用。位置记忆法对记忆有顺序的系列项目特别有用，它是通过与熟悉的地点顺序相联系来记忆一些名称或者客体顺序的方法。学习者在头脑中首先创建一幅熟悉的场景，然后在场景中确定一条明确的路线，在路线上确定一些特定的点，最后将所要记的项目全都视觉化，并按顺序和路线上的各个点联系起来，回忆时，在路线上的各个点提取所记的项目。

### 2. 学会做笔记

做笔记是使用较为普遍的精细加工策略。俗话说，好记性不如烂笔头，做笔记有以下作用。一是有利于保持学习者的注意和兴趣，使学生不容易走神。二是可以有效地组织材料，有助于对学习材料进行编码。通过把信息写下来并阅读这些信息，可以做到语言和视觉双重编码，这有助于深加工。三是做笔记又是一个生成过程，可以有效地控制自己的认知加工过程，还有助于概括新的知识和建立新旧知识之间的联系，使之成为新的认知结构。四是笔记具有信息的外部储存功能，便于提示人们全面地提取和加工信息。

因此，教师应督促学生做笔记和复习笔记。对于复杂的知识，教师可以指导学生做笔记，比如学生做笔记时，老师可以让学生在笔记本的右边留出 3~6 厘米的空白，在左边记笔记正文，在右边随时记下老师讲的关键词、例子、证据，以及自己的疑问和思考。此外，教师还要督促学生随时复习笔记。

### 3. 善于思考与提问

无论阅读还是听讲，学生要经常评估自己的理解状态，思考这样一些问题：这些新信息意味着什么，与课文中的其他信息及以前所学的信息有什么联系。或许还可以用例子来说明这种新知识。如果教师在阅读时教学生提一些"谁""什么""哪儿"和"如何"的问题，他们可能领会得更好。

恰当提问，可以引导学生思维活动的方向，让教学过程与学生思维发展相融合，有助于培养学生的记忆知识的本质。教师可以训练学生在活动中自己和自己谈话，自己问自己或彼此之间相互问老师要问的问题。训练一段时间之后，学生便能在解题、拼写、创作等其他课题中成功地学会自我谈话。

### 4. 注重生成性学习

生成性学习就是要训练学生对所阅读的东西产生一个类比或表象，如图形、图像、表格和图解等，以加强其深层理解。这种方法最重要的一点就是需要积极地加工，而不是简单地记录和记忆信息，也不是从书中寻章摘句或稍加改动，而是要改变对这些信息的知觉。在教学中，教师要训练学生对所学材料进行积极的加工，改动对这些信息的知觉，要生成：①课文中没有的句子；②与课文中某些重要信息相关的句子；③用自己的话组成的句子，从而把所学习的信息与自己本身的知识和经验联系起来，继而产生一个新的理解。

### 5. 运用背景知识，联系客观实际

精细加工策略强调在新学信息和已有知识之间建立联系。背景知识的多少在学习中是非常重要的，背景知识能使教师预测学生能学会多少。一个学习者如果非常了解某一课题，那他就有更完美的图式融合新的知识。教师一定要把新的学习和学生已有的背景知识联系起来，并要能联系实际生活，帮助他们理解这些信息的意义。

对于意义性较强的学习材料可以通过新知识与旧知识之间的连接，用头脑中已有的图式使新信息合理化。此外，要充分利用背景知识，可以利用先行组织者策略，在学习新材料之前，温习与新材料有关的已有的背景知识，在已理解的旧材料的基础上进行学习，适时建立类比，以理解和记忆新知识，而不是机械记忆式地学习。

总之，和逐字逐句学习材料的学生相比，那些能在学习时进行精细加工的学生能更好地理解信息，在必要时能更好地回忆概念。因此，学习时要让学生使用一些精细加工策略。

### (三) 组织策略

当个体把所学的新知识联系起来并组织成具有内在结构的体系时，对这些知识的记忆时间会延长，因此认知心理学家主张采用组织策略来改善学习。组织策略是整合所学新知识之间、新旧知识之间的内在联系，形成新的知识结构。当然，组织策略和精细加工策略是密不可分的，如做笔记和写提要等实际上是两者的结合。

组织策略是指将经过精细加工提炼出来的知识点加以构造，形成知识结构的更高水平的信息加工策略。组织策略主要有两种：一种是归类策略，用于概念、语词、规则等知识的归类整理；另一种是纲要策略，主要用于对学习材料结构的把握。

**1. 归类策略**

归类是把材料分成小单元，再把这些单元归到适当的类别里。归类策略的应用能使人厘清头绪，各知识点与概念之间不致混淆，方便知识的理解、记忆及提取。

1) 归类法的特点

首先，知识归类前，先确定归类原则，归纳什么，扬弃什么，目的明确，能提高理解力和记忆力。其次，知识归类后，方向明确，选题单一，在复习时能各个击破，使注意力集中，避免不同类材料的相互干扰。最后，归类过程中，通过门类与门类之间不断进行对照，相似、相类的材料相互启发，能温故而知新，并及时发现问题、解决问题。

总之，归类法是其他记忆方法的基础。正确认识它的作用，才能准确为其定位，既不夸大也不缩小它的作用。归类其实就是其他记忆方法的前提，因为归类之后，才有可能制成图表、提纲，归类合理，图表才能制作精良，提纲才可能条理清晰。通过归类，才能达到厘清思路、缩小范围、抓住重点、方便记忆的目的，其已成为大多数学生经常使用的一种记忆方法。

2) 归类法的运用

归类是去芜存精，材料相应减少，缩短学习时间，提高记忆效率。归类的标准不是单一的或局部的，而是需要我们在学习中根据实际情况来确定的。

(1) 归类不是按一个标准，也可按记忆对象的机能、构造、性质、材料、大小、颜色、重量、场所、时代等进行。在阅读文章的时候，可以把同义、近义的词列在一起，比如安顿、安放、安排、安置，宁静、平静、清静，再仔细体会其"同"中之"异"。也可以把反义词组合在一起，如美与丑、优与劣、真与假、进步与落后、战争与和平等。把这个原则应用到学习英文单词上，能把相关的词都记下，并且可引起联想，从已经熟悉的单词，带出不太熟悉的单词。

(2) 进行归类时，分为几个组，各组有多少个物体必须要适度，如果分组太多，记忆仍非常费劲；分组太少，组内个数就会增加，而且各个组的个数也不能相差太大。心理学家研究表明，每个"组块"应在 $7\pm2$ 个为宜。

(3) 我们的思维是以概念来把握事物的，所以对事物的分类是对概念的分类，分类能够揭示事物之间的内在联系，并记住它。如东汉大医学家张仲景在《金匮要略》的第一篇中对疾病进行分类，他以经络和脏腑为分类的纲，再按三阳和三阴即所谓六经的表里，把五脏六腑的疾病分为 36 种，列出系统的分类表。这样，不仅说明了可能发生的疾病的种类，而更重要的是揭示了病变的部位关系，以及各种病变之间的逻辑联系。

(4) 可以按照逻辑学的属种关系归类。如以时间、事件、人物等原则划分归类。如文学基础归类，将其中自成体系的东西归成几大类，内容不外乎现代文学、古代文学、外国文学、古代汉语、现代汉语、写作等。

**2. 纲要策略**

纲要策略也称提纲挈领，是掌握学习材料纲目的方法。纲要可以是用语词或句子表达的主题纲要，也可以是用符号、图式等形象表达的符号纲要。

(1) 主题纲要法。主题通常是学习材料的各级标题，有时也需要自己进行提炼。列提纲时要先对材料进行系统分析、归纳和总结，然后按材料的逻辑关系，以简要的词语写下主要与次要的观点，也就是以金字塔的形式呈现教材的要点，每一具体的细节都包含在高一级的类别中。主题通常是学习材料的各级标题，当然有时也需要自己进行提炼，使用主题纲要可分为 4 个步骤：第一，学习教材，判断教材学习的主要目标，理解基本思想；第二，摘录出要点；第三，考虑信息之间的关系，可用大小数码表达它们之间的层次结构(一、二、三……1.2.3……)；第四，记住提纲，使用提纲解答问题。

(2) 符号纲要法。符号纲要法是采用图解的方式体现知识的结构，即作关系图。它比主题纲要法更直观形象，但要求学习者对符号相当熟悉。在作关系图时，应先识别主要知识点，然后识别这些知识点之间的关系，再用适当的图解来标明这些知识点之间的内在联系。符号纲要法主要有层次网络法和流程图两种形式。

层次网络法：由结点(观点)和连线(观点之间的关系)组成，结点的排列分层似金字塔，而连线具有不同的性质，用来表达不同性质的关系。

流程图：着重说明某个过程之间的要素是如何联结的，具有方向性和时间顺序，适用于表达程序性的知识的结构。

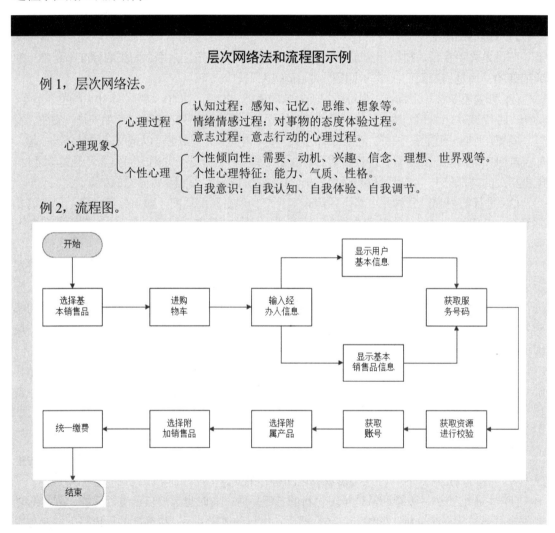

**层次网络法和流程图示例**

例1，层次网络法。

例2，流程图。

### 3. 表格法

(1) 一览表。对材料进行全面的综合分析后抽取主要信息，从某一角度出发，将这些信息全部陈列出来，力求反映材料的整体面貌。例如，学习历史、地理时就常常采用这种方法。

(2) 双向表。双向表是从纵、横两个维度罗列材料的主要信息。表 6-1 是凸透镜成像规律的表格记忆法。

表6-1 凸透镜成像规律的表格记忆法

| 物距u | 像物在凸透镜同侧、异侧 | 像的正倒 | 像的大小 | 像的虚实 | 像距v | 应用 |
|---|---|---|---|---|---|---|
| u>2f | 异侧 | 倒立 | 缩小 | 实像 | f<v<2f | 照相机 |
| u=2f | 异侧 | 倒立 | 等大 | 实像 | v=2f | — |
| f<u<2f | 异侧 | 倒立 | 放大 | 实像 | v>2f | 投影仪 |
| u=f | 不成像(一束平行光) | | | | | — |
| u<f | 同侧 | 正立 | 放大 | 虚像 | — | 放大镜 |

可见，表格法具有直观形象、便于比较的特点，通过列表格可以促进知识的理解和记忆。

### (四) 模式再认策略

模式再认知识涉及对刺激的模式进行再认和分类的能力。模式再认知识的一个重要的例子是识别某个概念的一个新事例，比如再认鲸鱼属于哺乳动物。模式再认知识的第二个重要的例子就是识别符合某个行为的条件或符合应用某个规则的条件，比如什么时候"倒置分数后相乘"。和概念一样，模式再认过程是通过概括和分化的过程学习来的。例如，学生已经学习了凡生命体必须完成八大生命过程：获取食物、呼吸、排泄、分泌、生长、反应、繁殖、运动，这一知识属于陈述性知识。现在，学生要利用这一知识注意生命的这八个过程，表示这一过程的条件陈述句是："如果一个客体执行了所有这八个生命过程，那么它就是活的。"教师可以用诸如鱼、哺乳动物、植物等生命体作不同的例子，进行概括，还可以举反例，如水晶石虽然存在促进分化、进行生长的过程，但不实现运动、呼吸等生命过程。

### (五) 动作系列学习策略

动作系列首先是当作构成某个过程的一系列步骤来学习的。学习者必须有意识地执行每一步，一次执行一步，直到过程完成。在学习某一个过程时，存在两个主要的障碍。第一个就是工作记忆存储量的限制。尤其在学习一个长而复杂的过程时，困难更大，任何一个过程如果步骤长达 9 步以上，超过短时记忆的容量($7\pm2$)，那么就很难被保持在工作记忆中。为了克服这一局限，可以利用一些记忆辅助手段，如把这些步骤写下来给学生。当然，重要的是成功地完成这一过程，而不是记住这些步骤。第二个潜存的问题就是学生缺少必备的知识。在学习某一过程时，要确保学生已经具备所必需的知识和技能，这一点是非常重要的。例如，学生还未学会一定的原理、定理，而要求他们解决几何证明题将是十分困难的。在教学过程时，教师不妨先进行任务分析，也就是要识别为了达到某一教学目标学生必须学会的次一级的知识和技能。通过任务分析，教师能了解学生在次一级技能上的能力，如果有必要，可进行一定的补习。

## 二、元认知策略

元认知是个体对自己的认知活动的认知。元认知由3种心理成分组成：一是元认知知识，主要包括个体对自己或他人的认知活动的过程、结果等方面的知识；二是元认知体验，指伴随认知活动而产生的认知体验和情感体验；三是元认知监控，指认知主体在认知过程中，以自己的认知活动为对象，进行自觉的监督、控制和调节。元认知监控主要包括确定认知目标、选择认知策略、控制认知操作、评价认知活动，并据此调整认知目标、认知策略和认知操作等环节。元认知监控是元认知最重要的心理成分。

学习时，学习者要学会使用一些策略去评估自己的理解、预计学习时间、选择有效的计划来学习解决问题。例如，假如你读一本书，遇到一段读不懂，你该怎么办呢？你或许会慢慢再读一遍；你或许会寻找其他线索，如图、表、索引等来帮助理解，这意味着你要学会如何知道你什么地方不懂，以及如何去改正你自己。此外，你还要能预测可能会发生什么，或者能说出什么是明智的，什么不是明智的。所有这些都属于元认知策略。概括起来，元认知策略大致可分为以下3种。

### (一) 计划策略

计划策略包括设置学习目标、浏览阅读材料、产生待回答的问题，以及分析如何完成学习任务。

给学习作计划就好比足球教练在比赛前针对对方球队的特点与出场情况提出对策。不论是为了完成作业，还是为了应付测验，学生对每一节课都应当有一个一般的"对策"。成功的学生并不只是听课、记笔记和等待教师布置测验的材料。他们会预测完成作业需要多长时间，在写作前获取相关信息，在考试前复习笔记，在必要时组织学习小组，以及使用其他各种方法。换句话说，成功的学生是一个积极的而不是被动的学习者。

### (二) 监视策略

监视策略也叫监控策略，主要包括学习时对注意加以跟踪，对材料进行自我提问，考试时监视自己的速度和时间。

这些策略使学习者警觉自己在注意和理解方面可能出现的问题，以便找出来，并加以修改。当你为了应考而学习时，你会向自己提出问题，并且会意识到某些章节你并不懂或者你的阅读和记笔记的方法对这些章节行不通，你需要尝试其他的学习策略。下面说说两种具体的监控策略——领会监控和集中注意。

#### 1. 领会监控

一种具体的监控策略就是领会监控。熟练的读者在学习时自始至终都持续着这一过程。熟练的读者在头脑里有一个领会的目标，比如发现某个细节、找出要点等，于是，为了该目标而浏览课文。随着这一策略的执行，如果找出了这个重要细节，或抓住了课文的要点，熟练的读者会因达到目标而体验到一种满足感。但是，如果没有找到这个细节，或者读不懂课文，则会产生一种挫折感。如果领会监控最终显示目标没有达到，就会采取补救措施，比如重新浏览材料，或者更仔细地阅读课文。

一些研究表明，从幼儿到大学生，有许多人都缺乏这种领会监控技能，好多学生总是把重复(如再读、抄笔记等)作为他们的主要策略，从课本或讲演中学习新知识。为了帮助这样的学生，德文建议他们使用以下策略以监视并提高他们的领会。①变化阅读的速度，以适应对不同课文领会能力的差异。对于比较容易的章节读快点，抓住作者的整体观点；对于较难的章节，则要放慢速度。②中止判断。如果某些事不太明白，继续读下去。作者可能会在后面填补这一空隙，增加更多的信息，或在后文中会有明确说明。③猜测。当所读的某些事不明白时，养成猜测的习惯。猜测不清楚段落的含义，并且读下去，看看自己的猜测是否正确。④重读较难的段落。重新阅读较难的段落，尤其是当信息仿佛自相矛盾或模棱两可时，最简单的策略往往是最有效的。

### 2. 集中注意

注意和金钱、能源一样，是一种有限的资源，在某一时刻，只能注意有限的事物。当教师要求学生将他们有限的注意能量全都花在他所说的每一件事上时，学生只得放弃对其他刺激的积极注意，只得变换优先度，将其他刺激全部清除出去。

例如，当人们全心注意一个有趣的谈话者时，就意识不到细微的身体感觉(如饥饿)，甚至充耳不闻、视而不见其他刺激。有经验的讲演家知道，听众心不在焉时，则已经不再集中注意听讲，可能已经转向注意午餐或其他活动，因此要想办法重新抓回他们的注意力。

### (三) 调节策略

根据对认知活动的结果的检查，如发现问题，则采取相应的补救措施，根据对认知策略的效果的检查，及时更正、调整认知策略。

调节策略与监控策略有关，例如，当学习者意识到他不理解课文的某一部分时，他们就会退回去读该段落；在阅读困难或不熟的材料时放慢速度；复习他们不懂的课程材料；测验时跳过某个难题，先做简单的题目等。调节策略能帮助学生矫正他们的学习行为，使他们补救理解上的不足。

元认知策略总是和认知策略一道起作用的。如果一个人没有使用认知策略的技能和愿望，他就不可能成功地进行计划、监视和自我调节。元认知过程对于帮助我们估计学习的程度和决定如何学习是非常重要的；认知策略则帮助我们将新信息与已知信息整合在一起，并且存储在长时记忆中，因此，我们的元认知和认知必须一道发生作用。认知策略(如画线、口头复述等)是学习中必不可少的工具，元认知策略则是监控和指导认知策略的运用，也就是说，可以教学生使用许多不同的策略，但如果他们没有必要的元认知技能来帮助他们决定在某种情况下使用哪种策略或改变策略，那么他们就不是成功的学习者。

## 三、资源管理策略

辅助学生管理可用的环境和资源的策略，对学生的动机有重要的作用。它主要包括时间管理策略、努力管理策略、学习环境管理策略、寻求支持策略、工具的利用策略等。因此，成功地使用这些策略可以帮助学生适应环境及调节环境，以适应自己的需要。

## (一) 时间管理策略

### 1. 统筹安排学习时间

人生犹如一张大的时间表，每个人都应当根据自己的总体目标，对时间做出总体安排。总体时间表必须通过阶段性的时间表来落实，例如，将自己的一生分成不同的时期，其中，又将中学时期的时间表分为不同的学年时间表、学期时间表、每月时间表、每周时间表及每天时间表。

在制订学习计划时，要注意将学习计划落实在学习成果上，也就是说，制订学习计划时，要明确确定学习结束时有什么看得见的结果，而不只是规定"读完第二章"。相反，可以规定"读完第二章，标出重要部分，生成一张框架结构图"。

在执行学习计划时，要有效防止拖拉的坏习惯。做事拖拉的人总是习惯性地把(不愉快或成为负担的)事情推迟到将来做，他们一般花许多时间思考要做的事，担心这个，担心那个，给自己找借口推迟行动，又为没有完成任务而悔恨，其实他们本来能完成任务，而且应转入下一项学习活动了。为了有效克服拖拉的习惯，首先一定要确定一项任务是否非做不可，然后做出决策，避免过分追求完美，要有意识地养成好习惯。

### 2. 高效利用最佳时间

在不同的时间里，人的体力、情绪和智力状态是不一样的，也就是说，学习时间的质可能是不一样的。因此，要在不同质的时间里安排不同的学习活动，例如，要在人生理功能旺盛、精力充沛的时候，从事最重要、最紧张的学习活动，以便最有效地利用学习时间。

要根据一天内学习效率的变化来安排学习活动。在一天中，人的智力也是存在周期的。由于每个人在一天当中体内的新陈代谢状况和大脑机能状况不同，其最佳时间也就因人而异了。有的人是白天型的，早睡早起，一觉醒来，精力充沛，大脑活跃。而有的人则是晚上型的，一般早上状态不佳，到了下午逐渐精神起来，夜幕降临时，脑细胞随之转入兴奋状态，精力专注，尤其到了夜深人静时，大脑异常活跃，学习效率很高。还有的人是混合型的，容易适应生活环境和作息制度，不管任何时候，只要经过充分休息后，就可以达到最佳状态。当然，学生的学习主要是在白天，因此，晚上不宜睡得太晚。

此外，要根据自己的学习曲线安排学习活动。学习时，随着学习的进行，人的精神状态和注意力会发生变化。一般来说，存在3种变化模式：先高后低、中间高两头低、先低后高。每个人要根据自己的模式安排学习内容，确保在状态最佳时学习最重要的内容。

### 3. 灵活利用零碎时间

零碎时间大多是学习的低效时间，如课余、饭前饭后、等人等车、乘车乘船等。这些时间也可以加以灵活利用。首先，可以利用零碎时间处理学习上的杂事。学习上有些杂事不得不做，这些事不宜使用整段时间来做，而要利用零碎时间做。例如，削铅笔、收拾文具、整理学习环境、整理书包等。一定要注意，所有与学习有关的东西都必须有条理地放好，什么东西放在什么地方都要心中有数，用完东西归还原处。如果杂乱无章、任拿任放，要用时四处乱找，不仅耽误了学习时间，而且破坏了学习心境。其次，可以利用零碎时间读短篇作品或看报纸杂志，拓宽自己的知识面，或者背诵诗词和外文单词，这实际上等于在进行分散复习，可提高记忆效率。此外，可以进行讨论和通信，与他人进行交流，在轻松的气氛里与人交流，有助于创造性思维的启发。

## (二) 努力管理策略

系统性的学习大都是需要意志努力的。为了使学生维持自己的意志努力，需要不断地鼓励学生进行自我激励。

### 1. 激发内在动机

对学习本身就有兴趣、好奇心和求知欲是一种重要的内在学习动机，它可以使人持续学习下去，敢于克服障碍，迎接挑战，从学习活动中获得快乐。学习的内在动机是可以自我培养的。例如，可以设法通过某些活动，如参观博物馆和展览会、听讲座、观看影像资料等，了解某一学科知识在现实生活中的意义，以及对将来学习的重要性，激发学生进一步了解相关知识的愿望，并使学生在求知过程中获得愉快的情绪体验。创造各种机会，使学生多与那些热爱并擅长某一学科的老师和同学等来往，分享他们从这一学科知识中所获得的快乐，逐渐使这些学生也产生对这门学科的兴趣。同时，更深入地与他们交流，可以让学生感到自己在这方面的不足，从而让学生产生学习该科知识的动力。或者，可以在实际生活中设法应用所学的知识来解决问题，如向别人讲述某些现象的原因，设计小小的工具或活动，用所学知识解决一些日常生活问题等。随着应用和学习，自己会感到知识上的不足，而后，愿意学习更多的相关知识。

### 2. 树立为了掌握而学习的信念

每个人学习时都带有不同的目的，这些学习目的大致可以归为两类。一类是为了追求好成绩，即所谓的绩效目标，这种人一般特别注重自己在别人心中的地位和形象，生怕别人觉得自己不行。另一类则特别注重自己是否真正掌握，即所谓的掌握目标，这种人敢于迎接学习挑战，克服学习上遇到的困难。学习成绩固然重要，因为它也是学习效果的反映，但学习不是为了回答几个选择题，而是掌握某一门知识。因此，除了要在考试中真实反映出自己的能力水平，更重要的是，要让学生给自己设立一个内在的标准，以此衡量自己的学习是否成功，如此，才能关心老师所规定任务之外的知识，在深度和广度上拓展自己的知识，最终通过不断积累而提高自己的能力。

### 3. 选择有挑战性的任务

在挑选学习任务时，要挑选那些具有中等难度的任务。中等难度的任务比太易或太难的任务更能激励自己。如果太难，自己怎么努力，也解不出来；如果太容易，不需费什么力，没有多大的成就感。一个一心想着掌握知识、不断追求成功的人往往挑选中等难度的任务；而一个一心为了外在成绩和效果的人则总是设法避免因失败而带来的丢脸和难堪，他们不是选择容易任务，就是选择特难的任务，因为容易任务不会失败，自己不会因失败而丢脸；特难的任务肯定会失败，但别人也难以成功，自己也不会因此受人轻视。

### 4. 调节成败的标准

学习时，对于成败，要做到自己心中有一杆秤。有时，即使自己得了 99 分，别人觉得你学得不错，自己也并不满意，因为题目太容易了，未能反映出自己的真实水平，或者发现自己还有一处关键地方并未弄懂。相反，有时，即使自己得了 60 分，别人觉得你一般，自己也很满意，因为相比过去，自己进步了很多。随着学习的深入和自己能力的变化，要不断调整自己的成败标准。如果标准一直过高，自己总不满意自己，结果会造成自责、自卑和情绪低落。相反，如果标准一直过低，自我感觉过于良好，造成盲目的自信，学习也会受到影响。因此，只有适时调整自己内在的成败标准，才能维持自己的学习自信心。

### 5. 正确认识成败的原因

学习有成功，但也难免会失败。人在成功或失败时，肯定会产生相应的情绪反应，但积极或消极的情绪并不直接等于自己能力的高低。因此，在反应过后，需要冷静下来，客观而正确地认识自己成败的原因，以便获取下一次成功，避免下一次失败。一般来说，一个人的成败主要还是取决于一个人的努力程度。能力不是一成不变的，更不是天生的，而是通过努力不断积累起来的。如果认为能力是成败的关键，而能力又是天生的、不可改变的，那就会导致两种情况，一种是觉得自己能力高的人，认为自己肯定能成功，不需要努力，努力反而显得自己能力不高，为了显示自己的能力，往往不是选择特难的任务就选择特容易的任务，因为这不会导致失败，也就不会丢脸，也就不会对自己的能力产生怀疑。另一种是觉得自己能力低的人，认为自己不是学习的料，怎么也不会成功，努力也白搭，老师和同学也别来帮我，帮我也没用，因为能力是天生的，改变不了。因此，要正确引导学生学会正确地自我归因。

### 6. 自我奖励

当学生获得了满意的效果后，要设法让学生对自己进行奖励。奖励的方式多种多样，可以是暗示自己"我真行""我成功了""坚持就能成功"等，也可以是从事一些自己喜欢的活动等。但是，要注意的是，并不是只有获得好成绩后才能获得奖励。每个人的起点不同，但每个人都可在自身的起点上进步和发展。只要自己取得了满意的进步，即使外在分数不高，也值得奖励。因此，要为了掌握而学，要引导学生设立自己的成败标准。

### (三) 学习环境管理策略

学习环境是可以人为地选择、改善与创设的。设置学习环境是为了使周围的环境更有利于学习活动的展开。

### 1. 要有专门的学习场所

一个好的环境可以增加安全感，放松心情，减少学习不安定情绪和分心，从而增强学习效率。学习场所要满足以下条件：首先要注意调节自然条件，如流通的空气、适宜的温度、明亮的光线以及和谐的色彩等；其次，要设计好学习的空间，如空间范围、室内布置、用具摆放等因素，如果条件容许，应当有一个相对固定的学习场所，以减少家庭成员间的相互干扰，形成一个相对安静的学习环境；最后，要注意桌面的整洁。各种学习用具要摆放在固定的地方，用完后归还原处。

### 2. 排除干扰

排除干扰策略通常要求学生在视觉和听觉干扰最小的地方学习。

#### 视觉干扰对学习的影响

在学习时，视野中不要出现图画和其他吸引人的东西，并且要减少有可能发生其他活动的目标。沃尔特和西伯特设计了一个非常生动的故事情节来说明视觉干扰对学习的影响:一位正在自己房间里学习的女学生,视野中突然出现自己童年时代的一张照片,使她回忆起过去快乐的时光;接着又发现了一张自己喜爱的唱片,她不由自主地哼起了歌曲;紧接着看到了一本自己还未读完的消遣杂志,她猜想起还未阅读的内容;之后又看到了一张好朋友的照片,她开始惦记起这位朋友来;最后她终于放弃学习,跟朋友打电话聊起天来。

(资料来源:潘飞南. 大学生学习环境管理策略探讨[J]. 江西教育学院学报(社会科学),2003,24(2): 44-49.)

在避免听觉干扰方面,一般要求选择一个安静的学习环境,避免噪音,比如可以将手机关机,以免分心和打乱思绪。此外,听音乐对学习也会产生影响:第一,不经常听音乐的学生在学习时可能会感觉到音乐的干扰,而经常听音乐的学生则可能不会;第二,声乐可能比非声乐更具干扰,因为语言更能抓住学习者的无意注意;第三,熟悉音乐比不熟悉音乐的干扰要小;第四,音乐的音量大小直接影响学习表现,大音量的音乐存在潜在的干扰;第五,音乐比工业噪音干扰要小。这些研究表明音乐对大多数学生来说确实是一个干扰的背景因素,尤其是复杂的脑力劳动在安静的环境下效果最好[①]。

(四) 寻求支持策略

学习总是需要与人交流,老师和同学是学习的最重要的社会性人力资源,必须善于利用。

1. 老师的帮助

老师不仅是一座知识库,而且是学习的引路人和促进者。因此,除老师的讲授外,学生一旦有什么疑问无法解答,最好向老师请教,值得注意的是,老师并不一定能给出满意的解答,但这并没有关系,一个人不可能什么事都知道。另外,老师的解答并不一定就是对的,老师也只是从一个角度出发看事物,也只代表一种理解,因此,不要过分迷信老师的权威性。学生要得到老师在知识、解决问题及学习方法上的启发。

2. 同学间的合作与讨论

同学间的相互合作和讨论有助于彼此相互启发,达成对事物的全面理解。同学间的合作存在许多形式,一种是双方或小组学习同样的内容,相互讨论,彼此提问和回答;还有一种是双方或小组共同完成同一项任务。此外,同学间还可以相互辅导。当自己不懂时,可以请教已经弄懂了的同学,由于同学之间背景知识相同,同学根据自己的理解所进行的辅导可能比老师的更好懂;当自己弄懂了而别人不懂时,可以主动辅导别人,这不仅仅是付出,同时会有所收获,往往是双方受益。因为要想辅导别人,自己必须先厘清思路,并且还要组织语言表达自己的思想。无疑,这将有助于加深对内容的理解。

(五) 工具的利用策略

学习工具是学习中所必不可少的学习资源,学会有效利用学习工具对人的一生来说都是非常重要的。

---

① 潘飞南. 大学生学习环境管理策略探讨[J]. 江西教育学院学报(社会科学),2003,24(2): 44-49.

### 1. 参考资料的利用

选用参考资料时，要注意所选资料宜精不宜杂；与自己的学习内容相吻合；具有较强的针对性；与自己的现有水平相适应；编写体例要条理清晰；具有一定的权威性。

使用参考资料时，要注意配合教材；有选择性地参考重要内容，不必从头到尾地学习；遇到不懂之处，要对照其他参考资料，或请教老师，或与其他同学讨论。

### 2. 工具书的利用

工具书是学习时的"无言的老师"和"案头顾问"，包括字典词典、百科全书、年鉴及索引等。选择工具书时，要注意选择最新版本和有权威性的出版社或作者群，以确保知识的科学性和时代性。使用工具书时，不仅要注意了解并熟悉检索方式，还要注意将工具书中的信息与书本中的上下文结合起来理解。

### 3. 图书馆的利用

进入图书馆，首先要学会根据图书目录查阅所需要的书籍。检索的方式多种多样，如按书名或著者检索、分类检索等，书名或著者既可以按笔画查找，也可按拼音查找。在图书馆看书，要注意记读书笔记和摘要。

### 4. 广播电视的利用

广播电视不仅可供人娱乐，还能增长人的知识，开阔人的视野。但要注意有选择地收看，如新闻述评、科技常识、军事天地、文艺欣赏、电脑世界及英语讲座等。并且要严格控制时间，可以有计划地连续收看一两项重要内容学习，如新闻联播、英语讲座或电脑世界等。

### 5. 电脑与网络的利用

电脑的使用不仅可增长有关电脑科技方面的知识、电脑操作技能，而且有助于各科课程的学习。它可用作教学工具和学习工具，比如可选择一些电脑辅助教学软件来自学、预习、复习所学的课堂知识；也可利用电脑中的一些工具软件(如文字处理、电子表格、画笔及某些高级编程语言)获取和处理信息、解决问题，以及表达自己的思想等。要注意电脑游戏的影响，可将其作为学习奖励，但不可多玩。

## 第三节 学习策略的教学与训练

教会学生学习和思考已成为当前教育学家和心理学家的共识，学习策略的教学探讨已成为当前国内外研究甚为关注的问题。新型教师应该为学习者提供策略上的咨询和指导，而大多数教师既缺乏策略的意识，更无策略教学的经验。所以，探讨策略教学的问题已迫在眉睫。

### 一、学习策略教学概述

自20世纪50年代以来，认知心理学家采用信息加工观点，把人看作信息加工系统，用模型表示人类心理过程和结构的某些方面。这已成为当代心理学的发展趋势，并逐渐成为教育心理学的重要理论基础。它把教师和学生看作信息的主动加工者，使教学的重心从知识转向认知，教学的效果直接取决于学生学习时头脑中已有的认知结构和实际加工时所面临的学习材料，教学目的也开始变为帮助学生制定适合运用于各学科的学习策略，于是学习策略教学应运而生。

(一) 学习策略教学的含义

学习策略教学(learning strategy instruction)的概念，是 20 世纪 80 年代后期学者们才开始使用的。它是指系统地教授学习策略，使学生最终成为学会学习的人的教学活动。

Winograd 认为，学习策略教学的宗旨是有助于学生自主学习，掌握信息加工与处理、问题解决、善于开动脑筋、积极选择等策略进行有效学习，使学生在学习过程中始终充满学习的选择性和思想性。因此，学习策略教学中的策略并不是某种具体的方法或要求，而是一种抽象的、一般的方法。这种抽象的、一般的方法教学要遵循的基本要求是：其一，教学是一种分析教学任务和为特定情境设计恰当策略的问题解决形式；其二，学习策略首先是个人用来成就教学目标计划的，而计划都烙上了每个学生的学习风格和特点；其三，为了更有效地学习，教学要求学生掌握具体的学习技能知识和技巧，如浏览、篇章结构的修正、记忆术等；其四，在大多数教学情境中，学习策略是为创造性教学目标服务的，而不是为知识性教学目标服务的。

(二) 学习策略教学的类型

就目前的学习策略教学类型来看，至少包括 3 种类型。

1. **意识训练**

意识训练即对策略有较多的了解，认识到策略的有效价值，常留意并关注策略的运用及其运用的有效性。例如，注意在学习中总结有效的学习方法，注意向同伴学习有效的方法，总想把新学的方法运用到解题中等。

2. **元认知训练**

元认知训练即对自己认知过程的监视、调节和控制。元认知的主要功能是给主体提供有关认知活动进展的信息，以保证主体随时调节，采取更接近目标的解决办法与手段。这样一些行为就属于元认知的表现：自己发现并纠正练习中的错误；上课走神时，自己能及时地把注意力转到课堂上来；监督自己的学习进度，完成预期的学习任务；依据任务完成的情况对自己做出评价等。元认知训练贯穿于整个策略教学中，在不同的策略教学阶段，向学生提出不同的问题。可以提出这样一些问题促使学生在不同阶段围绕它们来检查自己的学习活动，例如，面对问题时，选择什么合适的策略；这种策略的使用条件是什么，是否符合当前问题所提供的情景；这种策略的使用程序是什么，使用后，思考选用的策略是否有效；无效是什么原因导致的；应该重新选择什么策略；使用有效之后，应提出新的策略为什么有效；该策略的有效价值是什么；是否还可运用于类似地方等。

3. **具体策略训练**

具体策略训练包括短时训练和长时训练。短时训练指学习和运用一种或几种策略于实际任务中。该训练包括给学习者提供关于策略价值的信息、使用方法，以及使用时间和评价方法。长时训练指策略训练时间更长，包括的策略更多。长时训练不仅要训练短时训练的上述内容，而且特别注重训练学习者监护和评价自己的操作。在训练的初期，教师的指导要多、要细，并要及时给予外部反馈。随着训练时间的延长，应多鼓励学生依靠自我反馈、自我调节和自我控制而不是依靠老师的外部控制来进行策略的学习。

## 二、学习策略教学的内容

### （一）一般学习策略

学习策略教学的主要内容就是学习策略的知识与技巧。它是学生在形成概念和知识的过程中，如何运用各种认知过程及其不同组合形式，来开展学习活动的技术和方法。一般学习策略反映了学习的共性，具有普遍意义。它是从各种不同的具体学习中抽象出来的。掌握一般学习策略有两层含义：一是要准确理解和把握各种学习策略的实质，从本质上弄清各种学习策略所要解决的任务；二是清楚在一个学习过程中，不同阶段应该选择不同的学习策略。

目前，成功的学习策略有哪些，如何对它们进行分类等，尚无统一的划分。加涅列举的学习策略包括：注意的策略、编码的策略、记忆探求的策略、检索的策略、思考的策略等。而Weinstein和Mayer将学习策略划分为8类，即简单学习任务的复述策略、复杂学习任务的复述策略、简单学习任务的精细加工策略、复杂学习任务的精细加工策略、简单学习任务的组织策略、复杂学习任务的组织策略、综合调节策略和情感策略。我们认为，学习策略主要包括注意策略、记忆策略、精细加工策略、组织策略和自我调节策略等。根据其在信息加工过程中的作用，可概括为认知策略和监控策略两大类。认知策略包括注意策略、记忆策略、精细加工策略、组织策略等；监控策略则包括自我管理策略、检查与诊断策略等。

人的学习过程就是一个信息加工过程。信息进入大脑后，首先要译码、编码，这就需要有识记策略和精细加工策略；信息获得后，需要储存到长时记忆中，这就需要有识记策略和组织策略。不掌握一般学习策略，信息加工就无法顺利进行。掌握一般学习策略必须与学科教学相结合。例如，结合小学语文教学大纲，制订学习策略训练计划。一、二年级主要是对学生进行识记策略训练，三、四年级主要对学生进行精细加工策略训练，五年级主要对学生进行组织策略和元认知训练。各年级都按照教材内容和学习策略两条线来制订学期教学计划和单元、课时教学计划。备课时，既备教材内容，又备策略内容，努力寻找教学内容与策略内容之间的联系点，使它们有机结合，教学中注意用术语把学习策略抽象出来，以避免僵化在背景知识上。

### （二）学科具体学习策略

学习策略既可以是内隐的规则，也可以是外显的操作程序和步骤。它是对学习过程的规律性认识，具有一般性和普遍性。根据我们的实践，将一般学习策略转化为学科具体学习策略的步骤与方法如下。

**1. 对具体学科学习过程进行分解**

一个复杂的学习过程往往包含若干阶段，每个阶段都有各自的任务，因此需要采用不同的策略。我们在实验中，按照分解性原则，将语文学科阅读理解的学习分为4个最基本阶段：划分段落、归纳段意、总结中心思想、概括写作特点。这是把一般学习策略转化为学科具体学习策略的第一步。

### 2. 搞清楚每个阶段学习的性质，确定学习策略

对学习过程进行划分后，紧接着就要对每个阶段的学习内容及其性质进行分析，据此来确定每个阶段的一般学习策略。我们认为，学习策略是用以调节个人行为和认知加工过程的一般方法，主要包括识记策略、精细加工策略、组织策略和元认知策略(自我调节策略)。例如，划分段落属于对课文内容的初步感知，应该采用精细加工策略；归纳段落大意包括排除字词障碍、读懂每句话、搞清句与句之间的联系、总结出段落的主要意思，应该采用精细加工策略和组织策略；总结中心思想属于对各段内容的综合和概括，应采用精细加工策略和组织策略；概括写作特点是对写作方法的分析，应采用精细加工策略。

### 3. 根据不同学习内容，找出一般学习策略的具体表现形式

弄清楚每个阶段的学习内容与一般学习策略后，则要寻找一般学习策略的具体表现形式。例如，词语理解属于对词语的精细加工。但是光知道这些不行，还必须研究如何具体进行精细加工。在实践中我们总结出了对词语进行精细加工的3种形式：一是查工具书策略；二是口语转换策略，即将抽象难解的词语转换成意思相同或相近的口语；三是语境联系策略，即把具体的词语放在上下文中去理解它的含义。再如，段意归纳精细加工主要有两种具体表现形式。一是寻找中心句策略。有些段落常常含有概括段意的中心句，这样的中心句大多在段首，有的也在段尾，找到了中心句也就找到了这一段的段意。二是层意归纳策略。即将段中各层的大意归纳到一起，形成段意。

### (三) 学科学习经验提升的学习策略

一般学习策略最初都是来自个体的学习经验，因此，引导学生把自己和同学的学习经验总结提炼出来，上升为具体的学习策略是实现学习策略学科化的重要途径。例如，一位小学生学习《沁园春·雪》和《白雪歌送武判官归京》后，结合具体诗句，从描写的景物、表达的意境、抒发的思想感情3个方面对两首诗词进行了比较。实际上，这里就包含了诗歌比较阅读的图式。教师不能只满足于学生解决了具体问题，而应该因势利导，将其中所包含的诗歌比较阅读策略概括出来，明确地指给学生。这样，学生掌握了诗歌比较阅读的图式，就能独立地进行诗歌比较阅读。

## 三、学习策略的教学与训练的途径

关于学习策略的教学与训练，目前学术界已有大量的研究，并取得了有益的成果，具体来说，有以下几种主要的教学训练途径。

### (一) 指导性发现法

指导性发现法(guided discovery)的基本思路是：教师对学生的提问，可以引导学生发现正确的策略。有关的一项典型研究是柯林斯等人的询问教学法(method of inquiry teaching)。这种策略教学方法就是教师首先提出一系列问题，其中既包括策略得到了运用的内容，也包括已被证明策略没有任何效用的内容，通过这些问题还要反映出学生在特定的策略方面是有所欠缺的。然后，针对与策略相关和无关的因素提问，并且在这些问题中还要包含一些起干扰作用的

"偏题"。实验中，一旦学生发现了某些方面的策略，教师就要确切地询问认知规则模式，同时详细阐明保证策略得以应用的充分必要条件。这时，教师还要提供其他探查问题直至策略得以完全构建。提问要通过对当前策略与其他策略的比较，以及对认知规则如何才能迁移到新情境的预测的评估连续进行。

柯林斯等人认为询问教学模式具有科学性，并因此而坚信，学生能够接受教师使用的这种方法，同时能将其运用到现实的情境中去。当然，他们也看到，这种方法尽管可以使学生比较迅速地获取信息，但其对教师的要求是很高的，也就是说，能够胜任这种教学法的教师，不仅要有敏捷的思维，还要善于构建问题和事例。

### (二) 观察学习

观察学习来自班杜拉的社会学习理论。该理论认为，一种行为的习得是与学习者对示范者行为的观察分不开的。因此，在观察学习的过程中，示范是一个至关重要的因素。事实上，近期的一些研究已显示，示范不仅对行为的习得是必要的，而且对学习策略的获得也是举足轻重的，其中成对问题解决和象征性示范是较为有效的训练方式。

#### 1. 成对问题解决

劳赫德等人于1980年所倡导的这种教学方式，是指由两个学生共同解决问题，当一位学生(示范者)说出他正在解决问题的过程时，另一位(观察者)要不断地监控示范者以使其力求准确，同时还要连续不断地陈述作业过程。在整个实验过程中，要求每个示范者都在问题解决中运用大量的策略，并熟悉这些策略及其操作方式。结果观察者对示范者解决问题的过程的观察可以使其理解人类的弱点、解决问题的难度、可选方法及其优缺点。

#### 2. 象征性示范

象征性示范常被用来对儿童进行策略教学，其中一项比较著名的研究是利普曼的儿童哲学计划。实验中，由学习者阅读一系列虚构的儿童小说，小说中的角色既存在于课堂情境中，但又不像某一位具体的儿童。这些角色将诚实、友谊、同一性、公平、善良和自由等重要的概念运用于有关自然、语言、伦理、社会等主题的情景中，并且他们的思维过程还要为学习者提供良好的策略模式。实验结果表明，学习者通过对这些小说的阅读、讨论和练习，在思维技能和策略方面都得到了较好的发展。

### (三) 指导性参与

指导性参与(guided participation)是给学习者提供有关策略运用的时间和场所，使其通过练习将策略的运用习惯化。通过指导性参与对学习者进行学习策略教学的一项典型研究是由汉森等人于1983年提供的。他们引导四年级儿童实施一项指导性参与的复杂的阅读策略，实验持续10周，每周2天，实验干预发生在前期和后期的阅读活动中。实验的进程是，首先，在阅读一篇课文前，进行一次讨论来让学生比较自己的生活与课文情景的优点。讨论涉及图式激活(schema activation)的效用信息，它的执行可提高学习者对课文的有效学习。全部讨论在同一个阅读组进行。然后，让儿童自己阅读课文，并回答教师提出的解释性后置问题，这些问题可以帮助学生对课文做出解释性的理解。

该项研究的一个最重要的发现产生于训练结束时的阅读测量中。测量结果显示，差的阅读者已能够记住阅读材料的部分字面内容，并能回答某些更具推理性的问题；而好的阅读者获益的情况则没有统一性。另外，虽然汉森等人假定，他们改变了差的阅读者的课文加工过程，但由于没有对前期和后期测验进行直接测量，因此尚无充分的证据来阐明作为教学功能的加工转换过程。不过，无论如何，指导性参与教学通过重复呈现学习策略，完全可以使学习者对其得到学习、过度学习，直至自动化。同时，该方法还有一个最大的优势，即可以很容易地与实际的学校教学结合起来。

### (四) 定向解释

洛伊荷勒等人认为，与其他策略教学研究相比，定向解释(directed explanation)是较为完备的研究之一。他们指出，理想的定向解释可以提供明确、详细的有关如何执行构成策略的全部因素的信息，以及相关的具体策略知识或有关策略的信息。通常，学习者对这类信息的增加可以在后继作业与训练作业极其相似的时候，使相应的策略持续有效。而这种连续的策略运用又可以有条件地使学习者将其成功和失败分别归因于适当策略和不适当策略的执行，并且特别在策略执行、效用信息的提供，以及因策略执行而产生的操作改良同时发生的时候，这种归因更有可能产生。

关于定向解释的条件，雷德等人在一项研究中将其概括为如下 3 点：一是要有一套用来改进记忆过程的策略；二是除了这类认知策略，还要增加归因训练；三是要告知儿童，他们在训练期间已得到改良的操作起因于认知策略中的某些策略。同时他们在研究中还发现，掌握具体策略知识有助于对策略作广泛的概括。具体策略知识主要包括有关何时、何地、如何使用策略等内容。

教师的定向解释越好，学生的理解程度就越高，并且学生实际解决问题的行为品质与教师定向解释的品质之间具有协变关系，即良好的问题解决是与理想的定向解释联系在一起的。从这个意义上来看，教师在定向解释教学中所充当的一个重要角色就是具体策略知识的传达者。简而言之，他们在教学中要向学生提供全部有关的认知和元认知策略方面的信息。

### (五) 双向教学

双向教学(dyadic instruction)来源于维果茨基等人的理论观点和相关的支持性研究。他们认为，促进儿童良好策略使用的一种重要方式是，提供一定的机会以便让儿童与实施教学的教师之间进行交往。根据这一思路，双向教学的基本要求是：首先，教师要在实际对话中轮流执行各种策略；其次，策略加工过程要通过多种类型的课向学生公开展示；最后，教师在教学干预开始时，要对活动予以很负责任的指导，并将自我规范逐渐迁移给学生。

为了更好地理解双向教学，我们有必要将之与定向解释做一番比较。二者的差异在于：定向解释信息从教师流向学生，双向教学则是师生间持续的、彼此反映的互动过程；定向解释假定儿童可以迅速内化一种策略，双向教学则认为这种内化是渐进的，并且这种内化只能在良好加工的许多事件显示后才会发生。另外，在使用定向解释时，教师会明确地告诉学生什么是期望的加工过程，并且在儿童发生困惑时，还要对其进行调整。不过，这种调整远不及双向教学中显著。

关于双向教学的有效性，近来已有许多研究者进行了广泛的探讨，其中波林卡萨等人的实验是富有成效的。他们的实验要求在双向教学的课堂中，除了要有规定的课文，还要有一位引导者(学生或教师承担)来引导学习小组。实验的基本教学过程是：首先，在引导者对课文进行总结后，再由学生开始阅读课文；其次，引导者尝试着提出在测试中可能会出现的问题，并在必要时进行问题的讨论；最后，引导者对将出现的内容做出预测，并在学生发生困惑时给予帮助。另外，教师还需做出大量的认知诊断(cognitive diagnosis)，以便确知何时应引出必要的作业，何时该转向学生的认知自我调控。同时，在教学过程中，教师做出的一切努力都应注重传授给学生的策略要能使其受益，并且还要给学生提供诸如何时何地运用策略，以及这些策略因何有效等方面的具体策略知识。通过实验，研究者们确信，双向教学可以使学生的理解获得明显的进步，它一方面表现在提高了测验的成绩，另一方面表现在学生可以将课堂上训练的策略有效地迁移到具体的作业中去。

王某的情况在初一学生中是有一定代表性的。案例中的王某智力没有问题，学习也很努力，可能就是学习方法不当，不能利用有效的学习策略，不能合理地安排自己的学习时间，最终导致了学习成绩下滑。

初中的学习与小学相比在方法上有很大的不同，初中学习课程增多，内容加深，学科更加体系化和结构化。学生要根据初中课程特点的变化来调整自己的学习方法，找到适合自己的学习方法才能事半功倍。王某在学习上存在的问题是：学习上没有利用计划和监控策略；没有利用组织策略形成自己的知识结构；没有掌握记忆策略，习惯死记硬背；不能科学利用时间，不能有效复习；不会带着问题听课，不会利用记笔记策略。

下面我们给学生一些关于培养好的学习方法和学习习惯的建议，希望能帮助初一的学生尽快适应初中的学习特点。

(1) 学会有效利用时间，制订学习计划并学会学习。
(2) 利用组织策略，建构自己的知识体系。
(3) 善于利用资源，多向老师和同学请教。

# 第七章

# 问题解决能力及创造性的培养

**内容提要**

本章主要讲述了问题解决和创造性的含义、特点和可划分阶段;探讨问题解决的策略有哪些;影响因素分析及其训练方法。本章内容旨在使学生在了解什么是问题解决能力和创造性的基础上,进一步掌握问题解决能力和创造性的培养方法,对学生未来从事教育、教学工作具有重要的指导意义。

**学习目标**

(一) 认知目标

1. 识记问题解决及创造性的概念。
2. 能够陈述问题解决及创造性的影响因素和主要培养方法。

(二) 能力目标

1. 培养学生运用相关的知识来解释问题解决和创造性培养的教学现象。
2. 锻炼学生运用相关的知识和原理解决一些问题解决和创造性培养的教学问题。

(三) 情感目标

使学生感受到问题解决和创造性培养的有趣和有用,提高教师教育专业的学生对教学工作的热情与兴趣。

> 小丽是一个非常用功的孩子,每天都花一个多小时做奥数题。老师讲过的内容,她基本都能做得出来,但老师将题稍微变化一下她就做不出了。鉴于几次测试成绩都不理想,老师让她到奥数慢班去。
> 
> 小丽央求老师说:"老师,您别把我调到慢班,我一定好好做题,下次我一定好好考。"老师对小丽说:"我知道你很努力,很用功。但是只知道用功还不行,还要多动脑筋,掌握做题的方法,要提高自己的问题解决能力。"
> 
> 小丽觉得老师说的有道理。那么,什么是问题解决能力,怎样才能提高问题解决能力呢?

# 第一节 问题解决能力概述

人生活在这个世界上,随时随地都会遇到难题和问题,遇到难题以后人们就要想办法去解决问题,因此问题解决是人们日常生活的一个基本的部分,在人们的实际生活中占有特殊的地位。例如,家里停电了,我们要想办法弄清楚停电的原因,尽快解决停电的问题;医生要诊断出患者的疾病;工程师要设计一座桥梁;作家要写出一部好的小说,等等。人类掌握知识的目的在于解决所面临的问题,事实上我们每个人都是问题解决者。问题解决是高级形式的学习活动,发展学生的问题解决能力,让学生在解决问题的过程中学习知识、获得各种思维技能是教学的一个重要目标。

## 一、问题解决概述

### (一) 问题情境和问题解决概述

所谓问题情境就是个人不能用已有的知识经验直接加以处理并因而感到疑难的情境。我们这里所说的问题是属于必须自行找到方法从而达到目的的"难题"。例如,问别人多大年龄,做什么工作,家住在什么地方等,这类问题不属于问题解决的范围。但如果问别人汽车在途中坏了怎么办,遇到歹徒抢劫怎么办等,就属于问题解决的研究范围。由此可见,简单的问题不同于难题,前者的解决只要依据已有的经验就可立即做出回答,而后者的解决需要进行认知操作。因此,问题情境纯粹是个人主观的看法,如果当事人不进入情境,没有感到心理困境,任何问题也不能构成问题,而太难的问题对于能力不足或毫无经验的人来说,也不会构成问题情境。如把高考题给小学低年级儿童做,虽然题目本身的条件清楚,目的明确,但在小学生那里不会构成问题。

由以上说明可以看出,问题解决是由一定情境引起的,需运用一系列的认知操作来解决某种疑难问题的过程。具体说来就是当个人面对问题情境时,如何理解问题的性质,如何确定求解的目的,如何运用已有知识去思考推理,找到适当方法,解决问题,达到目的。

问题解决有两种类型:常规性问题解决和创造性问题解决。

常规性问题解决指解决的是有固定答案的,只需使用原先已经学会的、现成的方法就可以解决的问题。

创造性问题解决指解决的是没有固定答案的,要运用已有知识,通过发现新方法、新途径、新步骤来加以解决的问题。各种发明创造、技术革新都是创造性问题解决。当然,常规性和创造性是相对的。

有些问题对一些人来说是常规性的,而对另一些人来说却具有创造性。如机器坏了,对于技术员来说只是一个常规性的问题,而对于没有接触过这种机器的人来说就具有创造性的意义。这就如同创造想象与再造想象之间的关系。

根据语言的表述或非语言的描绘(图样、图解、模型、符号记录等)在头脑中形成有关事物的形象的想象,为再造想象。例如,建筑工人根据建筑蓝图想象出建筑物的形象;没有领略过北国冬日的人们,通过诵读某些描写北国冬日风光的文章,可在脑海中形成北国风光的情景。

再造想象有一定的创造性,但其创造性的水平较低。而创造想象是一种有意想象。它是根据一定的目的、任务,在脑海中创造出新形象的心理过程。用已积累的知觉材料作为基础,使用许多形象材料,并把它们加以深入,通过组合,创造出新的形象来。在新作品创作、新产品创造时,人脑中构成的新形象都属于创造想象。

### (二) 问题解决的特点

#### 1. 问题解决的情境性

问题解决是由一定的问题情境引起的。它使个体积极思考,运用一系列的认知技能去寻求答案、解决问题。没有问题情境就没有问题解决,而问题解决的结果则是问题情境的消失。因此,当个体再次遇到过去曾经解决过的问题时,他是不会感到疑难的,因而也不会再次构成问题情境。例如,勾股定理对于未学过的初中生是一个问题,当他学完之后,这种问题情境也就不存在了。

#### 2. 问题解决的目的指向性

问题解决是自觉的行为,具有明确的目的性。问题解决活动必须是有目的指向的活动,它总是要达到某个特定的目标状态。在解应用题时,其目的就是求出问题的答案。那些没有明确目的指向的心理操作(如白日梦),不能称为问题解决。

#### 3. 问题解决的操作序列性

问题解决包含一系列的心理操作,而不是单一的心理操作。它需要运用高级规则,进行信息的重组,而不是已有知识和经验简单地再现。例如,在猜"明月松间照,清泉石上流"这个字谜时,首先要想象,使头脑中呈现"影子"和"响声"的形象;其次要联想,在头脑中再现"影响"这个词;再次要思维,通过分析、综合、比较,把"影子"和"响声"结合到一起,从而判断出谜底是"影响"。那些只包括一个心理步骤,只需要简单记忆提取的活动,如回忆初中同学的名字,虽然具有明确的目的性,但没有操作序列性,因此也不能称为问题解决。

#### 4. 问题解决的认知操作性

问题解决的活动必须有认知成分的参与,它的活动依赖于一系列的认知操作来进行。有些活动,如拧螺母、举哑铃等,虽然它们也有目的,而且包括了一系列的操作活动,但这类活动基本上没有重要的认知成分参与,而主要是一种身体的活动,因而也不属于问题解决的范畴。

### (三) 问题的类型划分

心理学家一般采用两分法对问题加以分类。他们所采用的标准不同,因而划分的结果也不同。一般来说,在对问题的分类上,有5种不同的两分法。

#### 1. 界定清晰问题与界定不清晰的问题

界定清晰问题是指问题的起始或给定状态、问题的目标状态以及用于转换状态的方法均已清楚地规定的问题。例如,下象棋就是一个界定良好的问题,它的界定清楚,开局、每个子能走动的步子都是明确的,目标也是非常明确的,即要尽快"将死"对方。

界定不清晰问题是指对问题的起始状态、目标状态以及转换状态中的一项或几项缺乏明确的界定。例如,假如你是某国农业部部长,假想过去几年中农作物的产量非常低,问题是你要怎样才能增加农作物产量？这个问题的初始状态(某国的农业现状)和目标状态(到底要增产多少)都不清楚，所以它是一个界定不良的问题。

### 2. 对抗性问题与非对抗性问题

对抗性问题是指存在一个有理性的对手，尽力阻止问题解决者实现其意图，如下象棋。

非对抗性问题是指无对手参与的问题，问题解决者面临的是一些不会主动应答的材料，这些材料不会主动破坏问题解决者的目标。例如，解一个字谜就属于无对手的问题。

### 3. 专门领域的问题与一般领域的问题

专门领域的问题(也有人称之为语义丰富问题)，是指问题解决者具有大量的与问题有关的专业知识。而有些问题，问题解决者不具有大量的与之相关的专业知识，这类问题就叫一般领域的问题(也有人称之为语义贫乏问题)。如下象棋，对于一个初学者来说，由于他不具备大量的象棋方面的知识，因而属于一般领域的问题。而对于一个象棋大师来说，由于积累了大量的下棋的经验，因而下象棋就成为专门领域的问题。

### 4. 常规问题与非常规问题

常规问题是指那些可运用已有的方法或程序加以解决的问题。对这类问题，问题解决者虽不能立即知道问题的答案，但他知道应该运用什么方法找到答案。例如，888×888等于多少？对于大多数成人来讲就是一个常规问题。而非常规问题是指那些问题解决者没有可直接利用的解决方法，而必须自己创造，生成新的解决方法的问题。例如，假定给你一满杯水，要求你倒出其中一半的水。如果你以前从未解决过类似的问题，那么它就是一个非常规问题。

### 5. 有固定答案问题和无固定答案问题

有固定答案问题指在现存知识中已有肯定答案，这种问题很多，如几何数学题的解答、化学实验的结果。无固定答案问题指这类问题或者根本没有答案，或者有很多答案，或者到现在为止还没有找到答案。如什么蔬菜对人身体健康最有利？这个问题有很多答案，但没有唯一肯定的答案。

## 二、问题解决及问题解决的阶段

### (一) 问题解决的心理学含义

如果说在某种情境的初始状态和目标状态之间存在障碍就构成问题的话，那么问题解决就是运用一系列认知操作，扫除障碍，从而将初始状态转化为目标状态的过程。

要将初始状态转化为目标状态，中间必须经过各种不同的状态。这些初始状态，中间状态和目标状态就称为"问题空间"。这样问题解决也可看作是从初始状态开始，经过一系列的中间状态，最后达到目标状态的过程。

因此我们认为所谓问题解决，是思维活动的方式之一，是由一定的情境引起的，按照一定的目标，应用各种认知活动、技能等，经过一系列的思维操作的过程。

应该说问题解决是一种非常复杂的活动,包括整个认识过程、情绪过程和意志过程,其中思维活动是关键性的。当人面临一项任务而又缺乏现成的手段时,就会出现问题,它诱发思维活动去求解。一旦找到能完成该任务的手段或方法并实施后,问题就得到解决。可以说,问题解决是思维活动的最一般的形式。这种形式的思维活动一般具有明确目的,受意识控制。

(二) 问题解决的阶段

问题解决的过程是分阶段的,一般倾向于把问题解决的思维过程分为发现问题、分析问题、提出假设和检验假设4个阶段。

1. 发现问题

问题解决是从发现问题开始的。发现问题是认识问题的存在,并产生解决问题的需要和动机。问题只有在被发现的时候,才能引起人们解决问题的思维活动。问题是客观存在的,有的问题较为明显,易于发现;有的问题是别人发现的,这只需要解决问题的方法;而有些问题则比较隐蔽或不易被人发现。有人善于提出问题;有人对问题熟视无睹,如巴甫洛夫从人们司空见惯的"见食物,流口水"的现象中发现了条件反射,进而揭露了动物和人的高级神经活动规律。研究表明,发现问题的能力是个体思维发展水平的重要标志。

2. 分析问题

任何问题都包括要求和条件两个方面,这是问题构成的最普遍的形式。要求是指问题解决要达到的目标,条件是指问题解决过程中所能利用的因素和必须接受的限制。分析问题就是分析问题的要求与条件,找出它们之间的联系,把握问题的实质,找出问题解决的方向,这是解决问题的起点。例如,有这样一个问题:"用12根火柴围成4个正方形(见图7-1),请挪动其中3根火柴,使它变成3个正方形。"

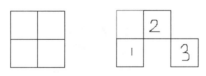

图7-1 问题解决实例

3. 提出假设

提出假设就是提出解决问题的可能途径、方法和策略。学生提出的解题设想,教师制订的教学计划,军事指挥员确定的作战计划,在正式实施之前都具有假设的性质。提出假设是具有创造性的阶段,也是解决问题的关键步骤。没有假设,问题就无法解决,提出假设是科学发展的必由之路。一般而言,对同一个问题,每个个体往往会提出多种假设,这就需要进行选择,以确定最佳方案。最佳方案的产生不在于假设的数量,而在于假设的质量。当然,质量和数量是紧密联系在一起的。良好的假设常常是从众多的假设中挑选出来的,所以,思路敏捷、开阔、能够集成多种假设的人,一般是善于解决问题的。

4. 验证假设

验证假设就是通过一定的方法来确定假设是否符合实际,是否符合科学原理。验证假设的方法有两种。第一种,直接验证,即通过实践来验证。一个假设在付诸实施之后如果获得预期的结果，就证明它是正确的；否则这个假设就是不正确的。第二种，间接验证，即通过推论来验证。直接验证虽然可靠，但局限性很大，有些假设不可能或不允许进行直接验证。例如，军事指挥员的作战计划、卫星发射、医生的手术方案，都不能使用直接验证的方法。在确定这些计划方案的时候，都必须进行可行性验证。这种验证是在实施者头脑中用推论的方式进行的。通过讨论淘汰错误的假设，保留合理的假设，选择最佳假设，这是人们在解决问题时常用的验证方法。事实上，间接验证的结果是否正确，最后还要用直接验证的结果来证明。

### 问题表征能力的测验

(1) 一天早晨，就在日出的时候，一个和尚开始爬一座高山。一条狭窄的山路，不超过1米宽，环绕着山盘旋，一直通向山顶上闪闪发光的寺庙。和尚以变化的速度攀登，沿途多次停下来休息，吃随身携带的干粮。日落之前不久他到了寺庙。几天的禁食和冥想之后，他开始沿着同样的路下山，仍然是日出时起程，以变化的速度行走，沿途多次停下来。当然，他平均的下山速度大于平均的上山速度。请证明，沿着山路有一个地点，和尚上山和下山的旅途中，恰好在同一个时间到达了这个地点。

(2) 一个人用60美元买了一匹马，卖了70美元，用80美元再买回来，最后再以90美元卖出，请问这个人在这桩交易中赚了多少钱？

(3) 下图(图7-2)显示的是一个残缺的国际象棋棋盘，它有两个角被切掉了，现只剩下62个正方形。假若你有31张骨牌，每一张恰好可以遮盖棋盘上两个正方形，你是否能够用骨牌把这个棋盘上的所有部分盖住呢？

图7-2 残缺的国际象棋棋盘

(资料来源：格里格，津巴多. 心理学与生活[M]. 王垒，王甦，译. 北京：人民邮电出版社，2003.)

无论领域如何不同，问题情境怎样，解决问题的难易程度如何，解决问题都具有一些共同的特点。第一，解决问题是解决新的问题，即所遇到的问题是初次遇到的问题。如，某一个教学问题，如果不是第一次进行解答，而是第二次、第三次解答甚至多次答过，就称不上解决问题，只能说是一种操练，解决问题与练习是不同的。第二，在解决问题时，要把掌握的简单规则(包括概念)重新组合，以适用于当前问题。因此，原先习得的简单规则，是解决问题过程中的思维的素材。第三，问题一旦解决，人的能力或倾向性随之发生变化，在解决问题过程中产生的高级规则(已有规则的组合)，储存下来构成学生"知识宝库"(认知结构)中的一个组成部分，以后遇到同类情境时，借助回忆即可做出回答而不再视为问题了。所以解决问题是更为高级的一种学习活动。

# 第二节 问题解决能力的培养策略

教学的最终目的是要使学生能自如地解决问题。那么，解决问题是如何展开的？怎样才能培养学生问题解决的能力？这是历来教育学家和心理学家探讨的重点。

## 一、问题解决的策略

问题解决策略是在解决问题的过程中，搜索问题空间、达到目标状态所运用的策略的总称。一个人在解决问题时都会采取一定策略。

某种策略对问题解决是否有效取决于两个方面：一方面是采取的策略是否正确，另一方面是问题的性质和内容，即采取的策略是否适合该问题的解决。问题解决的策略主要有以下几种。

### (一) 算法式策略

算法式策略是指在解决问题的过程中，对所有可能的方案一一尝试，如果发现一个方案是错误的，就换另一个方案继续尝试，直到找到最正确的方案为止。好比你要用一串钥匙开一扇门，不知道哪一把钥匙能开门，于是一把一把地全部试下去，直到门开为止。这是一种不断尝试，不断出错误，最终成功的策略。采用算法式策略，肯定能够解决问题，但是费时费力。因此，人们在日常生活中更倾向于采取另一种问题解决策略——启发式策略。

### (二) 启发式策略

从某种方面来讲，启发式策略和算法式策略的关系更像是专家和新手的关系。启发式策略是一种运用已经积累的知识和经验的方法。例如，同样是一串钥匙开一扇门，你不知道哪个才是开门的钥匙，如果你是一个"新手"，没有经验，你可能会按照算法式策略，一个一个地去试验；如果你是一个"老手"，你可能就不会用那样笨的办法了，因为如果钥匙有几十甚至上百个，那何年何月才能开门呢？你会根据自己的经验猜测，如看看门锁是什么牌子的，那就先拿同样牌子的钥匙试试看，也许就会一举成功。虽然启发式策略不能保证一定能解决问题，是投机地选择试验，要冒一定的风险，但是它能够有效地节省解决问题的时间，解决问题的效率也更高。而且，启发式策略能够更加突出认知操作过程，也就是突出大脑智慧在问题解决过程中的作用，有助于了解思维活动的过程。

启发式策略具体包括以下4种类型。

#### 1. 手段—目的分析

"目的"指问题的目标状态，"手段"指达到目标状态所用的"算子"，也就是想要达到目标状态所运用的每一步解决方式。以英语学习为例来说明手段—目的分析策略，"There are many books on the desk."想要明白这句话的含义，首先要知道各个单词的基本意思，其次要知道"there be 句型"的含义，然后才能很准确地进行翻译和理解。在这里，理解这句话是目标状态，了解单词的含义及句型的意义就是手段，也就是算子。因此，手段—目的分析策略就是指在明确原始状态和目标状态的前提下，找到缩小原始状态和目标状态差距的算子，然后一一实现这些算子，直到达到目的。

### 2. 逆向搜索

和手段—目的分析策略相似，逆向搜索策略也要求在原始状态和目标状态之间进行算子的运用。但是，不同之处在于，逆向搜索是从目标状态向原始状态进行搜索，寻找合适的算子。以一数学题目为例：小明和小红一起去文具店，小明买了7本本子，每本1元；小红在文具店花的钱数是小明的2倍，小红买了10本本子，其中有8本本子每本1.5元，另外2本本子的价钱一样。请问，另外2本本子每本多少钱？想要知道"另外2本本子每个多少钱"，就要知道"另外2本本子一共花了多少钱"；想要知道"另外2本本子一共花了多少钱"，就要知道"小红一共花了多少钱"，还要知道"剩下的8本本子一共花了多少钱"；想要知道"小红一共花了多少钱"，就要知道"小明一共花了多少钱"。就这样一步步地逆向搜索，直到找到达到目标状态的最重要的一个算子。

### 3. 爬山法

顾名思义，爬山法就是指在问题解决的时候，将问题的目标状态(答案)比喻成山顶，将问题的初始状态(已知条件)比喻成山脚，将问题的解决过程比喻成一次爬山的过程。从山脚向山顶爬的时候，不可能一下子就爬上山顶，需要在山脚和山顶之间进行切分，设立一个个小的爬山目标，如从低到高依次可以有果园、索道、"农家乐"等小目标，先爬到果园，然后爬到索道，再爬到"农家乐"，最后到达山顶。爬山法与手段—目的分析策略的不同之处在于，它强调每一个步骤的顺序性。

### 4. 类比策略

如果说前面的3种策略都很少运用自己已有的知识和经验，不能够体现你的智慧和专家水平的话，那么类比策略就是一个非常依赖已有经验的策略。在解决问题时，它是使用最多的一种策略，即在解决问题的过程中，回想自己过去曾经成功解决的、与当前问题比较类似的问题，分析以前的问题情景与当前的问题情景在哪些方面存在一致性，再将以前的成功策略运用到当前的问题解决之中。它反映了迁移在问题解决中的作用。例如，在学习物理"电磁感应现象"时，许多人对"导体是否做切割磁感线运动"感到迷惑，常常错误地认为"只要导体的运动方向与磁感线方向垂直，导体就做切割磁感线运动"。在学习这部分知识时，不妨采用类比的方法，把磁感线想象成一根根下垂的面条，把导体想象成锋利的刀子，导体在磁场中运动就相当于刀子在面条中运动，只要刀子的运动能切断面条，导体就做切割磁感线运动，这样理解起来就容易多了。将抽象的知识用自己已经知道的形象的事物来理解，很快就能掌握了。

## 二、影响问题解决的因素

问题解决的思维过程受多种心理因素的影响，有些因素能促进思维活动对问题的解决，有些因素则妨碍思维活动对问题的解决。下面讨论其中主要的几种。

## (一) 知识经验

解决问题的知识经验越丰富，就越有利于问题的解决。善于解决问题的专家与新手的区别，在于前者具备有关问题的知识经验并善于实际运用这些知识来解决问题。例如，一位老医生与一名刚参加工作的年轻医生，在面对一名具有很多症状的患者时就采取了不同的处理方式。年轻医生不确定病人患了什么病，于是为病人开出了各种各样的医学检查单，在有了一套几乎完整的信息之后，才可能做出正确的诊断。但有经验的老医生很可能会立即认定这些症状符合某种或少数几种疾病的诊断模式，仅仅对病人做了有限的检查后便很快做出了相当准确的最后诊断。

那么，知识经验为什么能促进问题的解决呢？西蒙等人对这个问题进行过研究。他们把具有 25 个棋子的国际象棋盘以 5 秒的时间向国际象棋大师和棋艺不太好的一般棋手呈现(5 秒的时间，被试完全能看清棋盘，但不能存入长时记忆)，分两种实验条件：第一种是把象棋好手下到一半的真实棋盘布局呈现给这两组；第二种是在棋盘上随机摆上 25 个棋子的布局呈现给这两组。呈现棋盘撤走后，要求被试把刚才看过的棋盘布局在另一棋盘上摆出来。结果发现，对于真实的棋盘布局，象棋大师能恢复 25 个棋子中的 23 个，而一般棋手则只能恢复 6 个左右；对于随机排列的棋盘布局，象棋大师和一般棋手能恢复的数量是相等的，都是 6 个。研究还表明，专家在看棋盘上的有规律的 25 个棋子时，并不是看 25 个孤立的东西，而是以组块为单元，加上组块之间的关系来看这棋盘的。根据对国际象棋大师的研究，西蒙认为，任何一个专家必须储存有 5 万～10 万个组块的知识，而要获得这些知识的时间不得少于 10 年。由于专家储存有大量的知识以及把这些知识运用于各种不同情况的丰富经验，因而他能熟练地解决本领域所遇到的各种问题。需要新手冥思苦想才能解决的问题，对专家来说也许只要检查一下储存的解法就可以了。

## (二) 问题表征

问题表征是在头脑中对问题进行信息记载、理解和表达的方式。要能解决一个问题，不仅有赖于我们分解该问题的策略，也有赖于我们对该问题如何进行表征。如图 7-3 所示的九点方阵和火柴排图两个问题，看似简单，做起来并不容易，不容易的原因是受到知觉情境的限制。左图中的 9 个点，很容易使人在知觉上构成一个封闭的四边形，从而让人难以突破知觉经验，但四段直线必须延伸到 9 个点构成的区域之外才能达到目的；右图中的 6 根火柴是在平面上排列的，但想在平面上排成 4 个连接的三角形，6 根火柴无法达到目的，唯一的可能是将 6 根火柴架成立体的。

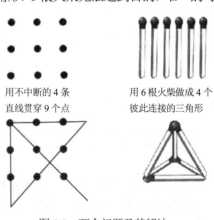

图 7-3 两个问题及其解法

再看下面的例子,已知一个圆的半径是6厘米,请问圆的外切正方形的面积是多少?这个问题的知觉呈现方式有两种(见图7-4)。由于a图较难看出圆半径与外切正方形边长之间的关系,而b图较容易看出圆半径与正方形边长之间的关系,所以学生一般在解决a图问题时出错多,解决b图问题时出错少。

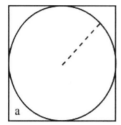 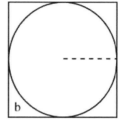

图7-4 两种圆外切正方形图

### (三) 思维定势

思维定势是个体先前的思维活动形成的心理准备状态对后继同类思维活动的决定趋势。定势常常是意识不到的,有时有助于问题的解决,有时会妨碍问题的解决。最初研究定势在解决问题中的作用的是梅尔。在他的实验中,对部分被试利用指导语给予指向性的暗示,对另一些被试不给予指向性暗示。结果,前者绝大多数被试能解决问题,而后者则几乎没有一个能解决问题。

定势对问题解决的妨碍作用可以从陆钦斯的实验中看到。在实验中,告诉被试有3个大小不同的杯子,要求他利用这3个杯子量出一定量的水。其实验程序如表7-1所示。实验结果表明,通过序列1~5的实验,由于被试形成了利用 B-A-2C 这个公式的定势,结果,对序列6和序列7,也大都用同样方式加以解决,竟然没有发现原本应该显而易见的简单办法(即A-C 和A+C)。从这个例子可以看出,定势使问题解决的思维活动刻板化。

表7-1 陆钦斯的量水问题实验序列

| 序列 | 三个杯的容量 | | | 要求量出水的容量 |
| --- | --- | --- | --- | --- |
| | A | B | C | |
| 1 | 21 | 127 | 3 | 100 |
| 2 | 14 | 163 | 25 | 99 |
| 3 | 18 | 43 | 10 | 5 |
| 4 | 9 | 42 | 6 | 21 |
| 5 | 20 | 59 | 4 | 31 |
| 6 | 23 | 49 | 3 | 20 |
| 7 | 15 | 39 | 3 | 18 |

### (四) 功能固着

功能固着指一个人看到某个物品有一种惯常的用途后,就很难看出它的其他用途。初次看到的物品的用途越重要,也就越难看出它的其他用途。这是一种特殊类型的定势。这个概念是德国心理学家东克尔首先提出的。他在一个实验中,让学生们想办法在一块垂直的木板上放置蜡烛，并要使蜡烛能够正常地燃烧。东克尔给每个学生三支蜡烛，以及火柴、纸盒、图钉和其他东西。被试中有一半人分到的是放在纸盒里的材料，另一半人分到的东西都散放在桌面上。东克尔发现，把东西放在盒子里提供给被试，会使问题解决变得更困难，因为此时盒子被看作是容器，而不是能够参与解决问题的物体。在这个实验中，解决问题的方法是要先将盒子钉在木板上，把它当烛台用。

另一个实验是美国心理学家梅尔设计的一项摆荡结绳的实验。该实验设计的问题情境是在一个房间内，由天花板上垂下两条绳子，要求被试设法将它们连接在一起。房间里还摆放有一把椅子、一把钳子和其他东西(见图7-5)。问题是两条垂绳间距太远，被试无法同时用手将它们连接。实验设计的目的旨在观察被试能否突破功能固着，利用现场所陈列的材料，达到问题解决的目的。这一问题的解决办法是将钳子拴在一条垂绳上，使垂绳摆动，摆动期间有时两绳间的距离缩短，被试就可以同时抓住两条垂绳，即可结在一起。实验结果发现，只有39.3%的被试能够想到上述方法解决问题。显然，大多数被试没想到钳子可以用作摆锤，在他们看来，钳子的功能就是拔钉或剪断铁丝等。

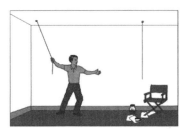

图7-5 结绳问题

功能固着也是思维活动刻板化现象。在日常生活中经常碰到，硬币好像只有一种用途，很少有人想到它还能用于导电；衣服好像也只有一种用途，很少有人想到它可用于扑灭烈火。这类现象使我们趋向于以习惯的方式使用物品，从而妨碍以新的方式去用它来解决问题。

(五) 酝酿效应

当反复探索一个问题的解决而毫无结果时，把问题暂时搁置一段时间，几小时、几天或几个星期，然后回过头来解决，反而可能很快找到解决办法。这种现象称为酝酿效应。在酝酿期间，个体虽在意识中终止了解决问题的思维过程，但其思维过程并没有完全终止，而仍然在潜意识中断断续续地进行着。通过酝酿，最近的记忆和已有的记忆被整合在一起，弱化了心理定势的效应，并容易激活比较遥远的思维线索，因而容易重构出新的事物，产生对问题的新看法，使问题得以顺利解决。

(六) 动机强度

人在解决问题的过程中，总会伴随一定的动机，如人们的社会责任感、学习态度、学习兴趣等都可成为活动的动机。心理学家的研究表明，适中的动机水平有利于问题的解决，过强或过弱的动机水平不利于问题的解决。因为太强的动机水平，会使人处于高度的紧张状态，因而容易忽视解决问题的重要线索；而动机太弱，个体又容易被无关因素所吸引。

### (七) 情绪状态

情绪对解决问题具有重要影响。紧张、惶恐、烦躁、压抑等消极情绪会阻碍解决问题的效率，而乐观、镇静、愉悦、轻松的情绪有助于激发人的潜能，使智力活动处于积极、敏锐、灵活状态，从而让问题得到顺利解决。耶克斯—多德森定律揭示了问题解决的操作与情绪动机水平之间的关系，有助于理解情绪对问题解决的影响作用，即问题解决的效率会受问题的难易和问题解决者的情绪状态的影响。在解决困难问题时，操作成绩的最佳状态是处于较低的唤醒水平，而在解决比较简单的问题时，操作成绩的最佳状态是较高的唤醒水平。

### (八) 个性差异

个性的差异影响着问题解决的效率。理想远大、意志坚定、谦虚勤奋、情绪稳定、富有创造性等优良品质都有助于问题的解决；而缺乏理想、意志薄弱、情绪不稳定、骄傲懒惰思想守旧等消极品质则有碍问题的解决。

### (九) 人际关系

人处在一个复杂的社会中，解决问题不仅受个人心理因素的影响，还会受到人们之间相互关系的影响。例如，人在解决问题时，往往要求自己与周围的人采取一致的方式，这种现象称为从众现象。团体内的相互协作和相互帮助，是使问题得以迅速解决的积极因素；相反，互不信任、人际关系紧张则会妨碍问题的解决。

总之，影响问题解决的心理因素是多方面的。它们不是孤立地起作用，而是互相联系、互相影响，综合地影响着问题解决的思维过程。

## 三、问题解决能力的训练

教师可以通过掌握问题解决的常规步骤，来培养学生问题解决的能力。教师在教学活动中应重视学生问题解决能力的培养，因此应很好地运用以下教学策略。

### (一) 构成良好的问题空间的策略

学生在解题时首先碰到表征问题，其关键是要在头脑中构成良好的问题空间，也就是理解题意。因此，教师应从3个方面进行指导。

(1) 要准确理解问题表述的语意，要求学生仔细阅读题目，从文字上看清解题的目标和条件，克服粗心大意的毛病。

(2) 要由表及里深入把握题意，帮助学生克服由于问题情境呈现的方式不同所造成的认知障碍。青少年学生在问题解决过程中需要感性经验、直观形象材料的支持，因此在把握题意时，教师要尽可能做出示意图，以利于表征问题。

(3) 要正确判断问题类型，帮助学生将当前问题纳入自己头脑中已形成的问题类型之中。首先，教师要在平时注意解题类型的归纳，以便在头脑中形成相应的认知结构，为正确解题创造必要条件；其次，要善于去伪存真，把握问题实质。

## (二) 有效填补认知空隙的策略

在填补认知空隙方面，教师指导学生应注意以下 3 个方面。

(1) 要利用迁移的积极影响，克服定势的消极作用。教师要引导学生解题时不仅要正确判断题目类型，而且一旦发现问题，要及时分析、审视，善于变通，换角度求解，不为定势所束缚。

(2) 注意运用解决问题策略。当有些问题不能简单归入某一类型，或使用已有知识不能求解时，应积极运用一些解决问题的策略。教师应结合学科教学，给学生具体的解题策略指导，使学生不仅掌握解题知识，还能掌握学习策略。

(3) 调控解题时的心理状态。教师要让学生学会调控自己的心理状态，使自己处在动机强度适中、情绪平和的心境之中解题，以取得最佳的解题效果。

## (三) 解题后再反思的策略

解题后的反思是提供有效的解题保障、提高教学质量、发展元认知思维的重要环节。教师应注意培养学生解题反思能力。对此，教师应指导学生进行以下 3 点反思。

(1) 反思解题过程。教师要帮助学生克服重结果、轻过程的倾向，引导学生养成解题后再反思的好习惯。这包括反思问题表征、问题归类、求解思路和操作过程。反思时应避免解题定势的影响，要换一个角度审视，这样，往往易于暴露问题。

(2) 反思解题方法。教师应该要求学生解题时，不能满足于一题一解，而要积极寻求其他可能的解法，争取一题多解。这样做可以发展学生的发散思维。

(3) 反思解题途径。学生往往满足于问题的解决而不注意解题后的反思总结，使解题经验得不到及时提炼和概括。因此，当题目完全做好，解题结果和过程也都核查无误后，对解题的反思尚未结束，学生还应对解题经验进行反思和总结。

## (四) 提高问题解决技能的策略

要帮助学生提高解决问题的能力，教师可以做以下几件事。

(1) 形成接纳意见的气氛。教师应鼓励学生积极投入解决问题的活动，创造性地看待问题，要让学生有时间酝酿和讨论。教师对于学生间的个别差异应给予注意。

(2) 仔细地界定问题。学生在解决问题之前必须正确理解问题。教师应当让学生用文字界定问题并进行练习，检查学生对问题是否理解，包括目标、给定的算子及运用算子操作有何限制，培养学生仔细界定问题的好习惯。

(3) 表演如何分析问题。教师应通过表演给学生示范如何分析问题，教会学生区分重要信息与不重要信息，然后让学生考虑并写出他们面临的是什么样的问题，必须使用哪些条件，以及如何运用它们来解决问题中的每一个子问题，使其学会对问题的解决做出计划。

(4) 提出假设。教师应鼓励更多的学生尽可能多地提出许多不同的思路，而不对它们的价值作评判，以培养学生创造性地从多角度解决问题的能力，避免学生过早地只局限于一种解决问题的途径。

(5) 评价每个假设的优缺点。教师先让学生考虑或写出解决同一个问题的几种假设的意义，然后自己把这个过程表演给学生看，帮助学生确定哪一种是最好的假设，让学生知道自己最初选择的不一定是最好的。教师应教会学生在选择途径时，把时间价值、金钱投入和道德要求结合起来，评价每个假设的优缺点，然后选定解决途径。

(6) 考虑影响问题解决的因素。教师应告诉学生影响问题解决的因素有哪些，让他们知道问题解决过程中遇到障碍是正常的，只要他们正确认识障碍并加以克服，就可以解决问题。

(7) 运用类比。运用类比有助于学生把新的信息与先前的知识整合起来。这种整合有利于从记忆中唤起更多的信息，把解决相似问题的成功经验迁移到当前要解决的新问题上，从而减少错误与所需时间。

(8) 提供练习解决问题的机会并给予反馈。教师可以介绍自己解决实际生活、工作、学习中问题的经验，也可以用有问题答案的练习让学生练习解决问题，还可以鼓励学生和他们的家长提出可供全班同学来考虑的问题，可以建立问题解决学习中心，奖励"问题解决"成绩好的优秀学生，以鼓励学生正确有效的思维。教师要把问题解决的结果及时反馈给学生，以激发学生解决问题的动机。

# 第三节 创造性概述

创造力是问题解决能力的最高表现，培养学生的创造力和创造精神是教育所追求的重要目标之一。创造力的核心内容就是创造性思维。

## 一、创造性思维概述

创造性思维是指人们运用新颖的方式解决问题并产生独特的、有社会价值的产品的思维过程。新理论的提出、新技术的发明、文学作品的创作等都属于创造性活动。

在人类的创造性活动中，一般有两种情况。

一是"真创造"，它是一种产生了独创性成品的活动，这种独创性成品是人类历史发展过程中首创的。

二是"类创造"，它也带来了某种独创性的成品，但这种成品在人类历史上并非首创，只是就个人而言，其成品具有独创性，例如，高斯在少年初期就独立地发现了计算 $1+2+\cdots+100$ 的简单方法，表现出了一种新颖独特的创造性的思维能力。但这种能力只能称之为类创造，这与其成年后提出"高斯定理"的思维能力虽然没有本质区别，但毕竟用首尾相加的办法计算连续正整数之和，在高斯之前就有人提出过。提出"高斯定理"才是真正的创造活动。

从实践上看，类创造往往表现在青少年阶段。在"类创造"中培养出来的能力和良好的个性品质，可以为以后在工作和事业中进行"真创造"打下良好基础。

独特性指的是与众不同或前所未有的意思，它是创造性思维的主要特征之一。但是具有独特性的产物不一定都有创造性，还要看它是否有社会价值。精神病人的胡言乱语是独特的，但不能说它有创造性。某种产物不仅要具有独特性，而且要符合客观规律，才具有社会价值。

## 二、创造性思维的特点

### (一) 思维的流畅性

思维的流畅性是指在限定时间内产生观念数量的多少。在短时间内产生的观念多,思维流畅性大;反之,思维缺乏流畅性。吉尔福特把思维流畅性分为4种形式:一是用词的流畅性,是指一定时间内产生含有规定的字母或字母组合的词汇量的多少;二是联想的流畅性,是指在限定的时间内能够从一个指定的词当中产生同义词(或反义词)数量的多少;三是表达的流畅性,是指按照句子结构要求能够排列词汇的数量的多少;四是观念的流畅性,即能够在限定的时间内产生满足一定要求的观念的多少,也就是提出解决问题答案的多少。前3种形式必须依靠语言,后1种既可借助语言也可借助动作。

### (二) 思维的灵活性

思维的灵活性是指摒弃以往的习惯思维方式,开创不同方向的能力。例如,让被试"尽可能举出报纸的用途",他会有"学习用""包东西""当坐垫""折玩具""剪成碎片扬着玩""裹在身上取暖""用来引火"等各种各样的答案。富有创造力的人,思维比一般人的思维出现的想法散布的范围大,而缺乏创造力的人思维通常只想到一个方向而缺乏灵活性。

### (三) 思维的独特性

思维的独特性是指产生不寻常的反应和打破常规的能力,此外还有重新定义或按新的方式对我们的所见所闻加以组织的能力。例如,在吉尔福特的"命题测试"中,向被试提出一般的故事情节,要求他们按照自己的意思给出一个适当的题目,富有创造力的人给出的题目较为独特,而缺乏创造力的人常常被禁锢在常规思维之中。当然,创造性思维者还要对新颖独特的观念具有高度的敏感性,具有及时把握的能力。

## 三、创造性思维的基本过程

关于创造性思维过程的研究主要是通过对创造发明者的自述或科学家、艺术家的日记及传记等材料的分析完成的。英国心理学家华莱士提出了创造性思维的四阶段说:准备期、酝酿期、豁朗期、验证期。

### (一) 准备期

准备期指创造活动前,积极搜索有关资料和信息,筛选与问题有关的观念,积累有关知识经验,为创造做准备的时期。通常准备期要花费较长时间,能否实现创造取决于准备时间的长短和对前人所积累的有关同类问题的知识经验的掌握。

### (二) 酝酿期

酝酿期是指在积累一定知识经验的基础上,在人脑中对问题和信息资料进行周密细致的探索和深刻的思考,力图找到解决问题的途径和方法。这个阶段从外表上看并没有明显的外部活动，创造者的观念仿佛处于"冬眠"状态，有时还搁置对问题的思考，从事着其他工作，但实际上是在潜意识和意识的思维活动中断断续续地涌动着，有时会在一些无关活动中受到启发，使问题得到创造性解决。这个阶段的最大特点是潜意识的参与，虽然有些问题百思不得其解，只能搁置一旁，但潜意识思索并未停止，其正在搜集灵感和可能的解决方案，一旦酝酿成熟，答案就会脱颖而出。

### (三) 豁朗期

豁朗期指新思想、新观念、新形象产生的时期，又叫灵感期。经过酝酿期之后，灵感常常因无意中遇到某种情境而使解决的办法突然明朗起来。希腊科学家阿基米德解决测定王冠含金量的问题就是获得灵感的经典例子。据记载，国王购买了一顶华丽的王冠，想知道王冠是不是纯金的。阿基米德接受了这项艰巨的任务，但反复思考不得其解。一天他在洗澡时，发现他所排出的水的体积等于身体浸在水中的体积，他立刻想到，如果把王冠浸没水中，它将置换出同体积的水，由此便可确定王冠是不是纯金的。阿基米德就是在灵感突然闪现的一瞬间解决了这个问题。

### (四) 验证期

验证期是对明朗阶段出现的新思想、新观念进行验证、补充和修正，使其趋于完善的阶段，也是对整个创造过程的反思过程。在这个阶段，经过理论和实践的多次反复论证和修改，无数次的汰劣存优，创造性活动获得了圆满的结果。如果验证失败，问题仍未得到解决，则需要返回到前面的准备期或酝酿期。验证阶段既可以采取逻辑推理的方式进行，也可以通过实验或实践活动检验所获得的创造性成果。

# 第四节 创造性的测量与培养策略

目前，我国的社会所面临的许多经济、社会和环境问题确实需要创造性思维。在学校中培养学生的创造性是很有必要的。但是教师如何促进学生创造性思维的培养呢？要想培养学生的创造性思维，首先要对影响学生创造性发展的因素进行分析。

## 一、影响创造性发展的因素

影响创造性思维的因素多种多样，而且，同一种因素既可能促进也可能阻碍创造性思维的发展，这与因素的性质与程度有关。

### (一) 智力、遗传素质和脑的活动方式

一般来说，创造性往往需要中等以上的智力。研究表明，智商和创造性并无直接的因果关系。非常聪明的人可能非常有创造性、非常一般或者在两者之间，中等智力的人可能较有创造性，也可能创造性较少，而智力低下的人则缺乏创造性。创造性似乎也与智力相似，我们都具有智力和创造性，但某些人，具有其中的一种或两种更多一些。

由于人类大脑两半球的单侧化,在右半球加工的信息与具体形象思维能力、空间认识能力、直觉能力及想象能力有关。两半球的和谐发展与协同活动是创造性发展的物质基础。因此,要使学生在发展过程中将两半球的功能,特别是右半球的功能得到充分的发展。

### (二) 信息存储量

由于我们的所有观念都是通过提取记忆储存中的信息加工而成的,因此,思维必须以大量的信息为基础。产生观念的流畅性、灵活性和独特性都与信息量有关。从这个意义上说,储存的信息量越多,创造性思维发生的可能性就越大;反之,储存的信息量越少,创造性思维发生的可能性就越小,即便有,也属偶发现象。

### (三) 动机

创造性思维者一般都受好奇心的驱动,即渴望找到问题的答案。这样他才会对各种问题都很敏感,会时时感到一些问题在向他挑战,才会对各种新观念保持较高的敏感性,从而促使他孜孜不倦地力图解决问题。但是,动机过于强烈,就会变成创造性思维的障碍,促使你即刻找到答案,从而限制你的视野,使你接受已有的(也许是不合适的)解决方法。人们不受生活琐事或紧迫任务束缚时,是萌发创造性思维的最佳时机。

### (四) 个性

一个故事说有一家主人带着一只小猴和一头小驴一起生活,这只小猴很机灵,总在房顶上跳来跳去,主人见了人就夸,说我的小猴太聪明了。后来小驴看它老受表扬,有一天终于自己也很费劲地踩着柴垛艰难地上了屋顶,结果一上屋顶就把主人的瓦给踩破了,结果被主人拖下来暴打一顿。这个小驴想我做了小猴做的事情,为什么它要受表扬,而我要挨打呢?这是为什么呢?其实这样的境遇,发生在很多人的身上,就是我们过分地仿效了他人的行为,刻意强调了社会通行的标准。所谓的时尚、所谓的流行,是一种潮流趋势,让我们迷失自己的心,而趋同于统一的标准。

人们对艺术、建筑、文学、科学等领域中有创造性的人的个性特征进行了科学的研究。一般说来,有创造性的人倾向于:有见识、有洞察力、喜好独立判断、善于吸取经验教训,以及语言流利,兴趣广泛。他们对理论观念与符号转换的兴趣大于对实际而具体的事物的兴趣。创造性的人有雄心、有决心、敢于前进,且能预计自己的"命运",他们常常不落俗套、倔强、爱表现。有的研究还提出,创造性和智力均高者,自信心和自重感高,不采取守势;社会地位高,积极寻找志趣相同的人,还表现出很强的注意广度和集中注意的能力,同时也出现猎奇和犯规行为的倾向。有高度创造性的人,焦虑水平一般中等适度。焦虑水平太低或太高时似乎都会抑制创造性。

### (五) 人格

在心理学上,人格因素与认知因素紧密相关,同样,人格因素与创造力之间的关系相当密切。心理学家吉尔福特的研究表明,具有创造性的个体具有以下特征:一是有高度的自觉性和独立性;二是具有旺盛的求知欲;三是有强烈的好奇心;四是知识面广,善于观察;五是工作中讲究条理、准确性和严谨性;六是有丰富的想象力、敏锐的直觉,喜好抽象思维,对智力活动有广泛兴趣；七是富有幽默感；八是意志品质出众，能排除外界干扰，长时间地关注某个兴趣中的问题。一些研究也表明，影响创造力的人格因素主要有：胆怯、过分的自我批评、懒惰、从众、狭隘、刻板、骄傲、自我中心等。

### (六) 环境

创造性的培养不是一朝一夕之功，而是长期实践的结果。因此，社会、家庭和学校环境都会影响创造性思维的发展。父母的管教方式和家庭气氛，是影响孩子创造性发展的主要因素。如果家庭教育过分严格，家长过分要求孩子服从，孩子的创造性就差；如果家庭氛围比较民主，家长注意发展孩子的创造性，情况就会好很多。例如，家长给孩子买玩具时是只看价格，还是分析孩子的破坏性行为；是看重孩子的考试分数还是注重孩子的分析创造能力；是要求孩子事事服从家长和老师，还是允许孩子有自己的见解，这都会对孩子的创造性有重要的影响。

## 二、创造力的测量

创造力的测量就是要根据一定的理论和标准，采用一定的方法和手段，对个体创造能力进行甄别和评价的过程。智力和创造力虽相关却存在一定的差距，仅用智力测验来鉴别人的创造力有失偏颇，因此，人们探索出了专门鉴别创造力的方法和手段。

### (一) 传统的方法

在对创造力的测验达到客观化、标准化之前，研究者大多用比较主观的方法来测量人的创造力，如提名法、作文法、专家评分法。提名法是参照一定的标准或者采用等级评分，由相关人员，如老师、同事、同学、领导等，提名来确定个体创造力高低的方法，提名的标准如"谁的主意最多""谁的想法最为周到""谁的主意最新而不寻常"等。作文法是给被研究者作文题目，要求他在规定的时间内完成，再由评判人员评分。在给出题目时，为使被研究者尽可能发挥其创造力，研究者可以提示他们不必过分关注书写格式、书法笔画等，而是要在有限的时间内尽可能写出最新颖、最动人、最有趣的故事。专家评分法就是对创造力研究有一定造诣的专家通过一定考查方式而对个体创造力做出评价的方法。当然，受研究倾向、考查方式的制约，不同专家之间对同一个体的创造力的评价结果会有一定差异，综合考虑不同专家的评价结果，扩大考查的内容，可以在一定程度上提高专家评分法在评价个体创造力方面的准确性。

### (二) 标准化测验

测量创造力的标准化测验有托兰斯的创造性思维测验、南加利福尼亚大学的发散思维测验，以及芝加哥大学的创造力测验。

托兰斯的创造性思维测验是由明尼苏达大学的托兰斯于1966年编制并正式出版，是目前影响较大、应用广泛的创造力测验。全测验包括3套共计12个分测验，第一套是关于言语的创造性思维，包括7项活动；第二套是关于图画的创造性思维，包括3项活动；第三套是关于听觉形象方面的测验，包括2项活动。该测验适用于幼儿园的孩子直到大学研究生，四年级以上可以采用集体施测，主要从反应的流畅性、变通性、新异性和精致性4个方面分别计分。

南加利福尼亚大学的发散思维测验是吉尔福特根据其著名的三维智力结构模型以关于"创造性思维的核心是发散思维"的观点，和其同事通过研究，于 20 世纪 50 年代编制的一套发散性思维测验。该测验包括 14 个分测验，分为语言测验和非言语测验两部分。该测验适用于初中以上水平，主要从思维的流畅性、变通性和新异性等方面分别评价。

芝加哥大学的创造力测验由芝加哥大学心理学家盖泽尔斯和杰克逊根据吉尔福特的思想于 20 世纪 60 年代初编制，该测验包括 5 个分测验：词汇联想测验、物体用途测验、隐蔽图形测验、预言解释测验和组成问题测验。

(三) 创造性人格测验

很多富有创造力的人都具有独特的人格特征，所以心理学家也从人格测验角度发掘具有创造力的人才。创造力人格的测量工具是基于对高创造性的个体的共同人格特点进行归纳总结而编制的，通过测量被试的人格特点，并与创造性人格特点相比较，从而发现创造性人才。常用于创造性人格测验的工具有卡特尔 16 种人格量表、马斯洛的安全感—无安全感量表、罗夏墨迹测验、主体统觉测验等。

## 三、创造性思维的培养

### (一) 激发学习动机，培养学习兴趣和求知欲

学习动机是激发学习主动性、积极性的重要动力，也是发展创造性思维的必要条件。研究表明，学习中缺少主动性、积极性的人，难以形成和发展创造性思维能力。

兴趣也是发展创造性思维的因素之一。一个人若是对某一事物产生浓厚兴趣，就会深入地钻研和思考，坚持不懈地探索，发现创造性的秘密。因此，兴趣对发展创造性思维能力有重要作用。

求知欲也是激发创造性思维活动的因素之一。求知欲旺盛的人，总是不满足于现成的答案或书本上的结论，而是积极主动地去思考答案，做出新的解释。在思考的过程中，容易发现未掌握的新知识，甚至可能创造以前没有过的新事物。

为了培养学生的求知欲，可以为学生创造变化的、新异的学习环境，认真解答他们提出的问题或启发他们自己去寻找答案。

### (二) 改变传统的评定成绩观念，创设良好的环境，鼓励学生进行创造

传统的评定学生学习成绩的观念，往往强调学生循规蹈矩、死记硬背，以便考试得高分，能顺利升入上一级学校。结果老师讲什么，学生就听什么，考试考什么，学生就背什么，导致学生在固定答案的圈子中解答问题，整个教学与学生的思维变得僵化。

要培养学生的创造性思维，教师应根据学生的学习情况，鼓励学生在学习活动中自己去领会或发现事物间的联系，而不是注入式给学生灌输知识。教师的责任是启发、协助、鼓励学生主动独立地去发现问题、分析问题和解决问题。教师要鼓励学生的创造性行为，不要预先树立是与非、对与错的绝对权威。特别是小学生回答问题时，不必限定他们盲目地接受成人认可的答案，不妨鼓励超常的创造性答案。例如，成人常问的问题："树上有 5 只鸟，被猎人打死 1

只,还有几只?"公认的答案是:"都吓跑了,一只也没有了。"但有一位儿童回答:"还有 3 只。"他的解释是:树上住着一个鸟家庭,有鸟爸爸、鸟妈妈和 3 只不会飞的小鸟,猎人打死了鸟爸爸,鸟妈妈吓跑了,剩下 3 只不会飞的小鸟。该儿童的回答,不但观点合理而且合情,这类超常的创造性行为应予以鼓励。

### (三) 培养学生的发散思维和聚合思维的能力

不少心理学家认为,发散思维是创造性思维的最主要的特点,是测定创造力的主要标志之一。美国心理学家吉尔福特认为:发散思维具有独创性、灵活性和流畅性 3 个特点。独创性是指对问题能提出超乎平常的新颖独特的见解,因而它更多地表现发散思维的本质。灵活性指思维灵活、触类旁通、随机应变,不受功能固着、定势的约束,因而能产生超常的构想,提出不同以往的新观念。流畅性指智力活动灵敏迅速,能在短时间内产生较多的观念,它是发散思维的量的指标。独创性、灵活性和流畅性三者是相互联系而又相互制约的,有流畅性才有灵活性。灵活性本身也是一种流畅性,只有既有流畅性又有灵活性,才有可能创造出超乎寻常的新颖独特的观念。因此,要培养学生的发散思维能力,应从培养学生的独创性、灵活性和流畅性入手,着重启发学生从不同方面对同一问题进行思考。数学教学中的"一题多解",作文教学中的"一事多写",就是培养发散思维能力的方式。培养学生的聚合思维能力主要是要培养学生抽象、概括、判断和推理的能力。教师在教学过程中,将分析的内容、要点写在黑板上,跟学生一起讨论,最后得出结论,这是培养学生聚合思维能力的一种行之有效的教学方法。

### (四) 头脑风暴法

鼓励解决问题的人提出各种各样的想法,甚至包括离奇、荒唐可笑的想法,只要它还有一点合理的成分,有一线可能创造的希望。一句话,希望当问题出现时,一个人对问题提出的假设就像夏天的暴风骤雨一样来得快,在短时间内提出的假设越多越好。头脑风暴法不仅可以产生大量的解决问题的常规方法,还可以产生新颖的独创性方案。

在运用头脑风暴法时,通常要坚持两个原则:一是推迟判断,即在头脑风暴热烈进行期间,不要妄加评论,不要急于反驳,不要说出诸如"这是一个馊主义""这样做肯定不行"之类的批评;二是尽量获取更多的信息,即参与者要广开思路,尽可能又多又快地提出所能想出的观点,以便获得新颖独特的见解。一个人的思路越开阔,越容易产生创造性思维,其创造力越高。反之,思路越狭小,越不容易产生创造性思维,创造力越低。有一项研究是让被试给一个故事情节定标题,所定标题的数目不限。被试分为两组:一组要求被试尽量保证题目的质量;另一组要求被试尽量广开思路,尽量多定题目。结果发现,第二组被试在各种质量上的题目数量都比第一组多,高质量题目的绝对数量明显多于第一组。这个实验表明,广开思路有利于发现创造性思维。因此,应培养学生遇到问题从多个角度考虑的习惯,以提高学生的创造力。

### (五) 形成和发展"心理安全"

美国心理学家罗杰斯提出,要想培养学生的创造力,必须要形成和发展学生的"心理安全"和"心理自由"。因为,创造性活动从本质上来讲就是与众不同的,在一般人眼中是"异常的"。所以,有创造力的人,必须在心理上有"自由"和感到"安全"。其中,"心理自由"是"心理安全"的结果。罗杰斯认为,心理自由的人有下列特征。

(1) 能够坦然承认自己的身份，而不怕被人笑话或奚落。
(2) 至少能象征性地表达自己的冲动和思想，而不必压抑、歪曲或隐瞒它们。
(3) 能幽默地以不同寻常的方式来处理印象、概念和词句，而不会感到内疚。
(4) 把未知的和神秘的东西或者视为要应付的严重挑战，或者视为儿戏。

### (六) 培养优良的个性

创造性思维的发展不仅和智力因素有关，而且和一系列非智力因素和个性特征有密切的联系。实验研究发现，有创造力的儿童的特点如下：富有责任感、热情、有毅力、勤奋、富于想象、依赖性低、喜欢自学、勇于克服困难、好冒险、有强烈的好奇心、能自我观察、有较强的独立性、兴趣广泛、爱好沉思、不盲从等。因此，要培养学生的创造力，应结合教学实际，加强学生独立性、勤奋、自信和坚持有恒等优良个性特征的培养。

在案例中，小丽在奥数学习中没有形成问题解决能力，更谈不上用创造性思维来解决问题。在传统教学中，如果只注重对学生知识的传授，不注重学生能力水平的真实提升，就会突显出越来越多的"小丽"现象：学习非常刻苦，但因没有讲究方法、没有问题解决能力，最终浪费了学习时间。对小丽来说，她应该花更多的时间思考自己为什么不会，哪里不会，而不是一味用功做题。在学习知识的过程中获得问题解决能力水平的真实提升，在问题解决能力提升的过程中产生创造性思维，才是教育教学过程中的培养方向。

# 第八章

# 技能的学习

**内容提要**

本章主要介绍技能的实质及特点；操作技能的定义及特点，操作技能形成的基本过程和每一阶段的教学应注意的主要问题；心智技能的特点和作用，心智技能形成的过程和教学培养。

**学习目标**

(一) 认知目标

1. 掌握技能、操作技能和心智技能的含义。
2. 掌握操作技能和心智技能的基本特征及其形成阶段、操作技能的培训要求。

(二) 情感目标

1. 感受操作技能的可训练性。
2. 感受心智技能对学生的重要作用。

(三) 能力目标

1. 能够运用有效教学方法培养学生的操作技能。
2. 能够运用有效教学方法培养学生的心智技能。

---

跨栏跑是途中设有固定数量、固定距离、固定高度栏架的短跑项目，也是田径运动中技术比较复杂、节奏性比较强、锻炼价值比较高的项目。从事跨栏跑运动，可以培养勇敢、顽强、果断和克服困难的意志品质，并能有效地发展速度、弹跳力、柔韧和灵敏等身体素质。

在一堂跨栏跑训练课上，一名学生因摔倒而造成轻度擦伤，一周后，该生继续练习跨栏跑时却表现出技术动作严重失常[①]，老师当即停止了他的练习。那么作为教师，该如何帮助这名学生？

---

① 田宝，戴天刚，张扬. 教育心理学案例[M]. 北京：首都师范大学出版社，2007.

# 第一节 技能的概述

在日常生活中，人们经常使用技能这一术语，如阅读技能、解题技能、运动技能等，而技能在教育心理学中主要是指操作技能和心智技能。

## 一、技能的含义

### (一) 技能的实质

在人的本领结构中，知识与技能是相辅相成的，它们共同构成了人类认识世界、改造世界，认识自我、发展自我本领的主体结构。就其分工而言，两者则各有侧重，如果说"知识"是思想的本领，那么"技能"就是行动的本领；如果说"知识"的价值在于用思想认识世界、认识自我，那么"技能"的价值就在于用行动改造世界、改造自我。对于人类社会的发展来说，两种本领都是不可或缺的，在人类的社会历史活动中，也曾涌现出许多杰出的人才(前者如思想家、科学家，后者如能工巧匠、高手武将等)。

但是在以往的教育学、心理学领域，"技能"的概念有所不同。这种情况在代表教育学、心理学学科主要认识成果的几种大型工具书中有所反映。《中国大百科全书·心理学卷》把技能定义为"通过练习获得的能够完成一定任务的动作系统"[1]；《心理学大词典》把技能定义为"个体运用已有的知识经验，通过练习而形成的智力活动方式和肢体的动作方式的复杂系统"[2]；《教育大词典》把技能定义为"主体在已有的知识经验基础上，经练习形成的执行某种任务的活动方式"[3]。第一种把技能界定在行动的领域，揭示了技能的本质特征，但是在后面的外延揭示中仍然包含了"智力技能"，导致了一定的矛盾；后两种则都把技能扩展到了认识的领域，与知识纠缠在一起，模糊了技能的本质特征。

在外延揭示中，《心理学大词典》认为："技能按其性质和特点可分为智力(心智)技能、动作技能两种，但通常所说的技能是指动作技能。"这比较符合实际。《教育大词典》则迥异其趣，其概念反映了传统教育理论关于技能认识的主要倾向，这种倾向导致了技能分类的简单化和虚化现象。

综上所述，可以看出技能原指通过练习获得的自动化操作动作，也就是说，技能原来是指肢体的活动。随着这一概念的外延被不断拓展，技能被运用到许多领域，产生了许多与技能有关的新概念，如生活技能、学习技能、加工技能、认知技能等。在它的外延不断拓展的同时，其内涵也发生了深刻变化，逐步演化为包括知识、经验、态度等在内的能力。也就是说，技能的"智能"含量不断提高，技能的地位也随之不断提高。

因此，技能可以被定义为，通过练习形成的运用知识经验顺利完成某种活动的自动化与完善化的操作活动方式(包括动作活动方式和智力活动方式)。

---

[1] 潘菽，荆其诚. 中国大百科全书：心理学卷[M]. 上海：中国大百科全书出版社，1991.
[2] 朱智贤. 心理学大词典[M]. 北京：北京师范大学出版社，1989.
[3] 顾明远，季啸风，张瑞等. 教育大辞典[M]. 上海：上海教育出版社，1990.

(二) 技能的特点

1. 技能是通过后天有目的的学习和训练而获得的

技能不是先天的无条件反射，不是指本能，而是在后天的学习过程中，通过不断练习逐步完善的。完成某一任务所需时间的长短可以表示技能的熟练程度，练习量是学习的最初阶段，练习对技能的形成有明显的改善作用。随着练习的不断进行，技能进步的速度逐步减慢，但仍有进步。

2. 技能表现为一种活动方式

技能的活动方式可能是外显的、展开的动作系统，也可能是内隐的、简缩的动作系列，属于动作经验。技能不同于知识，但与人们的知识经验紧密相关，是对知识经验的运用。因为知识是一种认知经验，知识学习所要解决的是事物是什么及怎么样(陈述性知识)、做什么及怎么做(程序性知识)等问题，即知与不知的问题。而技能学习所要解决的是完成活动要求的动作会不会及熟不熟练的问题，即会不会做及做得怎么样的问题。程序性知识虽与活动动作的执行密切相关，但它仍只是一类专门叙述活动(包括心智活动)规则和方法的知识，它只是解决活动的定向依据，而不是活动方式本身。要真正掌握技能，不仅要掌握某些程序性知识，更重要的是要通过实际操作，获得动觉经验，才有可能实现。所以，技能不仅与陈述性知识不同，也与程序性知识不同。

3. 技能是完成某种活动的自动化、完善化的熟练操作活动

技能是按照一定的规则组织起来的动作系列，不同于随机的、任意的动作组合。技能不同于习惯，习惯是自然习得的，既可能符合规律，也可能不符合规律。技能是通过系统地学习与教学形成的，在主客体相互作用的基础上，通过动作经验的不断内化而形成的。只有合乎法则的活动方式，才能对活动对象进行有效的加工、改造，才能使对象本身朝着预期的目标发生变化，也才能使这种活动方式具有广泛的适用性和高度的稳定性，才能对活动本身具有广泛的调节作用。只有这样，作为技能的活动方式才能在活动中通过不断练习形成动力定型，逐步实现自动化并向能力转化。

合乎法则的熟练技能具有以下 5 个基本特性。①流畅性，即各动作成分以整合的、互不干扰的方式和顺序进行。也就是说，动作顺序在时间上可以互相重叠和交叉，一组动作可以组合为单一的组块，而这种组块又可以作为一个整体加以控制和运作。②迅速性，即快速地作出准确的反应。对专家与新手的研究发现，专家可以快速地处理大量信息。③经济性，即完成某种活动所需的生理与心理能量较小。④同时性，即熟练活动的各成分可以同时被执行或者同时进行两个无关的活动。⑤适应性，即能够适应各种变化的条件，显示其活动的稳定性与灵活性。

## 二、技能的类型

技能可以从不同维度进行划分，因为各种技能之间存在着交叉和渗透。但目前在教育心理学中公认的是把技能分为操作技能与心智技能两种，这种划分有助于探讨学生群体的技能形成规律及训练方法。

## (一) 操作技能

操作技能又叫运动技能、动作技能，是通过学习而形成的合乎法则的操作活动方式。日常生活中的写字、打字、绘画；音乐方面的吹、拉、弹、唱；操作技能方面的田径、球类、体操；生产劳动方面的车、铣、刨、磨等活动方式，都属于操作技能范畴。操作技能除具有技能的一般特点外，还具有其自身的特点。

### 1. 动作的客观性

首先，就动作的对象而言，是物质性客体或肌肉。无论是器械还是身体，都是客观的实体，具有客观性。其次，就操作的过程而言，动作的执行是通过肢体运动逐一展示的，肢体的运动是外显的，因此，也是客观的。

### 2. 动作的精确性

动作符合规范要求，符合动作原理。无论是在动作的力量、速度、幅度还是结构等方面，都符合标准。精确性是操作技能的一个基本特征。

### 3. 动作的协调性

操作活动由一系列动作成分构成，各成分以整合的、互不干扰的方式和顺序运作。

### 4. 动作的适应性

操作活动能够适应各种变化的条件，显示出其活动的稳定性与灵活性。

## (二) 心智技能

心智技能也称智力技能、认知技能，是一种调节、控制心理活动的经验，是通过学习而形成的合乎法则的心智活动方式。阅读技能、写作技能、运算技能、解题技能等都是常见的心智技能，心智技能具有以下特点。

### 1. 动作对象的观念性

心智活动的对象是客观事物在人脑中的映象，是客观事物的主观表征(即客观事物的特性与人脑内部的某些信号特性之间的一种标定关系)，即知识和信息。客观事物的主观表征属于主观观念的范畴。因此，心智活动的对象具有观念性。

### 2. 动作执行的内潜性

由于心智活动对观念性对象进行加工改造是借助内部言语进行的，只能通过其作用对象的变化而判断活动的存在，因此，心智动作的执行是在头脑内部进行的，具有内潜性。

### 3. 动作结构的简缩性

由于心理活动主要借助内部言语进行，这就决定了心智动作不能将每一个动作实际做出，而是以合并、省略及简化等方式进行。因此，心智动作具有简缩性。

# 第二节 操作技能的形成

早期对操作技能学习的研究多是套用一般学习的理论观点，试图用一般的学习理论来解释操作技能，因此缺乏针对性，难以体现操作技能的特点与本质。比如用行为主义的刺激—反应的学习观点来解释操作技能形成的心理机制时，将操作技能视为一种习惯性的行为反应方式。这种将一般的学习理论套用于操作技能的学习的做法，并不能从实质上解决问题。一些研究者为此做出了努力，提出了操作技能学习的理论，如亚当斯的闭合回路理论、施密特的图式理论等。虽然各种理论强调的重点及适用范围有所不同，但都是针对操作技能学习这一具体的问题进行探讨的，强调操作技能不同于本能，是通过有意识的学习与练习，并借助各种内外反馈和监控，形成符合要求的运动程序。虽然操作技能是通过外在的行为反应方式表现出来的，但也需要有认知参与其中，如记忆、思维等。

## 一、操作技能的作用及其分类

### (一) 操作技能概述

#### 1. 操作技能是通过学习而形成的合乎法则的操作活动方式

操作技能的学习既是一个身体运动的过程，也是一个心理加工的过程，只是在技能学习的不同阶段，心理的参与程度有所不同。操作技能的学习既要求个体进行认知上的加工与分析，也要求实际做出协调的肢体运动反应。操作技能既不同于操作知识，也不同于心智技能。

#### 2. 操作技能与心智技能不同

操作技能的特点在于：①就动作的对象而言，操作技能的活动对象为具体的物质客体或肌肉，具有客观性；②就动作的进行而言，操作动作由外显的肌体运动来实现，具有外显性；③就动作的结构而言，操作活动的每个要素必须切实执行，不能合并或省略，其活动结构具有展开性。

#### 3. 操作活动的动作程序具有精确性和协调性

操作活动的动作程序以及执行方式有以下特点：①动作要求精确；②动作需要定时；③动作顺序必须有协调性。因此，操作活动方式熟练后，有高度的稳定性，可以达到自动化的程度。但它不同于来自遗传的本能，而是主体通过学习得来的一种动作经验。它的形成需经过反复的练习。

### (二) 操作技能的作用

#### 1. 操作技能是人类变革现实不可缺少的心理因素

人类在历史发展过程中，不仅积累、传递关于现实的认识方面的经验，即知识，而且积累、传递用于直接适应和改造现实的操作经验。操作技能是一种操作性经验，它使人类能够通过有效的、合理的活动直接与环境相互作用，从而更好地适应和改造环境，变革现实。从日常生活中的衣、食、住、行到计算机、人造卫星等高科技领域，各种产品的产生都包含着多种多样的操作技能。正是如此多的操作技能，才使人类社会发生了巨大的变革。

因此，操作技能的传授及掌握是学校教育的重要内容之一。特别是各种职业教育中，操作技能的掌握占有特别重要的地位。

### 2. 操作技能是操作能力形成发展的重要条件

操作技能的掌握在于使学生形成顺利地完成某种实践任务的熟练的行动方式，这是培养和造就人的技术能力不可缺少的重要因素。要造就某种技术人才，除了要掌握有关科学技术知识，更需要掌握有关的操作技能。人的操作能力是由操作性知识与操作性技能两种因素构成的，通过操作性知识与操作性技能的掌握及广泛迁移，操作能力才有可能形成。

## (三) 操作技能的分类

对操作技能进行分类，有助于深入研究其结构，为有效地形成操作技能提供依据。操作技能的划分可以从不同维度进行。

### 1. 根据动作的精细程度与肌肉运动强度来分类

根据动作的精细程度与肌肉运动强度，操作技能可以分为细微型操作技能与粗放型操作技能。前者主要靠小肌肉群的运动来完成，一般不需要激烈的大运动，是依靠比较狭窄的空间领域，通过手、脚、眼的协调运动而实现，如打字、弹琴等；后者主要靠大肌肉群的运动来完成，执行动作时伴有强有力的大肌肉收缩和全身的神经—肌肉协调运动，如举重、铁饼、标枪，就属这类动作技能。

### 2. 根据运动的连贯与否来分类

根据运动的连贯与否，操作技能可以分为连续型操作技能与断续型操作技能。前者由一系列的连续动作构成，需要对外部情境进行不断的调节，而且完成动作序列较长，如骑自行车、开汽车、舞蹈、弹琴、滑冰等；后者由一系列不连续的动作构成，只包括较短的序列，其精确性可以计数，如射击(射箭)、投篮、投标、举重等。

### 3. 根据动作对环境的依赖程度来分类

根据动作对环境的依赖程度不同，连续与不连续的操作技能又可分为闭合性操作技能与开放性操作技能。前者主要依赖机体自身的内部反馈信息进行运动，动作的产生不依赖外界环境，如撑杆跳高属于连续的封闭技能，因为运动员每次试跳时，外部环境保持不变，射击是不连续的封闭操作技能；后者需要根据外界环境变化做出适当的动作，对外界信息依赖程度较大，如开汽车就是连续的开放的操作技能，因为汽车在行进过程中，外部条件不断变化，司机要根据外部条件的变化不断调整自己的操作，而刹车是不连续的开放的操作技能。

### 4. 根据操作对象的不同来分类

根据操作对象的不同，操作技能可以分为徒手型操作技能与器械型操作技能。前者主要通过机体自身的运动来完成，如跑步、自由体操等；后者主要通过操作一定的器械来完成，如打字、驾驶等。

除上面几种分类外，还可以从个体意识的控制程度等不同的维度分类，此处不详述。

## 二、操作技能的掌握阶段

一般认为操作技能的掌握需要通过对操作活动方式的认识与练习。目前对掌握过程的阶段划分尚无一致意见。美国心理学家 J. N. 华许本曾把操作技能的掌握分为7个阶段,即定向、探索、精细化、接合、简化、自动化和再定向。P. M. 菲茨则把操作技能的学习分为3个阶段,即初期位相、中间位相和后期位相。日本筑波大学教授松田若男则将其分为5个阶段,即动机、探索、发现原理、练习和熟练。综合有关研究及教学情境,可以把操作技能的掌握过程分为下列4个阶段。

### (一) 活动的定向

活动的定向指主体对活动结构的了解,其中包括对动作成分、动作顺序及动作执行方式的认识,知道做什么与怎么做,使主体在头脑中建立起有关活动方式的认知结构,从而确立活动的初步调节机制。苏联心理学家加里培林等的研究表明,活动的定向基础不同,对活动方式形成的速度、质量及迁移有重要影响。在教学过程中,活动的定向基础往往是通过教师对活动方式的示范与讲解和学生的观察及思考来完成的。为提高活动的定向基础水平,在活动方式的传递过程中,教师必须注意提高学生活动定向基础的概括性、完整性和独立性。

### (二) 动作的模仿

动作的模仿指在主体对动作及其执行方式的了解基础上,检索并重组有关的动作经验,通过肌体运动尝试执行符合要领的动作。这是把有关动作的认知表征转化为实际动作表征(动觉信息)。这首先要求有关动作的经验在主体的反应发生机构中重新编码,使有关信息调节肌体效应器的活动做出相应的肌体运动。肌体效应器的活动状态通过返回传入,使主体获得动觉信息,从而充实活动的定向基础,确立活动的直接控制机制。动作的模仿是通过主体调节其肌体运动来实现的。一个动作的执行方式包括肌体不同部分的特殊的运动轨道、延续时间、强度、速度和频率。动作完成的水平依赖于上述各方面执行的准确性。在教学过程中,动作的模仿是通过教师的指导和学生的独立练习实现的。在动作的模仿训练过程中,要使主体的各个运动成分符合动作要领,注意提高主体对其动觉的自我意识水平。在掌握复杂活动方式时,动作的模仿宜于分解练习,以便提高各个运动成分的准确性。

### (三) 动作的整合

动作的整合指活动中各个动作成分之间的连接或组合。活动通常由相连的一系列动作构成。为此,对于任何活动方式的掌握,不仅要学会各个动作及其合理的执行方式,而且要学会动作之间的合理联结即整合。动作整合主要要求主体确立动作系列的执行顺序,从而形成动力定型,使整个活动方式一体化。在教学过程中,动作的整合是通过主体对活动的整体练习实现的。训练中要注意排除多余动作,注意动作间的合理联结,并使这种联结定型化,形成合乎法则的顺序定型。

### (四) 活动的熟练

活动的熟练指操作技能掌握的高级阶段。这一阶段统一活动中的各个动作成分不仅协调一致，能自动进行，而且对变化的条件具有高度适应性。活动的熟练是在反复练习的基础上通过活动方式的概括化和系统化实现的，熟练的机制是在人脑中形成暂时神经联系的动力定型。为了使操作技能达到熟练水平，在练习中要不断变更条件，改进执行方式，提高活动的速度和准确性。还要合理分配练习时间，改进练习的组织形式，以提高练习效能。

操作技能达到熟练程度有以下 4 个标志。

#### 1. 活动结构的改变

首先是实现了动作的联合，即局部动作平台成了一个完整的动作系统。其次是不再出现动作之间的相互干扰。再次是动作简洁，多余动作消失。如学生在音乐下做广播体操，各节体操很顺利、流畅地完成。

#### 2. 活动速度加快，品质变优

这表现在局部动作联合成一个动作系统，单位时间内完成的动作数量增加，动作准确、协调、稳定和灵活。如武术、跳水技能的形成。

#### 3. 活动调节的视觉控制减弱，动觉控制增强

可以在不用视觉或少用视觉的条件下，完成一系列的连锁动作。

#### 4. 意识减弱

动作技能达到熟练程度后，动作系统接近自动化，有意注意控制减弱，以致降低神经紧张，减轻疲劳感。

## 三、操作技能的培训

操作技能的培训必须依据其形成规律，才能加速其形成过程，并促进其保持和迁移。有多种因素影响着操作技能的学习过程，教学时应充分考虑这些因素，并采取相应的有效措施进行培训。在操作技能的培训中应注意以下几个问题。

### (一) 准确的示范与讲解

准确的示范与讲解有利于学习者不断地调整头脑中的动作表象，形成准确的定向映象，进而在实际操作活动中可以调节动作的执行。学习任何动作都必须以动作表象为基础，而熟练的操作技能都包含着非常清晰、准确的动作表象。示范与讲解不仅适用于操作技能形成的定向阶段，还适用于技能形成的其他几个阶段。示范效果的关键是示范动作的准确性，因此示范动作一定要正确，开始时动作的速度不要快，先进行整体动作的示范，然后进行分解动作的示范，并对相似动作进行区分。对动作方式进行讲解，可以使学生更好地认识活动的结构，确切地了解活动的各个组成部分，还可以使学生掌握完成各个动作的方法和原理。为了充分发挥讲解的作用，可以使讲解与示范相结合，边讲解边示范。无论何种形式的示范、讲解，最关键的是要保证所提供、传递的信息是准确、充分的。

(二) 必要而适当的练习

练习是形成各种操作技能的关键环节,通过应用不同形式的练习,可以使个体掌握相应的操作技能。

1. 练习的效果

就操作技能的形成而言,过度学习或练习是必要的。过度学习指实际练习的时间超过达到某一操作标准所需的练习时间。过度学习对于操作技能的学习非常重要,但并不是说过度学习的量越大越好,而是要针对不同的操作技能确定过度学习的时间。

### 练习曲线

学生在运动技术的学练过程中,其进步情况可以用练习曲线表示。练习曲线是一种表示练习期间动作学习成绩一般趋势的曲线。在练习曲线上可以看出,在运动技能形成过程中,随着练习次数的增加,完成动作所花费的时间逐渐缩短,所出现的错误动作数量日益减少,单位时间内完成的工作量不断上升。各个运动项目运动技能形成过程既有共同之处,也有个别差异,而这些都可以在练习曲线上反映出来。

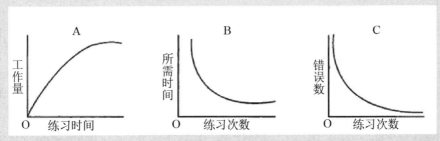

在运动技能形成过程中,练习中期往往出现进步的暂时停顿现象,这就是练习曲线上所谓的"高原期"。其表现为曲线保持一定的水平而不上升,甚至有些下降,但是在高原期之后,又可以看到曲线的继续上升。

高原期产生的主要原因有两个。一是由于成绩提高需要改变旧的活动结构和完成活动的方式方法,而代之以建立新的活动结构和完成活动的新方法。在学生没有完成这个改造以前,成绩就会处于停顿状态。这是由于活动结构的改造,往往是不容易的,采用新方法也会遇到新困难,所以在改造初期,成绩不但没有提高反而可能会有所退步,因而练习曲线停留在固定的水平上或暂时下降。当学生经过练习,完成了改造过程后,成绩又会提高,在高原期之后,曲线又继续上升。如学生在掌握跨越式跳高技能后,再学练背越式跳高,成绩出现停顿或下降可能就是由这一原因所产生。二是由于学生练习的兴趣降低,对学习产生了厌倦等消极情绪,或者身体状况欠佳(如疲劳、疾病等),成绩也会出现暂时停顿现象。

高原现象并不具有普遍性。如果运动技能结构比较简单,又没有上述主观原因,在练习曲线上是不会出现这种现象的。当学生出现高原期,教师要帮助学生分析原因,指导他们改变旧的活动结构,采用新方式方法。在加强指导的同时应提高他们的信心,增强自我学练能力,并结合教科书中给学生讲述的产生高原现象的主、客观原因,引导学生正确认识,帮助他们提高自我克服能力,鼓励他们突破高原现象,争取更大的进步。

在授课时，教师应结合教科书提出的高原现象的原因，使学生明白出现这些不同类型练习曲线的原因，使学生能够结合自己掌握运动技能的实际，用所学理论知识进行问题的分析，并在教师指导下进行解决，从而激发学练的兴趣。

(资料来源：潘菽. 教育心理学[M]. 北京：人民教育出版社，1980.)

1) 练习进步先快后慢

在大多数运动技能(如跳高、跳远、短跑等)的形成中，技能在练习初期进步较快，以后就逐渐缓慢，如图8-1所示。

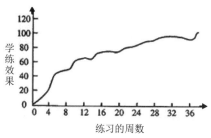

图8-1 技能在不同练习时间中的学习效果

造成这种现象的主要原因有两个：一是在学练开始时，学生对已熟悉的一部分任务，可以利用过去经验中的一些方法，所以在学练初期进步较快。后来，这种可以利用的成分相对逐步减少，需要建立的新联系逐步增加，因此学练中的困难越来越多，这时任何一点改进都需要改造旧的动作习惯，并且要用较大的努力才能达到，所以成绩提高慢。短跑、跳高、跳远等运动技能就有这种情况。二是有些技能可以分解为几个简单动作进行练习，比较容易掌握，所以在学练初期成绩进步较快。但是在学练后期，进入建立动作协调阶段，这种协调动作并不是若干个别动作的简单总和，它比简单动作要复杂得多，困难得多，所以成绩提高慢。此外，学生在学练初期也许兴趣比较浓厚，情绪比较饱满，练习比较认真努力，这也可能是成绩进步先快后慢的原因之一。教师在指导学生学习和掌握这类技能时，应特别加强后期的指导。

2) 练习进步先慢后快

在少数技能(如游泳、投掷等)的学习中，在练习的开始阶段，成绩提高缓慢，进步不明显，而之后成绩的提高和进步趋势逐渐加强，如图 8-2 所示。

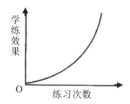

图8-2 技能在不同练习次数中的学习效果

造成这种现象的原因可能是，在练习的初期需要花费很大精力来掌握基础知识和基本要领，所以进步较缓慢。经过一段时间的练习，掌握有关的基础知识和基本要领后，进步速度明显加快。教师在指导学生学习和掌握这类运动技能时，应特别加强学练初期的基础知识学习和基本动作技术的学练。

## 2. 练习的方式

练习方式有多种，根据时间分配不同分为集中练习与分散练习；根据练习内容的完整性的不同分为整体练习与部分练习；根据练习途径的不同分为模拟练习、实际练习与心理练习等。练习方式需依据操作任务来确定，而不能随意采用。

### 1) 完整练习与分解练习

采用完整练习还是采用分解练习更有效，取决于任务的复杂程度，即取决于运动技能学习的难度。一般来说，体制化程度高，复杂性小的动作技能，适合采用完整练习法；体制化程度低，复杂性大的动作技能，适合采用分解练习法。

所谓体制化程度，意指动作技能的各部分动作之间相互联系的密切程度。联系得越紧密，体制化程度越高；反之，体制化程度越低。所谓运动技能的复杂性程度，是指学习该运动技能所需要具备的心理协调性和方向判断等能力的高低程度。

这里所指的完整练习法，是指完整地学习某种动作技能的方法。例如，学习某套连贯的体操和游泳动作，各动作程序不能截然分开地进行学习，以采用完整练习法较为有效。这里所指的分解练习法，是指对某种动作的一个个环节进行练习，或者分别地练习各种亚技能(如篮球中的运球、传球、上篮等，排球中的发球、接球、垫球、吊球和扣球等具有独立形态的技能)的方法。

研究表明，采用完整练习法和分解练习法可能都有效。一般来说，学习简单的动作技能最好采用完整练习法，学习复杂的动作技能最好采用完整→分解→完整练习法，即在整体学习的基础上进行部分练习，再回到整体练习。

另外，从学习者的特点来看，学习者的学习能力低，其学习的熟练水平达不到一定水平时，采用分解练习法较为合适；反之，采用完整练习法较为有效。

### 2) 持续练习与间歇练习

研究表明练习时间的合理安排对练习效果有着重大影响，如果在一段很长的时间内持续进行相同的练习，则容易引发疲劳现象而降低学习效果；如果每次练习的时间间隔太短，对大脑皮层刺激不够，成绩也难以迅速提高。许多研究已经发现，连贯的运动技能采用间歇练习比持续练习的效果好，而对于不连贯的动作技能而言，则持续练习优于间歇练习。

所谓间歇练习，是指将练习的时间分为若干部分，每次练习的时间较短，每次练习之间有一定时间间隔的练习。所谓持续练习，是指将一种动作技能所包含的动作，一次性练习完毕，中间没有休息，每次练习的时间较长，或者连续不间断地练习。

持续练习的效果之所以不如间歇练习好，主要是由于疲劳，甚至会使人出现反应抑制现象。为减少反应抑制现象，应采用更多的间歇练习(休息时可使电传导深化为生物化学痕迹)。近年来有的研究已发现，不连贯的动作技能(如掷铅球、篮球的投篮等)采用持续练习比间歇练习效果好。所以，上体育课时如果有条件的话，可让学生持续 10～20 分钟练习投篮等动作，尽量不要采用每人依次投一个球，间隔几分钟再投一个球的方法。

在间歇练习时，一次练习的量、间歇的时间都必须根据运动技能的复杂程度和学生的体能、技能水平而定。不同的项目，每次练习的量和休息间隔时间的长短可以不同；不同技能水平的人，也可做不同的安排。例如，持续练习对高水平的运动员同样是有效的。但是，对于初学者来说，通常采用间歇练习更为有效，而且要合理地分配练习时间，应当注意在开始阶段每次练习的间隔时间要短一些，随着技能的进一步掌握，间隔的时间可逐次增长。例如，10 次练习可按下面两种间歇法(见图 8-3)进行。

```
              10次练习间歇法
   甲    1    2    3    4    5⑥    7    ⑧⑨10
   乙   1②③        4⑤   6    7⑧   9    10
```

图8-3 练习间歇法

上述两种间歇法，以第二种间歇的效果为好。

归纳起来说，对于复杂的或连贯的动作技能来说，间歇练习一般比持续练习效果好；如果是简单的或不连贯的动作技能，或者是早已学会了的动作技能，则采用持续训练法可能比间歇训练法效果好。

3) 想象练习

想象练习又称表象训练，是借助语言等暗示唤起已有运动表象的一种心理训练方法。这种方法不仅广泛应用于运动训练和比赛中，而且在操作技能教学和训练中有所使用，并取得了较好的效果。研究发现在篮球罚球练习中，采用"先想后练"组的成绩最好，而"先练后想"组的成绩次之，而只想不练或者只练不想组的成绩都不理想。这是为什么？

目前关于想象练习作用和机理的理论很多，其中较有影响力的是心理神经肌肉理论。该理论认为人在做想象动作的时候会伴随着微弱的，但可以测量到的与实际动作相似的神经肌肉活动，而这种神经肌肉反应的多次激发可以完善和巩固动作的动力定型。

想象练习有很多形式，可以运用语言暗示、放录音引导和看录像等方法来进行。在操作技能教学中进行想象练习，主要是帮助学生进行运动技能的学练。实验研究表明，在体操教学中运用想象练习，可以显著提高学生体操动作技能形成的速度和动作质量。想象练习应用于球类、武术和田径等项目的运动技能学习也有较好的效果。

### (三) 给予充分而有效的反馈

反馈是指个体在执行一项技能之中或之后所接收到的、与绩效有关的信息。学习者只有及时从自己的动作或动作结果中得到反馈信息，才能了解自己动作的正误，通过练习把正确动作巩固下来，舍弃错误动作，以提高练习的效果。许多研究者认为，反馈是仅次于练习的影响操作技能学习的重要因素。[①]

一般来讲，反馈来自两个方面。一是内部反馈，即操作者自身的感觉系统提供的反馈。这是个体通过自身的视觉、听觉、触觉、动觉等获取的反馈信息，尤其是动觉反馈信息最具代表性，比如篮球运动员在训练投篮动作的准确性时，投篮成功与否都会自觉或不自觉地引起运动员反馈的发生。如果投篮成功，他会反复体会自己的动作，像手臂用力的程度、球出手弧度等，这种反复的体会就是反馈。二是外部反馈，即操作者自身以外的人和事给予的反馈，也称结果知识，是教师、教练、示范者、计算机等外部信息源对学习者的操作结果及其操作过程的反馈。

反馈在操作技能学习过程中的作用非常重要，教师或培训者应注意以下几个方面。

### 1. 教师要提高自身获取反馈的意识

传统的教学过程中，教师按教学计划按部就班地进行，不注重教学中的负反馈，就不利于学生更好、更快地掌握技术和技能。利用反馈原理提高教学效果，教师要认真仔细地观察学生

---

① 皮连生. 学与教的心理学[M]. 3版. 上海：华东师范大学出版社，2003.

的表情、姿势和动作效果、成绩等。而这些信息往往瞬息万变、转瞬即逝。因此要求教师要有目的、有意义地注意寻找发现反馈信息，客观地控制教学过程。所以，提高教师获取反馈信息的意识是进行反馈控制的教学的前提。

### 2. 注意获取反馈信息的时机

操作技能教学中反馈的形式是多种多样的，教师可根据教学的实际情况选择不同的教学方式。常用的反馈方式有：观察性的眼神、表情、动作、表现等；观察排汗量、测量心率等；课堂提问、课后谈话等；练习、比赛情况；测验、考核。

在教学中，负反馈的信息如不能被及时获取，教学将向着偏离目标的方向发展。例如，教师在教学分组时，往往按学生的实际水平分组，由于是新学期刚开始或其他原因，可能对学生的实际水平了解不够，分组时不够客观，在开始练习后，如不及时发现这个问题，就会使身体素质好的学生练习难度及运动量过小，而相对差的学生则难度太大，从而影响教学的效果。所以，应及时采取相应措施，以好带差，只有及时调整教学过程中的每一个环节，才能使教学效果得到提高。在操作技能教学的过程中，教师对反馈信息再输出的目的，主要就是减小教学计划可预期的效果与实际教学效果之间的误差。课堂上教师主要以语言反馈的形式和练习反馈的形式调控教学，无论采取哪种反馈方式，都应注意反馈的及时性和准确性。

### 3. 注意反馈的及时性

教学过程中，为防止遗忘就要及时复习，重复练习数次，从而得到巩固的效果，当学生做完一个动作，脑子里还保持着较清晰的动作形象及正确的身体感受时，教师应马上用语音反馈刺激，告诉学生完成动作的情况和需要改进的地方。这样，便于学生清楚地理解和接受。然后，再让学生做辅助练习或进行下一个内容的练习，则有利于学生进一步掌握并提高所学技能，比如在学习排球的下手垫球时，开始多数初学者存在明显的屈肘直腿垫的现象，这时教师应立即大声提醒"要半蹲，要顶肘"，学生接收到教师的反馈信息之后，立即会有意识地注意到半蹲、蹬地、顶肘。如此学生随时按教师发出的反馈指令进行练习，并结合反馈练习就能及时地改进和掌握所学技术。

### 4. 注意反馈的准确性

这里的"准确性"是指运用正面语言进行指导，以减少大脑分析"加工"时的复杂性，如短跑的起跑教学，学生开始经常出现起跑后上体突然抬起等错误动作，教师纠正时应指出"上体逐渐抬起，后蹬角度逐步加大"等肯定性语言而尽量少用"上体不要突然抬起、上体抬起得太早太快"等否定性语言。因为学生听到否定性的语言，头脑里往往首先呈现出被否定的印象，然后才是正确的动作指令。练习时，教师反复强调身体重心适当降低并有摔倒之感觉，以强化学生按动作要求学习。再如，在乒乓球的"侧身攻球"教学时，学生在练习初期很难做到侧定身后再攻球，而是动身不动脚，这时教师可在地上划出侧身的区域，让学生在做练习时必须用脚步的移动进入这个区域后方可攻球，强化学生在练习中脚与球台的位置。这类直接的反馈练习，可以非常有效地促进技术、技能的形成。无论采用语言反馈还是练习反馈，其准确性愈强，干扰反馈效果的因素就愈少。

在操作技能教学中，教师受知识水平、经验等其他因素的影响，教学计划目的与实际教学效果往往存在差异，可通过即刻反馈调控教学过程，使教学更好、更直接地达到教学计划目的，从而提高教学效果。

### (四) 利用合作式学习模式

模式是一种科学认识手段和思维方式，是连接理论与实践的中介，不同的模式对实践的效果有着不同的影响。传统操作技能学习模式为：示范—讲解—操作练习[①]。传统的操作技能学习模式强调教师的"教"，不重视学习者的主观能动性，合作式操作技能学习模式是运用合作学习的理论对传统操作技能学习模式进行改进而提出的，它对于克服传统模式存在的问题，以及增强操作技能的学习效果具有积极的作用。

#### 1. 合作式操作技能学习模式

合作式操作技能学习模式是指以异质学习小组为基本形式，系统利用教学动态因素之间的互动，促使学生在活动中经过练习而获得完善化的动作方式的一种技能学习模式。其中，异质学习小组是指由性别、学业成绩、能力倾向、民族等方面不同且相互之间存在一定互补性的成员组成的合作学习小组，每组优、中、差3个层面的学生都有，且中等生占多数；教学动态因素是指教师和学生，教师包括操作技能传授教师和就所教内容进行互动的教师，学生分为单个的学生、各个小组的学生和全班学生3种类型。

合作式操作技能学习模式包括9个环节：合作设计；小组理论学习；理论学习的反馈与评价；归纳讲解，动作示范；小组操作技能练习；操作技能初步测试；小组更正、巩固练习；操作技能最终测试、学生课后巩固练习。在这9个环节中，前8个环节由教师指导在课内进行，第9个环节和第1个环节涉及的课前预习，由学生遵循教师课内指导在课外自主进行。学生的成绩由理论学习成绩、操作技能测试成绩和学习表现成绩3部分组成，其中操作技能测试成绩又分为初步测试成绩和最终测试成绩两部分，后者所占比例应大于前者，具体比例有待进一步研究确定。

#### 2. 合作式操作技能学习模式对操作技能形成的影响

合作式操作技能学习模式实质上是一种操作技能的合作学习模式。由于它系统利用了多种互动，充分调动起了学习者的主观能动性，因而使得学生操作技能的学习具有较好的效果。

与传统的操作技能学习模式的教学互动不同，合作式操作技能学习模式不再局限于师生之间的互动，而是将教学互动扩大到教师与教师、学生与学生的互动。教师与教师就所教授的内容进行互动，可以相互启发和补充，实现思维和智慧的碰撞，从而使原有观念更加科学和完善，有利于教学目标(学生获得操作技能)的达成。学生与学生之间就某项共同的任务进行互动、互相学习和帮助，实现优势互补，从而有序、有效地完成小组任务(学习并获得操作技能)。作为教学中的一种公认的重要互动，教师与学生之间的互动对学生知识的掌握和智力的发展等方面具有重要的影响，因而也对学生操作技能的学习具有重要影响。在师生互动过程中，双方不断解释对方所做反应，并随时采取相应对策。合作式操作技能学习模式中的师生互动，包括教师与单个学生的互动、教师与小组的互动及教师与全班的互动3种情况。师生互动对操作技能形成的影响过程是一个多层次循环往复的过程。

---

① 黄强，赵欣，李向东. 动觉监督早期介入对动作技能形成的影响[J]. 心理学探新，2003，(1)：42.

**(五) 建立稳定而清晰的动觉**

动觉是复杂的内部运动知觉,它反映的主要是身体运动时的各种肌肉活动的特性,如紧张、放松等,而不是外界事物的特性。运动知觉有模糊性的特点,所以经常会发生学习者不能意识到自己的错误动作的现象,当然也就很难对动作进行有意识的调节或控制。这样就容易导致技术水平不稳定,难以找出动作失误的确切原因,使操作技能的学习陷入盲目状态。这些有关肌肉活动的各种感知觉若不经过训练,很难为个体明确地意识到,并经常受到外部因素的影响,处于被掩盖的地位。因此,有必要进行专门的动觉训练,以提高其稳定性和清晰性,充分发挥动觉在技能学习中的作用。

# 第三节 心智技能的学习

## 一、心智技能的含义及其作用

### (一) 心智技能的含义

心智技能是一种调节和控制心智活动的经验,是通过学习而形成的合乎法则的心智活动方式。只有活动合乎一定的法则,才能对活动的对象进行有效的加工、改造,才能使对象本身朝着预期的目标发生变化,也才能使这种活动方式具有广泛的适应性和高度的稳定性,才能对活动本身具有广泛的调节作用。阅读技能、运算技能、记忆技能等都是常见的心智技能。

一般来说,心智技能具有如下特点:首先,心智技能作为一种活动方式,属于动作经验,区别于程序性知识;其次,心智技能作为一种心智活动方式,区别于操作活动方式和外部言语活动,它具有对象的观念性、执行过程的内潜性和结构的简缩性等特点;第三,心智技能作为一种合乎法则的心智活动方式,区别于一般的随意运动和习惯动作;第四,心智技能是通过学习而形成的,区别于本能,它是在不断地学习的过程中,在主客体相互作用的基础上,主体通过动作经验的内化而形成的。

心智技能与操作技能相比,具有以下3个特点。①对象具有观念性。心智活动的对象是客体在人脑中的主观映象,是客观事物的主观表征,是知识、信息。②执行具有内潜性。心智活动的执行是借助于内部言语在头脑内部默默地进行的,只能通过其作用对象的变化而判断其存在,不像操作活动那样以外显的形式通过肢体运动来实现,也不像言语活动那样可以借助于言语器官或口腔肌肉的运动信号觉察活动的存在。③结构具有简缩性。心智活动不像操作活动那样必须将每一个动作实际做出,也不像外部言语那样必须把每个字词一一说出,而是不完全的、片段的,是高度省略和简化的。如在口算、阅读(默读)、构思、心算、解题时,智力活动可以高度简缩这些思维的过程,有时比实际操作要快得多。

### (二) 心智技能的作用

#### 1. 心智技能是经验获得的必要条件

心智技能与经验获得的关系十分密切。个体的任何经验都是在个体活动的基础上获得的,是在主客体相互作用的过程中发生的。经验的获得,一方面需要有作为活动对象的客体的作用,另一方面要有活动主体对客体的反作用。仅有客体的影响没有主体的反作用,不足以产生个体经验。个体经验的获得不是客体作用的被动产物。在个体经验获得过程中,主体对客体反作用的形式与水平是多种多样的,其中对经验获得影响最为直接的是反映动作,而反映动作的根本职能在于实现转化。活动的主体通过其反映动作,把客体的物质影响转化为主观的经验结构,这种转化过程就是能动的反映过程,即经验的构建过程。由于主体的动作是经验产生的直接基础,所以动作是经验获得的手段,经验是动作的产物。

事实表明,具体经验的性质、水平不仅取决于被反映的对象本身,而且取决于主体与客体相互作用的性质,取决于主体的反映动作水平。在相同客体的作用条件下,由于主体的反映动作不同,所获得的经验也就不同。心智动作是获得理性经验的手段,理性经验是心智动作的产物。由于心智动作是理性经验获得的直接基础,因此,按一定法则要求构成的心智技能在经验的获得中具有十分重要的意义。

### 2. 心智技能是问题解决的重要前提

认知心理学认为,问题解决是受目标指引的认知操作序列。也就是说,问题解决受目标的指引,包含有一系列的操作,而这些操作必须具有重要的认知成分。据此,从问题解决的发生与解决过程来看,必须通过一系列的心智动作才能实现,比如如何判断问题性质,如何正确选择表征的形式,如何确定算子,如何执行等。这些心智动作,构成了一种合乎法则的心智活动方式,即心智技能。它对问题解决活动起着直接的调节与指导作用,是这一活动能正确且顺利进行的保证。因此,心智技能是问题解决的必要条件。

### 3. 心智技能是能力形成发展的基础之一

知识与技能是能力结构的基本构成要素,是活动的自我调节系统中不可缺少的构成部分。心智技能作为获得理性经验的重要手段,也是获得知识的重要条件,心智技能可以通过对知识经验的作用来影响能力的形成与发展。能力作为活动的稳定调节机制是在获得知识,在心智技能与操作技能的基础上,通过广泛迁移,不断概括化与系统化而实现的。所以,能力的形成与发展,不仅依赖于知识与操作技能的获得及类化,而且依赖于心智技能的获得及类化。心智技能的获得是能力形成发展的重要基础。

## 二、心智技能的形成阶段

心智技能由一系列的心智动作构成,心智动作虽不同于实践动作,但来源于实践动作。心智动作本身是实践动作的反映,是通过实践动作的"内化"而实现的,"内化"即外部动作向内部转化,也就是内部的动作映象形成的过程。实践动作的内化需要经过多个阶段,在不同阶段上,动作的执行方式不断得到改造,关于动作本身的映象也就不断地发生质的变化。

我国教育心理学家冯忠良提出了包括原型定向、原型操作、原型内化的心智技能形成三阶段论。这一理论目前已对我国大中小学的学校教育和职业技术培训教育产生了积极的影响。下面介绍这一理论的主要内容。

## (一) 原型定向

### 1. 原型的含义

原型也叫原样,指那些被模拟的某种自然现象或过程。由于心智活动非常复杂,具有观念性、内潜性和简缩性的特点,不易让人直接感知和把握,很难完全认识清楚,因而心智活动的原型只能是对一些心智活动样例的设想。在此,将原型可以定义为心智活动的"原样",即外化了的实践模式,"物质化"了的心智活动方式或操作活动程序。

### 2. 原型定向及其作用

原型定向就是了解心智活动的实践模式,了解"外化"或"物质化"的心智活动方式或操作活动程序。了解原型的活动结构(动作构成要素、动作执行次序和动作的执行要求),使主体知道该做哪些动作和怎样去完成这些动作,明确活动的方向。原型定向阶段也就是使主体掌握操作性知识(程序性知识)的阶段。

原型定向是心智技能形成不可缺少的一个阶段。首先,心智技能是一种合乎法则的活动方式,要求主体能独立实施。主体要能独立做出这种活动方式,首先要在头脑中建立起有关这种活动方式的定向映象,由此才能调节自己的活动,做出相应的动作。其次,心智动作是一种内化了的动作,是实践活动的反映。因此,心智活动的定向,借助一定的物质形式使这种活动"外化"为原型(即实践模式)才能进行。由于心智活动的定向需要借助其原型进行,故称这一阶段为"原型定向阶段"。这一阶段的主要任务是建立起进行活动的初步的自我调节机制,为进行实际操作提供内部控制条件。

### 3. 原型定向阶段的教学要求

在原型定向阶段,主体的主要学习任务可以归结为两点:首先,要确定所学心智技能的实践模式(操作活动程序);其次,要使这种实践模式的动作结构在头脑中得到清晰的反映。为完成这些任务,教师必须做到以下几点。

(1) 使学生了解活动的结构,即了解构成活动的各个动作要素及动作之间的执行顺序,了解动作的执行方式。这样,学生对于活动才能有一个完整的映象,才能为以后的学习奠定基础。

(2) 使学生了解各个动作要素、动作执行顺序和动作执行方式的各种规定的必要性,提高学生学习的自觉性。

(3) 采取有效措施发挥学生的主动性与独立性。构成活动的动作不能以现成的形式教授,而应该激发学生的学习需要,发挥学生的主动性与独立性,师生共同总结每一步的动作及执行顺序。这样,才能使学生体会到该动作划分的原因及动作顺序的合法则性,从而为学生所理解和接受。

(4) 教师的示范要正确,讲解要确切,动作指令要明确。

(5) 教师可以用复述动作要领的方法来检查原型定向的学习成效。

通过原型定向阶段的教学,学生将建立起有关活动方式的定向映象和初步的自我调节机制。

## (二) 原型操作

### 1. 原型操作及其作用

原型操作指依据心智技能的实践模式原型,把主体在头脑中建立起来的活动程序计划,以外显的方式付诸执行。在这一阶段，活动的执行是在物质与物质化水平上进行的。活动的最初形式可以是物质的，也可以是物质化的。在物质的活动形式中，动作的客体是实际事物，是对象本身。在物质化的活动形式中，动作的客体不再是对象本身，而是它的替代物，但不论哪种情况，都是对原型的操作，因而称这一阶段为"原型操作阶段"。

在这一阶段，动作的对象是具有一定物质形式的客体，动作本身是通过一定的机体运动来实现的，对象在动作作用下所发生的变化也是以外显的形式来实现的。这样，主体在原型操作过程中，不仅仅是依据原有的定向做出相应的动作，而且可以使做出的动作在头脑中得以反映，从而在感性上获得完备的动觉映象。这种完备的感性的动觉映象是心智技能开始形成及内化的基础，因而原型操作在心智技能的形成中具有十分重要的地位。

**2. 原型操作阶段的教学要求**

该阶段的活动是展开的、外显的，并不经常借助内部言语的引导和外部辅助手段。个体尚不能摆脱实践模式，而是依赖实践模式进行活动。为了使心智技能在操作水平上顺利形成，教师在教学时必须做到以下几点。

(1) 要使心智活动的所有动作以展开的方式呈现。要依据心智活动的原型，把构成这一活动的所有动作系列依次按照一定的顺序做出，不能遗漏或缺失。每一动作完成之后，要及时检查，考察动作的方式是否正确完成，对象是否发生应有的变化。因为只有在展开的活动中，主体才能确切了解活动的结构，才能在头脑中建立起完备的动作映象，也才能获得正确的动觉经验及确保活动方式的稳定性。

(2) 要注意变更活动的对象，使心智活动在直觉水平上得以概括，形成关于活动的表象。心智技能作为合乎法则的活动方式，其适用范围应具有广泛性。采用变式加以概括，有利于学生心智技能的掌握和内化。

(3) 要注意活动的掌握程度，并适时向下一阶段转化。强调原型操作阶段应以展开的方式出现，并不是说最终不要简缩。当学生连续多次能正确而顺利地完成有关动作程序时，应及时转向内化阶段，以免活动方式总停留在展开水平，阻碍心智活动的速度。

(4) 为了使活动方式顺利内化，动作的执行应注意与言语相结合，一边进行实际操作，一边用言语来组织动作的执行。因为心智技能作为一种心智活动方式，是借助内部言语默默进行的，而内部言语必须以外部言语为基础。在原型操作阶段，外部言语作为心智动作的标志及执行工具，在内化过程中具有十分重要的作用。因此，在边做边说的场合下，活动易于向言语执行水平转化。

总之，通过原型操作，个体不仅有了程序性知识，而且通过实际操作获得了完备的动觉映象，这就为原型内化奠定了基础。

**(三) 原型内化**

**1. 原型内化的含义**

所谓原型内化，即心智活动的实践模式向头脑内部转化，由物质的、外显的、展开的形式变成观念的、内潜的、简缩的形式的过程。也就是动作离开原型中的物质性客体及外显形式而转向头脑内部，借助言语作用于观念性对象，从而对事物的主观表征进行加工改造，并使其发生变化。

**2. 原型内化阶段的教学要求**

在这一阶段，个体摆脱了实践模式，已将实践模式内化为一种熟练的思维活动方式，外显的言语活动明显减少。个体最初面临一个新任务时，始终复述任务规则，但随着练习的不断进行，规则复述消失，这是内化的一个标志。为了使操作原型成功地内化为心智技能，使活动方式定型化、简缩化、自动化，教学中必须注意以下几点。

(1) 动作的执行应从外部言语开始，然后逐步转向内部言语。在采用外部言语的场合，还应注意从出声的外部言语转向不出声的外部言语，最后转向内部言语，顺序不能颠倒。

(2) 在开始阶段，操作活动应在言语水平上完全展开，即用出声或不出声的外部言语完整地描述原型的操作过程(此时已没有实际操作)。然后，再依据活动的掌握程度逐渐缩减，其中包括省略一些不必要的动作成分与合并有关的动作。

(3) 要注意变换动作对象，使活动方式得以进一步概括，以便广泛适用于同类课题。

(4) 在由出声到不出声、由展开到压缩的转化过程中，要注意活动的掌握程度，不能过早转化，也不宜过迟，而应适中。

总之，根据心智活动是实践活动的反映这一观点，任何新的心智技能的形成在原则上必须经过上述3个基本阶段才能形成。不过，分阶段练习的要求只是针对心智技能中新的、主体未经掌握的动作成分来说的。如果某种心智技能，其动作成分是由主体已经掌握了的一些动作构成的，则此心智技能的形成就可利用已有动作经验的迁移得以实现，不必按前面提到的心智技能形成的3个基本阶段分别进行严格训练。心智技能形成三阶段论对于揭示心智技能的实质及其形成规律是非常有益的，对于教学内容的选择、编排，教学活动的实施及有效地培养心智技能具有重要的指导意义和启发意义。

## 三、心智技能的培养

### (一) 心智技能原型的模拟法

**1. 心理模拟法**

由于心智活动是实践活动的反映，因此心智技能的培养，首先必须确定心智技能的实践模式或操作活动程序，即确定心智技能的"原型"。不过，确定心智技能的操作原型是一项相当困难的工作，因为已形成的心智技能不仅是内潜的，而且是借助内部言语以高度简缩的形式自动进行的，不仅旁观者难以观察到，而且连活动的主体也难以意识到，这就给操作原型的确定造成了很大困难。自20世纪60年代以来，随着控制论功能模拟思想向心理学的渗透，终于找到了可用来确立心智技能操作原型的"心理模拟法"。

控制论认为，在分析研究某系统的结构时，应先建立模型，利用模型与原型之间存在着形状、特性等相似性，对模型进行试验来研究原型，这就是模拟。研究心理现象一般采用功能模拟，即利用模型与原型之间功能上的相似性，用模型来代替原型或模拟原型的工作过程。

"心理模拟法"就是记录那些能有效解决某类课题的活动方法。由于已形成的心智技能是概括的、简缩的、自动化的，对一定课题的解决似乎是凭"直觉"或直接联想发生的，因此人们很难观察到依靠概念的本质标志搜索客体本质特征的一系列心智动作。对此，思维的构造观点做了进一步的分析。

思维的构造观点认为，要教会学生思考，必须揭示作为工作者的思维过程本身的那些结构与机制(当然不是机械的)，揭示一定的相互作用的形式和机能。教会学生思考，就是要在教学过程中使这种机制能形成起来。为此，就必须确切地知道它由哪些成分组成，在解决各种课题时它们之间的相互作用和机能是怎样的。在任何情况下，机制的结构可以通过思维过程的足够基本的成分分析，来查明"造成""构造"这种机制的方式。控制论思想及其模拟方法认为，控制任何过程的理论，实际上就是利用客观规律来达到一定实际目的的理论，教学的目的就是要形成学生一定的心理过程和特性。心理过程在原则上是可以控制的，关键的问题在于要揭示这种控制借以进行的规律及过程。

为此，必须遵循以下原则：①必须划分出引用概念及其一定的标志所必需的、足够基本的操作；②揭示完整的足够基本的操作系统，以保证能成功地实现一定类型的思维过程；③揭示这些操作的内部结构；④要有确切可靠的方法来识别所揭示的操作系统是完整的，结构是正确的；⑤确定的操作系统的形成，一方面要注意每个操作的完成，另一方面要注意它们的系统是如何形成的。这些观点是应用心理模拟法探讨心智活动的实践模式的理论依据。

### 2. 心理模拟的步骤

所谓模拟，是指如果两个系统能够显示出功能上的平行(在关键性的特征上能够产生一一对应)，那么一个系统就是另一个系统的模拟。因此，心理模拟就是模拟与人的心理功能系统平行的系统，以找出能与心理的关键性特征一一对应的物质系统。这类模拟是依据事物中普遍存在的同功异构(同样的功能但其结构不同)的特点而确定的。用心理模拟法来建立心智活动的实践模式需要经过两个步骤。

1) 创拟确立模型

这一步是关键。为了创拟确立心智技能的操作原型，先要对活动进行系统分析。对活动进行系统分析时，首先要对系统进行功能分析，分析系统对环境的作用，其中包括作用的对象、条件及结果；然后对系统做结构分析，分析系统的组成要素及组成要素之间的相互关系。将功能分析与结构分析有机地结合起来，作为创拟确立模型的基本方法。同时，实践模式中的基本操作要依据操作系统的性质及学生的能力水平而确定，以能被学生理解并执行为原则。

2) 检验修正模型

在拟定假设性的操作原型后，还应通过实验来检验这种原型的有效性。在实验中如能取得预期的成效，证明这一假设原型是真实可靠的，则经实验证实了的原型就可以在教学上应用。反之，如果在实验中假设原型不能取得预期成效，则对此原型必须予以修正或重新拟订。当然，模式的检验除可以通过教学心理实验的方法进行外，也可以通过计算机进行。不过，用计算机进行检验时，过程分解要细，必须分解到机器可以执行这些基本操作为止。

在完成上述两个任务时，应注意以下几点：第一，在对活动进行系统的结构分析时，要对活动的目标系统(即目的与任务)、活动的条件与对象有确切了解。第二，在确定原型中的动作成分及其关系时，要有确定可靠的心理学知识的指引，以预测对象在动作作用下发生的变化。第三，在划分原型中的动作成分时，必须从主体已有经验出发，以主体能理解并执行为原则。第四，原型中关于动作之间的顺序，需依据对象变化的内在联系来确定，不能任意规定。第五，拟定的原型对该类活动要具有广泛的适用性。第六，在确定动作程序时，要考虑这种模式是否具有最佳性能。第七，用来检验假设性原型的实验要尽可能控制无关变量的影响，注意实验数据的信度。第八，在实验中要密切关注实验的进程，以便及时发现原型中各种动作成分的实验效能，对原型进行修正。

所模拟的心智技能的原型并不是原始的心智活动的实践模型，而是对理想的科学思维过程的模拟。由于已形成的心智技能一般存在于有着丰富经验的专家头脑之中，因此，创拟确立模型的过程实际上是把专家头脑中观念的、内潜的、简缩的经验"外化"为物质的、外显的、展开的"心理模型"的过程(也称"物质化"过程)。因此，这一心理模型必须能切实揭示并反映专家头脑内部的思维操作过程。同时，心智活动原型也应是对该领域经验的概括化与系统化。

### 3. 心理模拟示例

该原型不应该是某一个专家的心智活动模型的总结与经验的概括化与系统化。以小学数学中应用题的解答为例，可以分析并提出一个应用题解题活动模式，如图8-4所示。

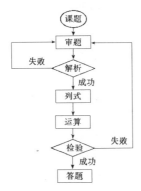

图8-4 应用题解题活动模式

解应用题是一个十分复杂的心智活动。要确定应用题的解题模式，首先必须进行功能分析。解题活动的目标是应用题的正确解决，这要求学生必须有一定的计算能力为基础。应用题的类型多种多样，所要确定的解题模式是否适用于各种题型，是否能为学生所理解并独立执行，是否会对学生以后的解题活动产生不良影响等，都是在功能分析中涉及的问题。然后进行结构分析，分析解题活动中包括的典型的心智活动。完整的解题活动结构由审题、解析、列式、运算、检验、答题6个步骤组成。

解题的第一步是审题，即认知课题结构，在头脑中确立课题的表征。第二步是解析，即在审题的基础上，通过分析题目中的数量关系，做出解法决策的过程。在小学数学应用题中，数量关系主要有两种：一种是直接的，即简单应用题，可以直接进行第三、四步的列式及运算；另一种是间接的，即复合应用题，需要经过几次解析，将间接的数量关系分层次地转化为直接的数量关系，再进行列式和运算。列式是在解析的基础上，把应用题的解法(包括算法及其顺序)用数学算式表示出来。运算即解答算式的活动。运算完成后进行第五步检验，即对解题结果是否正确的检查和论证。如果通过检验，解析结果正确，就进行第六步答题，即重新激活问题的原始表征，用运算结果代替未知成分，并陈述答案的过程。如果解题结果错误，则必须重新进行上述步骤，直到正确为止。

这个解题模式中分析了解题活动的各个步骤及执行顺序。要达到问题的解决，还必须对分析出来的各种操作成分再分析，以确定各操作成分的具体内容和功能。进一步分析会发现，审题、运算、答题这3步是学生已经掌握的，不是重点，解题活动的关键在于解析、列式、检验

3步。由于列式是以对数量关系的解析为前提的，而检验又是围绕列式和运算来进行的，所以解析是解题活动的最核心动作。这就需要对解析活动进行进一步的分析，以建立数学应用题数量关系的解析模式。

模拟专家头脑中的经验的目的是使专家头脑中的经验能够"内化"为新手(学生)头脑中的心智技能，变成他们自己经验世界的组成部分。这种把专家头脑中的经验"内化"为学生自己经验的过程，就是心智技能的培养过程。

### (二) 影响心智技能形成的因素

心智技能的形成是一个非常复杂的过程。这里列举几个重要的因素进行论述。

#### 1. 实践模式的确立与选择

心智技能的形成是由外部活动逐步内化的过程。心智活动是实践活动的反映，外部实践模式的确立是心智技能形成的前提条件。外部实践模式即心智技能活动的实践操作程序，它的确立直接决定着心智技能形成的难易程度和最终形成的水平。

由于心智技能是内潜、简缩、自动进行的，所以通过外部观察难以把握和推断其整个过程，加之个体自身也难以准确意识心智活动的进行，这为心智技能的实践模式的确立增加了难度。根据有关研究和实践经验，确立实践模式可以从两个方面入手。一是专家或有效的学习者的口语报告、问卷调查等。许多专家在某一领域表现出非常熟练的心智技能活动，通过分析他们心智活动的口语报告，可以获取各种信息。这种方法被广泛应用。二是应用心理模拟和活动分析的方法。心理模拟即用那种与人的心理功能具有相似的关键特征的物质系统来模拟人的心理活动，比如计算机就是经常用于模拟人类心理活动的一个物质系统。无论用何种物质系统作为人类心理的模拟物，都必须通过活动分析才能使其发挥作用。活动分析即根据系统要完成的具体的功能来确定活动的结构、各动作成分的关系及执行方式。

通过上述两个途径所确立的心智活动模式应符合两个标准：一是实践标准，即该模式是否有效；二是理论标准，即有效性的原因分析。要达到这些标准，除了综合应用上面两种方法确立实践模式，还应根据实际情况考虑模式的不同种类、不同层次的要求。

确立实践模式不仅要有效、合理，还应考虑可接受性，即学习者能否通过该模式形成心智技能。这就要求实践模式能够以外显的方式为学习者操作，并提供一套具体的可操作的实践程序。这是保证心智技能习得的前提条件。

#### 2. 学生的已有知识量

知识可以表现为某种活动的一种定向映象。丰富、准确的定向映象直接影响着心智技能的形成过程。大量的实验与经验都表明，技能的形成依赖于学习者所获得的知识。从专家与新手的对比研究发现，专家在知识的数量与知识的组织方面都与新手不同。

专家拥有大量的某一领域的具体知识，且这些知识是按照概括的原则，即知识的内在联系组织起来的。丰富的、组织良好的知识促进新信息的加工，保证技能的形成、发展与应用，同时也促进各种技能的整合，为解决复杂的问题提供了前提。

形成某种心智技能，尤其是形成某种复杂的心智技能，是一个渐进的过程，而建构与技能形成有关的、随时可以应用的描述性与程序性知识基础是关键前提。随着这类知识的形成与应用，技能才能产生并发挥效用。脱离知识的学习而形成技能的捷径是不存在的。能否有效地应用心智技能解决问题，与个体所形成的知识结构有关。应用心智技能解决问题的能力受知识发展程度的限制，脱离知识而教授技能是徒劳的。

研究证明，新手经常采用"手段—目的分析"这种弱思维策略分析问题，即从未知到已知进行逆推理，而专家经常依据图式进行推理，即从已知到未知的推理。这说明知识结构不同，采取的有效策略或心智活动方式也不同。

当然，强调知识在技能中的作用并不否定技能对知识的影响，二者具有交互作用。但学生的原有知识背景是策略与技能学习应用的一个重要条件。

3. 教学活动的有效性

在过去相当长的一段时间里，对心智技能的教学是欠缺的，这直接导致了教学效率低下。一种突出的表现就是学生不会学习。这也表明心智技能的形成不是自发的，更多的是在教学条件下习得的，教学对于心智技能的形成具有直接的作用。有效的教学可使学习者形成有效的心智技能，使学生学会学习，促使学生成为自主而有能力的学习者。各种学习策略的教学在一定程度上有利于这一目的的实现。

关于技能、策略是专门教授，还是结合某一学科进行学习，长期以来一直存在争议。有人认为，专门、单独地教授某种技能、策略可以缩短教学时间，且有助于提高个体的一般思维能力，因而具有广泛的迁移性；也有人认为，脱离具体的学科进行技能、策略教学，学习者在具体的学习过程中不易应用和迁移这些策略，对实际的学习没有明显的改善，因此，应结合具体的学科来教授。这是一个两难问题，因为许多技能、策略的教学脱离了具体情境，学生不能应用。但在某一课程内进行的教学又难以广泛迁移。当然，导致不能迁移的原因有很多，如技能、策略的学习与知识的学习割裂。技能、策略的学习过程不是一蹴而就的，短期内不易产生明显效果，需要进行长期的训练；再者，只训练几种技能或策略，要产生整体的明显改善也并非易事，还需有综合性的整体训练计划。

(三) 心智技能培养中的注意事项

心智技能是按一定阶段逐步形成的。心智技能的培养必须分阶段进行，才能获得良好的教学成效。为提高分阶段训练的成效，必须充分依据心智技能的形成规律，采取有效措施，并注意以下几点。

1. 激发学生学习的积极性与主动性

任何学习任务的完成都有赖于学习者的积极性与主动性，而学习的积极性与主动性取决于学习者对学习任务的自觉需要。对学习任务缺乏自觉的学习需要就不可能有高度的学习积极性，而自觉的学习需要的产生往往同对学习任务必要性的认识及体验是分不开的。由于心智技能本身难以认识的特点，学习者往往难以体验其必要性，他们在完成某一学习任务时也就缺乏相应的学习动机及积极性。所以，在教学中，教师必须采用适当的措施来激发学生的学习动机，调动其学习的积极性。

2. 注意原型的完备性、独立性与概括性

心智技能的培养始于学习者所建立起来的原型定向映象。在原型建立阶段，一切教学措施都要考虑有利于建立完备、独立而具有概括性的定向映象。所谓完备性，是指对活动结构(动作的构成要素、执行顺序等)要有清楚的了解,不能模糊或缺漏。所谓独立性,指应从学生的已有经验出发,让学生独立地确定或理解活动的结构及操作方式,而不能是教师给予现成的模式。所谓概括性,是指要不断变更操作对象,提高活动原型的概括程度,使之具有广泛的适用性,扩大其迁移价值。研究表明,定向映象的完备性、独立性与概括性不同,活动的定向基础就有差异,从而会影响心智技能最终形成的水平。

### 3. 适应培养的阶段特征,正确使用言语

心智技能是借助内部言语而实现的,因此言语在心智技能形成中具有十分重要的作用。在不同的阶段,言语的作用不同。在原型定向阶段与原型操作阶段,言语的作用在于标志动作,并对活动的进行起组织作用。这时的培养重点在于使学生了解动作本身,利用言语来标志动作,并巩固对动作的认知,切不可忽视对动作的认知而片面强调言语标志练习。学生过于注重言语而忽视动作,对心智技能的形成也会起阻碍作用。为此,一定要在学生熟悉动作的基础上再提出言语要求,以言语来标志所学动作,并组织动作的进行。此外,在用言语标志动作时,用词要恰当,要注意选择表现力强而又能接受的词来描述动作。

在原型内化阶段,言语的作用在于巩固形成中的动作映象,并使动作表象得以进一步概括,从而向概念性动作映象转化。这时言语已转变为动作的体现者,成为对动作对象进行加工的工具。这时的培养重点应放在考察言语的动作效应上。在这一阶段,不仅要注意学生的言语动作是否正确,而且要检查动作的结果是否使观念对象发生了应有的变化。此外,要随着心智技能形成的进展程度,不断改变言语形式,如由出声到不出声,由展开到简缩,由外部言语转向内部言语。

除上述3点要求外,教师在集体教学中还应注意学生的个别差异,充分考虑学生所面临的主客观条件,并针对学生存在的具体问题采取有针对性的辅助措施,以求最大限度地发展学生的心智技能。

---

该生的问题主要出在心理上,作为教师,要有针对性地运用技能训练方法以及心理学技术来辅助体能训练,具体可以从以下几个方面入手。

(1) 教师要及时让学生停止练习,进行放松训练。为了缓解焦虑情绪,可以采用肌肉放松、呼吸放松等手段来消除心理和身体上的紧张感。

(2) 教师再次准确示范,让学生利用想象法练习。在进行放松训练后,教师可以让学生观察正确的示范动作,并且让学生按照程序想象自己起跑、起跨、腾空过栏、下栏着地……帮助其从外部表象入手,逐步转向内部表象,并通过语言描述,引导其将动作表象与情景表象结合起来,在大脑中"看到"自己成功完成跨栏动作。

(3) 教师和同伴要对学生进行积极反馈。在学生遇到挫折时,教师要进行鼓励,尽量不要使用责备性的话语,在适宜的时候说"这次摆臂非常协调""继续努力"等积极性话语。此外,如果学生多次练习都不能跨越,要适当调低栏架的高度,并在学生成功跨越后悄悄调高,直到达标。

(4) 强化成功经验,巧妙练习。在学生克服心理障碍后,可以适度加大训练强度,利用多种练习方式来促进技能的训练效果。

# 第九章

# 品德的形成与培养

**内容摘要**

从小学低年级开设的思想品德课,到初中、高中开设的思想政治课,都体现了我国对于德育的重视。到了大学,思想道德修养课也是必须开设的课程,甚至到了硕士研究生、博士研究生教育阶段,学生的思想品德也是学生管理者们要抓的工作重点。鉴于德育在个体成长过程中的作用,本章首先明确了品德和道德的关系,接下来进一步分析品德的心理结构;在明确了品德的相关概念之后,探讨了学生品德形成过程中的影响因素,以及良好品德培养的方法;最后简单讨论了学生品德不良的成因及矫正措施。

**学习目标**

(一) 认知目标

1. 掌握品德的概念。
2. 理解品德与道德的关系。
3. 掌握品德的心理结构。
4. 深刻理解品德不良行为产生的原因。
5. 掌握矫正品德不良行为的措施。

(二) 情感目标

培养学生优良的道德品质,使学生深刻认识到培养良好道德品质的重要性,使学生从道德认识、道德情感、道德意志直至道德行为都有所改变,促进学生身心健康发展。

(三) 能力目标

1. 掌握良好品德行为培养的方法。
2. 能够自觉抵制不良因素的影响。

---

卢老师是新入职的小学教师,最近很苦恼,因为她所带班级的同学总跑过来和她"告状":同桌小亮上课时拽我的辫子;小亮在我们女同学活动时抢我们的球;小亮还抢我的文具,如果我不给就会拧我的胳膊。小亮总是欺负我,真可恶!我该怎么办呢?

为什么会出现这种情况？遇到这种情况卢老师应该怎么办呢？学习完本章，问题便会迎刃而解。

品德心理是人心理现象的重要的组成部分，在人的心理面貌中居于核心地位。研究人的品德心理及其形成、发展的规律，对教育者开展思想品德教育，培养学生良好的道德品质，具有重要意义。

# 第一节 品德的界定及心理结构

## 一、道德及品德的概述

在学习品德的定义之前，我们先来学习与品德密切相关的两个概念——道德和法律。

### (一) 道德概述

道德是依靠舆论力量和内心驱使来支持的行为准则的总和。

道德是一种社会现象，是人类社会生活中所特有的，由经济关系决定的，以善恶标准评价的，依靠人们内心信念、传统习惯和社会舆论来维系的，调整人们相互关系和行为的原则规范、心理意识和行为活动的总和；是由社会发展规律所决定的各种行为规范的总和。法律是由国家立法机关制定的、由国家政权保障执行的行为规则，由执法机关监督执行。由于法律总是体现统治阶级的意志，是阶级专政的工具，在剥削阶级统治的国家，守法者不一定是道德高尚者，违法者不一定是道德低下者。

一般情况下，道德和法律是一致的，违法的人一般是不道德的，如打架斗殴、偷窃、抢劫、提供情报等违法行为必定是危害人民利益的，是不道德的。但二者也有相违背、不一致的时候，如有的人的行为得到了舆论的支持却受到了法律的制裁。因此，道德规范作为评价个人行为是善是恶的尺度，是随社会的发展而发展的。

### (二) 品德概述

品德是指个人的道德面貌，是个人依据一定的社会道德规范行动时所表现出来的某些稳定的心理特征和倾向，也称作道德品质。在我国，品德还可以称为德行或品行、操行等。

在我国，良好的品德就是指个人按社会主义道德标准行动时所表现出来的稳定性或倾向性。品德是由个人的道德行为来显现的，但是偶尔或一时的道德行为并不足以证明一个人已具备了某种品德。只有某个人具有某种道德观念并在它的支配下一贯地出现某种道德行为时，我们才能说他具有某一品质。[1]例如，一个从来不学习的学生，忽然有一天认真地看了两小时的书，我们不能说他是一个勤奋好学的学生。只有他坚持认真学习，不论在什么时候都会督促自己认真学习，我们才能说他是个勤奋好学的学生。再如，热爱劳动、艰苦朴素、助人为乐、遵纪守法等，都要有长期一贯的表现才可成为品德。

---

[1] 章志光. 心理学[M]. 北京：人民教育出版社，1990.

### (三) 品德与道德的关系

品德是道德的个体化，是社会道德在具体人身上的表现。它是一种个体心理现象。品德不是天生具有的，而是在一定的社会与教育环境中习得的。个人的品德是性格的一个方面，是性格中具有道德评价意义的核心部分。

#### 1. 联系

品德与道德的密切联系主要表现在：品德的内容来源于道德，个人品德的内容是社会道德在个体身上的具体表现。当社会道德内化为个体的心理品质时，就形成了品德。离开社会道德就不会有个人品德、社会道德的发展，变化对个人的品德面貌具有相当大的影响。在某些情况下，个人的品德面貌对社会的道德风貌也会有一定的影响，如雷锋的品德已被认定为我国当代社会道德的典范。

#### 2. 区别

(1) 道德是一种社会现象，以行为规范的方式反映社会生活并依赖于人类社会的存亡；品德是一种个体现象，依赖于个体的存亡和有无某种品德。

(2) 道德是社会生活的产物，随社会的发展变化而发展变化，完全受社会发展规律的支配，不依个人的意志为转移；品德是社会道德在个体头脑中的主观映象，它的形成和发展一方面要受社会发展规律制约，另一方面要受个体心理发展规律制约，以个人的意志为转移，具有主观性和创造性。

(3) 道德的内容是一定社会经济基础的反映，是整个社会生活的要求，有完整的体系，属社会意识形态范畴；品德的内容往往是道德规范在个人身上的部分体现，是社会道德要求的局部反映。

(4) 道德对人的行为的约束和调节是通过外在舆论的压力来实现的；品德对人的行为的约束和调节是通过内心驱使来实现的。

(5) 道德是社会学与伦理学研究的对象；品德是心理学和教育学研究的对象，二者研究的范畴不同。

## 二、品德的心理结构

个人的品德体现在他的一系列行为中，体现在当个体的行为可能影响他人的利益时个体所做的行为选择中。随着品德的发展，个体可能学会体谅别人、自制和利他。良好的行为是与个人的道德认识和道德情感联系在一起的。因此，品德的基本心理结构包括道德认识、道德情感、道德意志和道德行为等基本心理成分。

### (一) 道德认识

道德认识也称道德观念，是对道德行为准则及其意义的认识。在道德事件中，个人的道德认识往往是极为重要的。就某一个体而言，离开道德的实质——"意向"和"理由"，便无从谈论道德。也就是说，如果一个人无意中做了好事(没有意向或理由)，其行为称不上道德。

### (二) 道德情感

道德情感是指个体对他人或自己的道德行为是否符合自己的道德需要而产生的态度和体验。它伴随着道德观念并渗透到道德行为中。个人在对自身的行为和他人的行为做出判断时，都会出现与这些判断有关的情感。苏霍姆林斯基说过："道德情感——这是道德信念、原则、精神力量的血肉和心脏。没有情感的道德就变成了干枯、苍白的语句，这语句只能培养出伪君子。"道德情感在品德中的重要性已受到心理学家的重视。20 世纪 90 年代初，我国有人研究心境对助人行为的影响时，发现积极、愉快的心境能够促进助人行为。当与道德观念相伴随的道德情感成为推动个人产生道德行为的内部动力时，就成了道德动机。

### (三) 道德意志

道德意志是指个体自觉地组织调节自己的行为，去克服困难，以实现一定道德目标的心理过程。它能使人用正确的道德动机去战胜不正确的道德动机，排除来自外部或内部的各种困难、障碍与干扰，努力实现既定的前进目标。道德意志与道德情感行为是密切联系的，离开了道德行为，道德意志就无从表现。

### (四) 道德行为

道德行为是指个体在一定道德意识支配下表现出来的，对待他人或社会具有道德意义的行动。这是衡量一个人道德品质的重要标志。看一个人的品德，主要不是看他认识到什么，而是看他言行是否一致。一个欲望强烈而缺乏自制的人，在行为上可能与他的是非观念相矛盾，这是在品德不良的个体中常见到的。所以，在评定一个人的品德时，更多的是依据这个人的道德行为。正是出于这样的考虑，教育部制定了一系列中、小学生的行为条例和规范，作为学校教育中的德育目标。

品德心理结构中的知、情、意、行等心理成分，是相互联系、相互制约的。道德认识是道德情感产生的依据，道德情感影响着道德认识的形成与发展。道德行为是在道德认识和道德情感基础上，伴随着道德意志并通过一定的联系而获得的。反过来，道德行为又可以巩固和验证道德认识和道德情感。人的品德就是由这些知、情、意、行等心理成分所构成的稳固联系的相互制约的统一体，是不可分割的有机整体。

品德结构中的知、情、意、行这 4 种心理成分，既相互联系、相互制约，又具有不同的作用和地位。因此，在培养儿童的道德品质过程中，每个方面都不可忽视。但在我国目前的中小学生思想品德教育工作中，对于儿童道德品质的培养，常常只强调一方面而忽视另一方面，这种错误倾向主要有以下两种表现。

一种是片面强调道德认识的重要性。有些教育工作者认为，人的道德品质取决于道德认识的形成，人之所以产生不道德的行为都是由于愚昧无知、缺乏应有的道德知识和道德信念而造成的。所以，他们主张教育工作的重点应该放到道德认识的培养上，要给予学生系统的道德知识的传授和讲解，增强道德观念，提高学生的道德认识水平，认为儿童有了道德认识，道德品质自然而然就形成了。

另一种是片面强调道德行为训练与习惯培养。有些教育工作者认为，道德知识多的人和道德认识高的人，不一定有道德品质。他们认为人的道德品质是一定的动作的总和，一个人只要养成良好的行为习惯，就会形成高尚的道德品质。因而，他们主张教育工作中心任务应放在道德行为的训练与培养上，给学生提供足够的时间和机会，使其行为得以反复强化和训练，直到形成习惯。例如，对于不敲门就闯入办公室的学生，持有这种观点的老师就可能把学生赶出办公室，让其重新敲门进入，一遍又一遍地重复练习，而不是向学生讲明为什么要敲门的道理。

以上两种错误倾向都是片面强调或夸大了一个方面在品德结构中的地位和作用，而忽视或否定了另一方面的地位或作用，把品德心理结构中的各种心理成分割裂开来，忽视了彼此之间的相互作用。实践经验证明：这两种错误倾向对儿童道德品质的培养是十分有害的。因为，如果只是强调道德认识的培养而忽视道德行为的训练和习惯的培养，就会造成儿童言行脱节的现象；而片面强调道德行为的训练和习惯的培养而忽视道德认识的培养，就会造成儿童产生盲目的行为，容易出现"好心办错事"的情况。

在教育工作中，只有把品德的知、情、意、行有机地结合起来，才能使学生的道德品质得到全面培养。学生品德结构的形成具有多样性，没有固定的模式。有的可先从培养道德行为开始，有的可先从培养道德情感入手，有的可先从培养道德认识做起，也有的可让道德的知、情、意、行4个方面齐头并进。但不论哪种方式，最终是要使这4个心理成分都得到全面均衡发展。

## 第二节　品德的形成与发展

一个人道德品质的形成，意味着其品德心理结构的完善。而品德的形成过程，也正是道德认识、道德情感、道德意志和道德行为共同形成和发展的综合过程。

### 一、道德认识的形成

古人云："知之深，爱之切，行之坚。"只有具备深刻的认识，才能产生强烈的情感体验，才能知道为什么行动、怎样去行动，才能知道应该坚持哪些行为。道德认识贯穿于品德形成的各个方面，在品德形成过程中起着重要作用。

道德认识主要包括3个方面：道德概念的掌握、道德信念的产生、道德评价能力的发展。其中道德概念是先决条件，道德信念的确立是关键，道德评价能力的发展是重要标志。

#### (一) 道德观念的形成

人们对道德认识的理解，在很大程度上表现为对道德观念的掌握。对道德观念的掌握是从具体到抽象，再从抽象到道德实践的过程，个体知道了什么是"应当"，什么是"不应当"。

最初，学生掌握是非、善恶、美丑等道德观念是同具体的、个别的事物联系在一起的。后来，随着生活范围的扩大，年龄的增长，知识的增加，特别是从成人那里获得了有关的道德评价经验，于是就从先前的基础上向前进了一步，开始初步掌握一些粗浅而不准确的道德观念。再往后，在丰富的感性认识的基础上，学生通过抽象、概括，逐渐达到对社会道德现象及道德规范的本质特征的理解。例如，当我们看到有人为了向落水者的亲友索要报酬而耽搁了救人，导致落水者死亡时，我们会认为这种人的道德观念有问题。

一个人只有形成了道德观念，才能知晓在什么情况下该怎样做和为什么要这样做；才能自觉地调节自己的道德行为。道德观念的形成，是道德认识形成的先决条件。没有道德观念的形成，道德认识的形成就无从谈起，更谈不上道德品质的形成。

道德观念的形成，不仅意味着个体要了解和领会社会上公认的道德行为准则是什么，而且还要把社会道德行为准则内化为自己的道德需要，真正变成自己的品德心理结构。

### (二) 道德信念的产生

#### 1. 道德信念的概念及特点

道德信念是在道德认识的基础上产生的，是道德认识进一步内化和深化的结果。所谓的道德信念，是指个体认为自己一定要遵循的、在其意识中根深蒂固的道德观念。道德信念是道德品质形成的关键因素，正如罗曼·罗兰所说："最可怕的敌人就是没有坚定的信念。"

有的学生掌握了一定的道德认识，却不能用它们来支配自己的行为，一个重要的原因就是这些道德认识还没有成为他们的信念。道德信念具有较强的稳定性和行为的推动性。一个人的道德认识上升为道德信念后，便获得了观念动机(一种主动要求得到维护与实现的道德需要)。

学生道德信念的确立要经过漫长的过程。小学一、二年级的学生还没有形成道德信念，如他们的学习动机并不一定是明确意识到了学习的社会意义，而是由家长的要求、教师的威信及学业本身的吸引所引起。

到了小学三、四年级，有的学生开始萌发初步的道德信念。而小学五、六年级的学生所表现出来的道德信念，能基本理解争取优良成绩和保持良好纪律在学习中的重要性。从初中开始，自觉的、稳定的道德信念才开始逐步形成和发展起来。青少年的道德行为也就具备了一定程度的原则性和稳定性。

据研究资料显示，一般来说，小学生还难以形成道德信念。道德信念的确立是从初中开始的。初中生道德认识的原则性、概括性有所增强，开始从社会意义和人生价值方面要求自己，对社会产生某种使命感和责任感，因而其道德行为也表现出了一定程度的原则性和坚定性。这表明初中生初步形成一定的道德信念，但其具有易变性，还不够稳定。而高中学生的道德信念则更加坚定。其道德信念常常以道德理想的形式表现出来，与生活理想、职业理想相联系的道德理想，在其道德动机中占有相当重要的位置，表现为对自我行为的反省性、监控性和调节性的增强，但还残留着动荡性的特点。

#### 2. 道德信念的培养

为了提高道德认识，进而形成道德信念，教师在品德教育工作中应充分考虑以下因素。

1) 教育者言行一致

儿童的模仿能力极强，生动的榜样比抽象的说理更具有感染力和说服力。成人对儿童的道德认识教育，一般是通过口头讲解或劝导以及展示自己的行动、行为来完成的。心理学的实验表明，成人是否言行一致对儿童能否遵守规则具有明显的影响。

心理学家米切尔等把儿童分为两组，玩有规则的滚木游戏，投中者得分，满分20分可得奖。但严守规则(高标准)得分的机会就会少，如果不守规则(即低标准)就可以投中更多的球而得分。在开始阶段，两组儿童都分别和一个成人同玩。

第一组的成人扮演言行一致的角色(即要求儿童严守规则，同时也严于律己)。

第二组的成人扮演言行不一的角色(对儿童严格要求按规则办事,而自己则按低标准行事)。这时,两组儿童得分均低,差别不大,说明儿童并没有立刻按照成人的低标准行事。

在第二阶段,研究者有意让两组儿童分别单独地(不与成人在一起)在这间有单向观察孔的房间玩同样的游戏,并自报成绩。结果发现:第一组儿童得分仍然很少(只占总次数的1%左右),表明他们还是严守规则的;而第二组儿童得分高(占总次数的50%以上),表明他们一旦离开成人,就会效仿成人按低标准行动,把不守规则投中的球都算上了分。

第三阶段,把两组儿童混杂在一起玩,结果第一组儿童由于受到第二组儿童的影响也降低了标准,甚至把这种不正当的获奖办法介绍给同伴。

这个实验不仅说明身教重于言教,还表明儿童从成人榜样那里受到的不良影响并不都立刻在对人严、对己松的成人面前表现出来,它往往在缺乏成人监督的条件下,才得到充分体现。

2) 使学生获得道德实践的经验,促进道德认识的内化

教师应当为学生创设有利的道德实践的条件和情景,使学生能从中了解道德要求的正确性。例如,教师仅仅告诉学生"每个人都要保持教室的清洁卫生,大家才能有一个美好的学习环境"是不够的,可指导班级形成自觉地保持清洁卫生的风气:乱扔东西、随地吐痰与不爱护班级清洁卫生的行为,将受到谴责的舆论氛围。组织学生角色互换,学会换位思考,体会自己不爱护教室卫生的行为带给大家的不便、不愉快的感受等。只有在大量的感性体验的基础上,学生才能经过不断抽象、概括进而形成较为一致的道德观念,并且纳入自己的道德价值观念中,指导自己行动。

### (三) 道德评价能力的发展

道德评价能力是指个体依据一定的道德标准对自己或他人的行为做出肯定与否定的道德判断能力,也就是一个人对自己或他人的行为做出是好是坏、是善是恶的判断能力。道德评价能力的发展,有助于道德观念和道德信念的形成。因此,道德评价能力的发展,是道德认识形成的主要标志。

心理学研究表明,学生的道德评价能力是逐步发展起来的,有一定的规律可循。了解学生道德评价能力的发展过程,可以帮助教师更好地提高学生的道德评价能力。

#### 1. 由"他律"向"自律"发展

"他律"是指个体行为的产生是由自身以外的评价标准决定的现象。"自律"是指个体行为的产生是由其自身内在评价标准所决定的现象。也就是说,从重复、仿效别人的评价,到逐步学会独立地进行评价。学生的道德评价是在别人道德评价的影响下逐步形成的。年龄越小,受成人评价的影响越大。皮亚杰在他的《儿童的道德判断》一书中,充分论证了儿童的道德评价由他律逐渐向自律过渡的过程。在小学低年级的学生看来,做与不做某一件事,往往是看教师和父母的评价。如果父母和教师评价为肯定,他们就认为是对的,就会产生相应的行为。如果教师和父母评价为否定,他们就会认为是错的,不会产生相应的行为。他们认为坏事情就是违反成人命令做出成人禁止做的事情,如打架、说谎、不听话等。因此,成人提出的要求和看法,往往很容易被他们接受,成为他们评价事物的标准。这是一种他律水平的道德。

在这一阶段,被学生奉为绝对权威的教师要特别注意给学生的评价应实事求是、客观公正,以免对他们道德评价能力的发展带来不良影响。

到了高年级，尤其进了中学，学生的道德评价能力从无独立性的服从发展为独立判断。他们开始摆脱成人的看法，教师的话在他们心中也不再是"神圣的法律"，在判断行为是非时，能够更多地独立思考，用自己掌握的道德评价标准去评价他人。这是一种自律水平的道德。皮亚杰认为，只有当儿童的道德判断达到自律水平时，才称得上真正的道德发展。

### 2. 由注重行为效果向注重行为动机发展

个体对行为的判断最初往往只注重行为的结果，以行为的外部表现或最终结果作为评价是非的标准，而忽略了行为者的内在动机过程。随着年龄的增长，个体逐渐过渡到以行为动机作为评价的标准，最后发展到把动机与结果联系起来进行分析，从而做出科学、公正的判断。

皮亚杰研究发现，小学儿童在判断行为的好坏时，往往以造成损害的大小为依据，而不考虑出于什么动机。在教育影响下，随着道德认识的逐步提高，小学高年级的学生以及初中生开始从动机出发分析行为的好坏，但他们往往重视动机而忽视效果。到了高中阶段，学生逐渐能把行为效果与道德动机结合起来做综合评价。他们会对出于无心而犯错的儿童表现出一种责备、惋惜、同情、谅解的复杂心情。

教师要针对学生从依据具体行为效果到依据道德原则评价的规律，多提出一些具体范例进行分析，并指导他们在实践中逐步提高道德评价能力。

### 3. 由评价他人向自我评价发展

儿童对自己的道德评价总是落后于对别人的评价。他们是在认识别人的基础上，通过对照比较，才逐渐学会认识自己的。小学生只会按照成人的要求评价别人的行为，不会评价自己。例如，有的小学低年级的学生看到同伴抄袭别人的作业，知道这个同伴的行为是不好的，便报告给老师，可是不久他自己也抄起别人的作业来。儿童自我评价能力的发展是比较缓慢的。到了初中阶段，随着自我意识的迅速发展，他们的自我评价能力有了显著提高。但与对别人比较深刻严格的评价而言，他们对自己的评价则显得较为笼统模糊，有偏高的倾向，而且只能叙述自己的行动的外部表现。到了高中阶段，学生才能比较自觉地进行自我评价，认识和分析自己的内心活动。教师要尤其注意帮助初中学生克服他们自我评价的弱点。

### 4. 由片面向全面发展

学生在刚开始进行道德评价时，常常带有较大的片面性，往往是只抓一点不及其余，爱做绝对的肯定或否定。比如在评价一个人的品质时，常因为看到他的一个小小的过失而否定了他的其他优点。对自己的评价也是如此，即可能因偶尔的一次成功而趾高气扬。一般到了高中阶段，学生才能对自己和他人做较为全面客观的评价，把动机与效果、成功与失败、偶然与多次等许多因素结合起来进行分析。

### 5. 由外部向内部发展

在进行道德评价时，学生从开始只注重外部行为表现逐渐发展到开始深入自己的内心世界。小学生一般偏重于外部事物，很少注意人们的内心世界；初中生由于独立性和成人感的迅猛发展，开始对人的内心世界产生兴趣，已逐步注意到自己和他人的思想与动机；高中生也注意外部行为表现，更注重人物的内心活动。

#### 6. 由自我向社会发展

学生对某一道德行为的评价，开始时是以自我利益为主要依据，以后逐渐发展到以社会利益、社会效果为主要依据。这一转化多发生在初中时期。

教师要在了解掌握学生道德评价发展趋势的基础上，有意识、有步骤地培养和提高学生的道德评价能力，促进他们品德的成熟与发展。

## 二、道德情感的形成

道德情感是人类所特有的高级情感。它是在道德认识的基础上产生的，同时是道德认识的具体表现。道德情感的形成与发展，对人的道德品质的形成与完善具有十分重要的作用，是道德动机的有机组成部分。在肯定的道德情感的激励下，人可以发挥出平时所没有的体力和智力，去克服活动中的困难，产生或完成各种高尚的道德行为。

### (一) 道德情感的内容

道德情感的内容十分丰富。但在不同的历史时代和不同的阶级里，由于道德标准的不同，人的道德情感的内容也就不一样。在我国当代历史条件下，道德情感的主要内容有国际主义情感、阶级情感、爱国主义情感、民族自豪感、集体荣誉感、义务感、责任感、羞耻感等。在儿童的道德情感中，集体荣誉感、爱国主义情感、民族自豪感处于核心地位，是道德感形成的重要标志。而义务感、责任感和羞耻感则在儿童道德情感中处于特殊地位，可以说，这3种道德情感的形成，对其他道德情感的形成具有关键作用。

义务感是个人对所负社会道德任务的认识和体验，能促使个体在活动中积极承担一定的道德责任。责任感是个人力求完成自己的道德任务的行为倾向的内心体验。义务感和责任感是紧密联系在一起的。羞耻感是个人的道德自我意识的一种表现。这是一种谴责自己的行为或动机的道德情感体验。

如果以上3种情感在社会和教育影响下没能培养起来，就会给个人的品德发展造成严重障碍。例如，一些儿童在家庭生活中被当作中心人物，比如"小皇帝"，全家人都得围着他转，要什么就给什么，想怎么样就怎么样，对别人为所欲为，没有义务和责任的要求和限制，犯错误也不知羞耻。这样的孩子，如果在后来的社会和教育中得不到纠正，那么在以后的工作、学习、生活中就不能正确地对待人与人的利害关系，在人际交往中不会被他人接受。没有义务感、责任感和羞耻感，就没有个人品德的发展。而这些情感必须从小抓起，并在教育中给予足够的重视，才能促使个体形成高尚的道德情感。

### (二) 道德情感的形成

道德情感的表现形式，大致可分为3种。

#### 1. 直觉的情感体验

直觉的情感体验是由于对某种道德情感的直接感知而迅速突然发生的情感体验。例如，有人可能因突然产生悔愧不安而未发生某种不道德行为，或由迅速产生的自尊心和责任感而激起大胆果断的道德行为等，这都属于直觉的道德情感体验。尽管这种情景体验来得迅速突然，令人无暇细想，以致当时情感的意识水平不明显、自觉性较低，但它仍是以过去道德认识经验为基础的，和人们过去在道德环境中所受到的周围舆论的影响及行为的成败经验有关。

直觉的道德情感体验对人的行为具有迅速定向作用，在它的作用下可以完成高尚的道德行为，有时也给人的行为造成消极的后果。例如，迅即产生的同情心可能帮助一个遇到困难的求助者，也可能帮助一个正在做违法事情的歹徒。可见，要培养学生的道德感，在集体中形成健康的舆论以及帮助学生养成对待舆论的正确态度就显得非常重要。

### 2. 形象的道德情感

形象的道德情感是通过个体的记忆或想象而产生的与具体的道德形象相联系的情感体验。这种情感体验的产生是由于受到生动的道德形象的感染，引起强烈的感情共鸣而铭刻在心的结果。例如，当儿童看到一个老年人过马路时，想到"雷锋叔叔"在此情景下的表现，便会主动上前帮助；一个人在工作中遇到困难时，想到了孔繁森就会努力工作等，都是形象的道德情感体验。具体的道德形象往往是被社会作为肯定对象而以偶像化的形式存在着。由于其具有生动性、具体性，所以能给个体以强烈的感染，甚至引起情感上的共鸣。通过对具体道德形象的效法，个体会逐渐理解形象身上所表现出来的道德品质，并逐渐内化成自我的认识结构。

### 3. 理性化的道德情感体验

理性化的道德情感体验是以清楚地意识到道德要求和道德理论为中介的情感体验，具有较大的概括性，是道德情感最高级的表现形式，如爱国主义情感。这种情感体验是建立在自我道德认识基础上的一种比较深刻、真挚、持久并富有强大动力的情感体验。

道德情感作为道德品质的重要组成部分，是人们产生道德行为和进行自我监督的一种内部力量。如果不培养学生的道德情感，道德教育就不能达到预期目的。要培育学生高尚的道德情感，教师就应当成为播种、培育学生感情的园艺家，利用各种场合和手段，抓紧培育学生积极的情感，激发他们对丑恶行径的愤慨之情。

(1) 在教育活动中，要重视学生的情感性学习，培育学生对情感的自我调节能力。如今，不少学生由于成人教育的失误，只懂得向别人索取爱与关怀，却不懂也不会去爱别人，长大成人以后，必定会自私冷酷，更谈不上爱祖国爱人民。因此，教师要引导学生过健康积极的情感生活，要让学生知道情感有好与坏、积极与消极之分，以及它们对人的影响，在此基础上启发学生了解自己情感的优缺点，用理智克服不良情感，逐渐提高情感的自控能力。

(2) 丰富学生的道德观念，并使这种观念与一定的情绪体验联系起来。比如对好人好事要用赞美的词句，使学生把它与愉快、荣誉感联系起来。

(3) 充分利用榜样的鲜明形象与感人的生动事例，引起学生道德情感的共鸣，从而扩大他们道德实践经验与情感内容。

(4) 重视教师道德情感对学生情感的影响。教师的道德情感对学生的情感具有最直接、最重要的影响。教师对学生表现出热爱、期望和尊重，常常会引起学生强烈的共鸣，"情通则理达"，以此为开端教育好学生的例子不胜枚举。反之，如果教师对学生冷漠无情，师生间对立情绪很强，学生则会拒绝教师的要求。因此，教师必须通过自己的积极健康情感来培育学生。

道德情感的这3种表现形式之间存在密切的关系，直觉的情感体验和形象的道德情感是理性化的道德情感体验的基础。没有直觉的情感体验与形象的道德情感的充分发展，理性化的道德情感体验就成了无源之水、无本之木。前两种属于较低级形式的道德情感，第三种属于高级形式的道德情感，只有在低级形式基础上形成高级形式的道德情感体验，个体的道德情感才能得以形成和发展。

## 三、道德意志的形成

道德意志是指人根据道德认识选择和执行道德行为的一种力量。它在人的道德品质的形成中具有显著的作用。它能使人用正确的道德动机，排除来自外部或内部的各种困难、障碍与干扰，努力实现既定的前进目标。

道德意志的形成，也是道德意志品质的形成，主要包括果断性、自觉性、坚韧性和自制性4个方面。

### (一) 果断性

果断性表现为决心，这是道德意志形成过程的第一阶段。有决心的个体，在实施道德行为时，既能够在条件不变的情况下，全面考虑，仔细权衡，又能在紧急情况下当机立断，迅速做出决定。下决心不是轻而易举的事，无论是道德动机的确立、道德目标的选择，还是道德行为的发生，对内外困难的克服等，都要经过一系列复杂的心理活动和矛盾冲突的斗争，然后才能下决心。

### (二) 自觉性

自觉性主要表现为信心。有信心的个体，在活动中或在实施道德行为时，既能接受别人正确的合理性建议，又不受他人错误意见的干扰。下决心以后，还必须树立信心，相信自己的选择和决定是正确的，确信自己有能力完成活动的任务。自觉性或信心是道德意志形成过程中的一个重要环节。无信心的人，是谈不上道德意志的，因为这样的人虽然下了决心，但他的决心时时刻刻都处于动摇状态，不时地在改变。常言道"无志者，常立志；有志者，立志常"，说的就是这个道理。信念与道德意志关系十分密切，道德意志坚定才能信心十足，朝着预定的目标去行动。

### (三) 坚韧性

坚韧性表现为恒心。具有长期克服内外困难及诱因干扰的意志，称为恒心。有恒心的个体，在实施道德行为时，既能够在条件不变的情况下，将预定目标坚持到底，又能够在变化了的条件下，灵活地采取新的对策。恒心是道德意志形成过程的最终环节。一个人做一件好事并不难，难的是一辈子做好事而不做坏事，这需要有持之以恒地实践道德行为的顽强毅力和坚强意志。只有具备恒心的人，才能把决心贯彻到底，付诸行动，才不会被行动中的困难吓倒，不会被各种诱因所迷惑。

### (四) 自制性

自制性表现为耐心。有耐心的个体，在实施道德行为时，既能够在原则方面或大是大非问题上坚持正确的观点，又能够在非原则的细节问题上，随时变换方法和策略。

道德意志的形成过程，也就是果断性、自觉性、坚韧性、自制性 4 个因素的发展和完善的过程。

要培养学生坚强的道德意志，教师应做好以下几方面的工作。

首先，组织实践锻炼。道德意志是在道德实践活动中逐步形成和发展起来的，为培养学生的道德意志，提高其自制力和抵抗诱惑的能力，教师要有意识地把学校的教育、教学活动都变成培养学生意志力的实践活动，组织行为练习，使学生获得意志锻炼的直接经验。教师还要在各项活动中有意创设一些困难情境，给学生提供若干克服困难的条件，并适当地给予鼓励和支持，使学生经过一番意志努力，最终获得成功。

其次，使学生过获得道德意志的观念和榜样，激发意志锻炼的积极性。教师要向学生进行关于意志锻炼必要性的谈话和讨论，使学生形成正确的意志观念，认识到意志锻炼的重要意义。教师还要为学生提供意志坚强的榜样，利用榜样形象的感染力，激发学生产生意志锻炼的强烈愿望。

最后，针对学生意志特征的差异，采取不同的教育措施。

## 四、道德行为的形成

道德行为是人在一定的道德意识的支配下表现出来的，对待他人和社会有道德意义的行动。这是衡量一个人的道德品质的重要标志。评价一个人道德品质的好坏，主要看其言行是否一致，道德行为是否符合社会道德规范，是否具有一贯性。品德教育的基本问题，就是使儿童的道德认识转化为相应的道德行为。

道德行为的培养和训练主要包括：道德动机的激发，道德行为方式的掌握与道德行为习惯的养成。

### (一) 道德动机的激发

道德动机是推动人们产生和完成道德行为的内在原因。一般来说，道德行为与道德动机应该是一致的。也有的学生，其动机、愿望是好的，但是不会恰当地组织自己的行为方式，也不一定会真正实施。高尚的道德品质的形成，首先要培养正确的道德动机，特别是要激发由道德信念和道德理想转化而来的道德动机，帮助学生用正确的道德动机战胜不正确的道德动机。

### (二) 道德行为方式的掌握

道德行为方式是指按照一定的道德规范经过训练而形成的具有道德意义的个体活动方法和形式，是道德行为的初级形式。有些学生由于缺乏知识经验与必要的行为技能，或是因为不善于分析具体情境，以致不能采取合理的行为方式，常常出现动机与效果不一致，甚至好心干坏事的现象。这时，教师应在肯定学生动机正确的基础上，通过行为方式的示范训练、比较鉴别，具体指导学生正确的道德行为方式，教他们学会"怎么做"。实践研究表明，一些低年级学生不能完成道德行为，很大程度上与他们未掌握道德行为方式有关。因此，对年龄越小的学生，越要进行具体指导。教师不仅要让学生掌握一些行为的具体规则，更要教会他们掌握道德行为的一般规律，使学生在各种情境中都能独立选择恰当的行为方式。

### (三) 道德行为习惯的培养

道德行为习惯是一个人不需要外在监督和意志努力即可实现的道德行为，是学生由不经常的道德行为转化为道德品质的关键因素。道德行为习惯是道德行为的高级形式，是衡量道德品质的依据。道德行为习惯养成以后，不仅可以使人的道德行为发生与实施感到容易及顺畅，使某些行为方式得到巩固，使人获得易于实现道德动机的行为手段，而且会使人在新的情境中产生道德行为的迁移，从而成为人的道德行为的一种内驱力。

道德行为习惯的养成主要是通过模仿、简单重复、有意练习和与坏习惯做斗争等方式实现的。为此，教育者要给儿童提供可以效仿的榜样，创设重复良好行为的情境，明确练习的目的和要求，不给不良习惯重复的机会。但是，要注意防止儿童形成刻板的行为效应。因为过分依赖行为习惯，就会忽略具体情境的要求，有时就容易发生与道德要求不相符合的行为。因此，在行为习惯训练过程中，要注意对儿童进行道德意识教育，让他们学会做自己行为习惯的主人，把道德行为纳入自己的道德需要。

著名教育家叶圣陶曾强调指出："什么是教育，简单一句话，就是要培养良好习惯。"学生道德行为习惯的培养，关键在于教师的引导，要教育学生及时克服各种不良习惯，形成良好的行为习惯。有位哲人说过："培养了习惯，就养成了性格，而培养了性格，最终也就决定了命运。"因此，培养道德行为习惯具有重要意义。

## 第三节　良好品德的培养模式

品德不良是指经常违反道德准则，或犯有比较严重的道德过错的现象。它与违法犯罪有本质的区别。在日常生活中，对于违法犯罪的人，一般是依照法律给予其制裁和惩罚，甚至判处死刑，法律具有强制性的特点。对于品德不良的人，只能给予其舆论的谴责和应有的教育，其不受法律的制裁，社会道德对违反道德规范的人不具有强制性。例如，某人与朋友上街，路遇一群歹徒殴打一名妇女，他不但不上前救助那位妇女，反而看见别人救助还说风凉话，而且当他的朋友想去救助时，他还加以阻止，"劝说"朋友不要管闲事，以免招惹危险和麻烦。他的这种表现，说明他缺乏应有的道德品质，但人们只能用舆论在道义上对他加以谴责，而不能说他违法，更不能给他定罪判刑。而对那群歹徒，则另当别论，只能将其绳之以法，依据法律对他们实行强制性制裁。

但是，品德不良与违法犯罪之间并没有不可逾越的鸿沟，品德不良常常是违法犯罪的前奏，违法犯罪常常是品德不良进一步发展的必然结果。在社会生活环境里，虽然品德不良的人为数不多，但是，他们的品德不良具有腐蚀和蔓延作用，其危害性极大。在学校里，品德不良的学生会严重影响整个班级或学校的正常教学秩序，走出学校还会严重地影响社会治安和败坏社会的道德风尚。所以对他们品德不良的矫正，不仅直接关系到他们个人的前途，还关系着全体学生道德品质的健康发展，关系到整个社会道德风尚。

# 一、道德发展理论

## (一) 皮亚杰的道德认识发展理论

皮亚杰认为,道德是由种种规则体系构成的,道德的实质包括两方面的内容:一是对社会规则的认识和理解;二是对人类关系中平等、互惠的关心,这是道德的基础。

他设计了包含许多道德价值内容的对偶故事,如在研究儿童对过失的判断时,在向儿童讲述了下面一则故事后,要求儿童对主人公的行为做评价,并且讲出评价所依据的理由。

故事1:一个男孩约翰听到妈妈叫他去吃饭,就过去开餐厅的门,他不知道门外有一把椅子,椅子上放着一个盘子,盘子里有15个茶杯,结果撞翻了盘子,打碎了15个杯子。

故事2:一个男孩亨利趁妈妈外出,想偷吃橱柜里的糖果,由于糖果放得太高,他爬上椅子后还是够不着,结果碰翻了杯子,杯子掉到地上碎了。

皮亚杰考察和分析了儿童对这些问题的回答,由此概括出儿童认知发展的3个阶段。

### 1. 前道德阶段

前道德阶段的儿童对引起事物的原因只有朦胧的了解,其行为直接受行为结果的支配,因此,这一阶段的儿童不是道德的也不是不道德的,随着年龄的增长其才能对行为做出一定的判断。

### 2. 他律阶段

他律阶段的儿童的道德行为的判断多半是根据别人设定的外在标准。此时的儿童认为准则是不变的,判断行为的好坏是根据后果的严重性,而不是主观动机。上面的故事中,他们会说约翰比亨利坏,因为打碎15个杯子比打碎1个杯子的后果严重。

### 3. 自律阶段

自律阶段的儿童主要依据自己认可的内在标准进行道德判断。此时儿童认为规则是相互协商而创造的,已经可以根据行为的意图和后果来判断行为了。例如,10、11、12岁的儿童认为,亨利比约翰坏,因为约翰是无意中打碎了杯子。

## (二) 柯尔伯格道德发展论

在20世纪60年代,美国心理学家柯尔伯格采用道德两难的故事,让儿童在两难的推理中做出选择,并且说明理由,如海因兹偷药的故事。

海因兹的妻子患了癌症,医生说只有本城的一家药店的药才能救她。海因兹四处借钱一共凑得1000元,可药店的老板却把成本只有200元的药卖2000元。海因兹只好跟老板说他的妻子要死了,请求他便宜点或赊账给他,老板不同意,并且说他卖药就是为了赚钱的。走投无路的情况下,海因兹夜里撬开了药店的门,偷走了他妻子需要的药。

讲完这个故事,研究者要求儿童回答一些问题:海因兹是否应该被判刑?为什么?

经过对10个国家的儿童的测试,柯尔伯格发现,尽管民族、文化及社会规范制度不同,但道德判断能力随年龄的增长的发展趋势却是一致的。他把儿童道德发展划分为3个水平6个阶段。

### 1. 前习俗水平

前习俗水平大约出现在学前的幼儿园及小学低年级阶段。该水平的特点是：儿童遵守道德规范，但尚未形成自己的主见，着眼于人物行为的具体结果和对自身的利害关系。这个阶段又分为如下两个阶段。

第一阶段：惩罚和服从定向阶段。儿童缺乏是非善恶的观念，只是因为恐惧惩罚而逃避，因而服从规范。他们认为所有逃避处罚所做的行为都是对的、好的；遭到批评指责的行为都是错的、坏的。

第二阶段：工具性的相对主义定向阶段。认为对自己有利的就是好的，对自己不利的就是不好的，没有主观的是非标准。

### 2. 习俗水平

习俗水平是在小学中年级以上出现的，一直到青年、成年。此时期的特征是：个人由于认识到团体的行为规范，进而接受并付诸实践。此时期又可分为如下两个阶段。

第三阶段：人际协调的定向阶段。跟随大众的判断，期望得到别人的赞许，从而按照人们所说的"好孩子"的标准来约束自己。

第四阶段：维护权威的定向阶段。服从团体的行为规范，严守公共秩序，尊重法律权威，这时判断是非已经有了法治观念，但把法治观念看成是固定不变的。

### 3. 后习俗水平

此时个体已经超越了现实道德规范的约束，达到了完全自律的境界。至少是青年期人格成熟之后，才能达到这种境界。这个水平是理想的境界，成人也只有少数达到。这个时期也可分为以下两个阶段。

第五阶段：社会契约阶段。有强烈的责任心和义务感，尊重法律但不囿于法律条款，相信法律是人制定的，不适合社会时应当修改。

第六阶段：普通道德原则的定向阶段。已形成个人的人生哲学，对是非善恶有独立的价值标准，可以做到"有所为，有所不为"，不受现实规则的限制。

## 二、学生品德不良形成的原因

学生品德不良形成的原因是非常复杂的，概括起来，有两个方面：一个是客观环境的消极因素，另一个是儿童本身的不良心理因素。

### (一) 品德不良形成的客观环境因素

品德不良形成的各种环境因素可归纳为家庭、学校、社会环境方面因素。

#### 1. 不良的家庭环境因素

家庭是个体出生后所接触的第一个后天环境，父母作为孩子的第一任老师，他们的言行举止、思想意识等都在潜移默化地影响着孩子品德的形成。家庭的类型，以及家庭成员的生活习惯、行为作风、教养方式，都有意或无意地塑造着儿童的品德。

据调查，很多品德不良的学生就是由于家庭教育的失败而造成的。因此，家庭类型对儿童不良品德形成有重要影响。日本心理学家诧摩武俊曾研究了家庭的类型，他认为家庭有8种类型，除民主型家庭外，其他家庭类型都对儿童不良品德形成有一定的促进作用。

第一，溺爱型家庭。在这种家庭里，儿童被当作至高无上的"小皇帝"，不论是父母，还是爷爷、奶奶乃至所有的家庭成员，都无一不以孩子的需求唯命是从。对孩子的错误和不合理的要求一味地迁就姑息，导致儿童形成了以自我为中心的习惯，从而形成了任性、专横、自私、为所欲为等不良的品德习性。

第二，专横型家庭。这种家庭正好与溺爱型家庭相反。这种家庭的成员对儿童管理和教育十分严格，孩子的一切活动都由家长决定，甚至儿童的思想和想法家长都要干涉。当儿童违背了成人的要求，马上就会受到成人的严厉惩罚，这样就使儿童长期生活在紧张焦虑的情绪状态中，在情感上得不到充分慰藉。这样家庭中的儿童多半具有软弱、毫无主见、缺乏独立性或者虚伪等性格特征。

第三，矛盾型家庭。这种家庭的成员对孩子的教育态度和教育方式不统一。如父母之间或父母与祖父母之间，一方可能过分阻止孩子的独立性，处处严格要求；而另一方可能当面反对，或背后对孩子有求必应，甚至对孩子说"你不要听他(她)的"，这种矛盾不一的管教后果，往往形成孩子的两面性。还有另一种情况，家长的教育常常自相矛盾，一时严格要求，一本正经，容不得孩子有半点过失，近乎专横；过一段时间，又大加溺爱，孩子要什么给什么，弄得孩子不知所措，形成虚伪、逢迎等性格特征。

第四，忽视型家庭。这种家庭对儿童不管不问，任其自由发展。儿童优良品德的出现得不到家庭成员的支持和鼓励，同时儿童的不良品德的出现也得不到家庭成员的矫正和制止。例如，家里的钱物随便乱放，心中无数，孩子乱花钱也不过问，使得孩子从小养成自由散漫、挥霍无度的坏习惯，甚至从偷拿家中钱物开始，发展到偷拿别人的东西。这种家庭长大的孩子其性格多半是任性、无纪律、粗暴的。

第五，破裂型家庭。这种家庭要么是单亲家庭，要么是家庭成员人际关系不好，整天吵架、闹事，孩子得不到家庭的温暖，心灵受到刺激，对家庭无感情，不愿意回家，容易受社会上坏人的拉拢，走上错误道路。这种家庭的儿童多半会形成孤僻、多疑、冷漠、仇恨等性格特征。

第六，挫折型家庭。由于家庭中发生重大不幸事件，如重伤、破产或发生重大事故；或由于家庭成员受到重大挫折，如判刑、坐牢等，都会使儿童在精神上受到打击，引起情感和性格上的变化，如孤独、自卑、消极。在这种家庭中生活，如果得不到必要的关怀与照顾，儿童的品德发展就会出现不良后果。

第七，败坏型家庭。家庭成员本身就是品德不良者，公开教唆孩子做不该做之事。有些家庭不公开唆使孩子做坏事，但自己的不良行为经常暴露在孩子面前，成为孩子模仿的对象。这种家庭的孩子形成不良品德是必然现象，而且矫正起来是十分困难的。

### 2. 不良的学校环境

儿童从六七岁开始，就进入学校接受系统的教育，大部分时间生活在学校中，从小学到中学，要经历十几年的时间。而这一阶段，又恰恰是学生智力、人格全面发展的关键时期，因而学校教育对学生品德形成更具有主导意义。但是，在学校的教育工作中，某些教育工作者由于教育观点和教育方法上的错误，以及缺乏教育科学知识的修养，给学生不良品德的形成、蔓延和恶化造成了机会和条件。其主要表现如下。

第一,片面地理解学校的教育任务。只抓智育,忽视德育,把学生思想品德教育工作放在可有可无的地位;只抓升学率,不抓正确的学习动机和升学动机的培养;偏爱部分学习尖子生,放弃对多数学生的管理教育等,使一般学生明显感到,学习上不优秀就低人一等,不能升学就没有前途,或把在学校学习看成是"混日子",不愿好好学习,对学校、对老师缺乏情感等。如不彻底纠正这种错误,就会使学生朝着品德不良的方面发展。

第二,教师对学生缺乏感情,不了解自己的学生。例如,学生的个性特征如何?在兴趣、能力、性格上有什么特点?他们的长处与短处是什么?这些学生是怎样发展成为品德不良的?家庭与社会起过什么作用?过去和现在的表现有何不同?如果教师对这些问题不清楚、不了解,也就不知如何教育学生,以致常常失掉或错过教育学生的关键时机,让社会上的"团伙"有机可乘,从而使学生误入歧途。

第三,教学目标和教学方法不当。例如,作业过多使学生负担过重,教师不了解情况盲目批评;更有甚者,当发现学生成绩不好,或感到出现了某种问题有损自己的面子时,便采取"高压"政策来挽回自己的面子,引起学生紧张、恐惧和反感的情绪;由于教师要求过低,学生感到在学习上无力可使,因此学生把剩余的精力用在一些不恰当的活动上,如经常做小动作等,这又会引起教师不满,从而加深师生之间的隔阂,降低品德教育的效果。

### 3. 不良的社会环境

社会环境是影响个体最长远、最全面的社会因素。

第一,不良的社会风气会伤害、腐蚀学生。虽然我国是社会主义国家,但由于正处于经济体制转型时期,一些社会规范还有待于重新验证和修正,因而许多不良风气就在社会上滋生和蔓延起来。例如,拜金主义、讲排场、拉关系、讲究生活享受等腐败现象,必然会对青少年心理产生消极影响,其耳濡目染,自然会形成一些不良的道德行为。

第二,传媒的负面影响。大众传播媒介,例如电视、广播、报纸、杂志、书刊等,其主导倾向还是积极的、正面的,但良莠不齐,总有些传媒在某些时空环境会传播负面效应的信息。即便在传媒对一些消极社会现象进行批判时,由于儿童认知水平的局限,也难免让儿童从负面去效法和认同。

影响儿童品德不良的社会因素,除上述方面外,还有很多。因此,在培养儿童道德品质和矫正不良道德品质时,应从家庭、学校和社会3方面着手,这样才可能收到良好的效果。

### (二) 学生品德不良形成的心理因素

学生品德不良的形成,既有客观因素,也有主观的心理因素。其主要表现为如下几个方面。

### 1. 道德认识水平发展低下

道德认识是品德心理结构中的首要环节。道德认识是道德行为产生的基本前提。良好的道德认识水平,为良好的道德行为打下了良好的心理基础。心理学家通过调查发现,不少学生发生不良道德行为,就是由于道德认识发展水平低下造成的。主要表现为:其一,对道德准则和要求不能全面了解和理解,故而难以形成正确的道德观念;其二,道德观念缺乏理论或事实的支持,故而道德信念极其脆弱;其三,在前两者的基础上,对社会或社会中发生的各种事件,不能做是非、善恶、美丑的判断,没有形成道德评价能力。

### 2. 道德情感的匮乏

道德情感是道德品质中的动力部分，是促进道德观念转化为道德行为的重要力量。经过调查发现，品德不良的儿童道德情感匮乏的主要表现为：其一，缺乏集体主义的荣誉感，却有"小团伙意识的集体荣誉感"；其二，缺乏责任感和义务感，不仅表现在社会、家庭和学校集体上，而且表现在对自己的各个方面；其三，缺乏羞耻感，做了坏事，不仅不感到耻辱，反而还引以为荣，甚至成为自我炫耀的资本；其四，缺乏自尊心。

### 3. 道德意志的薄弱

道德意志是道德认识转化为道德行为重要的自我制约因素。许多儿童的品质不良和道德意志的薄弱有直接关系，其表现为：其一，缺乏意志的自觉性，没有长远的积极追求目标，只图暂时的个人需求；其二，缺乏意志的果断性，在面对积极的追求和目标的行动时没有决心，同样在面对不良刺激的诱惑时，也没有与之决裂的果断，而是犹豫不决，最后又重新走上恢复恶习的老路；其三，缺乏意志的坚韧性，某些良好的道德品质可能偶尔表现在他们的行为中，但结果都是蜻蜓点水、浅尝辄止，而不能将其坚持到底；其四，缺乏意志的自制性，不能或不会自我约束、自我控制、自我监督，这是大多数品德不良儿童的主要心理特点。

### 4. 道德行为的不良习惯

道德行为习惯是品德心理结构的最高部分。良好的道德行为是道德认识、道德情感和道德意志的必然结果。许多品德不良的儿童，起初都是先产生一些不良的行为习惯，时日一长，就变成了不良行为习惯系统。而这种不良行为习惯系统又加固了其不良道德认识、情感和意志，主要表现为：其一，伴随着不良行为习惯的出现，会产生愉悦的情感体验，而不是像常人那样产生羞愧感和负疚感；其二，对不良行为习惯缺乏意识性，当自己出现不良习惯时，自己反而意识不到，已经变成了一种稳固化的条件反射系统。

学生品德不良的心理因素还有许多，但上述4个方面是最主要的。要纠正学生品德不良，就必须从上述4个方面着手，这样才能在主观上根治这个问题。

客观环境中的消极因素，是学生不良品德形成的外因，学生自身不良因素是品德不良形成的内因。这两个因素的相互作用，构成了学生不良品德产生的必然结果。因此，矫正学生的不良品德，既要消除产生不良品德的外在消极因素，也要消除产生不良品德的内在因素，这样才能塑造一个满足社会需要的健康的个体。

# 第四节 不良品德的矫正方法

## 一、学生品德的产生过程

学生不良品德的矫正是一个十分复杂的问题，既要考虑客观方面的因素，也要考虑学生自身的因素。学生的品德不良不是短期内形成的，因此矫正也不会立即见效。这里主要介绍矫正不良品德心理方面的一些依据。

(一) 形成是非观念，增强是非感

是非观念是道德认识构成道德观念中的首要环节，是非感是伴随着这种认识而产生的道德情感。形成是非观念、增强是非感，是矫正品德不良的根本性问题。许多品德不良的学生，其道德认识中缺乏正确的道德是非观念，而且有的却是歪曲的是非观念。例如，他们把打架斗殴看成是"英雄"表现，把"江湖哥们义气"看作"互相友爱"；把拜金主义看作"人之常情"；把随意挥霍、为所欲为看作"潇洒"等。品德不良的学生很少意识到个人的不道德行为对社会和集体的危害，他们没有集体观念，没有社会意识，没有责任感。当不道德行为发生时，不能立即产生正确的道德情感体验；当头脑中出现不道德动机时，也不能迅速有效地加以制止；当不道德行为发生后，也不会产生羞愧感和内疚感。

通过教育实践发现，帮助学生形成是非观念，增强是非感是极为重要的。其主要措施包括以下几项。

第一，应向他们介绍正确的是非观念，并指明其意义，同时指出不正确的是非观念对社会和个人的危害性。

第二，应以平等的、真诚的态度与他们交往，教育者切忌以师者长者教训的口吻与他们讲话，要以讨论的形式传输正确的道德行为准则和观念。

第三，应允许他们在道德行为方面出现反复。当优良的道德品质出现时，应及时予以表扬和肯定；当不良品德出现时，应及时加以批评和制止。

(二) 消除疑惧和逆反心理

疑惧和逆反心理是品德不良学生在接受教育过程中经常出现的。大多数品德不良的学生在发生了不良道德行为时，表面上会装作镇定自若、无所畏惧的神态，但其内心是空虚的、紧张的、神经过敏的，因而他们随时准备着对他人的批评采取反击。在这种情况下，如果教师一味地采取高压政策，强行要其承认错误或改正，往往适得其反。因为这会增强他们的疑惧和逆反心理。教育者的正确方法如下。

第一，要以真挚的、诚恳的态度对待他们，确实让他们感到教师从心底里想要他们变好，而不应让他们产生被废弃、蔑视的心理。

第二，要以事实做根据，就事论事，不要讲空话、大话、假话。

第三，要讲究教育艺术，要有正确的批评方法，要讲究场合、时间，不要使他们的自尊心崩溃。

(三) 增强意志，巩固新的行为习惯

品德不良的学生一般意志比较薄弱，在接受教育时，有时会表现出一些进步，但会经常反复。所以，教师在进行教育时，要做到如下几点。

第一，要培养他们与诱因做斗争的能力和战胜不良习惯的信心和决心。

第二，要培养他们坚持良好行为习惯的意志的坚持性品质。

第三，要为他们创造良好的行为习惯的环境，让他们与不良行为习惯的环境断绝关系。

第四，要给予他们相应的职责，以锻炼他们的责任感、义务感和使命感。

### (四) 培养自尊心

自尊心是个人的要求受到他人或社会、集体尊重的情感。它能促使学生珍惜自己在社会中的合理地位和声誉，同时是学生纠正不良品德行为积极向上的动力。教育者要做到以下几点。

第一，要让学生对自尊心有正确的理解。

第二，要使学生的自尊心全面发展，如果自尊心片面发展，就可能造成学生只顾个人的荣誉和利益，而不顾社会的荣誉和利益。

第三，在培养学生有自尊心的基础上，形成个人荣誉感，一个没有荣誉感的人，往往会对一切失去信心。

### (五) 集体教育的方式

集体是具有高度紧密的人际关系的群体。品德不良的学生，大多是不被群体接纳或被群体抛弃的人，因而造成了他们的逆反心理或与社会对立的人格特征。因此，要矫正其不良品德就必须让他们回到集体中来，将其置身于集体之中才能取得良好的教育效果。教育者要做到以下几点。

第一，要教育集体成员从心理上接受他们，而不应敌视他们或抛弃他们。

第二，要让他们参加集体活动，通过活动巩固他们和集体的联系。

第三，要使他们形成相应的集体荣誉感。只有这样，才能使他们最终产生热爱集体、自觉成为集体一员的情感。

### (六) 要考虑学生的年龄特征和个性差异

人的品德心理形成同其他心理现象一样，既有年龄阶段性，同时也存在着个别差异。因此，在矫正学生不良品德时，就必须考虑这个规律，切忌"一刀切"。

第一，学生的年级不同，教育方法也不同。一般来说，低年级学生的品德不良大多是由于缺乏道德认识，不理解道德行为准则而不自觉地犯了错。因此，教师要在全面了解学生的基础上，采用正面诱导法、活动矫正法或工作信任法等来矫正其错误。中高年级的学生，特别是青少年学生的品德不良，往往是由多种因素影响而产生的，既有道德认识方面的因素，也有人生观、世界观、理想观等方面的因素。因此，对初中生的教育，要考虑其正处于半幼稚期、半成熟期的阶段，具有过渡性、闭锁性等特点，要在道德认识、道德情感为主的行为习惯上多做工作。对高中阶段的青年初期的学生，要在人生观、世界观和理想观上多做工作，并注意将学校和家庭、社会联系起来。

第二，学生的个别差异不同，教育的方法也应不同。每个学生都有自己的特殊性，不仅其需要、动机、兴趣、理想、信念、世界观不同，而且能力、气质、性格也不同。只有根据其个性差异，采取有针对性的矫正方法，以"一把钥匙开一把锁"的方式，才能取得良好的效果，否则，必定事与愿违。

综上所述，矫正学生品德不良的心理学依据是多方面的。教育工作者只有根据这些依据，采取正确的办法和适当的措施，才能形成学生的正确道德认识，产生积极的道德情感，发展有效的道德意志，最终形成良好的道德行为。

## 二、品德不良的转化

品德不良是在社会环境因素和个人的心理因素的相互影响下，经过儿童长期的错误认识、体验、实践逐渐形成的。因此，品德不良的学生不可能在短时间内恍然大悟，这个转化过程的难易、长短与他们不良品德形成的程度及形成的时间长短有密切关系。一般说来，品德不良的转化过程大体上可分为醒悟、转变和自新等阶段。

### (一) 醒悟阶段

醒悟阶段是品德不良转化过程的初始阶段。所谓的醒悟，是指品德不良的学生开始认识到自己的错误，产生悔改的意向。这种意向可能在两种情况下发生。一种是教育工作者的帮助，如对品德不良学生悔改的真诚愿望，无微不至的关心和爱护，耐心的说服教育。这种情况下产生的意向，不仅促进品德不良学生能够不断努力改正自己的错误，而且由于对教师的强烈信任感，使他们愿意接受教育。另一种是品德不良学生开始认识到继续坚持错误的危害性。这种情况下产生的意向，可能是由于感受到了社会舆论对其错误的谴责，耳闻目睹了由错误所造成的后果，理解了必须改正错误的道理等。

前一种原因产生的悔改意向，往往带有"感恩"的特点，再不悔改，对不起教育工作者；后一种情况产生的悔改意向，往往带有自愿性和自觉性。只有把前一种意向和后一种意向结合起来，前一种意向才会发挥其应有的作用。否则，前一种意向可能会随着时间的推移而逐渐减弱甚至消失。

在这里应强调的是，品德不良学生对错误的认识，开始时往往是同自己的切身利害联系在一起的。如果教育工作者不了解这个特点，一开始就帮助他们认识祖国未来青少年的责任和义务，继续坚持错误的危害等大道理，往往难以收到预期效果，这是由于品德不良的学生道德认识水平不高的缘故。因此，提高他们的道德认识必须从其原有的认识水平出发，逐步加深对错误危害性的认识。

### (二) 转变阶段

转变阶段是品德不良转化过程的第二个阶段，是建立在醒悟阶段基础之上的。所谓转变，是指品德不良的学生受悔改意向的支配，在行为上发生一定的变化、更改。发生转变是一种可喜的进步，但是必须清醒地看到这仅是转变的开始，在整个转变过程中必然要经过不断矛盾运动才能最后成为一个"新人"。在不断的矛盾斗争中，有时，可能正确的道德动机战胜了不道德的动机，新的行为方式克服了旧的行为方式，因而能继续前进。但有时也可能旧病复发，重新为非作歹，这就是通常所说的反复现象。因此，认真对待品德不良学生在转变阶段中的反复现象，对帮助他们彻底改过自新具有非常重要的意义。

### (三) 自新阶段

品德不良的学生经过较长时期的转化之后如不再出现反复，或是很少有反复，就逐步进入了自新阶段。进入自新阶段的品德不良学生完全以崭新的道德风貌出现在社会生活中，群众信任他们，尊重他们，爱护他们。而他们自己对前途也充满着希望，决心忏悔过去，永做"新人"。

他们在学习、工作和生活中有很强的上进心，非常注意用实际行动来冲刷自己过去的污点，以便进一步恢复自己的名誉和人格。这样的学生表现得比一般学生还要积极上进，通常所说的"浪子回头金不换"，确实符合实际情况。品德不良的学生改好了，老师就应实事求是地把他们看作好学生，特别是对那些已经转变的青少年学生要加倍关心和爱护。对他们充分信任，热情鼓励，逐步提高要求，不断引导前进，以使他们在人生道路中的关键之处，确立自己正确的方向。而任何歧视与翻旧账的言行都是有害的。

通过本章知识的学习我们能够知道，卢老师应当从主客观两个方面来分析小亮出现这种情况的原因。首先看是小亮的家庭原因还是家庭教养方式的影响导致其出现的品行不良，从而进一步确定是道德认识水平低还是道德情感异常。最后确定小亮的品德不良属于哪种类型，进而培养学生正确的道德认识，提高辨别是非的能力，同时，卢老师应当及时引导同学们不要排斥小亮。

# 第三篇 教学心理

- 第十章　教学设计与评价
- 第十一章　教师心理

# 第十章

# 教学设计与评价

**内容提要**

本章主要讲述了教学目标的含义、分类、陈述与设计方法；教学策略的含义、类别及选择教学策略的依据；教学评价的概念、特点、范围、作用、类别，以及教学评价的方法与技术等。本章内容旨在使学生在了解学习心理的基本规律的基础上，进一步掌握教学设计与评价的基本规律，对学生未来从事教育、教学工作具有重要的指导意义。

**学习目标**

(一) 认知目标

1. 识记教学目标、教学策略与教学评价的概念。
2. 能够陈述布卢姆的教学目标分类法。
3. 熟悉教学策略的种类，能够举例说明教师自编测验的具体方法与技术。

(二) 能力目标

1. 培养学生运用所学的目标陈述技术，设计某一节课的教学目标。
2. 使学生能够依据学习者具体情况，根据实际需要选择适当的教学策略。

(三) 情感目标

1. 能够用自己的语言解释教学评价的特点、范围、作用与类别。
2. 培养教师教育专业的学生对教学工作的热情与兴趣。

萨利文先生正在给十一年级的学生上美国历史课，他津津乐道地讲着南北战争，学生们也听得很开心。萨利文先生讲了与这场战争有关的各种轶闻趣事，比如一场裸体战(一群南方同盟军在渡河时被抓获)；斯通沃尔·杰克逊因作战期间打了个盹而战败；一些妇女女扮男装参加战斗等。他还讲述了南方同盟军(从加拿大)对弗蒙特海岸的进攻。他还分发一些真的实心弹和葡萄弹让学生传看。实际上，萨利文先生一连几周都在讲述战役、歌曲，以及将军们的个性特点及其缺陷。他还让学生计算当时要花多少钱才能买一块面包。在做完这项有趣的数学活动之后，他让学生把所有的材料都收起来，进行一个测验。测验只有一个问题：南北战争爆发的主要原因、其间发生的主要事件及其结果是什么？对这道题学生们却感到愕然。

> 萨利文先生的课很有趣,很吸引人。他采用了多种教学方式,整合了其他学科中的一些技能。很显然,他的课达到了社会课学习的一个重要目标:产生对所学内容的兴趣。然而,尽管萨利文先生的课很吸引人,但是他所教的内容和所测验的内容之间几乎没有联系。他仿佛和学生们进行了一次愉快的旅行,但是目的地究竟在何处呢?[①]

教学是有目的、有计划的活动。教学目标既是一切教学工作的出发点,又是一切教学工作的归宿。美国行为主义心理学家梅杰认为,教学设计由3个基本问题组成:一是"我要去哪里",即教学目标的制定;二是"我如何去那里",包括教学内容的确定、教学方法与策略的选择等;三是"我怎么判断我已经到了那里",即教学评价与监控。其实,教学设计就是围绕这些环节展开的,即设计教学目标、选择教学方法与策略、开展教学测量和评价等。本章将主要阐述这些问题。

# 第一节 设置教学目标

## 一、教学目标及其意义

教学目标有时也称行为目标,是对学生在一段时间的教学之后应该掌握的技能或概念的陈述。教学目标是预期学生通过教学活动获得的学习结果。在教学中,教学目标起着十分重要的作用。教学活动是以目标为导向的,而且教学活动始终是围绕实现教学目标而进行的。

教学目标在教学过程中的作用主要体现在以下几个方面。第一,教学目标是选择教学方法的依据。一旦教学目标确立了,教师就可以根据教学目标选择适当的教学方法。第二,教学目标是进行教学评价的依据。教学评价是对照预先制定的教学目标,评估每个学生是否达到规定的教学目标的过程。第三,教学目标具有指引学生学习的作用。上课开始时,教师明确告诉学生学习目标,将有助于引导学生集中注意课中的重要信息,对所教内容产生预期。

## 二、教学目标的分类

教学目标具有不同的类型,教师在教学中往往同时要设计几种不同的教学目标。下面以布卢姆等人对教学目标划分的3种类型为例,探讨教学目标的分类。

布卢姆等人在其教育目标分类系统中根据学习情境与其测量情境的变化程度,将教学目标分为认知、情感和动作技能三大领域,并从实现各个领域的最终目标出发,确定了一系列目标序列。

### (一) 认知目标

认知领域的教学目标分为知识、领会、应用、分析、综合和评价6个层次,形成由低到高的阶梯(见表10-1)。

---

① 罗伯特·斯莱文. 教育心理学——理论与实践[M]. 姚梅林, 等译. 北京:人民邮电出版社, 2004.

表10-1 认知领域教学目标分类表[①]

| 等级 | 目标 | 心理意义 | 具体表现 |
|---|---|---|---|
| 1 | 知识——对已学习过的材料的保持 | 记忆是最低水平的认知学习 | 能回忆具体事实、过程、方法、理论等 |
| 2 | 领会——把握所学材料的意义 | 超越了记忆，但仍是较低水平的理解 | 能解释，即能够概述和说明所学材料；能转化，即能用自己的话或方式表达已学的内容；能推断，即能够估计预期的后果 |
| 3 | 应用——将学习所得能够用于新的情境 | 已达到较高水平的理解 | 能应用概念、方法、规则、规律、观点、理论 |
| 4 | 分析——既能理解材料的内容，又能理解材料的结构 | 是一种比应用更高的智能水平 | 能从整体出发把握材料的组成要素及其彼此的关系 |
| 5 | 综合——能将先前所学的材料或所学的经验组合成新的整体 | 产生新的认知结构，故特别需要有一定的创造能力 | 能制订一项操作计划，能概括一些抽象关系，能(口头或用文字)表明新的见解 |
| 6 | 评价——评定所学材料的合理性(如材料本身组织是否合乎逻辑)和意义(如材料对社会的价值) | 最高水平的认知学习 | 能对有关材料，如记叙文、小说、诗歌、报告等做出价值判断 |

上述分类是一个层级系统，前一等级的目标为后一等级目标的发展创造了条件，后一等级目标需要以前面等级的发展为基础。

### (二) 情感目标

情感领域的教学目标根据价值内化的程度而分为 5 个等级，每一级又由若干连续的子类别构成。

(1) 接受(注意)。接受指学生愿意注意特殊的现象或刺激。其包括 3 个水平：知觉有关刺激的存在；有主动接受的意愿；有选择的注意。

(2) 反应。反应指学生主动参与学习活动并从中得到满足。处于这一水平的学生，以某种方式对注意的现象做出反应以及反应的满足。

(3) 形成价值观念。形成价值观念指学生将特殊对象、现象或行为与一定的价值标准相联系，对所学内容在信念和态度上表示正面肯定。其包括 3 个水平：接受某种价值标准；偏爱某种价值标准；为某种价值标准做贡献。

(4) 组织价值观念系统。组织价值观念系统是指将许多不同的价值标准组合在一起，消除它们之间的矛盾和冲突，并开始建立内在一致的价值体系。

(5) 价值体系个性化。价值体系个性化指个体通过学习，经由前 4 个阶段的内化之后，所学得的知识观念已成为自己统一的价值观，并融入性格结构。

---

① 李伯黍，燕国材. 教育心理学[M]. 2 版. 上海：华东师范大学出版社，2001.

### (三) 动作技能目标

动作技能教学目标指预期教学后学生在动作技能方面所应达到的学习结果，分为 6 个层次。

(1) 知觉。知觉指学生通过感官，对动作、物体、性质或关系等的意识能力，以及进行心理、躯体和情绪等的预备调节能力。

(2) 模仿。模仿指学生按提示要求行动或重复被显示的动作的能力，但学生的模仿性行为经常是缺乏控制的。

(3) 操作。操作指学生按提示要求行动的能力。它和模仿的主要区别是，学生不必按示范或演示动作去做，可以进行独立的操作。

(4) 准确。准确指学生的练习能力或全面完成复杂作业的能力。学生通过练习把错误减少到最低程度，有控制地、正确地、精确地完成动作。

(5) 连贯。连贯指学生按规定顺序和协调要求去调整行为、动作等的能力，即按一定程序和方式把局部动作协调地、流畅地表现出来构成一个动作整体。

(6) 习惯化。习惯化指学生自动或自觉地行动的能力，即操作的熟练化，动作成为协调性运动模式，不需要或很少需要意识控制，能在条件变化尤其是在不利条件下完成操作。

在实际生活中，这三方面的行为几乎是同时发生的，三者相互作用、相互渗透。因此，在教学中，教师往往需要同时设置这三个方面的目标。

## 三、教学目标的表述

教学目标是课程目标的进一步具体化，是指导、实施、评价教学的基本依据。用传统的方法表述教学目标往往含糊不清，有时人们对同一目标会产生不同的理解。它既不能很好地指导教学，也不可能指导教学测量和评价。具体、清晰、明确的课堂教学目标，比笼统、抽象、模糊的课堂教学目标更能优化学生的表现。梅杰的行为目标陈述模式(梅杰模式)、格兰伦德的认知目标陈述模式及 ABCD 模式，克服了教学目标表述的过于空洞宽泛、缺乏具体内容及含糊不清的问题。

### (一) 梅杰模式

梅杰模式也称行为目标模式(behavioral objectives model)。行为目标是以具体的、可操作的、可观测的行为的形式来陈述的教学目标，它指明教学活动后学生所发生的行为变化。行为目标的主要特点有 3 个：一是强调目标的具体性、可操作性、可观测性；二是统一性；三是预定性。

梅杰认为，教学目标应描述课堂结束时学生的终点行为，即学生在课堂教学结束后会做什么。因此，教师应该把学生内隐的心理状态转化为外显的行为表现，教学目标应该列举反映学生内部心理状态的行为样本，表述学生在课堂教学结束时应达到的行为指标。梅杰指出，一个完整的课堂教学目标由下列三要素构成[①](见表 10-2)。

---

① 陈琦，刘儒德. 教育心理学[M]. 北京：高等教育出版社，2005.

表10-2　课堂教学目标构成

| 部分 | 中心问题 | 举例 |
|---|---|---|
| 学生的行为 | 做什么 | 用字母F标出陈述文字中的事实，用字母O标出其中的观点 |
| 行为条件 | 在什么条件下 | 一篇报纸中的文字 |
| 行为标准 | 有多好 | 标对了陈述中的75% |

### 1. 行为表现(performance)

行为表现也称业绩表现，是指学生在教学之后能做什么，即学生在教学结束时表现出来的终点行为。它用行为动词(action verb)来表示，可以通过观察得到。

### 2. 行为条件(conditions)

行为条件是指学生在什么样的情况下表现出终点行为，即在对学生表现预期行为的条件下做出规定。一般来说，它包括"提供条件"和"限制条件"两类。具体包括环境因素(空间、光线、温度、气候、风速、室内或室外、安静或噪音等)，人的因素(独立、小组或在教师指导下等)，设备因素(工具、计算器、圆规、直尺等)，信息因素(教科书、资料、笔记、词典、辞典等)，时间因素(速度、时间限制等)。

### 3. 行为标准(criteria)

行为标准是指学生达到目标时表现出来的可以接受的最低行为水平，即合格行为的最低标准，用于评价学生的行为表现。标准一般从行为的速度、准确率和质量3个方面来确定。它对行为做出具体说明，使得教学目标具有可测量性。

## (二) 格兰伦德模式

尽管行为目标法在理论上有其合理性，对实现教学目标有一定的作用，但行为目标也存在缺陷。行为目标是以行为主义的刺激—反应模式为基础的，它要求陈述提供什么条件(刺激)和学生能做什么(反应)。只要将刺激和反应规定得具体了，陈述的目标也就具体了。行为目标强调行为的结果而未注重内在的心理过程。但认知心理学家认为，学习的实质在于内在心理状态的变化。因此，教育的目标不是具体的行为变化，而是内在的能力或品德结构的变化。为此，格兰伦德提出了用内在心理过程与外显行为表现相结合的方法来陈述目标[1] (见表10-3)。

表10-3　格兰伦德的表述目标举例

| 部分 | 举例 |
|---|---|
| 一般目标 | 理解元认知的一些术语 |
| 子目标A | 用自己的话定义这些术语 |
| 子目标B | 在上下文背景中识别这些术语的意义 |
| 子目标C | 区分那些在意义上相似的术语 |

---

[1] 陈琦，刘儒德. 教育心理学[M]. 北京：高等教育出版社，2005.

用这种方式表述教学目标，说明教学的真正目标是理解，而不是让学生停留在定义、识别和区分等具体行为上。相反，教师根据这些样例任务中的成绩来决定学生是否已经理解。首先应明确陈述记忆、理解、创造、欣赏、热爱、尊重等内在的心理变化，如"使学生理解古诗中绝句的概念"，但是这些内在的心理变化不能直接进行观察和测量。为了使这些内在变化可以观察和测量，还需列举反映这些内在变化的若干行为样例，如"学生能从各种不同的古诗中识别出绝句来"。如果没有行为样例，我们也就失去了评价教学目标究竟是否达到的依据。据此，对于上述"学习"的目标可以这样陈述："能够理解学习的概念"(内部心理描述)；"提供有关学习的新的正例和反例，学生能正确加以识别"(行为样例)，等等。

总之，这样陈述的教学目标强调教学的总目标是记忆、理解、创造、欣赏、热爱或尊重等内在的心理变化，而不是表现这些变化的具体行为实例。这些实例只是表明内在心理变化的许多行为中的行为样例，这样就避免了严格的行为目标只顾及具体行为变化而忽视内在心理变化的缺点，也克服了用传统方法陈述目标的含糊性。

### (三) ABCD模式

ABCD 模式是梅杰模式的发展。ABCD 指的是具体课程教学目标中包含的 4 个要素，ABCD 是 4 个要素的英语单词首字母，它们的含义分别如下。

A 即 audience，意指"学习者"。行为目标描述的应是学生的行为，而不是教师行为。有的目标阐述成"教给学生……"或者"教师将说明……"，都是不妥的。规范的行为目标开头应是"学生应该……"，书面上可以省略，但思想上应牢记，合适的目标是针对特定的学习者。

B 即 behavior，意为"行为"。要说明通过学习后，学习者应能够做什么。用行为动词描述学生所形成的可观察、可测量的具体行为，如写出、列出、认出、辨别、比较、对比、指明、绘制、解决、背诵等。

C 即 conditions，意为"条件"。要说明上述行为是在什么条件下产生的。对条件的表述有4种类型。一是允不允许使用手册与辅助手段，如"可以不可以带计算器"。二是提供信息或提示，如"给出一张中国行政区划图，能标出……"。三是时间的限制，如"在10分钟内，能做完……"。四是完成行为的情景，如"在课堂讨论时，能叙述……要点"。

D 即 degree，意为"程度"。这是指学生对目标所达到的最低表现水准，用以评价学习表现或学习结果所达到的程度，如"至少写出三种解题方案""百分之九十都对""完整无误"等。

现介绍运用 ABCD 模式表达的目标例句。

- 给学生10个句子，其中包含有20个拼写错误的单词，学习者要划出至少16个拼写错误的单词。
- 学习者要解决至少10道题中8道二进制加法问题。
- 在班上进行100个单词的速度测试，学生进行打字，打字速度是每分钟不少于30个字，且打字错误不超过4个。
- 当呈现包含有字母组合"ph"的文字幻灯片时，学生能正确读出20个卡片中的18个文字卡片。

# 第二节 选择教学策略

确立教学目标和分析学生的学习准备后,则要选择适当的教学方法和策略进行有效教学,从而实现教学目标。教学方法等相关内容在教育学课程中一般会进行介绍,这里不再赘述。以下主要介绍教学策略。

## 一、教学策略的含义及其分类

### (一) 教学策略的含义

教学策略是指建立在一定理论基础之上,为实现某种教学目标而制定的教学实施总体方案。其包括教学事项的顺序安排、教学方法的选用、教学媒体的选择、教学环境的设置及师生相互作用设计等。教学策略是对完成特定的教学目标而采用的教学活动的程序、方法、形式和媒体等因素的总体考虑,也就是在不同的教学条件下达到不同的教学结果所采用的不同的方式、方法、媒体等。它包括对知识技能教学内容的序列安排;对认识活动过程中的系统问题和期望的学生反应的安排;对教学的组织形式和媒体呈现信息方式的安排。

### (二) 教学策略的分类

由于教学策略具有多样性的特点,因此,教学实践中存在多种多样的教学策略。以不同的标准和不同的角度,可划分出许多不同的类型。从广义而言,可从以下两个方面对教学策略进行整体的把握。我们认为,学习是一系列的信息加工过程,根据信息控制者不同,可以把教学策略按其性质分为替代型教学策略(教师控制)和生成型教学策略(学习者控制);按照教学策略的工作对象分,教学策略可分为教学组织策略、教学内容传递策略和教学资源管理策略。以下介绍几种典型的教学策略。

## 二、以教师为中心的教学策略

### (一) 直接教学

#### 1. 直接教学的含义

直接教学是以学习成绩为中心,在教师指导下,使用结构化的有序材料的课堂教学模式[1]。直接教学是教师教授信息、技能和概念最有效的教学形式。尤其适用于教授那些学生必须掌握的、有良好结构的信息或技能[2]。

#### 2. 直接教学的教学过程

(1) 复习先前知识。让学生回忆教师先前所讲授的内容,以此开始新课。如发现学生存在理解上的问题,教师要采取一定的补救措施。

---

[1] 陈琦,刘儒德. 教育心理学[M]. 北京:高等教育出版社,2005.
[2] 罗伯特·斯莱文. 教育心理学——理论与实践[M]. 姚梅林,等译. 北京:人民邮电出版社,2004.

(2) 呈现新内容。阐明新课程的目标，而后一点一点呈现新信息，通过提供正例和反例进行小步子教学，确保学生理解新内容。

(3) 提供指导性练习。在教师指导下，用新信息进行练习，从而了解学生不理解的地方，及时采取补救办法。

(4) 给予反馈和纠正。练习中，给学生大量的反馈，及时纠正学生不正确的理解。

(5) 提供独立练习。通过家庭作业等形式，让学生应用新学习的知识。

(6) 提供复习。通过提供每周复习、每月复习等分散复习方式，巩固学习。

## （二）接受学习

接受学习是奥苏贝尔在提出认知同化论的基础上提出来的，即通常所说的讲授教学式策略。这种教学策略也是以教师为中心，特别适用于陈述性知识的教学。先行组织者是接受学习中最重要的概念，以下介绍先行组织者的教学策略。

### 1. 先行组织者的含义

先行组织者是先于任务学习本身呈现的一种引导性材料，比学习任务本身具有更高的抽象、概括和综合水平，并且能清晰地与认知结构中原有的观念和新的学习任务关联。先行组织者有两种类型：一种是陈述性先行组织者，它往往提供一个抽象的观念，为新的学习提供最适当的类属者，与新学习产生一种上位关系；另一种是比较性先行组织者，适用于较为熟悉的学习材料，它的作用在于比较新材料与认知结构中相类似的材料，从而增强新旧知识之间的可辨别性。

先行组织者教学策略是乔伊斯根据奥苏伯尔的"认知同化论"提出的课堂讲授法教学策略。奥苏伯尔认为，学生的学习是获得新的学习材料意义的过程。学习对新学习材料意义的获得是原有认知结构对新知识的同化。这种同化能否顺利进行，在很大程度上取决于原有认知结构的特点。首先，原有认知结构具有可利用性，即原有认知结构中的有关知识要与新知识有逻辑联系；其次，原有认知结构要具有可辨别性，即原有认知结构中的知识与新知识能够清晰地分辨开来；第三，原有知识结构要具有稳定性。

### 2. 先行组织者教学策略的教学过程

先行组织者教学策略的教学过程一般包括以下3个环节。

(1) 呈现先行组织者。在这个阶段有两项任务：一要告知学生新课程的目标，这是吸引学生注意并使他们指向学习任务的途径之一；二是呈现先行组织者材料。呈现先行组织者材料就是以学生熟悉的语言，为新的学习提供一个认知的框架，或者为新旧知识的联系架设桥梁。组织者可以是陈述性的，也可以是比较性的。

(2) 提供学习任务和学习材料。新材料可通过讲授法呈现，也可以通过其他方法，如小组讨论、多媒体方式呈现。在此阶段，一要维持学生的注意，二要对学习材料进行清晰的组织。

(3) 巩固新旧知识的联系。这一阶段的目的是使学生把新知识与教师最初提出的先行组织者中的知识联系起来。教师可以采用如下措施：其一，提示学生如何对新知识的具体细节进行归纳；其二，提问学生，看他们是否理解了新知识，是否能对新知识与原有知识进行清晰的辨别和多方面的联系；其三，让学生自己提问，让他们对学科内容进行评价，并在更高的层次上对新旧知识进行概括。

## 三、以学生为中心的教学策略

### (一) 发现教学

#### 1. 发现教学的含义

发现教学又称启发式教学,指学生通过自身的学习活动而发现有关概念或抽象原理的一种教学策略。它由布鲁纳明确提出,是一种以学生自身活动为主的教学策略,适用于小组和个别教学。

#### 2. 教学过程

一般来说,发现教学一般要经过以下 4 个阶段。
(1) 创设问题情境,使学生在这种情境中产生矛盾,提出要求解决和必须解决的问题。
(2) 促使学生利用教师所提供的某些材料,所提出的问题,提出解答的假设。
(3) 从理论上或实践上检验自己的假设。
(4) 根据实验获得的一些材料或结果,在仔细评价的基础上引出结论。

#### 3. 发现教学的原则

布鲁纳针对发现教学的教学设计提出了以下 4 项原则。
(1) 教师要将学习情境和教材性质向学生解释清楚。
(2) 要配合学生的经验,适当组织教材。
(3) 要根据学生心理发展水平,适当安排教材难度与逻辑顺序。
(4) 确保材料难度适中,以维持学生的内部学习动机。

#### 4. 发现教学的优缺点

发现教学有助于帮助学生自己动手动脑学习,知识更为巩固,也更易于应用;能使学生掌握一定的认知策略;易于激发学生的好奇心和探究心理,产生学习兴趣;可以使学生逻辑思维能力和形象、直觉思维能力得到锻炼,有助于发展智力;有助于培养独立性和创造性。但是,发现教学在教学实际中也存在一些不足,比如这种教学策略需要随情境变化而灵活运用,一般教师难以把握,如果驾驭不当,教学上有失控的风险,教学过程中学生之间会发生干扰,使得教学速度会放慢。

### (二) 探究性教学

#### 1. 探究性教学的含义

探究性教学是萨奇曼在认真观察科学家的创造性探索活动的基础上,依据布鲁纳的发现学习教学策略,通过科学分析而概括出来的。布鲁纳和舒赫曼认为,学生天生对一切新奇的事物感兴趣,这种自发的好奇心促使他们在面对陌生的现象时尽力去寻找其发生的原因。因此,教师在教学中的作用就是,积极为学生创设问题情境,鼓励学生自己提出问题、分析问题、提出假设并最终解决问题。在学生提问和形成假设的过程中,教师只对其对错进行"是""否"的判断,并鼓励学生自己对问题做出解释,以教给他们发现事物变化规律的一般思维方式。

## 2. 探究性教学的程序

探究性教学的基本程序包含以下4个阶段。

(1) 教师要向学生呈现一个令人困惑的问题情境，同时告诉学生如何提问。

(2) 学生独立地收集信息并进行实验。

(3) 在学生收集信息并进行实验验证后，教师应鼓励学生自己对问题做出解释。

(4) 教师组织学生共同讨论，帮助学生反思自己解决问题的过程，概括自己科学探究的策略。

探究性教学模式的宗旨是要学生意识到并掌握科学探究的过程，而不仅仅是找到问题的答案。在这一模式中，师生之间是一种合作的关系，学生可以自由自主地进行探究，其自控能力也进一步发展。

### (三) 合作学习

#### 1. 合作学习的含义

合作学习指学生们以主动合作学习的方式代替教师主导教学的一种教学策略。合作学习的目的不仅是培养学生主动求知的能力，还要发展学生合作过程中的人际交流能力。

#### 2. 合作学习的特征

合作学习在设计与实施上必须具备以下5个特征。

(1) 分工合作。分工合作指以责任分担的方式达成合作追求的共同目的。真正有效的分工合作必须符合两个条件：一是每个学生都必须认识到工作是大家的责任，成败是大家的荣辱；二是工作分配要适当，必须考虑每个学生的能力与经验，做合理安排。

(2) 密切配合。密切配合指将工作中应在不同时间完成的各种项目分配给每个人，以便发挥分工合作的效能。

(3) 各自尽力。合作学习的基本理念是同心协力追求学业成就。

(4) 社会互动。合作学习的成效取决于团体成员之间的互动作用，即大家在态度上相互尊重，在认知上集思广益，在情感上彼此支持。为此，学生们必须具备两项基本技能：一是语言表达能力，二是待人处事的基本社交技巧。

(5) 团体历程。团体历程指通过团体活动达成预定目标的历程。

#### 3. 合作学习的教学程序

一般来说，合作学习教学策略分为以下几个环节来实施。

(1) 目标分析。教师在教学的开始阶段，要帮助学生对课程进行教学目标分析，以确定当前所学知识的主题，即当前学习的基本概念、基本原理、基本方法、基本过程。教师应围绕学习主题，引导学生提出主题所包含的各个知识点。

(2) 分组活动。教师要将全班学生分成每组4~5人的若干小组，然后指导各小组分配角色，在每一小组中有一个主持人、记录员、发言人，其他成员与之配合共同完成学习任务。各小组按照学习活动的目标展开讨论。每人对当前问题谈谈自己的看法、论据及有关材料，并对别人的观点做出分析和评论，或把在独立探索中没有解决、认识不清、理解不透的问题进行讨论辨析。在这一环节中，每个组员都要履行自己的职责。通过组内交流，让学生更多地参与；通过组内启发，将个人独立思考转化为全组共同的认识；通过组内帮助，提高学习的正确率；通过组内合作，帮助学生养成合作精神，提高小组的学习效率。

(3) 教学巡视。在教学过程中，教师要加强教学巡逻，注重全班学生全面发展和学生个体的个性发展。对个别同学，不妨进行"手把手教"的个别辅导。

(4) 成果展示。通过某种形式，将学生的学习成果(作品、产品)一一进行汇报展示。要让所有小组及小组的每个成员均有展示机会，给他们一个充分的展示空间。

(5) 即时评价。教师对学生创新的东西要特别扶持，以激发学生的创造力。评价包括自评和互评。自评即学生自我评价。互评包括组内同学之间的相互评价和组际之间的相互评价。小组成员讨论得出的结果属于集体成果，每个学生拥有分享权，受到肯定的是整个小组学习的成功，而非其中的任何一个成员。

许多学生可能已经发现，当自己和同学讨论所读到、所听到的材料时，获益匪浅。在这种学习活动中，两个学生一组，一节一节地彼此轮流向对方总结材料，当一个学生主讲时，另一个学生听着，纠正错误和遗漏。然后，两个学生彼此交换角色，直到学完所学材料为止。关于这种学习方法的一系列研究证明，以这种方式学习的学生比独自总结的学生或简单阅读材料的学生，其学习和保持都有效得多。有意思的是，合作性讲解的两个参与者都能从这种学习活动中受益，而主讲者比听讲者获益更大。

## 四、个别化教学策略

个别化教学策略是指让学生以自己的水平和速度进行学习的一种教学策略。个别化教学大致包括这样几个环节：第一，了解学生的初始学业水平；第二，提供教师与学生或机器与学生之间的一一对应关系；第三，引入有序的和结构化的教学材料，随之以操练和练习；第四，容许学生以自己的速度向前学。下面介绍几种经典的个别化教学模式。

### (一) 程序教学

程序教学是 20 世纪第一个具有全球影响力的教学改革运动。程序教学指一种能让学生以自己的速度和水平自学，以特定顺序和小步子安排的材料的个别化教学方法。其始创者通常被认为是教学机器的发明人普莱西。但对程序教学贡献最大的是斯金纳。从编写程序教学教材到实施程序教学，所依据的原则有：一是小步子原则；二是积极反应原则，即要求学生对所学内容做出积极的反应；三是及时强化原则；四是自定步调原则；五是低的错误率原则。

### (二) 计算机辅助教学

计算机辅助教学(computer assisted instruction，CAI)指使用计算机作为一个辅导者，呈现信息，给学生提供练习机会，评价学生的成绩及提供额外的教学。CAI 在现代教学中表现出了极大的优势，人机对话的交互式教学方式，使得学生可以根据自己的学习情况选择学习路径、学习内容，决定自己学习的步调。而且，这种教学方式以生动形象的手段呈现信息，产生图文并茂的效果，使得学生的学习环境显得更逼真。最后，学生的学习效果可以得到即时反馈，使得学生及时巩固知识和纠正学习中的错误。常见的 CAI 教学模式有：操作与练习、个别辅导、对话、模拟、游戏、问题解决。

### (三) 掌握学习

掌握学习是由布卢姆等人提出来的，其基本理念是只要给了足够的时间和适当的教学，几乎所有的学生对几乎所有的学习内容都可以达到掌握的程度。其步骤是：首先将学习任务分成一系列小的学习单元，后一个单元中的学习材料直接建立在前一个单元的基础上。每个学习单元中都包含一组课。然后，教师编制一些形成性测验。学完一个单元之后，教师对学生进行总结性测验。达到了所要求的掌握水平的学生，可以进行下一个单元的学习。若学生的成绩低于规定的掌握水平，则应当重新学习这个单元的部分或全部，然后进行测验，直到掌握为止。

---

**促进掌握学习的策略及实例**

**1. 将教学内容分成小的单元**

例如，一位数学教师将分数教学的内容分成5个单元：①分数的概念；②真分数和假分数；③分数约分；④分母相同的分数加减法；⑤分母不同的分数加减法。

**2. 确定各单元的教学逻辑序列**

例如，一位小学教师认为在向学生介绍经线与纬线的概念之前，学生必须首先掌握有关东、西、南、北4个基本方位的概念。

**3. 为每一单元提出一个具体、可观察的掌握标准**

例如，在外语课上，学生必须在每一篇课文的书面考试及单词和语法结构的口头测试中达到85%以上的正确率，才算达到基本掌握。

**4. 检验学生在进入下一单元之前是否达到掌握标准**

例如，在外语课上学习下一篇课文之前，教师组织本篇课文的口头和书面测试。

**5. 为没达到掌握标准的学生提供额外的教学活动**

例如，外语教师为没能通过考试的学生提供额外的练习，并安排已通过考试的学生对其进行指导。

(资料来源：路海东. 学校教育心理学[M]. 长春：东北师范大学出版社，2000.)

---

## 五、选择教学策略的依据

当教师承担教学任务需使用现成的教学策略时，应注意选择有效的教学策略。选择教学策略不仅要考虑教学策略能否实现教学目标，还要考虑教学策略能否保持或提高学生的学习积极性。为此，教师必须注意依据以下几个方面选择有效的教学策略。

### (一) 依据教学策略的指导思想

选择教学策略必须首先考察教学策略的指导思想。指导思想不正确，就难以保证实现教学目标，保持和提高学生的学习积极性。任何教学策略都是以一定的教学理论和学习理论为指导思想的。当前教育界流行的教学理论和学习理论主要有行为主义理论、认知主义理论、人本主义理论、构建主义理论等。用辩证唯物主义的观点来看，任何理论都既有真理性，又具有局限性。例如，行为主义理论强调训练的重要性，依据此理论设计的教学策略对技能训练有着立竿见影的效果，但它忽视了认知加工在技能形成中的作用。因此，教师在选择教学策略时，要了解其理论背景，明确其优点与缺点，用其所长，避其所短。

### (二) 依据教学目标

教学目标是制约教学策略制定或选择的决定性因素。教学目标不同，所需采取的教学策略也不同。例如，对于认知性目标，教学策略的选择应主要考虑对知识点进行系统的优化组织，实现最优化的教学设计，力求最大限度地缩短学生从较低认知水平到较高认知水平的认知发展历程；对于情感性目标，教学策略的选择应主要考虑如何挖掘教材本身蕴含的情感因素，充分发挥教师自身的情感优势，使学生能从中受到熏陶，逐渐从被动地接受到主动地追求，形成价值观念，直至"内化"成品质；对于技能性目标，教学策略的选择应主要考虑如何帮助学生明确"为什么要这样做"，引导学生认真观察和思考，技能训练的程序应易于掌握。

### (三) 依据学生心理特点

学生的认知特点决定了教师要选择什么样的教学策略，以及给学生什么样的学习策略。因此，在制定教学策略时应充分考虑学生自身的思维结构和心理发展的阶段性，采取相应的形式和策略进行教学。例如，在小学信息技术课的教学过程中，利用小学生好奇的特点，介绍电脑的奇特功能，激发他们的学习兴趣；利用小学生喜欢玩的特点，指导他们在玩中学，在学中玩，扩展他们学习电脑的兴趣；利用小学生好胜的特点，结合教学内容，经常组织竞赛活动，巩固小学生学习电脑的兴趣。另外，学生的其他心理品质如情感、意志、个性倾向也影响着教师教学策略的制定。这就要求教师在教学策略的制定过程中注重对教学技能的灵活运用，通过各种各样的教学形式来引导学生的学习活动。

### (四) 依据教师心理特点

影响教学策略制定有效性的主观因素主要取决于教师的心理特点，包括教师的教学观念、知识经验、教学风格、心理素质等。在教学过程中，教师是制定、监督和实施教学策略的主体，倾向于选择与其教学观念、知识经验、教学风格、心理特征相一致的教学策略。例如，某教师接受了布卢姆的教学思想，便会采用"掌握学习"的教学策略，就可能对学习速度较慢的学生投入更多的时间和精力。教师的知识经验也是影响教学策略制定和选择的重要因素。知识经验丰富的教师，能够根据各种具体教学策略的适宜环境及学习者的需要，选择或制定相应的教学策略。此外，教师的教学风格、心理素质等也在一定程度上制约有效策略的制定或选择。因此，在制定或选择教学策略时，教师不仅应重视对目标和学生起始状态的分析，还应努力发挥自身的主观能动性，充分发挥自身特征中的积极因素在制定或选择有效策略中的作用，并克服自身特征中的消极因素对制定或选择教学策略的不利影响。

除了以上几个方面，教师在选择教学策略时，还应考虑学科特点和教学内容。一般来说，学科性质不同，应选择不同的教学策略。而某一学科中的具体内容的教学，又要采取与之相适应的教学策略。此外，选择教学策略还要考虑本校的教学环境条件，如教学设备、教学软件、教学环境等因素是否有利于该教学策略的实施。如果条件不具备，再好的教学策略也无法实施。

# 第三节 教学评价概述

教学评价是教学工作的重要组成部分，是在教学领域中进行科学管理的有效手段。只要教育过程存在，就必然伴随着教学评价，否则，教育过程就不完整。本节课将探讨教学评价的概念、作用、范围及分类等问题。

## 一、教学评价的概念及特点

### (一) 教学评价的概念

教学评价(instructional evaluation)主要指依据一定的客观标准，通过各种测量和相关资料的收集，对教学活动及其效果进行客观衡量和科学判定的系统过程。教学评价从本质上讲是一种对教学活动及其效果的价值判断。

### (二) 教学评价的特点

#### 1. 教学评价是一种特定的持续性过程

这个过程是一种系统化的、正式的历程，主要是对学生学习效果的评价和教师教学工作过程的评价，包括确定评估目标、搜集有关资料、描述并分析资料、形成价值判断、做出决定等具体步骤。

#### 2. 教学评价的依据是教学目标

教学目标是在教学活动中所期待得到的学生的学习结果，它具体而精确地表达了教学过程结束时教师和学生共同完成的教学任务。教学发生之后，学习者在认知、情感和动作技能等方面是否达到了教学目标所期望的变化，主要是通过教学评价来回答的。因此，教学评价依据的标准就是教学目标，离开了明确而具体的教学目标就无法进行教学评价。例如，一位教师讲课生动有趣，与学生互动良好，课堂气氛活跃，不时爆发出阵阵掌声，但课后，在学生身上并没有发生如教学目标所期待的变化，学生感到热热闹闹上完课后，实际上没有学到新知识，这样的一堂课就不能算是成功的课。因为它没有达到预期的教学目标，即使课堂生动、气氛活跃，也失去了意义。

#### 3. 教学评价不等同于测量、测验

测量是指评价者对评价对象进行的某种数量化的确定。测量的最基本特征是将事物进行区分，它只以数学方法对事物进行描述而不管其价值如何。而评价则要以这种描述为基础确定事物的价值，即根据测量结果对事物做出价值判断。例如，一个学生在考试中得了70分，这只是一个简单的测量结果，这个成绩表示什么意义，还需进一步判断和给予评价。

此外，与教学评价密切相关的另一个概念是测验。简单来说，测验就是引起某种行为的工具，是一种测量的工具或测量量表。在前面的例子中，考试是一种测验，而考试的实施过程则是测量，对考试结果的分析评判是评价。

测量、测验、评价是教学评价中经常使用的 3 个基本概念，弄清楚这几个概念的含义，有助于理解教学评价的基本意义。

## 二、教学评价的作用

教学评价是教学活动不可缺少的一个基本环节，在教学过程中发挥着多方面的作用，从整体上调节、控制着教学活动的进行，保证着教学活动向预定目标前进并最终实现该目标。具体说来，教学评价的作用主要表现在以下几个方面。

### (一) 检验教学效果

测量并判定教学效果，是教学评价最重要的一项职能。教师的教学水平如何，学生是否掌握了预定的知识、技能，教学目标、教学任务是否得以实现，都必须通过教学评价加以验证。而检验和判定教学效果，是了解教学状况，提高教学质量的必由之路。

### (二) 诊断教学问题

诊断是教学评价的又一重要功能。通过教学评价，教师可以了解自己的教学目标确定得是否合理，教学方法、手段运用是否得当，教学的重点、难点是否讲清，也可以了解学生学习的状况和存在的问题，发现造成学生学习困难的原因，从而调整教学策略，改进教学措施，有针对性地解决教学中存在的各种问题。

### (三) 提供反馈信息

实践表明，教学评价的结果不仅为教师判定教学状况提供了大量反馈信息，而且为学生了解自己的学习情况提供了直接的反馈信息。通过教学评价的结果，学生可以清楚地了解自己学习的好坏优劣。一般来说，肯定的评价可以进一步激发学生学习的积极性，提高其学习兴趣，否定的评价往往会使学生看到自己的差距，找到错误及其"症结"之所在，以便在教师帮助下"对症下药"，及时矫正。另外，有关研究发现，否定的评价常会引起学生的焦虑，而适度的焦虑和紧张可以成为推进学生学习的动因。当然，教学评价提供给学生的否定反馈信息要适度，以免引起过度紧张和焦虑，给学生的身心发展和学习造成不良后果。

### (四) 引导教学方向

教学评价的导向作用，在实践中是显而易见的。学生学习的方向、学习的重点及学习时间的分配，常常要受评价内容和评价标准的影响。教师教学目标、教学重点的确定也会受到评价的制约。如果教学评价的标准和内容能全面反映教学计划和大纲的要求，能体现学生全面发展的方向，那么，教学评价所发挥的导向作用就是积极的、有益的，否则，就有可能使教学偏离正确方向。这一点，需要引起教学评价工作者的高度重视。

### (五) 调控教学进程

对教学活动基本进程的调控，是教学评价多种功能和作用的综合表现，它建立在对教学效果的验证、教学问题的诊断和多种反馈信息的获得等基础上，具体表现为对教学方向、目标的调整，教学速度、节奏的改变，教学方法、策略的更换，以及教学内容、教学环境的调整，等等。实际上，客观地判定教学的效果，合理地调节、控制教学进程，使之向着预定的教学目标前进，也正是教学评价追求的基本目的。

## 三、教学评价的范围

教学评价的范围十分广泛，从广义上讲，教学活动的范围也就是教学评价的范围。但在教学评价实际过程中，人们往往根据不同的需要，在不同的范围内进行评价。根据目前国内外研究状况，教学评价的范围主要包括以下几方面。

### (一) 教学结果

对教学结果的评价，是教学评价传统的、最主要的工作范围。教学结果的评价是总结性评价，它着重测定学生知识、技能的掌握及提高程度，以及一般能力和学科能力的发展程度等。教学结果的评价可以帮助人们从整体上了解教学的质量，判断教学任务的完成程度和教育目标的达成程度。

### (二) 教师的教学行为

对教学结果的评价非常重要，但它只能反映教学的总体水平和质量，不能及时、全面地反映教学过程中各种因素的发展变化及其原因，不能及时提供调控信息。因此，评价只局限于教学结果的范围是远远不够的，还必须对处于动态过程中的教师的教学行为进行评价。

对教师教学行为的评价是在动态的教学过程中进行的，因而所得到的评估是诊断性的和及时的。教师的教学行为是多种多样的。从教学环节的角度看，有备课、上课、作业批改、学习成绩的考查与讲评等一系列具体行为。具体行为不同，评价的着重点自然也就不同。例如，对备课行为的评价主要看教师是否认真钻研了教材，是否深入了解了学生，是否在此基础上对教学目标、内容、方法、环境等进行了合理设计，形成了完整的教学设计方案。对一堂课的评价则主要看教学目的是否明确，教学内容是否正确，教学速度、节奏是否适当，教学方法是否合理，是否有效调动了学生学习的积极主动性，是否达到了预先的教学设计要求。对作业布置与批改行为的评价主要看教师布置的作业是否分量适当、难易适中，是否有利于学生巩固、消化所学知识并形成相应的技能、技巧；教师批改作业是否细致、认真，评语是否恰如其分地指出学生的优缺点，能否对症下药帮助学生纠正错误。对教师考试、考查行为的评价主要看教师命题是否科学、合理，评分是否公平、客观，能否根据考试结果提供的反馈信息改进教学，等等。另外，从其他的角度还可以对教师的教学行为进行划分，如教师的教学设计行为、组织实施行为、课堂管理行为、人际交往行为等。总之，教师教学行为的评价是教学评价的一个重要方面。获取这方面评价资料，对提高教学评价的全面性和准确性具有重要意义。

### (三) 学生的学习行为

以往的教学评价大多只关心学生学习的结果，在具体评价中往往以对学习结果的评价代替对学习行为的评价，这种状况不仅缩小了教学评价的范围，而且影响了评价的效果。

在课堂中，学生的学习行为是丰富多样和不断变化的，它们既受教师行为的影响同时又反过来影响教师的行为，即学生的学习行为是在教与学的双边活动中变化发展的。通过对学生课堂动态行为的观察、评价，评价者可以获得大量有助于了解、判定教学现状及其效率的真实资料，以及改进学生学习、提高教学质量的信息。从这个角度看，必须将学生的学习行为纳入教学评价的范围并认真加以对待。

## 四、教学评价的分类

教学评价的具体类型很多，从不同的角度和标准可以划分出不同的评价类型。在具体的运用过程中，不同类型的评价有着不同的特点、内容和用途。

### (一) 总结性评价、形成性评价与诊断性评价

根据教学评价在教学过程中发挥的作用的不同，一般将教学评价分为总结性评价、形成性评价和诊断性评价。

#### 1. 总结性评价

总结性评价一般指在课程或一个教学阶段结束后对学生学习结果的评定。这类评价的主要目的是评定学生的学业成绩，确定学生达到教育目标的程度，证明学生掌握知识、技能的程度和能力水平，确定学生在后继教程中的学习起点，预言学生在后继教程中成功的可能性，以及为制定新的教育目标提供依据。

总结性评价着眼于某门课程或某个教学阶段结束后学生学业成绩的全面评定，因而评价的概括水平一般比较高，考试或测验所包括的内容范围也比较广，评价的次数不多，一般是一学期或一学年两三次。学校中常见的期中考试、期末考试或考查，以及毕业会考都属这类评价。

#### 2. 形成性评价

形成性评价主要指在教学过程中为改进和完善教学活动而进行的对学生学习过程及结果的测定。要使形成性评价在改进教学方面真正发挥作用，教师应注意做到如下几点。

第一，把评价引向提供信息，而不要把它简单地作为鼓励学生学习或评定成绩等的手段。

第二，把形成性评价与日常观察结合起来，根据测试的反馈信息和观察的反馈信息对教学做出判断和改进。

第三，仔细分析测试结果，逐项鉴别学生对每个试题的回答情况，如果大部分或相当数量的学生对某个试题的回答都有误，那就表明自己在这方面的教学有问题，应及时加以改进。

#### 3. 诊断性评价

诊断性评价指为查明学生的学习准备状况及影响学习的因素而实施的测定。在教学过程中，教师要想形成一套适合每个学生特点和需要的教学方案，就必须深入了解学生已有的知识、技能的掌握程度，了解他们的学习动机状态，发现他们学习中存在的问题及原因等。教师获取这些情况的方法和途径是多样的，其中最常用、最有效的手段之一就是诊断性评价。诊断性评价的主要用途有3个方面。

第一,检查学生的学习准备程度。常在教学前如某课程或某单元开始前进行测验,可以帮助教师了解学生在教学开始时已具备的知识、技能程度和发展水平。

第二,确定对学生的适当安置。通过安置性诊断测验,教师可以对学生学习上的个别差异有较深入的了解,在此基础上经过合理调整使教学更好地适应学生的多样化学习需要。

第三,辨别造成学生学习困难的原因。在教学过程中进行的诊断性评价,主要是用来确定学生学习中的困难及其成因的。

诊断性评价、形成性评价、总结性评价三者的比较,见表10-4。

表10-4 诊断性评价、形成性评价和总结性评价的对比

| 评价要点 | 诊断性评价 | 形成性评价 | 总结性评价 |
| --- | --- | --- | --- |
| 实施时间 | 教学之前 | 教学过程中 | 教学之后 |
| 评价目的 | 摸清学生底细以便安排学习 | 了解学习过程,调整教学方案 | 检验学习结果,评定学习成绩 |
| 评价方法 | 观察、调查、作业分析、测验 | 经常性测验、作业分析、日常观察 | 考试或考查 |
| 作用 | 查明学习准备情况和不利因素 | 确定学习效果 | 评定学业成绩 |

### (二) 常模参照评价与标准参照评价

根据评价所依据的不同标准与解释方法,可以将评价分为常模参照评价和标准参照评价。

常模参照评价是以个体的成绩与同一团体的平均成绩或常模相互比较,从而确定其成绩的适当等级的评价方法。这种评价方法重视个体在团体内的相对位置和名次,它所衡量的是个体的相对水平,因而又将这类评价称为"相对评价"或"相对评分"。

标准参照评价是以具体体现教学目标的标准作业为准,确定学生是否达到标准,以及达标的程度如何的一种评价方法。标准参照评价是用来衡量学生的实际水平的,它关心的是学生掌握了什么或没掌握什么,以及能做什么或不能做什么,而不是比较学生之间的相对位置。

### (三) 标准化成就测验和教师自编测验

根据评价时使用的测验来源不同,可以将教学评价分为标准化成就测验和教师自编测验。

#### 1. 标准化成就测验

标准化成就测验是凭借专家或专业的测验发行机构编制的标准化测验进行的。该测验的目的是评价经某种教学或训练后学生的实际表现,具有客观性和可比性的突出优点,是评价学生学习成绩的重要工具之一。但由于标准化测验的编制难度较大,施测的要求、条件较高,建立标准化试题库更是一项艰巨的工程,因而要广泛推行这一评价方式会遇到不少困难,需要不断努力,逐步推行。

#### 2. 教师自编测验

教师自编测验是依据教师自行设计与编制的测验,根据教学需要对学生的学业情况进行检测的一种评价方式。教师自编测验是在学校评价中应用最多,也是教师最愿意使用的测验。因为这类评价的突出优势是自编测验的制作过程简易,使用灵活方便,适用范围广,可以满足不

同学科、不同教学阶段的不同测试要求。教师自编测验未经过标准化，但要编好测验，教师也必须遵循一些基本的原则。此部分内容将在本章第四节课进行重点分析。

### (四) 系统测验评价与日常观察评价

根据评价方式的不同，可以将教学评价分为系统测验评价和日常观察评价。

运用各种测验的手段对教学过程及其结果进行测量与评价，是教学实践中应用最普遍的评价方式。例如，前面介绍的常模参照、标准参照等评价方式，基本上都属于系统测验评价的范畴。运用测验手段进行定期、系统的评价，可以为教师提供大量有关教学情况的信息，有利于教师及时总结教学、改进教学、提高质量。但实践表明，并不是教学中的一切情况都可以通过测验的手段测出来，学生的许多复杂的心理机能是目前的测验技术所难以测量的。因此，在教学评价过程中，要想使获得的信息更加全面和客观，教师除了要进行定期、系统的测验评价，还应当重视另一类评价方式——日常观察评价在教学中的作用。

日常观察评价是借助对学生日常学习活动的观察而对他们的学习行为及结果进行的评定。日常观察评价在课堂内外应用的机会很多，教师实际上每天都在对学生进行着观察，这种观察是在没有受到如测验或考试那样的气氛干扰的自然状态下进行的，因此它往往可以得到一些其他任何方式都得不到的有价值的真实的资料。

### (五) 定性评价和定量评价

根据教学评价过程中评价表达的不同，教学评价可分为定性评价和定量评价。

#### 1. 定性评价

定性评价是对评价资料做"质"的分析，是运用分析和综合、比较与分类、归纳和演绎等逻辑分析的方法，对评价所获得的数据、资料进行思维加工。分析的结果有两种：一是描述性材料，数量化水平较低甚至毫无数量概念；另一种是与定量分析相结合而产生的，既包含数量化但以描述性为主的材料。一般情况下，定性评价不仅用于对成果或产品的检验分析，还注重对过程和要素相互关系的动态分析。

#### 2. 定量评价

定量评价则是从"量"的角度，运用统计分析、多元分析等数学方法，在复杂的评价数据中总结出规律性的结论。由于教学涉及人的因素，各种变量及其相互作用关系是比较复杂的，因此为了提示数据的特征和规律性，定量评价的方向、范围必须由定性评价来规定。

可以说，定性评价和定量评价是密不可分的，两者互为补充，相得益彰，不可片面强调一方面而忽视了另一方面。

### (六) 相对评价和绝对评价

根据教学评价过程中评价基准的不同，教学评价可分为相对评价和绝对评价。

#### 1. 相对评价

相对评价是在被评价对象的集合中选取一个或若干个个体为基准，然后把各个评价对象与基准进行比较，确定每个评价对象在集合中所处的相对位置。

为相对评价而进行的测验一般称为常模参照测验。它的试题取样范围广泛，测验成绩表明了学生学习的相对等级。由于所谓的常模实际上近似学生群体的平均水平，所以这种测验的成绩分布符合正态分布规律。

利用相对评价来了解学生的总体表现和学生之间的差异，或比较不同群体间学习成绩的优劣，是相当不错的。它的缺点是基准会随着群体的不同而发生变化，因而易使评价标准偏离教学目标，不能充分反映教学中的优缺点。

### 2. 绝对评价

绝对评价是在被评价对象的集合之外确定一个标准，这个标准被称为客观标准。评价时把评价对象与客观标准进行比较，从而判断其优劣。评价标准一般是教学大纲以及由此确定的评判细则。

为绝对评价而进行的测验一般称为标准参照测验。它的试题取样就是预先规定的教学目标，测验成绩主要表明教学目标的达到程度，所以这种测验的成绩分布通常是偏态的。低分多高分少，为正偏态；低分少高分多，为负偏态。

绝对评价的标准比较客观。如果评价是准确的，那么评价之后每个被评价者都可以明确自己与客观标准的差距，从而可以激励被评价者积极上进。但是绝对评价也有缺点，最主要的缺点是很难做到客观，容易受评价者的原有经验和主观意愿的影响。

总之，教学评价的种类很多，从不同的角度就可以划分出不同的类型，以上所举只是其中一部分。了解各类教学评价的关键，是要掌握这些评价方式的特点、作用和适用范围，以使它们在实际评价过程中相互配合、优势互补，发挥出应有的作用。

## 第四节 教学评价的方法与技术

教学评价应包括认知、情感和技能3个方面。对于认知和技能领域的学业成就，最常用的教学评价手段是标准化成就测验和教师自编测验。而对于情感及道德行为表现，则常常采用非测验性的评价手段。

### 一、标准化成就测验

#### (一) 标准化成就测验概述

标准化成就测验是指由专家或学者所编制的适用于大规模范围内评定个体学业成就水平的测验。这种测验的命题、施测、评分和解释，都有一定的标准或规定。由于测验条件的标准化，故测验的结果比较客观一致，适用的范围和时限也较宽广。

其特点为：测验是由专门机构或专家学者按一定测验理论和技术，根据全国或某一地区所有学校的共同教育目标来编制的。所有受试人所做的试题、时限等施测条件相同，计分手段和分数的解释也完全相同。

## (二) 标准化成就测验的优越性

### 1. 客观性
在大多数情境下，标准化测验是一种比教师发展出的测验更加客观的测量工具。

### 2. 计划性
专家或学者在编制标准化测验时，已经考虑了所需的时间和经费，因此标准化测验比大部分的课堂测验更有计划性。

### 3. 可比性
标准化测验由于具有统一的参照标准，使得不同考试的分数具有可比性。

## (三) 标准化测验的弊端

### 1. 与学校课程之间的关系很不协调
在我国，地区之间的教学状况存在着一定的差距，一个年级或地区的教学内容可能不同于另一个地区的。因此，可能不少地区的学生所学到的内容与标准化样本所涉及的东西存在差别。这就要求教师在选用标准化测验前，仔细查阅内容效度，使得测验的目标与评价的目的相匹配。

### 2. 测验结果的不当使用
我们通常利用标准化成就和能力测验对学生分类和贴标签，对个体造成了不良影响。它们的使用对得低分的学生伤害很大。

# 二、教师自编测验

## (一) 教师自编测验概述

教师自编测验是由教师根据具体的教学目标、教材内容和测验目的，自己编制的测验，是为特定的教学服务的。教师自编测验是在学校教学评价中应用最多，也是教师最愿意用的测验。这是因为教师自编测验操作过程容易，教师可根据学科特点和教学检查的需要随时编制，并在本年级或本班的小范围内施测，颇为灵活方便。和标准化成就测验相比，教师自编测验通常用于测量学生的学习状况，而标准化成就测验则用来判断学生与常模相比时所处的水平。

## (二) 测验前的计划

教师自编测验的编制也需遵循一定的方法和原则。要编好一套好的测验题目，教师应事先做好以下几项工作：一是确定测验的目的；二是确定测验要考查的学习结果；三是列出测验要包括的课程内容；四是做考试计划或细目表；五是对计划测量的学习结果，选择适合的题型。

## (三) 编制测验的一般程序和要求

### 1. 确定测验的目的和用途
测验在教育上有多种用途，例如，诊断学习问题，为教和学提供反馈信息；评价教学效果，促进教师对教学目标的理解,提高教学水平;激发学生的学习动机,提高学生的学习成绩;对学生进行鉴定、选拔,为上级学校输送新生等。

### 2. 明确要测量的学习结果

学习结果是指经过教学期望学生达到的结果。一个测验要测量的学习结果要和教学目标或课程标准一致,要明确不同学科对知识、技能等的具体要求,从内容和目标两个方面考虑。

### 3. 选择恰当题型,编拟、征集试题

题型可以分为客观性试题和主观性试题两大类,各自有其不同的特点,其优点与不足有很强的互补性。编制测验时,要根据考试的类型和不同课程的特点,各学科对知识、技能等的具体要求,选择恰当的题型。试卷是欲测量的内容和目标的一个样本,试卷所包含的试题要对欲测量的内容和目标有充分的代表性,试题取样时要注意广度和深度的结合。编拟试题是一项技术性很强的工作,为了获得大量的可供选择的优质试题,除自己编拟外,还可以向有关学科专家征集试题。

### 4. 对试题进行初步质量分析

编拟和征集的试题,要进行初步的质量分析和修订,把质量好的试题储存起来备用。对试题进行初步质量分析时,主要是把握好试题是否测量了一个重要的学习结果,题型是否合适,题目的叙述是否清楚、准确,试题的难度、区分度如何。试题经过质量分析、修订后,可写在卡片上备选。

### 5. 构成试卷

在编拟好的大量试题中,根据测验的需要选择优良试题,经过适当排列,组合成试卷。试卷中的题目排列,要从易到难,每种题型应归到同一题中。测验时,应同时编制两套试卷,正卷和副本,或者A、B卷。试卷构成后,还应编制标准答案、规定评分标准等。

## (四) 自编测验的类型

### 1. 客观题

客观题具有良好的结构,对学生的反应限制较多。学生的回答只有对、错之分,因此教师评分也就只可能是得分或失分。这类题目包括选择题、是非题、匹配题和填空题等。

1) 选择题

选择题是由题干和两个或更多的选项组成的。题干可以是直接提问或者以不完整的句子的形式出现,目的是设置问题情境。而选项则提供可供选择的答案,包括一个正确答案和若干具有干扰性的错误项或迷惑项。学生的任务就是阅读题目,再从一系列选项中挑选出正确的答案。教师在出题时,要综合考虑题干和选项,使整个题目清楚明了。选项的数量一般没有统一的规定,教师可以随意确定选项的个数,一般是4~5个,这样可以避免学生猜测答案。

2) 是非题

是非题与选择题有一点相似之处,即学生需要识别、选择出正确答案。常用的形式是,陈述一句话要求学生判断对错或是非。是非题可用于测量不同水平的教学目标。是非题形式简单,能够在一份试卷内覆盖大量的内容。教师在评判时也较客观,计分简便省时。但是,一个重要的问题是:学生只有两种选择——对或错,所以即使在完全猜测的情况下,他们也有50%的机

会选择到正确答案。一种可行的办法是，增加题目的数量。由于题量大，对题目总体的取样较全面，故学生很难只凭猜测获得高分。

3) 匹配题

匹配题是另一种可提供多种选择的题目。通常，这种题目包括两列词句，一列是问题选项，一列是反应选项。学生根据题意按照某种关系将左右的项目连接起来。匹配题形式简单，能够有效地测量学生对知识联系的掌握情况，且易于计分。但是，它只能用于测查彼此存在着简单关系的知识。

4) 填空题

填空题是呈现给学生一句或一段不完整的话或者直接提问，要求学生简要作答。当教师的目的是考查学生对知识的记忆时，填空题十分有用，它可将学生猜测的可能性降到最小。如果经过精心设计，也可以通过填空题来考查学生对知识的记忆和理解，以及推理和判断能力。填空题的问题在于，学生的答案各不相同甚至还会出现出人意料的答案，学生的答案还会受笔迹、用词等因素的影响。

**2. 主观题**

主观题则要求学生自己组织材料，并采用合适的方式表达陈述出来。这类题型包括论文题及问题解决题。教师在评分时，对学生的回答需要给出不同量的分值，而不仅仅是满分或零分。

1) 论文题

论文题是指要求学生用文字论述的方式阐述相关观点的题目，回答字数可以从几段到几页不等。一般较常使用的有两种类型，即有限制的问答题和开放式论文。有限制的问答题是指教师对回答的内容和长度都有规定，例如，说明戊戌政变中的重要人物、事情经过及结果。开放式论文，则允许学生在内容上可以自由选材、自由发挥，而且篇幅较长。论文题可以测验知识、理解或运用水平，也可考查学生的分析、综合、类比和评估知识的能力，还可考查学生组织信息或表达陈述某项意见的能力。

2) 问题解决题

问题解决题是向学生提供一定的问题情境和目标情境，要求学生通过对知识进行组织、选择和运用等复杂的程序来解决问题。通常有两种形式。一种是间接测验，与前面提到的几种测验形式一样，是采用纸笔测验来评价学生的学业成就或能力。学生在完成时，通常必须写出若干步骤或过程，以展现他的思路。评分时，按照步骤计分，如果缺少某些步骤就不能得分。平时的理科考试多采用这种类型的问题解决题。另一种则是直接测验。例如，为了检验学生学习本节内容的情况，让学生自己编制一份测验两步应用题的试卷。因为其也考查学生处理实际问题的能力，所以有时我们又把这种形式叫作操作测验。

**(五) 自编测验的常见错误**

教师自编测验中常常会出现一些不妥之处，具体如下。
(1) 教师过于相信自己的主观判断而忽视测验的信度和效度指标。
(2) 许多教师对测验准备的重要性缺乏足够的认识，对测验准备不够充分，甚至没有准备。
(3) 许多教师编制的测验太简单，题量太小。

总之，测验准备不充分、题量小、相信主观判断，都会导致过分强调无关细节，从而忽略本章提到的那些重要的原则或注意事项，这就需要教师在编制测验的时候加以注意和纠正。

## 三、测验的质量分析

测验的质量分析包括项目的难度、区分度分析，测验的信度、效度分析。质量分析可以帮助我们筛选和修订项目，提高测验的可靠性和有效性。

### (一) 测验项目的难度和区分度

测验项目的难度是指测验项目的难易程度。它通常用答对该项目的人数比例来表示。项目区分度也叫鉴别力，是指测验项目对被试实际水平的区分能力。项目区分度是评价项目质量的重要指标，区分度高的项目，能将不同水平的被试区分开来。项目区分度可由被试在该项目得分与测验总分间的相关系数来表示，相关程度越高，该项目区分度就越高。

### (二) 测验的信度

信度是指可靠性或一致性程度。测验的信度，是指测验结果的可靠性或一致性程度。一个好的测验，对同一组被试先后施测两次，测验的结果应保持一致。好的测验，其信度要高。影响测验信度的因素主要有：测验长度、测验的难度、测验内容的同质性、被试者差异、评分的客观性。此外，被试的主观态度、测验内容取样是否恰当、施测情境是否良好、测验时间是否充裕等，也都会影响测验的信度。

### (三) 测验的效度

测验的效度是指测验实际测量出其所要测量的特质的程度。测验的效度始终是对一定的测量目标而言的，判断某种测验效度的高低，就是看结果对目标测量到的程度。测验效度可分为几种。效度不同，估计效度高低的方法也不同。

## 四、非测验的评价技术

在实际教育中，前述纸笔测验并不是收集资料的唯一途径。教师还可使用许多非测验的评价技术，尤其是情感领域的教学评价更需要采用非纸笔测验。情感教学不属于任何一个学科，其效果可能产生在任何一种认知学科的教学过程中。

### (一) 案卷分析

案卷分析是一种常用的评价策略，其内容主要是按照一定标准收集起来的学生认知活动的成果。例如，学生的家庭作业或课堂练习、论文、日记、手工制作的模型、绘画等各种作品。对学生的作品进行考查分析，并形成某种判断和决策的过程就是案卷分析。

### (二) 观察

通过教学过程中的非正式观察，教师也能够搜集到大量的关于学生学业成就的信息。这种观察不仅限于智能的发展，还包括学生生理、社会和情绪的发展。为了确保观察的有效性，教师应注意自然地对学生进行全面系统的观察，然后客观、详细地记录下观察信息。

1. 行为检查单

教师可以使用检查单来记录其在教学中的观察结果。检查单包括一系列教师认为重要的目标行为,通常采用有/无的方式记录,但有时也记录次数。行为检查单使用简便易行,对于教师非常有用。

2. 轶事记录

轶事记录是描述所观察的事件。与检查单相比,轶事记录可提供比较详细的信息,这些记录一般按照发生时间排列。

3. 等级评价量表

等级评价量表对于连续性的行为,可能更为有效。它可用于判断某种行为的发生频率,以及某种操作或活动的质量,使得观察信息被量化。评价量表是一种间接的观察技术,通过量化所观察的信息,可以迅速简便地获得概括化的信息。评价量表和行为检查单有一定的关系,二者都要求教师对学生的行为进行判断,可以在观察过程中或结束后使用。但是它们的评价标准不同,检查单只需要做定性的判断,而等级评价量表是做定量的判断。

(三) 情感评价

许多时候,教师有必要针对学生的情绪、学习动机、个人观点等进行评价。固然,我们可以借助已有的量表,但是学校也鼓励教师自己编制评价量表。为了获得这类信息,教师可以自行编写开放式问题、问卷等。而在对结果评价时,教师也需要写一份详细的报告,形式类似于上文的观察报告。

## 五、教学评价结果的处理与报告

教学评价结果的处理与报告就是对教学评价测验结果进行解释并向反馈对象说明、报告的过程。它是教学评价过程的最后一个环节,也是整个教学评价过程中必不可少的一环。

(一) 评分

1. 评分的标准化

评分时必须以一定的比较标准为依据,评分的标准可分为绝对标准和相对标准两种。绝对标准是以学生所学的课程内容为依据;相对标准是以其他学生的成绩为依据,对应于常模参照评价。相对标准的评价不仅与学生自己的成绩有关,还与其他同学的成绩有关。

2. 评分注意事项

为了保证评分结果的有效性,评分时必须做好以下几点:评分标准要客观公正;评分标准要规定答案要点及可接受的变式;评分标准要依据题目的难易及要点的主次配给分数;评分时要注意分析评分和综合评分相结合;评分标准应注意内容,不宜注重形式。

## (二) 合格与不合格

有些课程采用合格与不合格来评价学生的成就。教师可以根据学生是否完成了每次作业来评价，也可以根据学生的几次作业情况评分，甚至评分的标准可以是学生的出勤情况。

## (三) 其他报告方式

除了常用的评分方法，教师还可以使用其他方式来报告评价结果。如教师写学生的个人鉴定或定期的综合评价，提供给家长和学生。观察报告也是一种报告评价结果的形式。此外，通过与家长面谈，也可以与其交流关于学生的学习、行为和态度等方面的资料。

---

本案例告诉我们，教师在课程开始之初，确立教学目标这个环节非常关键。教学目标为每一堂课提供了一个适宜的总体框架。如果缺乏这样的框架，教学就很容易偏离轨道，在细枝末节上花费过多的时间。本案例中，在萨利文先生的课堂上，他的讲授虽然有趣，很吸引人，学生确实也体验到了很多乐趣，但是萨利文的这堂课缺乏总体的目标设计，比如如何教授学生与南北战争有关的重要概念，他并没有对此进行设计，学生不能掌握这些概念，因此才会对测验的内容感到愕然。

# 第十一章

# 教师心理

**内容提要**

本章主要讲述了教师应承担的主要角色和有效教师必备的心理特征,师生互动中两者的相互影响及良好师生关系建立必备的条件,并重点阐述了教师职业倦怠的内涵、成因及干预策略,教师心理健康的意义及标准、当前教师心理健康的状况及教师心理健康自我维护与促进的相关策略。此外,本章还探讨了教师成长的过程及专家型教师培养的途径。本章的目的不仅是使学生掌握教师心理的相关理论,还要使学生深刻理解教师心理健康及成长为专家型教师对一个教育工作者的重要意义。

**学习目标**

(一) 认知目标

1. 识记教师的主要角色、教师的学生观、教师期望效应、教师职业倦怠的内涵与特征及教师心理健康的标准。

2. 理解有效教师必备的心理特征、师生相互作用过程、良好师生关系建立的条件及教师职业倦怠的成因。

3. 了解当前教师心理健康状况,掌握教师职业倦怠的干预策略及维护与促进教师心理健康的相关策略。

4. 了解教师成长的过程,知道新手教师与专家型教师的区别。

(二) 情感目标

1. 树立正确的学生观。

2. 理解教师心理健康及成长为一名专家型教师对教育教学工作的重要意义,增强自己做一名心理健康的专家型教师的信心。

(三) 能力目标

1. 根据教师角色和有效教师特征理论,学会怎样做一名受学生欢迎的教师。

2. 根据师生互动理论,学会如何建立良好的师生关系。

3. 运用教师心理健康自我维护与促进的相关策略,促进教师心理健康,防止教师职业倦怠。

4. 根据教师成长的过程,知道如何才能成长为一名专家型教师。

> 2008年4月1日(中考模拟考前)大约早上7点半的时候,数学老师正在讲台上辅导,某中学学生小明(化名)后座的小张问他要一张餐巾纸,小明随手就抽了一张递了过去。这一幕被来巡视的班主任徐建平看到。徐一把将小明从座位上拖到了地上,并且随即向其右腿踹了一脚,小明忍着疼痛想站起来,左腰部位又被踢了两脚,最后小明瘫倒在了地上,感到钻心的疼痛,后来他在一旁同学的搀扶下才勉强回到了座位上,而此时班主任已经走开了。小明到考场后就不行了。后经苏大附一医院检查,小明的情况是肾脏破裂。
>
> 如果你是班主任徐建平,你应该怎么做? 学习完本章就会找到答案了。

# 第一节 教师的角色与特征

莎士比亚曾把世界比作一个大舞台,每个人都只不过是舞台上的一名演员,在其一生中要扮演多个角色。正如人们常说:"人生如戏,戏如人生。"的确,在与社会的相互作用下,每个人都在表演着自己的节目。在这纷繁复杂的人生舞台上,多数人都在同时扮演着多种多样的角色,而这些"角色",可以说是社会团体期许于某一特定类别的人所应表现的行为模式。那么教师都扮演了哪些角色呢?

## 一、教师的角色心理

### (一) 教师的多重角色

角色(role)原为戏剧用语,主要指演员在戏剧舞台上依据剧本所扮演的某一特定人物。在社会心理学中,角色被看作是个体在社会生活中特定的身份和行为模式。教师角色是指教师按照其特定的社会地位承担起相应的社会角色,并表现出符合社会期望的行为模式。

传统教学中,教师的角色是单一的,教师的基本职责主要限于阐明事理与监督学生,师生之间是直接的传递和接受的关系。当今时代,随着科技的飞速发展和社会的急剧变革,特别是以计算机为核心的信息技术在教育中的应用,教师的角色发生了重大变化。师生之间已不再是单一的授受关系,同时可能是同伴关系、组织者与参与者的关系及帮助者与被帮助者的关系,教师的角色也相应从传统教学中的传递者转变为多重角色。

#### 1. 家长代理人

在许多学生和家长的眼里,教师是父母的化身。学生入学后常常自然地把许多父母具有的特征,把与父母相处的经验、体会,推及自己与教师的交往中。所以教师在课堂上、学习上是老师,在生活上是长者和父母。

这一角色在教师身上的积极意义主要在于,它激发教师产生一种对学生的父爱和母爱,产生"监护人"的作用。消极意义主要是教师可能会出现家长制作风,认为学生就像他的孩子一样可以任意处置,以致形成不良的师生关系。

### 2. 学生的楷模

在学生心目中，教师是知识的源泉，是智慧的替身与行为的典范，教师所有的言行举止无疑会成为学生模仿和学习的表率，在学生心灵上打下深深的烙印。教师对学生的影响是巨大的，因而教育中强调身教重于言传，教师要通过自己的榜样、模范、表率作用去感染每一个学生，教育每一个学生，对学生施之潜移默化的影响。

### 3. 知识传授者

知识传授者是教师职业的中心角色。教师的主要功能是传授知识，指导学生学会学习，培养学生的各种能力，促进他们的智力发展。教师的这一角色主要是通过教学活动来实现的。这一角色特征决定了教师不仅要有广博的基础知识、精深的专业知识及邻近各个领域的知识，还要了解科学研究的新成果，并且要对自己所教学科充满热情，善于调动学生学习的积极性，鼓励学生自觉学习。

### 4. 行政管理者

学生在学校都是通过班级集体的方式来进行学习活动和参与其他教育活动的。教师不但担负着教书育人的角色，还要从事大量的班级事务工作和学生管理工作。因此，在学校的工作中，教师还要充当行政管理的角色，主要包括：学生集体的领导者和课堂纪律的管理者。

### 5. 心理辅导者

心理辅导者这个角色主要是帮助学生学习和适应更有效的生活方式；掌握心理疏导技术，减轻、消除心理压力和矛盾，帮助学生学会主动调节自己的情绪，以保持积极向上的精神状态；对较差的学生给予较多的关怀，消除其压抑感；了解学生常见的心理异常症状，及时发现问题；尊重学生的个别差异，帮助学生形成健康人格；等等。

### 6. 学生的知己

在日常生活中，教师有时还需要淡化自己的地位角色，成为值得学生信赖的朋友和知己，对待学生热情、友好、民主，与其保持良好的师生关系。

随着教育改革的不断发展，教师所承担的角色也在发生变化。在新课程改革背景下，教师在引发和促进学生的学习活动中发挥着愈来愈重要的作用，而教师作为信息源和知识源等辅助性的外围作用逐渐被各种媒体技术所替代。教师的主要作用不在于给学生提供多少信息和资源，而在于合理调动及组合各种信息和资源，培养学生独立获取信息和更新知识的能力，以及综合处理信息的能力，以实现最优化的教学。这些角色给教师提出了前所未有的挑战，对教师创造性教学提出了更高的要求。

### 对教师隐喻的变化

隐喻暗含着人们看待事物的方式，它通俗而往往又很精辟，让人体会到妙不可言、怦然心动的乐趣。古今中外，关于教师的隐喻不计其数。随着社会的发展、时代的变迁和教育理念的更新，对教师的隐喻也发生了巨大的变化，这一变化也意味着对教师的不同期待与要求。

### 1. 从奉献(蜡烛、春蚕)到双赢(火箭)

人们往往赋予教师崇高的赞誉——"天底下最光荣的职业""红烛""绿荫",无限地拔高教师的地位,把教师当成"神"。高赞誉也意味着高期待、高要求,希望或者要求教师像蜡烛一样"燃烧自己,照亮别人",像春蚕那样悲壮,"到死丝方尽"。现在,人们逐渐认识到教师也是一个平凡的人,也像学生一样需要成长和发展。火箭论意味着教师在把学生送到目的地之时,自己也拔高了一层,实现了师生共同成长的双赢。

### 2. 从静态(一桶水)到动态发展(河流、蓄电池)

教师是"先知先学"之师,教学就是把自己早已储存的知识之水灌输给学生。随着教师职业专业化的发展,人们意识到教师自身也需要不断学习,补充能量,要像河流一样有源头,像蓄电池一样可以不断充电。

### 3. 从成批生产(工程师)到个性凸显(裁缝、园丁)

在应试教育中,教师是工程师,学生是没有生命力的钢铁。学生在教师的塑造下成为一模一样的零件,从题海战术中被成批生产出来。随着素质教育的兴起,人们开始关注学生间的差异,认为差异也是一种重要的学习资源,在凸显学生个性的时代,教师成了"裁缝",量体裁衣、因材施教也提上了日程。

### 4. 从知识(金子)到方法(钥匙)

师者,"传道授业解惑也",教师的职责就是给学生传递知识,而且传递的越多越好。信息时代的到来,知识更新速度越来越快,人们开始关注掌握知识的方法,教师不再直接给学生"金子",而是把挖掘宝藏的"钥匙"给学生。

### 5. 从中心(太阳)到边缘(平等中的首席)

在师生关系中,教师不再是高高在上的太阳,控制或施舍光和热。教师是平等中的首席,虽然和学生的关系像在圆桌会议上,没有尊卑之分,但教师具有一定的权力,引领着学习和讨论,成为圆桌之中的首席。教师从中心到边缘的转变不意味着对教师的要求降低了,在很多时候,教师会失去以往所具有的安全感和确定感,因为各个学生在探索的过程中会产生各种出乎教师意料的结果和反应,教师必须在不同的情况下做出不同的反馈和引导,这些对教师的教学能力和教学机智提出了更高的要求。

### 6. 从传递者(舌耕者、茶壶)到促进者(乐队指挥、导演)

在现代教学技术出现之前,教学的武器是教师的"三寸不烂之舌",所谓课堂就是教师滔滔不绝,学生埋头苦干,教师和学生之间是直接的传递——接受关系。随着自主合作探究学习方式的兴起,信息技术和网络的发展及其在教学中的应用,讲授不再是唯一的教学方法,教师不再是信息的唯一来源,教师从"舌耕者"转变为"乐队指挥"。他们的作用不在于本身成为资源,而在于创设情境,合理调动和协调学生的活动,组合各种教学资源,发挥各自的优势,达到教学最优化的目的。

(资料来源:刘儒德. 信息技术与课程整合[M]. 北京:人民教育出版社,2004.)

## (二) 教师角色的形成阶段

教师角色的形成分为 3 个阶段。

### 1. 角色认知

角色认知是指角色扮演者对某一角色行为规范的认识和了解,知道哪些行为是合适的,哪些行为是不合适的。对教师职业角色的认知,就是教师对教育事业的深刻理解过程,包括教育工作是怎样的职业,它所承担的社会职责是什么,它在历史、现实中处于怎样的地位等。

### 2. 角色认同

教师角色的认同指个体亲身体验接受教师角色所承担的社会职责,并用来控制和衡量自己的行为。对教师角色的认同不仅表现为在认识上了解到教师角色的行为规范、社会价值和评价,还经常用优秀教师的标准来衡量自己的心理和言行,自觉地评价与调节自己的行为,同时在情感上也有了体验,表现出较强的职业情感如热爱教育事业、热爱学生等。

### 3. 角色信念

信念是个体确信并愿意以之作为自己行为指南的认识。信念表现在教师职业中就是为教育事业献身的精神。在此阶段中,教师角色中的社会要求转化为个体需要,形成了教师职业特有的自尊心和荣誉感。教师意识和教师特有的情感,使他们自觉地奉献出毕生的精力。

## (三) 教师角色意识

教师角色意识由以下几方面构成。

### 1. 角色认知

角色认知是指角色扮演者对角色的社会地位、作用及行为规范的认识,以及对与社会的其他角色的关系的认识。对于教师来说,只有具有清晰的角色认知,才能在各种社会情境中恰当地行事,达到良好的社会适应。教师角色认知的实现是教师通过学习、职业训练、社会交往等,了解社会对教师角色的期望和要求。

### 2. 角色体验

角色体验是指个体在扮演一定角色的过程中,由于受到各方面的评价与期待而产生的情绪体验。一般说来,这种体验因主体行为是否符合角色规范并因此受到不同评价而有积极与消极之分。例如,责任感、自尊感或自卑感都是教师在角色扮演过程中产生的情绪体验。

### 3. 角色期待

角色期待是指角色扮演者对自己和别人应表现出什么样的行为的看法和期望。它是因具体的人和情境的不同而变化的。

教师的角色期待是教师自己和他人对其行为的期望。角色期待包括两方面,一是自我形象,即个人对自己的行为期望;二是公众形象,指他人对某一特殊角色的期望。这两者是相互作用和相互影响的。教师只有对教师角色的社会期待不断地认同与内化才能尽快地把社会期望转化为自我期待,从而减少角色混淆与角色冲突。[1]

---

[1] 中公教育教师资格考试研究院. 教育知识与能力[M]. 北京:世界图书出版公司, 2012.

## 二、教师的特征

教师应具备怎样的特征？关于这个问题的答案，由于确定教师工作的着眼点不同而存在明显分歧。正如英国一位学者所指出的，一些人主张把学生掌握知识和发展智力置于优先地位；另一些人强调教师在把文化遗产传递给学生，以及在学生社会化和道德教育中的特殊作用；还有一些人则把重点放在职业技术的训练上。对职业要求的不同定位自然影响着对教育从业人员应有特征的概括和确认。本书是在教师角色定位的基础上分析教师的心理特征，并探讨有效教师应必备的心理特征。

### (一) 理想教师的特征

理想教师的内涵是随着时代和文化的变迁而不断变化的。在学生心目中，什么样的教师才是理想的教师呢？关于这个问题，国内外许多学者都进行了有关研究。下面介绍几种主要研究成果。

#### 1. 国外研究

一项研究(岸田之美，1996)，将学生心目中的教师形象，从学习指导技术、态度、性格、身体、容貌和情感等诸方面着手，提出 75 条标准，让初中男学生评定，然后进行因素分析，并抽出了情感性态度、学习指导能力、指导中的宽和严、指导中的精确程度 4 个因素。结果表明：情感性态度与有趣的指导、解说时事问题、进行体育指导、跟学生一起玩等指导技术有关；而与开朗、幽默、爽快、经常表扬学生等指导态度关系密切。也就是说，学生们所期待和喜欢的老师，都是开朗、爽快和善于进行指导的教师。此外，学生们对于教师的信赖感与教师的热情、亲切、认真、高尚、一丝不苟、公正、浅显易懂的讲解、在教材上所下的功夫、严格遵守时间等有关。而考试出难题、家庭作业布置过多、评分严格、能说会道、善于进行礼貌教育、体格健壮、有男子汉气概、说话声音洪亮等，在获得学生的依赖感方面，并无多大作用[1]。关于学生心目中的好教师的特征，日本学者村獭隆二做过如下研究：让初中学生从理想教师的 80 项条件中任选 5 项，结果见表 11-1[2]；科思根提出了关于理想教师的一个洋葱模型，为思考理想教师的特征提供了一个整体框架，见图 11-1[3]。这个模型中，最外层环境和第二层教师的行为是能够直接观察到的。第三层能力是知识、技能和态度的综合体。第四层教师的信念决定了个体内部注意力的分配，从而影响能力的转移。第五层职业身份指个体如何界定自我、看待自己的(职业)身份。第六层使命属于哲学和精神层面，关注自身存在的意义等个人价值的核心问题。

表11-1 理想男女教师的条件

| 理想男教师的条件 | 理想女教师的条件 |
| --- | --- |
| 1. 正义感强，要求严格(20.48%) | 1. 给人以亲切、温和之感(4.8%) |
| 2. 性格开朗，富于幽默感(18.59%) | 2. 性格开朗，富于幽默感(15.5%) |
| 3. 精力充沛，动作利索(18.5%) | 3. 衣着打扮干净利落(12%) |

---

[1] 路海东. 学校教育心理学[M]. 长春：东北师范大学出版社，2000.
[2] 路海东. 学校教育心理学[M]. 长春：东北师范大学出版社，2000.
[3] Korthagen. Insearch of the essence of good teacher: towards a more holistic approach in teacher education[J]. Teaching and Teacher Education，2004(20)：77-97.

(续表)

| 理想男教师的条件 | 理想女教师的条件 |
| --- | --- |
| 4. 责任心强,可以信赖(16.7%) | 4. 责任心强,可以信赖(9.6%) |
| 5. 头脑灵活(12.9%) | 5. 精力充沛,动作利索(8.4%) |
| 6. 衣着打扮干净利落(4.2%) | 6. 头脑灵活(8%) |
| 7. 给人以亲切、温和之感(4.8%) | |

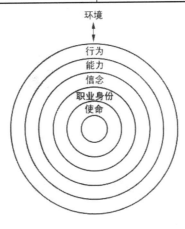

图11-1 洋葱模型

### 2. 国内研究

在国外研究的基础上,我国学者也做过类似的研究。有研究者曾以"好教师应具备什么条件"为题在中学生中进行了调查,排在前10位的条件依次是:①热情、耐心;②根据学生的不同水平进行教学;③公正、不偏心;④学识渊博;⑤工作注意方式、方法;⑥工作认真负责;⑦关心学生课余生活;⑧虚心、平易近人;⑨以身作则;⑩注意学生的兴趣。也有人就此对中国、美国和日本的中学生进行了调查,结果发现3个国家的中学生都把教师"理解学生""待人公平""和蔼可亲"和"乐于言谈"这4项条件排在了前面。陈琦、刘儒德提出,理想的教师应具备以下3种品质:①知识丰富;②条理清晰;③热情、热心。谢千秋曾以"学生喜欢怎样的教师"为题对42所中学(初一到高二)91个班的4415名学生做了问卷调查,归纳出学生喜欢和不喜欢的教师特征各10项。袁晓琳、王穗苹、朱彬彬等人曾以"中学生心目中的教师形象研究"为题做了有关研究,研究结果表明,中学生心目中理想的教师形象特征主要是:关爱学生、友善认真,学识广博、热爱教学,相貌好、有气质,严谨持重,其中关爱学生、友善认真尤为重要。[①]张巧明、崔焕娟研究了大学生心目中理想教师的特征,结果发现,当代大学生心目中的理想教师形象应具备4项主要特征:公正平等,师德高尚;讲课生动,见解独到;大方得体,成熟稳重;专业过硬,科研水平高。[②]

从以上研究成果可以看出,无论国外还是国内,对理想教师的研究都表明,学生所喜欢的教师首先应该具备令人情绪安定的人格特性。从教师扮演的社会角色来看,教师应该知识广博,对学生严格要求,但必须是教师表现出充满人情味、令学生感到亲切之时,教育教学

---

① 袁晓琳,王穗苹,朱彬彬,等. 中学生心目中的教师形象研究[J]. 心理发展与教育,2005,21(3): 89-93.
② 张巧明,崔焕娟. 大学生心目中理想教师的因素分析[J]. 心理与行为研究,2007,5(3): 220-223.

才能取得良好的效果。反之，教师的一些不良行为，如易怒、爱发牢骚等，都会令学生讨厌，这些是应该引起教师注意的。

当然，随着文化的发展、变迁，学生心目中的好教师的条件也会有所变化。每位教师在从事教育教学工作过程中，必须清醒地意识到，只有受到学生的欢迎，才能达到教学的目的。学生喜欢的教师对学生的影响是很大的，日本学者继有恒在研究中发现，喜欢某位教师的小学生有80%(中学生有75%)想成为像这位教师一样的人。在科尔的调查中，喜欢某位教师的中学生有60%喜欢这位教师所教的学科，认为这一学科更有价值，在平时的学习中花费的时间更多。这些研究结果都告诉我们，教师应该成为学生喜欢的人，成为学生心目中的榜样。

### (二) 有效教师必备的心理特征

要成为一名受学生欢迎和爱戴的好教师，不仅需要具有一般公民需要的良好品质，而且需要具备教师职业所需要的特殊品质。心理学家对教师特征与其事业成就之间的关系进行了一系列的研究。结果表明，有效教师必备的心理特征很多，这里介绍比较重要的几种。

#### 1. 教师的教育机智

教育机智是指教师对学生活动的敏感性及能根据新的意外情况快速地做出反应，果断地采取恰当教育措施的一种独特的心理特征。它是观察的敏锐性、思维的灵活性及意志的果断性的独特结合。教师的教育机智并非天生的，而是教师在学习教育理论、总结教育经验、努力参加教育实践的过程中逐步形成和发展起来的。

一方面，教育的对象是活生生的、有自我意识的学生，尤其青少年学生正处在身心快速发展的时期；另一方面，教育情境又常是错综复杂、瞬息万变的。这就要求教师具有教育机智，对新情况甚至意外情况能迅速做出反应并果断采取措施，予以妥善处理。

#### 2. 教师的认知特征

研究者认为教师工作是一种复杂的脑力劳动，为了使教师工作有效进行，教师必须具备最低限度的智力水平。智力超过某一关键水平后，便不再起显著作用，而其他认知因素或人格特征就起着更大的决定作用。那么除了教师的智力和知识水平，还有哪些认知特征影响教师的教学效果呢？

许多研究表明，教师的观察力、注意力、记忆力、表达能力、组织能力、诊断学生学习困难的能力，以及思维的条理性、系统性、合理性与教学效果有较高的相关性。这些研究启示我们，教师专业需要某些特殊能力，其中最重要的可能是思维的条理性、逻辑性，以及口头表达能力和组织教学活动的能力。有些学者强调这些特殊能力的天赋一面，认为好教师是天生的；有些学者强调这些特殊能力后天习得的一面，认为好教师是后天训练出来的。强调前者的人认为教学是一门艺术；强调后者的人认为教学是一门科学，而大多数人持折中观点。

#### 3. 教师的人格特征

教师的人格是教师心理素质的重要组成部分，国内外的大量研究表明，教师的人格是影响教育教学的重要因素。在教师的人格特征中，有两个重要特征对教学效果有显著影响：一是教师的热心和同情心；二是教师富于激励和想象的倾向性。

施穆克1966年的研究表明，当学生把他们的教师看作富有同情心的人时，在课堂上学生之间更能分享喜爱和感情。科根发现，教师的热情与学生完成的工作量、对学科的兴趣、小学生行为的有效性均有重要的关系。瑞安斯1960年的研究表明，有激励作用、生动活泼、富于想象并热心于自己学科的教师，他们的教学工作更为成功，在教师的激励下，学生的行为更富有建设性。西尔斯1963年也得出了相似的看法：当教师热情鼓励的时候，学生更富有创造性。罗森幸1971年的研究指出，教师对学生思想的认可与课堂成绩有正相关的趋势，尽管未发现教师的表扬次数与学生的成绩之间有明确的关系，但教师的批评或不赞成，与学生的成绩之间存在着负相关。

### 4. 教师的教学效能感

教师的教学效能感在理论上来源于班杜拉的自我效能(self-efficacy)概念。班杜拉认为，所谓自我效能，是指个人对自己在特定情境中，是否有能力去完成某个行为的期望。它包括两个部分，即结果预期(outcome expectation)和效能预期(efficacy expectation)，其中，结果预期是指个体对自己的某种行为可能导致什么样的结果的推测；效能预期是指个体对自己实施某种行为的能力的主观判断。教师的教学效能感，是指教师对自己影响学生学习行为和学习成绩的能力的主观判断。这种判断会影响教师对学生的期待、对学生的指导等行为，从而影响教师的工作效率。教师的教学效能感分为个人教学效能感和一般教育效能感两个方面。个人教学效能感指教师认为自己能够有效地指导学生，相信自己具有教好学生的能力。教师的教学效能感是解释教师动机的关键因素，它影响着教师对教育工作的积极性，教师对教学工作的努力程度，以及在碰到困难时他们克服困难的坚持程度，等等。一般教育效能感指教师对教育在学生发展中的作用等问题的一般看法与判断，即教师是否相信教育能够克服社会、家庭及学生本身素质对学生的消极影响，有效地促进学生的发展，这与班杜拉理论中的结果预测一致。

迄今为止，大量国内外心理学工作者对教师教学效能感的研究表明，教师的教学效能感与学生的成绩、学生的动机、教师教改的欲望、校长对教师能力的评价及教师的课堂管理等之间存在显著相关，教师的教学效能感是影响教师教学行为的一个重要因素。如有人考察了教学效能感与管理、控制和学生动机定向之间的关系，结果发现，教师的个人教学效能感越强，教师对学生的控制定向越人道，学生的自主性就越强，教学效果也越好。而那些教学效能感低的教师，认为学生必须受到控制且不信任学生，在激励学生时，他们更相信外部奖励的必要性。已有的证据和教育实践经验显示，一般教师和优秀教师在教学活动中发挥着不同的作用，而教学效能感是这种作用机制中的重要因素。

# 第二节　师生互动

在教育教学过程中，由于教师与学生之间形成了具有相对一体的有组织的正式关系，因此，师生双方要进行以教师为主导、以学生为主体的相互交往，这种相互交往会使彼此相互影响，这种相互影响的过程简称师生互动过程。本节课将就师生互动中对彼此产生的影响及如何建立良好的师生关系等问题进行探讨。

# 一、教师对学生的影响

## (一) 教师的学生观

### 1. 两种不同的学生观

教师的学生观不同,对学生所采取的行为也不同,一般认为,教师中存在两种不同的学生观。

一种是评价性的学生观。持这种学生观的教师认为自己是排除情感因素的影响而纯客观地评价学生的。在他们看来,学生中调皮捣乱的多,愚笨的多,不可教育的多,于是处处与学生相悖而行。持这种学生观的教师看到学生不是胆怯,就是厌烦,经常迁就学生,有时干脆不加管束,或者认为学生对教师应该言听计从,任教师摆布和驱使。他们习惯于指手画脚、发号施令,满足于学生表面上的唯唯诺诺。

另一种是移情性的学生观。持这种学生观的教师认为学生都是可爱的,没有教育不好的,教师应该设身处地体验学生的所作所为。他们承认学生都有尊敬教师、乐意接受教师教导的自然倾向,希望得到教师的注意、重视、关怀和鼓励;同时,他们看到学生是独立的个体,有强烈的自信心和自尊感,不愿任人摆布和驱使,表现出顽强的独立性。这样的教师对聪明的、笨拙的、听话的或顽皮的学生,都能以同情、真诚、热爱和关怀的态度对待,能够成功地扮演教师角色。

### 2. 教师对学生的认知偏差

教师对学生的认知是一个主观色彩较浓的过程,容易产生认知的偏差,而这些偏差会妨碍教师形成正确的学生观。

1) 首次印象效应

"首次印象效应"也称"第一印象"或"先入为主",是指教师最初对某学生印象好,以后就容易评价高,反之,最初印象不好,以后评价就容易偏低。学生的仪表、风度、身材、表情、谈吐、姿态、年龄、衣着等,都是教师构成第一印象的重要因素。对学生的第一印象,往往成为一种定势,会影响以后对该学生的长期印象。教师对学生的认知,不能只停留在第一印象的水平上,因为第一印象只是认知学生的起点而不是终点,况且学生又在不断地发展变化,如果以固定不变的第一印象看待学生,是不可能正确地认识和理解学生的。

2) 光环效应

"光环效应"又称"晕轮效应",是指教师对某人的某种表现或品质印象深刻而强烈,从而影响了对这个人的其他表现和品质的认识。俗语说"一好遮百丑","一丑遮百好"。光环效应的产生往往是由于教师掌握学生的信息较少,而做出总体判断的结果。它使教师难以正确地了解学生和公正地评价学生。克服光环效应的关键是教师要和学生打成一片,真实而全面地掌握学生的信息。

3) 刻板印象

刻板印象是在教师头脑中存在的关于某一类学生的固定的形象。教师观察学生的时候,会有意或无意地按照年龄、性别、家庭地位和经济条件、居住地区等特征,将其归入某一类别,并依据自己头脑里已有的关于这类人的固定形象来对其做出判断。刻板印象的积极作用是把现实中的学生加以归类，因而在某种情况下，会有助于概括地了解学生。但若这种归类不符合学生群体的实际特点，或者只是对某些学生的非本质特征做出概括，就会形成偏见，势必对现实中的学生做出不正确的判断。所以，要克服刻板印象的消极作用，既要把握学生所属类别的一般特征，又要注意每个学生的特殊性，并进行具体的深入分析。

4) 教师对学生的归因偏差

教师对学生行为、成功或失败的归因，会影响教师对学生的态度。教师对学生的归因偏差主要有两类。第一，防御性归因偏差。教师倾向于把学生学习成绩好、行为表现好归因为教师教得好、水平高；如果学生成绩不良或出现问题行为则倾向于归因为学生自身的原因，与教师无关。这种不客观、不公正的归因偏差会影响师生关系。第二，教师对优生与差生的归因偏差。当优生表现好或成绩好时，教师倾向于归因其能力、努力等内部因素，当优生出现问题时，却被教师归因于外部因素；而当差生做了好事或成绩进步时，往往被教师归因于环境、运气等外部因素，当差生出现问题时，则被归因于内部因素。

### (二) 教师对学生的期望

#### 1. 教师期望效应

教师在理解每个学生的基础上，会对每个学生未来发展的潜力有所推测，这被称为教师对学生的期望或期待。教师对不同的学生会有不同的期望，这影响着学生的发展。1968年，美国哈佛大学心理学家罗森塔尔等人进行了教师期望效应研究。

---

**皮格马利翁效应**

有关的理论和研究表明，教师对学生的期望与教师自己的行为及学生的成绩有关。罗森塔尔和雅格布森最早对教师期望进行了研究。他们在开学初对小学生进行了一个非言语智力测验，并告诉教师这个测验能预测学生的智力发展。研究者随机选取20%的学生，然后将学生名单告诉老师，并称这些学生是有发展潜力的。当然，教师并不知道该测验并不能够预测智力的发展潜力，也不知道所选取的学生与测验分数无关。然后让教师进行正常教学，并在一学期后、一年后和两年后分别对学生进行重测。在前两次测试中，学生所在班级的教师有研究者提供的学生名单；在后一次测试中，学生被安排到教师没有名单的新班级中。一年后，被指定为有发展潜力的学生和控制组的学生(没有指定为有发展潜力者)之间出现了智力上的显著差异，这种差异在一年级和二年级的学生身上表现得最为突出。在随后的一年中，这些年幼学生之间的差异逐渐减小，但是高年级学生之间的差异增大，被指定为有发展潜力的学生表现得最为优秀，并且这种差异在成绩中等的学生之间表现得比较明显。在各年级的阅读教学中也发现了相似的结果。

罗森塔尔和雅格布森认为，教师的期望是一种自我实现的预言，因为学生的成绩最终反映了这种期望。他们还认为，这种预期效应在年幼儿童身上比较明显，因为儿童与教师有直接的接触；年龄大的学生在换了一个新教师后，可能表现得更好。

罗森塔尔等人将这一实验中的现象称为教师期望效应。这一效应也被称为罗森塔尔效应或皮格马利翁效应(Pygmalion Effect)，指人们基于某种情境的知觉而形成的期望或预言，会使该情境产生适应这一期望或预言的效应。教师如果根据对某一学生的了解而形成一定的期望，就会使该学生的学习成绩和行为表现发生符合这一期望的变化。

(资料来源：①陈琦，刘儒德. 当代教育心理学[M]. 北京：北京师范大学出版社，2007. ②路海东. 学校教育心理学[M]. 长春：东北师范大学出版社，2000.)

教师期望效应在教学活动中起着非常重要的作用，是教师影响学生的一个重要途径。它不仅影响学生的信心和学习成绩，它的性质和如何传递期望也是影响师生关系的一个重要因素。首先，教师期望对学生的影响表现在影响学生的自信心上，受到低期待的学生会感到自己能力低或品行不好，产生无力感。其次，教师期望还会影响学生的各种行为与学习成绩，受到低期待的学生会放弃努力或继续表现出一些不良行为，导致学习成绩下降。最后，教师期望的影响还表现在师生关系上，受到低期待的学生与教师的关系逐渐疏远。可见，受到教师高期待的学生会得到充分发展，而受到教师低期待的学生则不能够充分地发展所具备的潜力。

2. 建立积极的教师期望

许多研究指出，教师期望对学生的影响并不是一个有意识的过程。很多教师并没有明确意识到自己的期望，也没有刻意控制自己的行为，只是在不知不觉中表现出自己的期望，而对学生的影响也是在潜移默化的过程中发挥着作用。因此，教师应该了解教师期望的效果，并有意识地运用教师期望去教育学生。

为了充分发挥教师期望的积极影响，教师应该注意以下两点：第一，要认真了解每个学生的特点，发现他们的长处，对每个学生都建立起积极的期望；第二，教师要不断反省自身的行为和态度，不要由于自己的不公正而延误了学生的发展。很多教师对学生是一种评价性的理解，他们用自己的期望去套学生的表现，然后加以评头品足，指出这也不好，那也不对，这样并不是真正理解学生。教师应该对学生采用移情的理解，即不用自己已形成的期望去套学生，而是以同情的态度设身处地地理解学生的感情与行为，这样才能真正了解每个学生的长处。

教师期望是学生上进的重要源泉。教师在教育教学中，要让每个学生都能充分感受到自身善良、真诚的期望，并使其转化为学生的自我期望。教师要根据每个学生的实际情况，对学生产生恰当的期望，千万不要期望太高，更不能不抱期望。要鼓励学生，不要怕暂时的失败，引导学生看到自己的优点，对自己抱有希望。

除上述教师的观念外，教师的其他观念、行为及个性品质也会对学生产生影响。

## 二、学生对教师的影响

长期以来，人们的焦点几乎全部集中在教师对学生的影响上，而无人逆向思考学生对教师的影响问题。其实教师和学生的关系是一种相互依存的双向性关系，教师会在各方面影响学生，学生也会在众多方面影响教师。师生影响的这种相互性是随着现代社会人的主体意识和自觉发展意识的增强而愈加明显的。

教师在改变和改进学生的反应的同时，也会自问："我在什么程度上受到我学生们的操纵？"对于一个难带的婴儿(爱哭、挑食、执拗等)，家长一方面感到困难，但另一方面感到对自己做家长的技能和创造性来讲也是一种挑战。同样，那些学得慢的学生、多动的学生及不顺从的学生对教师来讲也是一种挑战。对某些优秀教师来讲，处理好这类学生的问题也是一种满足。如果说学生对教师有影响的话，这种影响也是被教师对它的理解和接受方式所折射的。请看下面的研究。

一项研究以 219 名初二男女生为被试，让他们描述自己的人格特征(自我报告)，而教师则受到这些报告的影响，来考虑选择他的教育教学方法，对不同学生采用不同方法。实际上，在日常教育工作中，在学生作业中看到的反映他本人特点的一些情况，也会作为教师选择方法的依据。肯托和格尔芬特的研究也提供了学生影响教师反应的证明。其用指示和录像带训练 7~10 岁孩子对他们的教师应答或不应答。与某些教师在一起时，他们寻找帮助和赞同，受称赞时微笑，对教师的评论热情地反应；而与另一些教师在一起时，则不征求意见和争取帮助，只是极简短地回答问题，而且避免直视教师、对他微笑或与他谈话。后一种行为类型是那种典型的极端怕羞、与社会脱离的孩子的行为特征。实验者总结指出：其一，那些孩子是十分有能力去控制成人的社会行为的，特别是研究揭示出儿童能控制成人的言语和非言语的帮助的比率，以及对儿童的其他形式的积极的注意。有意思的是，应答行为并没有使称赞增加，因为成人忙于和那个儿童谈话，而忘记称赞他(她)。其二，成人认为，那些对他们做应答的儿童比那些不做应答的儿童更聪明、更吸引人。实验者提出，教那些习惯性地不做应答、不善社交的孩子，在对成人的反应方面做出非常简单的改变，是很有可能实现的。

因此，对学生影响教师问题的研究，能促进对教育、教学规律的进一步认识，教师若能对学生所产生的影响的程度及效果有正确的认识，就可以以此避免来自学生方面的不利影响，充分利用有利影响来提高其教育、教学工作的成效。

## 三、师生互动

教学要通过师生间的相互影响来促进学生的发展和教师教学水平的提高，近年来，对师生之间相互作用的研究成为教育心理学研究的一个重要课题。

多米诺研究了相互作用的不同风格对学生成就动机的不同影响。他给 900 个心理系学生一个评定他们遵从性和独立性的测验，把具有最极端分数的 100 名学生挑出来分成 25 人一组，共 4 组。其中，学生的性别和能力倾向测验分数都是对应可比的。由同一教师用不同方法进行教学。其中两组用要求遵从的方法，另外两组则用要求独立的方法。结果表明，在教学方式和学生要达到的动机之间有明显的交互作用，关于学习方法的教学对于增强独立思维倾向没有效果，要达到独立思维必须以一个独立思维者为前提。但是，题目的成就越高，对教师的评定也越高。而当具有独立定向的学生被指定到一个独立方式的组时，学生们会更满意；喜欢服从的学生被分配到一个服从风格的组时，他们会取得更好的成绩，感到更满意，对教师的评定也越高。此外，与学生相互作用的方式的适合性，也随学生年龄的不同而变化。例如，中学生与小学生的需要和偏好是不同的，在小学里，为了促进对学习内容的掌握，指导式的风格可能更有效；到了中学，随着自主和独立的需要的增长，可以给学生更多个人练习的自由，这样比指导性教学更有效。

弗兰德斯从1970年开始，用系统观察的方法研究课堂教学过程中师生的交互作用，提出了相互作用分析的模式。他的研究发现，间接的教学行为常常是与好的成绩、动机和对部分学生的态度配合在一起的。虽然这种配合不意味着间接的教学必然会提高成绩，但是这种方法可以确定教师是否过多地重视直接影响，而忽视了间接影响。当然这种方法不是强迫教师改变他们的教学方法，限制其创造性。只有在教师对自己的教学方式有较多的了解，需要改进并已能自如地去探索时，这种相互作用的分析才是有益的。

## 四、良好师生关系的建立

### (一) 树立正确的学生观

教师要正确地理解学生就要建立起科学的学生观。防止与矫正学生观上的偏差，关键在于教师要了解学生身心发展的规律，并使之形成按照这些规律去教育学生的严谨态度。因此，教师需要认真学习心理学和教育学的知识，特别是在积累了一些教育经验之后，再系统学习有关的知识有利于形成科学的学生观。开展教育科学研究是改变和调整教师学生观的重要途径。

### (二) 了解和研究学生

教师必须把学生作为具有潜力、需要和志向的人去认可、发现及了解他们的特性。教师要了解学生的知识基础、智力水平、技能状态；要了解学生会怎样接受教材，会产生什么样的联想，学生会思考些什么问题，他们能认识什么，不能认识什么，特别要在教学过程中，通过学生回答问题、做练习，通过学生的行为举止，去掌握学生的思考力、理解力；教师要了解学生的同龄共鸣现象及人际关系，了解和研究他们的生理特点和心理倾向。此外，教师还要了解学生的过去，预测学生的未来。只有这样，教师才能在学生的原有基础上，有的放矢地施教，以起到事半功倍的作用。

### (三) 运用正确的教育方式

这里的教育方式主要指教师如何组织管理、开展班级工作。李皮特和怀特对教师的领导方式进行了一项经典研究，让10岁儿童在两种领导方式(专断独行和民主开放)下为俱乐部制作戏剧面具。一段时间后，要求被试回答两个问题：是否愿意继续工作；如何处理做好的面具。结果是，专制方式领导下的儿童不愿再工作下去，还要求把面具据为己有；民主方式领导下的儿童则希望继续工作，也愿意把部分作品交给集体或拿出来展览。后来，这个研究将领导方式扩大为4种类型：专制仁慈、专制强硬、放任和民主。研究结果表明，民主组在完成工作量、集体道德及与领导的关系等方面均优于其他各组。这个结论在后来的研究中也获得证实。总之，教师采取正确的领导方式，能营造良好的班级心理气氛，建立良好的师生关系。[①]

### (四) 有效地处理师生冲突

#### 1. 师生冲突的类型及特点

在教育实践中，师生冲突是一种常见的现象。从师生冲突的表现结果来看，有良性冲突和恶性冲突。

---

① 李伯黍，燕国材. 教育心理学[M]. 上海：华东师范大学出版社，2001.

1) 良性冲突及其特点

良性冲突是指双方目标一致，而因认识、方法、手段不同而产生的冲突。它具有以下特点：第一，师生双方对实现教学目标都很关心。师生在实现教学目标的过程中，存在认识上的差异，如教师的教学方法与学生接受程度的差异，教师知识结构的优化程度与学生对知识的需要之间的差异等。这种差异表现出来的冲突具有积极作用，可以刺激师生双方探索，为获得良好的结局提供良策。如教师不断改进教学方法，优化自己的知识结构，而学生在教师的引导下改进学习方法。第二，彼此愿意加深了解和听取对方的意见和观点，并且有达成一致的愿望。师生之间不仅是一种知识传授关系，而且是一种情感交往关系，在很大程度上，知识传授只有借助于情感交往才更有效。师生冲突使那些隐藏的又可能解决的问题暴露出来，如此，师生冲突起化学作用，形成解决问题的活跃的催化剂。第三，师生都以争论的问题为中心，取长补短，互相交流信息。

2) 恶性冲突及其特点

恶性冲突是指因师生双方目标的根本对立而造成的冲突。这类冲突的行为具有以下特点：师生双方对自己的观点都十分自信，不愿听取对方的意见和观点；对问题的争论进而转化为师生的相互攻击和对立；师生互动情况减少甚至完全停止。师生双方不能共存的观点，是一种潜在的威胁，会使每一次冲突都可能带来破坏性的结果。作为不可调和的矛盾，这种对立表现为学生对教师的不满、怨恨等情绪上的变化，严重的会导致行为上的反抗，而教师也会对学生实施训斥、辱骂、讽刺甚至体罚等对学生自尊心和自信心有严重伤害的行为。爱因斯坦认为，对学校来说，最坏的事是主要靠恐吓、暴力和人为的权威来进行工作，这种做法会摧残学生的健康的感情、诚实和自信。因此，一开始应努力避免这类冲突的发生或扩大，达到防患于未然的目的。①

**2. 师生冲突的有效处理**

有效地处理师生冲突，教师是关键性因素。教师的行为方式、观念、态度的转变对于减少、减轻师生冲突至关重要。

首先，教师要树立"以人为本"的学生观。教师要认识到学生是有血有肉的人，有其思想感情，应该民主地对待学生，尊重学生的自我和人格。其次教师要将制度权力和自身威望结合起来。教师不能过多地利用外在权力而不去提高自身的个人素质和吸引力，否则他很难赢得学生发自内心的欢迎和佩服，他的教导也就很难让人接受。长此以往，就会不时地与学生发生冲突，甚至造成严重的敌对情形。再次，教师要正视冲突，建立各种规章制度。通过设置意见本、开会、辩论、磋商等，保证学生有一个理性地发泄内心不满的"安全阀"。在"协调—冲突"相互转换的平衡机制下，在"对抗—接纳"的教育过程中，师生关系会自始至终地保持良性的互动状态。

另外，减少或尽量避免师生冲突还有赖于学生的积极配合和学校的大力支持。

**(五) 充分利用课余时间，促进师生的自由交往**

大部分教师，尤其是不做班主任的教师在上完课以后很少和学生在一起活动和交流，这无疑大大减少了非正式的人际交往的时间，使师生关系停留在工作关系和正式关系的层面，不能

---

① 张大均，江琦. 教师心理素质与专业性发展[M]. 北京：人民教育出版社，2005.

深入心理和感情的深处。事实上，非正式的师生交往可以起到正式交往所起不到的教育作用，它能够消除正式关系中由各种规则和制度所形成的外来压力的副作用，使师生在自由自在、无拘无束的气氛中进行交往，缩短社会角色等外来因素所形成的心理距离。它也可以丰富师生沟通的渠道和方式，促进师生的双向交流。

## 第三节　教师的职业倦怠与心理健康

随着教师专业化进程的加快，教师的压力越来越大，教师的心理健康问题日益受到社会各界的广泛关注。一个优秀的教师，除具备丰富的专业知识、精熟的教学技能外，更应拥有健全的人格和健康的心灵。然而，目前教师的心理健康水平确实令人担忧，教师职业倦怠是教育领域急需解决的现实问题，因为只有心理健康的教师才更能通过教学，培养出身心健康的学生。

## 一、教师职业倦怠

### (一) 教师职业倦怠的界定及特征

1974年美国临床心理学家弗登伯格首次将"职业倦怠(burnout)"一词引入心理学领域。职业倦怠是工作强度过高并且无视个人需要所引起的疲惫不堪的状态。职业倦怠容易发生在医疗护理、教育等与人打交道的行业中，教师是职业倦怠的高发人群。教师职业倦怠是教师不能顺利应对工作压力的一种极端反应，是他们在长期压力体验下所产生的生理、情绪、认知、行为等方面的耗竭状态。这种心理状态持续存在就会导致自身潜能难以充分发挥，工作能力和工作绩效下降。

职业倦怠的典型特征主要表现在以下3个方面。

#### 1. 耗竭感

耗竭感(exhaustion)指个体感到自己的能量和资源耗尽、用完。它主要表现在生理耗竭和情感耗竭两方面。生理耗竭(physical exhaustion)是职业耗竭的临床指标，表现为极度的慢性疲劳、力不从心、疲乏虚弱、睡眠障碍(失眠/嗜睡)、头痛、食欲异常(厌食/贪食)等；情感衰竭(emotional exhaustion)是职业倦怠的核心维度，也是最明显的症状表现，特指丧失工作热情、情绪波动大、易迁怒他人，感到自己的感情处于极度的疲劳状态。处于耗竭感的教师表现为疲劳、烦躁、易怒、过敏、情绪紧张，常常表现为害怕早晨去上班，形成对学生消极的玩世不恭的态度。

#### 2. 去人格化

去人格化(depersonalization)指刻意在自身和工作对象间保持距离，对工作对象和环境采取冷漠和忽视的态度。去人格化的教师表现为减少或断绝与学生的联系。例如，教师减少与学生接触，从身体距离上远离学生，不理睬或拒绝了解学生，给学生取贬损性的称呼、外号，或给学生贴标签。除此之外，对同事也常常持多疑妄想的态度，对他人反应过于强烈，导致人际关系恶化。

### 3. 低个人成就感

低个人成就感(lack of personal accomplishment)指倾向于消极地评价自己，个人成就感降低，自我效能感低下，对自己工作的意义和价值的评价下降，工作变得机械化且效率低下，缺乏适应性。当教师感觉他们无法给学生的生活带来更大的变化，同时他们一旦发现他们的职业为他们提供较少的反馈(如金钱、社会认可)时，就产生了较强的自卑感，不再做出努力。这时失败会成为一种生活方式，从而形成"学者型的无力感"。

### (二) 中学教师职业倦怠的成因

教师职业倦怠是在外界压力和自身心理因素的互动下形成的。按照应激的资源理论，当工作环境等外部因素对个体的要求持续超过个体具有的有效应对资源时，就会出现心理健康问题，从而产生职业倦怠。

#### 1. 外部因素

1) 职业因素

首先教师是一个多角色的职业。近年来，随着新课改的推进，教师的角色要由传统的"传道授业解惑者"不断向学生的"伙伴""合作者""朋友"等角色转变。新时期的中学教育赋予了教师更多新的功能，教师的角色不仅仅是作为"教师"出现，还扮演着心理咨询师等多种角色。对于教师来说，在这些角色间进行不断转变，增加了教师工作的难度。当不能顺利地进行角色转换或面对多重角色期待不能顺利地调节时，就会出现角色冲突及压力。其次，教师一般有较高的成就动机，渴望在工作中得到应有的反馈。可是在现实生活中，教学工作取得的成果需要一定的时间才能够显现出来，职业成就不像其他职业那样明显，造成理想与现实的冲突，这很容易导致教师的职业倦怠。

2) 组织因素

从管理学角度看，组织公平与组织支持对职业倦怠有不同的影响。首先是学校的考核制度。一些学校的绩效与岗位责任制还不完善，学校的奖惩措施不明朗，严重挫伤了教师的工作热情。其次是对教师情感的激励。在日常工作中，学校的沟通机制不健全，虽然学校也会评选"教学能手""优秀教师"等，但是这些奖励并没有真正走入教师内心，而是流于形式，许多教师将其看成是一种"形式化"的奖励。尤其对于担任"平行班"的教师来说，教师与教师之间的竞争多是一种学生分数间的竞争，每位教师都从自身的利益出发，同事间缺少沟通，导致同事关系紧张。学校仅把教师当作简单的"经济人"看待，导致教师心理需求的压抑，长此以往就会形成职业倦怠。

3) 社会因素

社会的巨变使人们的价值观念多元化，给人们提供了更多的自由来选择自己的人生。于是在选择中，伴随着各种各样的焦虑与痛苦，教师的情绪发生波动，再加上现实生活中条件的不理想，如工资待遇低、住房难、负担重、压力大等，教师心理会产生较大的波动；其次，某些教师在群体中的人际关系不够融洽，产生压抑感、无归宿感，不能愉快工作；另外，教师在遇到困难时，也希望社会给予更多的支持，提供各种帮助，从而缓解自己的不愉快。

4) 学生因素

随着网络时代的到来、社会生活的飞速变化及受多元价值观念的影响，中学生变得"越来越难管"。加之他们又要参加高考，课程负担和压力较大，如果学生的成绩总是提高不上去，就会长期处于高度紧张的心理状态，而比他们更紧张的应该是教师。还有一些学生"不学无术"，讲究哥们义气，喝酒、打架、寻衅滋事，在学习方面则力不从心、无所追求，人生观、价值观出现偏差，这些都为教师的管理带来了极大的困难，给教师带来巨大压力。

5) 家长因素

从古至今，教师职业一直被视为崇高的职业，人们把教师比作"太阳""园丁""蜡烛""人类灵魂的工程师""太阳下最辉煌的职业"，可见教师的神圣与伟大。现在的孩子大多是独生子女，家长"望子成龙、望女成凤"心切，对教师的期望值较高，常常认为"没有教不好的学生，只有不会教的教师"，给教师涂上了一层理想化的神圣色彩。家长对教师有高期待，而学生又如此"难教"，这形成了一对不可调和的矛盾。当家长看到自己的孩子没有进步时，就会把一切责任推给教师。对于教师来说，教不好学生，就会被家长完全否定。这种界于"天堂"与"地狱"间的评价，赞誉与现实的背离，使得教师的工作容不得半点松懈，其心理压力也越来越大，从而引发职业倦怠。

### 2. 内部因素

内部因素主要是指教师自身的因素。马勒斯等人的研究发现，教师对工作的期望值高而成功的可能性低。低努力、低自信、外控、使用逃避的应对策略都将引发职业倦怠。教师的压力信念将会影响职业倦怠，压力的产生总是以教师自身特征为中介，个体的人格特征决定着个体的行为方式。教师对自己的角色有明确的概念，就会减少受他人期望的影响；教师能与同事愉快合作，就会减少其紧张感和压力感。此外，自尊和自信是影响教师职业倦怠的重要因素。多数人都会对社会支持有一种强烈的需要，任何感到遭受社会拒绝的事件都可能被认为是有压力的，而缺乏自信的人会比其他人更容易感到威胁。

## (三) 缓解教师职业倦怠的对策

教师职业倦怠会给教师带来生理和心理上的疾患，影响其人际关系，导致家庭危机和职业危机，也会对学生健康心理的塑造带来消极影响。因此，教师要学会合理地预防、应对职业倦怠。

### 1. 增强教师职业威望，提高教师社会地位

一种职业的社会地位取决于它的经济和职业威望，同时决定着该职业的吸引力和从事本职业人员的社会地位。从事高地位职业的人容易受到人们的羡慕、尊敬和优待，他自己也更多地感到自豪和优越，因而更加热爱自己的职业。因此，要通过国家政策的制定和传播，树立正确的舆论导向，引导全社会正确认识基础教育对我国社会发展所起的重要作用，提高基础教育教师的社会地位，关心他们的生活，支持和配合他们的工作，维护他们的合法权益，从而增强教师的职业认同感和自尊心。只有这样，教师才会以健康而积极的情绪从事教育工作。

### 2. 建立有效的社会支持系统，对教师给予支持和协助

有效的社会支持系统有助于缓解或预防职业倦怠。教育行政部门要在教师生涯的不同阶段给予教师关注和支持。例如，组织教师参加研讨会，使教师之间彼此交流教学经验和体会，消除教师在专业探讨方面的孤独感和无助感；邀请著名学者、专家讲学，使其开阔视野，提高科研意识，激发其重新追求专业发展的热情；为教师切实提供时间和教育资源使其参加进修培训，

增强教学效能感；努力创造条件，改善教师待遇，对教师家庭、生活给予关心。这些帮助和支持有助于教师摆脱倦怠，走出低谷。

### 3. 实行民主公平的管理，建立良好的组织环境

首先，要实施公平、柔性的教师绩效制度。学校要对教师的工作进行全面的评价，有效消除由于"考核不合理""分配不公平"所造成的教师职业倦怠。学校要注重竞争体制的改革和完善，建立科学、民主的竞争机制。大量事实表明，在社会生活中，完善竞争机制能激发人无穷无尽的活力。要确立完善的教育竞争机制，必须有科学的聘任制、考评制和筛选制等配套措施，并且要做到公正、公开。当这些配套措施充分发挥作用时，教师的优胜劣汰便成为可能，从而促使教师产生危机感和紧迫感，使其产生奋发向上的强大且持久的行为动力，有效避免职业倦怠的产生。其次，要营造和谐、宽松的工作氛围，要形成良好的群体风气，使良好的工作环境成为影响教师非正式的、非强制性的行为习惯养成的积极因素，促进教师在群体工作环境中能够心情愉悦地投入工作，最大限度地弱化其在工作中的压力。

### 4. 改变教师的自身特点，增强教师的自我调节能力

增强教师的自我调节能力，既是预防教师出现心理障碍的有效途径，也是预防教师职业倦怠的有效途径。首先要改变教师的观念。个体要清楚自己的能力与机会，正确看待自己的工作，树立恰当的目标就不会因为不恰当的期望和失败而产生职业倦怠。其次，要采取积极的应对策略和归因方式。在面对问题时不是逃避，而是采用积极的应对手段。要改变消极归因，努力使自己成为更加内控的人。当发现自己有职业倦怠症状时，要勇于面对，主动寻求专业人士的帮助。再次，教师要进行合理的饮食和锻炼。生理方面的疾病是职业压力的来源之一，也是职业倦怠的不良后果。教师要注重健康、合理的饮食，但锻炼更为重要，它可以分散教师的注意力，使教师的身心得到放松。

## 二、教师心理健康

### (一) 教师心理健康概述

对于不同的职业和群体，心理健康有不同的含义和特点。从心理健康的状态和心理健康的预防与维持两方面综合考虑，教师心理健康是指教师在教育教学过程中有意识地完善人格，发挥心理潜能，维护和增强心理各方面的机能和社会适应能力，预防各种心理疾病，使个人的心理机能发挥到最佳状态。

这个概念包括以下3层含义：其一是指教师的心理健康状态，包括良好的认知品质、稳定一致的情绪状态、坚定的意志品质，以及健全的人格和良好的行为习惯；其二是指教师的各种心理关系，如良好的人际关系；其三是指教师在教学、生活中保持良好的心理状态，培养健全人格，提高社会适应能力，维持良好关系，使自己的潜能得到充分发挥。[1]

### (二) 教师心理健康的意义

首先从个体层面看，教师心理健康有着人类心理健康的普遍意义，它会直接影响自身的健

---

[1] 张大均，江琦. 教师心理素质与专业性发展[M]. 北京：人民教育出版社，2005.

康、生活、工作及家庭幸福。其次，从教师的职业层面上看，教师心理健康有其特殊意义。大家常说："有怎样的校长，就有怎样的学校；有怎样的教师，就有怎样的学生。"教师是学生心目中的重要人物，是学生学习的榜样，教师之影响力无人可比。所以要培养出心理健全的下一代，保持教师心理健康是必要条件。再次，从整个社会发展的角度来看，教师心理健康对全社会都具有重要意义。

具体来说，教师心理健康的重要意义体现在以下几个方面。

### 1. 个人意义

教师的心理健康是教师自身职业适应和职业发展的基础条件。心理健康是人们学习、生活和工作的基本条件，教师也不例外。教师的基本职能、教师的劳动对象和劳动手段的特殊性决定了教师的劳动具有复杂性和艰巨性，也对教师的心理健康提出了更高的要求。特别是近几年来，为适应现代社会发展的需要，教育发生了很大的变革，教育改革方案不断地涌现，教育改革力度不断加大，这就使教师工作显得复杂而艰巨。教师只有拥有健康的心理，以积极的心态去面对现实，迎接挑战，主动地实现自身的角色转换，在不断的自我调整中寻求平衡点，才能表现出良好的适应性，才能锐意进取，加快职业发展的步伐。

### 2. 教育意义

教师的心理健康是实施素质教育的重要保证。素质教育的提出既是对我国以往的教育理论与实践反思的结果，也为今后的教育改革和发展指明了方向。现代教育的终极目标应是培养心理健康、人格健全、适应社会发展的人才。现代教育理念对教师素质提出了更高的要求，其中心理素质被视为教师素质的核心，教师的人格被认为是巨大的教育资源，无人格根基的教育过程难以发挥教育应有的作用。教师心理健康既直接影响教师教育影响的发挥，又潜移默化地影响学生的心理健康和人格健全。因此，教师健全的人格、良好的心理素质成为实施素质教育的前提条件和重要保证。

### 3. 社会意义

教师的心理是否健康不仅仅是个人的事情，它还关系到其他社会工作者，进而影响社会的方方面面。如一则寓言所言："国王把最代表荣誉的花戴到了教师的胸前。"因为没有教师的谆谆教诲，就不会有科学家、政治家和文学家等优秀人才。可见，教师对社会的意义是重大的。如果一个工人的心理不健康，会损坏机器，出废品，浪费国家财富；一个医生有心理问题，会误导患者，妨碍治疗进程。而工人和医生都是经过教师的教育的，他们受教师的影响很大，所以，教师的心理健康状况对受教育者的影响很大，并会间接地影响社会的各个方面。因此，解决教师的心理问题对于解决社会问题有积极意义。它不但可以增强国家的教育竞争力，而且对改善整个社会风貌及促进社会的发展都有很大的推动作用。

## (三) 教师心理健康的标准

教师心理健康的标准是开展教师心理教育，维护教师心理健康的重要前提。近几年来，已有一些学者就教师心理健康标准问题做了探讨，提出他们各自的见解。综合有关教师心理健康标准的论述，教师心理健康的标准至少应包括以下几点。[1]

---

[1] 叶一舵. 新课程背景下的公共心理学教程[M]. 北京：高等教育出版社，2004.

### 1. 良好的职业角色认同

教师应热爱教师职业，对教育工作充满信心和情感，能积极投入工作。人是社会生活的主体，每个人在社会生活中都占有一定的地位，担负着一定的社会职能。因此，对待事业的态度必然成为适应社会的首要构成因素。

### 2. 积极稳定的情绪、情感

教师积极稳定的情绪、情感具体体现在以下几方面。其一，以愉快、乐观为主导心境，在生活、工作中能保持饱满、高涨的热情，对学生能表现出关切、尊重、高度负责的态度。其二，情绪较稳定，具有较强的情绪调节能力。不喜怒无常，不将生活中不愉快的情绪带入课堂，不因个人的情绪波动而随意迁怒于学生。其三，具有高尚的情操，包括对教师职业的热爱、对学生的关爱、对高尚道德的崇尚，富有正义感、责任感、荣誉感和同情心等。

### 3. 和谐的人际关系

人是社会化的动物，妥善处理人际关系，乐于与人共事相处，才能立身处世。它包括在人际交往中，了解彼此的权利义务，将关系建立在互尊互信的基础上；能客观地了解和评价他人；积极与他人真诚沟通；与人相处时尊重、信任而不是仇恨、忌妒。教师良好的人际关系在师生互动中则表现为师生关系融洽，能理解并乐于帮助学生，冷落、不满、惩戒行为较少。

### 4. 良好的自我意识

良好的自我意识指能正确地认识自我、悦纳自我，有较强的自我调控能力。正确地认识自我，就是客观地认识自己拥有的优势和存在的不足。悦纳自我就是要平静而理智地对待自己的长短优劣、得失成败，以发展的眼光来看待自己；既不以虚幻的自我来补偿内心的空虚，也不消极回避自身的现状，更不以哀怨、自责甚至厌恶来否定自己；能主动地调控自我，积极地适应环境。一个教师良好的自我意识具体表现为：能根据自身的实际情况确定工作目标和个人抱负；具有较高的教育效能感；能在教学活动中进行自我监控，并据此调整自己的教育观念，完善自己的知识结构，做出适当的教学行为。

### 5. 坚强的意志品质

由于教育工作的复杂性和艰巨性，教师在教育教学实践过程中难免会遇到这样或那样的困难。尤其是新时代的教师，面临着社会发展和教育变革所带来的种种挑战，其工作的难度是不言而喻的。因此，教师不仅要有应对困难、挫折的心理承受力，还要有敢于面对困难和不屈不挠的品质，能够用坚忍不拔的毅力克服困难，勇往直前。

### 6. 丰富的创造力

教育对象的个体差异性、教育条件的多变性、教育情境的突发性等职业特点要求教师具有丰富的创造力，以便在教育教学过程中能熟练运用各种各样的方法和手段，随机应变地处理课堂突发事件和教学难题，机智地处理个别学生问题。新一轮基础教育课程改革，留给教师创新的空间与余地将不断加大，教师只有具有较强的创造性，才能更好地把握和驾驭。

## (四) 当前教师的心理健康状况

提高教育的质量，关键在于建立一支高素质的教师队伍。教师不仅应具有现代教育知识、创新理念、扎实的专业知识和较强的教育教学能力，更重要的是还要有健康的心理。但是，令人担忧的是，近年来国内外众多的调查研究发现，教师普遍存在不同程度的心理问题。

### 1. 国外调查

美国斯坦福大学的一项调查研究显示，有77.6%的教师是心理健康者，对教育工作能达到良好的适应，有22.4%的教师心理不健康。美国全国教育联合会的调查发现，大约有15%～20%的教师心理不健康，并直接危及正常的教育教学工作。1976年美国《教师》杂志也调查过教师的心理健康问题，发现在教师所答的9000多份调查问卷中，84%的教师认为教学工作可能会危及健康，75%的教师因压力或疾病等原因影响过正常的教学工作。美国有关教师不良适应的统计资料表明，35 000名纽约教师中，4%的教师患有精神障碍，13%的教师需要治疗；5150名抽查教师中，37.5%的教师苦于持续性的烦恼；600名抽查教师中，17.5%的教师患过度神经质或神经病，10.5%的教师患神经障碍症。1938年，美国教育协会对5150教师进行调查，发现有37.5%的教师有严重的焦虑和精神紧张的现象，约有30%的教师想改行从事其他行业，同时有40%的教师会提前退休和提前离职。可见，美国教师的心理健康问题已越来越严重。[①]

### 2. 国内调查

1996年上海市小学教师心理健康研究课题组对上海市所属小学3055名教师的一项心理调查结果表明：上海市小学教师心理健康问题的检出率为48%，其中12%有明显特征，2%较为严重，与一般群体的常模相比，有23.4%的小学教师超出常模2个标准差。北京"芙蓉EQ教育与应用研究中心"主持的一项对农村中小学教师的心理健康状况的调查结果也令人堪忧：26%的教师有躯体化症状，其中4%的人症状严重；29%的教师有强迫症状，其中4%的人症状严重；18%的教师人际关系敏感，其中2%的人症状严重；13%的教师有焦虑症状，其中2%的人症状严重；18%的教师有抑郁症状；15%的教师有敌对症状；15%的教师有偏执症状等。2000年，国家中小学生心理健康教育课题组采用SCL—90对辽宁省内168所城乡中小学的2292名教师进行了测查，结果表明51.3%的教师存在心理问题，其中32.18%的教师属于"轻度心理障碍"，53%的教师属于"中度心理障碍"，2.49%的教师已构成"心理疾病"。[②]

窥一斑而知全豹，事实表明教师心理问题已经严重地、客观地存在着，如果不能尽快改善教师心理健康状况，必将危及我国素质教育发展。因此，关注教师的心理问题并探索有效的干预措施是当前亟待解决的重大课题。

近年来，教师由心理问题而导致各种极端行为的事件频频见诸报端，大量调查结果也表明教师的心理健康状况不容乐观。教师作为学校心理健康教育的主力军和推动者，其心理健康状况将直接影响其教育职能的实现、教育价值的体现，关系到学校心理健康教育的成败，关系到下一代的健康成长。因此，教师心理健康问题应当引起教育部门乃至整个社会的广泛关注。

### (五) 教师心理健康的自我维护和促进

教师心理健康问题是在自身心理素质和外界压力的互动下形成的。因此，要维护与促进教师心理健康，就要从内外两个方面入手。本书在这里主要探讨个人因素。

---

[①] 刘晓明，王丽荣. 新课程与教师心理素质[M]. 长春：东北师范大学出版社，2004.
[②] 叶一舵. 新课程背景下的公共心理学教程[M]. 北京：高等教育出版社，2004.

### 1. 教师个人要有正确的社会价值取向

孔子说过："知之者不如好之者，好之者不如乐之者。"只有发自内心地"乐而为之"才会对自己所从事的事业满腔热忱，才会在困难与挫折面前不气馁，才能热爱学生，并从这种爱中得到极大的职业享受。一些优秀教师遇到多种困难，但他们一到学生中间，烦恼、忧虑很快就消散了。教师要想"乐而为之"，必须有正确的社会价值取向。这种正确的社会价值取向来源于教师个人对教师职业的正确认识，即要认识到教师这个职业，是一种高尚的事业，这是保持教师最佳心境的思想基础。

### 2. 调整认知方式，增强自己对心理压力的承受能力

人的情绪通过认知的折射而产生。正确的认知产生积极的情绪，不良的认知产生消极的情绪。由于人们对压力的理解和解释不同，在同一环境里，人们经常体验到的压力的程度也往往不一样。因此，教师积极调整、修正自己在现实生活中存在的一些模糊的认识或不切实际的观念，将有助于增强他们的耐压性，变心理压力为心理动力，变逆境、困境为发展机遇。一方面，面对激烈的竞争，社会的高要求，教育改革进程中暂时出现的矛盾和困难以及工作、生活、家庭角色的冲突等外部刺激，教师应该以比较理智和宽容的心态去看待，坦然地去面对，以积极主动的行为去适应。另一方面，教师要正确地认识自己，既能欣赏自己的优点，也能欣然地认识自己的不足，恰当地为自己定位，避免用非理性的完美主义衡量自己、苛求自己。

### 3. 掌握科学的方法，提高对情绪的自我调控能力

良好而稳定的情绪使人心情开朗，轻松安定，精力充沛，对生活充满信心和热情，对身体状态的自我感觉是舒适的。相反，如果一个人情绪不稳定，患得患失，喜怒无常，就会导致心理失衡和心理危机。教师同样有自己的喜怒哀乐，生活中不良情绪的产生在所难免。如果强行压抑不良情绪，不但不能从根本上解决问题，还会陷入更深的心理困境，带来更大的心理危害。因此，教师要学会管理自己的情绪，掌握一些积极调节情绪的技术和方法，如合理宣泄法、理智法、转移法、幽默法、适度让步法、升华法、音乐法等，及时地调整自己的情绪，使自己恢复身心平衡状态。

### 4. 掌握沟通技巧，建立良好的人际关系，取得社会支持

教师因工作方式的相对独立性，容易形成人际交往的有限性和自我封闭性，致使他们在面对压力和挫折时深感孤独失落和无助。因此，教师应自觉地培养自己的交往意识和积极坦率的社会交往方式，提高人际沟通技能，形成融洽的人际关系，使自己在遇到挫折和困难时能获得来自同事、朋友、亲属等强有力的社会支持，减轻或化解心理压力。

### 5. 采取合理有效的工作方式，学会休闲

教师在学校教育中所担负的是一种复杂的脑力劳动，因此，教师必须采取科学有效的工作方式，才能使自己轻松愉快地工作和生活，维护心理健康。首先，教师要在工作中逐渐形成一种积极乐观的生活和工作态度，这是教师心理健康的最基本也是最重要的条件。其次，教师应掌握时间管理技巧。具体来说，要进行任务分析和时间的组织和预算，将目标分成轻重缓急等层次，创建一张科学可行的时间表，避免陷入琐碎而又毫无目的与章法的"瞎忙"状态，从而使工作、生活的效率更高，减轻过重负荷。再次，教师还应当注意适度用脑，避免持续疲劳，

同时要注意饮食营养，关心脑健康。此外，工作之余要学会休闲，根据自己的兴趣和爱好参加各种文体活动，使业余生活丰富多彩，以调节情绪，增进心理健康。

# 第四节　教师的成长与培养

20世纪90年代以来，有关教师专业化或教师成长的研究成为教师心理研究的重要课题。本节就教师成长的阶段、专家型教师与新手型教师的差异，以及专家型教师培养的途径等方面进行探讨。

## 一、教师的成长阶段

福勒和布朗根据教师的需要和不同时期所关注的焦点问题，把教师的成长划分为关注生存、关注情境和关注学生3个阶段。

### (一) 关注生存阶段

处于这一阶段的一般是新手型教师，他们非常关注自己的生存适应性问题，他们最担心的是"学生喜欢我吗？""同事们如何看我？""领导是否觉得我干得不错？"等问题。由于这种生存忧虑，部分教师可能会把大量的时间花在如何与学生搞好个人关系上，想方设法控制学生，而不是教授他们知识和技能并让他们获得学习上的进步。这也可能是由教师和学校的社会化过程所致。在学校，人们总希望教师把学生管教得老实听话，因此，教师总想成为一个好的课堂管理者。

### (二) 关注情境阶段

当教师感到自己完全能够生存时，便把关注的焦点投向了提高学生的成绩，即进入了关注情境阶段。在此阶段教师关心的是如何教好每一堂课的内容，考虑一些与教学情境本身有关的问题，例如："这堂课我的材料是否充分得当？""我应该如何呈现教学信息？"等。一般来说，老教师比新手型教师更关注此阶段。

### (三) 关注学生阶段

能否自觉关注学生是衡量一个教师是否成长成熟的重要标志之一。当教师顺利适应了前两个阶段后，教师将考虑学生的个别差异和个体需求问题，并认识到学生先前知识的获得与学习能力是不同的。同样，一种教材可能适合于某些学生，但不一定适合于另外一些学生。对不同的学生要确定不同的学习目标、选择不同的学习内容、采用不同的教学方法。事实上，有些教师从来没有进入这一阶段。

## 二、专家型教师与新手型教师的差异

国外心理学家对专家型教师与新手型教师的差异进行了广泛的研究。下面按课时计划、课堂教学过程和课后评价3个方面，将研究结果予以整理和分析。

## (一) 课时计划的差异

课时计划有两种：一种是写成书面的教案；另一种是教师头脑内的课时计划。通过询问发现，后一种计划在内容和细节上好于前一计划。对教师课时计划的分析表明：与新手型教师相比，专家型教师的课时计划简洁、灵活，以学生为中心并具有预见性。专家教师的课时计划只是突出了课的主要步骤和教学内容，并未涉及一些细节。

相反，新手型教师却把大量时间用在课时计划的一些细节上，如怎样呈现教学内容、具体问题的设计方法、课堂活动的仔细安排等。同时，专家型教师的课时计划修改与演练(rehearsal)所需的大部分时间都是在正式计划的时间之外，自然地在一天中的某个时候发生。而新手型教师要在临上课之前针对课时计划做一下演练。在两个平等班教同样的课时，新手型教师往往利用课间时间来修改课时计划。

## (二) 课堂教学过程的差异

### 1. 课堂规则的制定与执行

专家型教师制定的课堂规则明确，并能坚持执行，而新手型教师的课堂规则较为含糊，不能坚持执行下去。在课堂执行方面，专家型教师与新手型教师也有差异。在课堂教学的关键时刻，如果有人进来，扰乱了课堂秩序，专家型教师往往不予理会也不会离开教室。相比之下，新手型教师则会离开教室去与此人说话，而把正在上课的学生撂在一边。

### 2. 吸引学生注意力

专家型教师有一套完善的维持学生注意力的方法，新手型教师则相对缺乏这些方法。有研究表明，专家型教师采用下述方法吸引学生的注意力。在课堂教学中运用不同的"技巧"来吸引学生的注意力：如声音、动作及步伐的调节；预先计划好每天的工作任务，使学生一上课就开始注意与参与所要求的活动；在一个活动转移到另外一个活动时，或有重要的信息时，能提醒学生注意。而新手型教师的表现是：往往在没有暗示的前提下，就要变换课堂活动；遇到突发的事情，如在课堂活动之外的事情干扰，就会自己停下课来，但希望学生忽略这些干扰。

### 3. 教材的呈现

专家型教师在教学时注重回顾先前知识，并能根据教学内容选择适当的教学方法，新手型教师则不能。一般说来，在回顾先前知识方面，专家型教师都能够意识到回顾先前知识的重要性，因此专家型教师在上课之前往往说："记得我们已经学过……"而新手型教师则说："今天我们开始讲……"在教学内容的呈现上，专家型教师通常是用导入式方法，从几个实例出发，慢慢地引入要讲的教学内容。其课堂中新材料的呈现基本上通过言语表达或实验演示。而新手型教师一上课就开始讲一些较难的和使人迷惑的教学内容，而不注意此时学生还未进入课堂学习状态。

### 4. 课堂练习

专家型教师将练习看作检查学生学习的手段，新手型教师仅仅把它当作必经的步骤。在学生做练习时，专家型教师往往是这样做的：提醒学生在规定的时间内做完练习；帮助他们把握做作业的速度；在课堂上来回走动，以便检查学生的作业情况；对练习情况提供系统反馈(如为每个学生设置一本小本子，用来记录他们的作业情况，或者在课堂上留一部分时间来订正作业等)；关心学生是否学到了刚才教的知识，而不是纪律问题。

而新手型教师则是这样做的：对课堂练习的时间把握不准，往往延时；只照顾自己关心的学生，不顾其他学生；对练习无系统反馈；要求学生做作业时要安静，并把这看作课堂中最重要的事情。

### 5. 家庭作业的检查

专家型教师具有一套检查学生家庭作业的规范化、自动化的常规制度。有研究发现，专家型教师在上课时，首先开始提问，学生做完了作业的回答"有"，反之，则回答"没有"，并把自己的名字写在黑板上。这样，教师就知道有多少人做完了作业和多少人没有做完作业。接着，教师问每道题目的答案，要求学生一起回答。如果学生回答的声音减弱下来，说明这道题较难，教师就记录下这个问题。同时，学生也记录自己的作业情况。在给出所有正确答案后，教师询问并记录下每道题做对的学生有多少。整个过程只需两分钟。

相比之下，新手型教师则要花上6分钟来检查家庭作业。首先，他问全班："谁没有做家庭作业？"于是学生的行为各异。接着，教师要求他认为最差的学生回答各题的答案，但是此学生回答得相当慢。最后，教师纠正错误并给出正确答案，但没有记录每道题的学生的作业情况。

### 6. 教师策略的运用

专家型教师具有丰富的教学策略，并能灵活运用。新手型教师或缺乏或不会运用教学策略。例如，在提问策略与反馈策略上，专家型教师与新手型教师存在许多不同的地方。

首先，专家型教师比新手型教师提的问题更多，从而学生获得反馈的机会就多，学习更加精确的机会也越多。

其次，在学生正确回答后，专家型教师比新手型教师更多地再提另外一个问题，这样可促使学生进一步思考。

再次，对于学生错误的答案，专家型教师较之新手型教师更易针对同一学生提出另一个问题，或者是给出指导性反馈(即教师确定学生学习过程中哪一步导致错误，而不是仅仅说出答案是错的)。

最后，专家型教师比新手型教师在学生自发的讨论中更可能提出反馈。

## (三) 课后评价的差异

在课后评价时，专家型教师和新手型教师关注的焦点不同。研究发现，新手型教师的课后评价要比专家型教师更多地关注课堂中发生的细节。他们多谈及自己是否解释清楚，如板书情况、对学生问题的反应能力和学生在课堂中的参与状况等。

而专家型教师则多谈论学生对新材料的理解情况和他认为课堂中值得注意的活动，很少谈论课堂管理问题和自己的教学是否成功。专家型教师大多关心那些他们认为对完成目标有影响的活动。

## 三、专家型教师的培养途径

教师成长与培养的基本途径主要有两个方面：一方面是通过师范教育培养新手型教师作为教师队伍的补充，另一方面是通过实践训练提高在职教师的工作能力。在此，我们主要探讨后者。

### (一) 观摩和分析优秀教师的教学活动

对优秀教师的课堂教学活动进行观摩和分析，是一种有效的教师训练的方法。课堂教学观摩可分为组织化观摩和非组织化观摩。组织化观摩是有计划、有目的的观摩，一般说来，为培养与提高新手型和教学经验欠缺的年轻教师宜进行组织化观摩，非组织化观摩要求观摩者有相当完备的理论知识和洞察力。组织化观摩要比非组织化观摩效果好，除非观察者有相当完备的理论知识和洞察力。这种观摩可以是现场观摩，也可以是观看优秀教师的教学录像。

### (二) 开展微格教学

通过自己实际教学而获得丰富的经验，是提高教学水平的另一种重要途径。但是，一开始就以众多学生为对象，进行正规的一个课时的课堂教学，对于经验较少的实习生来说，是一件困难的事。在这种情况下，一般进行微格教学。微格教学指以少数的学生为对象，在较短的时间内(5~20分钟)，尝试做小型的课堂教学，可以把这种教学过程摄制成录像，课后再进行分析。这是训练新手型教师，提高其教学水平的一条重要途径。微格教学的效果在4个月后仍很明显。

### (三) 进行专门训练

有人在1979年进行了一项实验，将他们称为之"有效策略"的训练程序教给教师，其中的关键程序有：每天做一次回顾；有意义地呈现新材料；有效地指导课堂作业；布置家庭作业；每周、每月都进行回顾。用现代认知心理学的术语来说，上述程序中有的属于自动化的教学技能，有的属于教学策略。

### (四) 反思教学经验

对教学经验的反思，又称反思性实践(reflective practice)或反思性教学(reflective teaching)，这是"一种思考教育问题的方式，要求教师具有做出理性选择并对这些选择承担责任的能力"。

波斯纳提出了一个教师成长公式：经验+反思=成长。他还指出，没有反思的经验是狭隘的经验，至多只能形成肤浅的知识。如果教师仅仅满足于获得经验而不对经验进行深入思考，那么他的发展将深受限制。既然反思对教师成长如此重要，那么教师应当怎样对自己的教学经验进行反思呢？布鲁巴等人提出了4种反思的方法，供教师参考。

第一，写反思日记。在一天的教学工作结束后，教师要写下他们的经验，并与其指导教师共同分析。

第二，观摩与分析。教师相互观摩彼此的课并描述他们所观察到的情景，随后再与其他教师相互交换。

第三，职业发展。这是学校利用反思的方法支持、促进教师发展的一种方式。比如华盛顿州立大学把来自不同学校的教师聚在一起，让他们首先提出课堂上发现的问题，然后共同讨论解决办法。最终形成的解决办法为所有参加的教师及其所在学校所共享。

第四，行动研究。这是指教师对他们在课堂上所遇到的问题进行调查研究。

本章前面列举的案例是发生在教师身上的真实事件。其实，对个别教师来说，确实是出于师德原因，他们法治观念淡薄，民主意识欠缺，道德水平低下，不爱自己的职业，讨厌自己的学生，从而想方设法竭尽所能，对学生进行体罚、变相体罚以及心理虐待，让学生在他们手下没有好日子过。可对有些教师来说，情况却不是这样。他们其实很热爱自己的职业，也很热爱自己的学生，对工作其实很负责。他们有时也会咬牙切齿、凶神恶煞地对待学生，但他们内心体验到的却是一种"爱之深，恨之切"的情感，他们在恨铁不成钢的极度焦虑下体罚学生，就像父母恨铁不成钢而体罚子女一样。

心理学研究表明，凡是对他人高度负责的角色，都要经受相当多的内心冲突和不安。教师除脑力劳动强度较高外，还要对社会、家长、年青一代的成长高度负责，每天都要接触带有情绪色彩的活动，体验情绪上的紧张与痛苦。尤其是在目前形势下，教师的教学任务重，升学压力大，学生不听话，工作超负荷，待遇不高，家长和领导的期望却越来越高。这些问题长期得不到解决，由此而产生的不良情绪长期得不到化解，日积月累，恶劣情绪最终会突破其心理承受的极限而爆发。这种不良情绪向何处排遣？避强欺弱是人的本能，人们便选择了相对而言的弱势群体——学生。这时候，体罚和变相体罚就可能发生了。所以教师对学生的伤害是高压下的一种应激状态的失常的反应，并不是不知道这种伤害是不对的，只是由于自身心理素质不良才出现这样的恶果。

# 第四篇 个性心理

■ 第十二章 个性差异与教育

# 第十二章

# 个性差异与教育

**内容提要**

本章首先介绍了智力内涵、智力的测量、智力发展的一般趋势、智力发展的个体差异及遗传、环境和教育对智力发展的影响；然后阐述了如何根据个体智力差异进行教育，阐述了人格概念和特征、人格的结构，重点阐述了气质的概念、气质的各种学说，探讨了巴甫洛夫的高级神经类型与气质的关系、气质的测量方法及如何根据气质的差异进行教育；最后介绍了性格的内涵、性格的测量方法及如何根据性格差异进行教育，分析了影响人格形成和发展的因素及塑造中学生良好的人格的方法。本章内容将为教师的因材施教提供丰富的理论依据。

**学习目标**

(一) 认知目标
1. 识记人格、智力、气质、性格等相关概念。
2. 理解人格构成、人格差异的主要表现及人格差异形成的原因。
(二) 情感目标
1. 树立因材施教的教育理念。
2. 培养学生良好的人格特征。
(三) 能力目标
1. 能够运用简单的测量人格的方法，对学生的人格进行测量。
2. 能够根据学生的智力、气质、性格差异进行因材施教。
3. 学会如何塑造学生良好的人格特征。

---

《论语》里记载了这样一则故事：有一次，孔子讲完课，回到自己的书房，学生公西华给他端上一杯水。这时，子路匆匆走进来，大声向老师讨教："先生，如果我听到一种正确的主张，可以立刻去做吗？"孔子看了子路一眼，慢条斯理地说："总要问一下父亲和兄长吧，怎么能听到就去做呢？"子路刚出去，另一个学生冉有悄悄走到孔子面前，恭敬地问："我要是听到正确的主张应该立刻去做吗？"孔子马上回答："对，应该立刻去做。"冉有走后，公西华奇怪地问："先生，一样的问题你的回答怎么相反呢？"孔子笑了笑说："冉有性格谦逊，办

事犹豫不决，所以我鼓励他遇事果断。但子路逞强好胜，办事不周全，所以我就劝他遇事多听取别人意见，三思而后行。"

你是否理解孔子的做法呢？孔子的这种教育观在心理学中能找到理论依据吗？假如你是一名教师，面对千差万别的学生，你该如何去教育他们？

教师在教育教学过程中常常会遇到这样的问题：有的学生处事谨慎、办事稳重，有的学生刚愎自用、做事草率，有的学生学得又快又好，有的学生学得慢且没有真正掌握。其实，每个学生在教育过程中都会表现出自身的心理特点，这是学生的个体差异的表现。学生的个体差异主要指人的心理上的差异，即个体在稳定的心理特点上的差异，如智力、人格、学习动机、学习风格等。现代教育常提及"因材施教"，促进学生"个性""人格"的发展等，就是重视个体差异的存在。那么，教育应如何适应个体差异，促进每个学生素质的全面和谐发展，是学校与教师应该关心和解决的重要问题。

# 第一节 智力差异与教育

比尔·盖茨在人类历史上创造了辉煌的一页，他靠计算机征服了整个世界，使世界发生了翻天覆地的变化。有人称他为计算机帝国的拿破仑，也有人称他为信息时代的福特。他31岁时已经拥有了10亿美元的资产，41岁时就成了世界首富。比尔·盖茨是靠什么取得成功的呢？有人说是靠他的坚毅、自信、冒险、不甘落后的个性及超群的智力和创造力。那么什么是智力呢？人的智力可以测量吗？人的智力是如何发展的？人的智力为什么会有差异呢？

## 一、智力概述

智力(intelligence)是用来描述个体聪明程度的词语，是较为复杂的一个概念。关于智力的内涵，至今仍颇具争议。尽管如此，多数心理学家都把智力归属于个性范畴，并达成以下5点共识：智力是抽象思维能力；智力是学习的能力；智力是解决问题的能力；智力是先天遗传与后天环境二者交互作用所发展而成的能力；个人智力高低可由其外显行为表现之。[1]综合以上观点，智力的内涵可以理解为：智力是个体在先天遗传的基础上，与环境交互作用而形成的、在完成活动中体现出来的综合性心理能力，包括抽象思维能力、学习与问题解决能力、适应能力等。[2]

**资料12-1　加德纳的多元智能理论**[3]

多元智能理论是由美国哈佛大学著名教育学及心理学家霍华德·加德纳(见图12-1)提出的。他根据哈佛教育研究所多年来对认知科学、神经科学和不同文化知识发展及人类潜能开发进行

---

[1] 张春兴. 教育心理学[M]. 杭州：浙江教育出版社，1998.
[2] 李红. 现代心理学[M]. 成都：四川教育出版社，2009.
[3] 陈琦，刘儒德. 当代教育心理学[M]. 北京：北京师范大学出版社，2007.

研究所得到的结果,提出"智力应该是在某一特定文化情境或社群中所展现出来的解决问题或制作生产的能力"。加德纳提出,人类至少存在8种智能,分别是语言智能、逻辑—数学智能、空间智能、肢体—动作智能、音乐智能、人际智能、内省智能、自然观察智能(见表12-1)。

图12-1 霍华德·加德纳

表12-1 加德纳的多元智能理论

| 智力维度 | 界定 | 典型人群 |
| --- | --- | --- |
| 语言智能<br>(linguistic intelligence) | 对声音节奏、单词的意思和语言的不同功能的敏感性 | 诗人、剧作家、新闻播报员、记者及演说家 |
| 逻辑—数学智能<br>(mathematical intelligence) | 能有效地运用数字、推理和假设的能力 | 科学家、会计师、工程师及电脑程序员 |
| 空间智能<br>(spatial intelligence) | 能以三维空间的方式思考,准确地感觉视觉空间,并把所知觉到的表现出来。对色彩、线条、形状及空间关系感觉敏锐 | 室内装潢师、建筑师、航海家、侦察员、艺术家及飞行员 |
| 肢体—动作智能<br>(bodily-kinesthetic intelligence) | 能巧妙地运用身体来表达想法和感觉,能灵活地运用双手并灵巧地生产或改造事物的能力 | 演员、运动员、舞蹈家、外科医生及手艺人 |
| 音乐智能<br>(musical intelligence) | 能觉察、辨别、改变、欣赏、表达或创作音乐的能力 | 作曲家、乐师、乐评人、歌手及善于感知的观众 |
| 人际智能<br>(interpersonal intelligence) | 善于觉察并区分他人的情绪、动机、意向及感觉,具有有效与人交往的能力 | 政治家、社会工作者及成功的教师 |
| 内省智能<br>(intrapersonal intelligence) | 能正确建构自我的能力,知道如何利用这些意识做出适当行为,并规划、引导自己的人生 | 神学家、哲学家及心理学家 |
| 自然观察智能<br>(naturalist intelligence) | 对生物的分辨观察力及对自然景物敏锐的观察力 | 考古学家、收藏家、农夫及宝石鉴赏家 |

## 二、智力的测量

### (一) 一般智力测验

学生的智力差异是客观存在的。准确客观地测量人的智力，对人才的选拔、智力缺陷的早期诊断、因材施教等具有重要意义。所以，心理学家一直在不断探索智力的测量方法，智力测验就是使用一套比较系统的测量题目进行测试，通过被试对测量题目的解答情况，来判定其智力的高低。世界上第一个智力量表是由法国的心理学家比内和医生西蒙于1905年编制的，即比奈-西蒙量表(Binet-Simon Intelligence Scale)。此后，心理学家又编制出许多的智力量表，以下介绍几种常见的智力量表。

#### 1. 斯坦福-比奈智力量表

斯坦福-比奈量表，是继比奈1905年发表他的智力测验之后，于1916年由美国斯坦福大学教授推孟在美国改编修订而成。而后分别在1937、1960和1972年做了3次修订。这个量表适用于2~14岁儿童，另有普通成人组和优秀成人组。斯坦福-比奈量表的项目是按年龄分组编制的，每个年龄组的测验都由6个项目组成，每个项目代表两个月的智力。内容包括绘画、折叠、给单词下定义、判断词义、回忆故事、进行推理活动等许多方面。随着年龄的上升，项目的难度也逐渐增加。(见表12-2)

表12-2　斯坦福-比奈智力量表(1960)

| 年龄 | 测验题目 |
|---|---|
| 5岁组 | 1. 画一张缺腿人的画<br>2. 在测验者表演后，将一张方纸叠两层，成一个三角形<br>3. 给一个单词下定义<br>4. 描绘一个正方形<br>5. 辨认两张画片的异同<br>6. 把两个三角形组成一个正方形 |
| 8岁组 | 1. 从一张标准词汇表上给8个单词下定义，如橘子、稻草、顶上等<br>2. 尽可能回忆一个简单故事的内容，发现故事表述上的荒唐、不合理。如一个人得了两次感冒，第一次使他一命呜呼，第二次很快就好了<br>3. 分辨以下单词：飞机与风筝、海洋与河流<br>4. 知道轮船为什么会开动；如果遇到了一个迷路的3岁儿童，应该怎么办<br>5. 列举一周各天的名字 |
| 12岁组 | 1. 给14个单词下定义，如急速、功课、技能等<br>2. 看出下文的荒唐处：比尔·琼斯的脚太大，以至于他必须从头上套下他的裤子。理解在一个复杂图片上所描绘的情景<br>3. 按相反顺序重复念5个数字<br>4. 给抽象单词下定义，如遗憾、惊奇<br>5. 在不完整的句子中填入遗漏的单词，如一个人不能是英雄……一个人总可以是个人 |

斯坦福-比奈量表的测验结果采用智商来表示。智商就是心理年龄(MA)与生理年龄(CA)的比值再乘以100 所得到的一个数值，也称之为比率智商(ratio IQ)，公式如下：比率智商(IQ) = MA/CA×100。用斯坦福-比奈量表来测量人的智力，首先要计算出人的心理年龄或智力年龄(mental age，MA)，即受测者通过测验项目所属的年龄。如果一个孩子只能通过斯坦福-比奈量表5 岁组的全部项目，而不能通过6 岁组的项目，那么这个孩子的智力年龄为5 岁；如果他不仅通过了5 岁组的全部项目，而且通过了6 岁组的4 个项目、7 岁组的3 个项目、8 岁组的两个项目，而9 岁组的项目一个也没有通过，这个孩子的智力年龄就是6 岁6 个月。用上面的公式计算他的智商(IQ)就是132。很明显，一个孩子的智力年龄越大，他的智力发展水平就越好。

比率智商的优点是可以使不同年龄的人的智力水平相互比较，局限性是一般只适用于年龄较小的儿童，不适用于成年人。因为人的生理年龄与年俱增，心理年龄则并非如此，到了一定年龄以后，心理年龄就会出现停滞甚至下降的趋势。如果用上述公式计算，就会出现年龄越大，智商越低的趋势。目前，比率智商已很少使用。

### 2. 韦克斯勒智力量表

韦克斯勒智力量表，简称韦氏量表，它是美国贝勒维精神病院主任、著名医学心理学家韦克斯勒于1934 年创制的。该量表分为3 种：韦氏学前和学龄初期儿童智力量表(WPPSI)，适用于4～6 岁半儿童，发表于1967 年；韦氏学龄儿童智力量表(WISC-R)，适用于6～16 岁儿童，发表于1974 年；韦氏成人智力量表(WAIS-RC)，适用于16 岁以上成人，初版于1955 年，修订于1981 年。这样整个韦氏量表可应用于从幼年到老年的智力测验，是一套比较完整的、具有各个年龄特征的量表。韦克斯勒认为，智力是由几种有效的智慧能力"聚集"而成的。这3 种量表各包括11 或12 个分测验，分为言语量表和操作量表。其可用来分别测量个体的言语智力和操作智力。以韦氏儿童智力量表为例，言语量表由常识、理解、算术、两物相似、复述数字、词汇6 个分测验组成；操作量表由整理图片、积木拼图、图像组合、译码、迷津6 个分测验组成(举例见表12-3)。每项分测验均可单独记分，这样更有利于正确地评定、诊断一个人的智力水平及其结构。

表12-3　韦氏儿童量表测验项目举例

| 言语量表 | 操作量表 |
| --- | --- |
| 1. 常识：太阳落在什么方向？油为什么会浮在水面上？<br>2. 理解：如果你把朋友的皮球弄丢了，你应该怎么办？用砖和石头盖的房子比用木头造的房子有哪些好处？<br>3. 算术：一块糖8 分钱，3 块糖值多少钱？如果你买两打铅笔，每打4 角5 分，你应该从付出的1 元钱中找回多少？<br>4. 两物相似：苹果和香蕉有何相似？猫和老鼠有何相似？<br>5. 词汇："小刀""帽子""勇敢"等词是什么意思？<br>6. 复述数字：按顺序复述 3—6—1—4—2—5；倒着复述1—7—3—5—8—2。 | 1. 整理图片：把次序打乱了的图片，按事件的意义顺序，如"野餐"，把图片排成一个合理的故事。<br>2. 积木拼图：看图案，用积木把图案重造出来。<br>3. 图像组合：把一套拆开并打乱了的图像(如女孩)组合板，拼成一个完整的图。<br>4. 译码：给一些物体配上规定的符号，或给1～9 的每个自然数配上各种无意义的符号。 |

韦氏量表克服了斯坦福-比奈智力量表只能测量个体的总体智力水平的局限，不仅可以测量出智力的总体水平，而且可以测量出言语智力和操作智力的不同之处。此外，为了克服比率智

商的弊病，韦克斯勒提出了一种新的智商计算方法，称为离差智商(deviation IQ)。离差智商是由个体的测验分数与同年龄组受测者的平均测验分数相比较而得出的相对分数。由于离差智商是对个体智力在同龄人中的相对位置的度量，不受个体年龄增长的影响，因此适用性更强。目前绝大多数智力测验都采用离差智商。

离差智商的计算公式为：$IQ=100+15Z$，其中 $Z=(X-\bar{x})/S$(式中的 X 为个体测验分数，$\bar{x}$ 为个体所处团体的平均分数，S 为该团体的标准差)。

### (二) 特殊智力测验

一般智力测验只适用于了解个体智力发展的基本情况，而要选拔各种特殊人才，还需要进行专门的智力测验，这就是特殊智力测验。特殊智力测验主要用于职业定向指导、就业人员的选拔和安置、特殊儿童智力的早期诊断与培养等方面。要测定从事某专业活动的能力，就要对该活动进行分析研究，找出它所必备的心理特征，然后根据这些心理特征列出测验项目，设计测验，以便进行特殊能力的测定。例如，对音乐能力的测验，首先要对音乐有专业化或者接近专业化的了解。然后要对音乐智力的结构成分进行正确分析，列出音高、音强、时间、和谐、记忆、节律等心理特征。接着要针对音高、音强、时间、和谐、记忆、节律等每一个心理特征，编制和筛选出对应的测验题目。最后，要根据音乐欣赏和表演等实际要求，以弹唱、谱曲等方式进行测验，并且由此设定合适的音乐智力测验手册和常模等。正因为特殊智力测验量表的编制对研究者的要求更高，编制难度更大，因此，与一般智力测验相比，特殊智力测验发展缓慢，测验标准化问题尚未得到满意解决。

### (三) 创造力测验

随着社会对创造力的日益重视，创造力测验逐渐发展起来。但创造力测验与智力测验不同，智力测验量表的内容为一般常识或特定领域的常识，测验项目是有固定答案的问题或特定的操作，测量结果主要反映个体的一般智力或特殊智力的发展状况。创造力测验的内容则不同，测量结果不强调对知识的记忆与理解，也无固定答案，而是强调思维的流畅性、变通性和独特性。尽管人们愈来愈重视创造力测验，但测验的标准化程度不够高，其科学性一直受到质疑，甚至有人认为，创造力测验只反映个体的某些思维特点，根本不能有效测量一个人的创造性。

### (四) 正确对待智力测验

智力测验是衡量人的智力和智力发展水平的工具，被广泛应用于教育、人才选拔、职业指导。不过，我们应审慎、正确地对待智力测验，合理运用，切不可滥用。

首先，智力测验要标准化。在使用智力测验时，不管是使用斯坦福-比奈量表，还是使用韦克斯勒量表，在选择测验题目、确定被试样本、实施施测程序及解释测验分数方面，都要经过严格标准化。其次，智力测验只有参考价值，它与学习成绩的关联有限。现行的智力量表依据的是传统的智力理论，主要测量言语和数理逻辑智力，不能反映一个人的全部智力。因此，教师在评定学生的智力时不能单靠智力测验，还应将智力测验的结果和教师与家长的评定，学生在学习、生活中的智力表现，以及学生在测验时的身心状态和测试环境等因素综合起来考虑，再做出客观全面的评价。

## 三、智力的发展及个体差异

### (一) 智力发展的一般趋势

童年期和少年期是某些能力发展最重要的时期。从三四岁到十二三岁,智力的发展与年龄的增长几乎等速。人的智力在 18~25 岁时达到顶峰,25~36 岁保持原水平,36 岁以后随着年龄的增长,呈负加速变化,如图 12-2 所示。

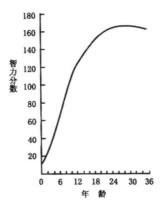

图12-2　智力生长曲线(资料来源:Baylay,1968)

图 12-2 表明从出生到成年,随着身体的发展,人的智力有一个发展过程。研究表明,智力发展的速度是不均衡的,在某一时期,人对外界刺激的变化特别敏感,容易接受特定影响而获得某种能力。这是所谓智力发展的关键期。皮亚杰认为,从出生到 4 岁是人的智力发展的决定性阶段。如果把 17 岁所达到的普通水平看作 100%的话,那从出生到 4 岁就获得了 50%的智力;4~8 岁又获得 30%;最后的 20%的智力则在 8~17 岁时获得。所以说,人如果在婴幼儿时期脱离社会和教育,则会给智力发展带来不可挽回的损失。

智力不仅作为整体而发展,而且智力中的各个成分的发展速度也是不同的。瑟斯顿考察了他提出的几个因素的发展情况,结果见图 12-3。由该图可知,各种心理能力的发展速度各不相同。12 岁时知觉速度已发展到成人水平的 80%;而推理能力、词的理解能力和词语运用能力等则要到 14 岁、18 岁和 20 岁以后才分别达到同一水平。[①]

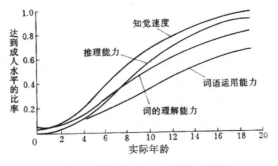

图12-3　智力中不同因素的发展曲线

---

① 黄希庭. 心理学导论[M]. 北京:人民教育出版社,1991.

## (二) 智力发展的个体差异

### 1. 智力发展水平的差异

人的智力发展水平有高有低，按照智商可将人的智力划分为不同的等级(见表 12-4)。智力发展水平在一般人口中的分布基本上呈正态分布，两头(特高、特低)小、中间(一般水平)大，即智力超常和智力低下的人占少数，中等水平智力的人占绝大多数(见图 12-4)。

表12-4  IQ智力分类表

| 类别 | IQ | 理论分布 |
| --- | --- | --- |
| 极优 | ≥130 | 2.2 |
| 优秀 | 120～129 | 6.7 |
| 中上(聪明) | 110～119 | 16.1 |
| 中等(一般) | 90～109 | 50 |
| 中下(迟钝) | 80～89 | 16.1 |
| 边缘 | 70～79 | 6.7 |
| 弱智 | ≤69 | 2.2 |

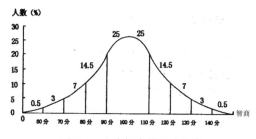

图12-4  人类智商的理论分布

一般来说，智商超过 140 的人为智力超常，智商低于 70 的人为智力障碍。在一个较大的学生群体中，智商高于 100 和低于 100 的各占一半。智商在 90～109 的中等生占了 50%，智商在 110～119 的中上生和智商在 80～89 的中下生各占 14.5%，二者合起来接近 30%，再加上中等生，这三部分学生占了差不多 80%，这是我们教学所要面对的大多数。其余的 20%才分别为优秀生、边缘生、极优生和弱智生，而极优生和弱智生所占比例更小。

### 2. 智力表现早晚的差异

智力表现早晚的差异是指智力发展速度的差异。有些人在儿童时期就才智过人、聪明早慧。古今中外聪明早慧的事例不胜枚举。据我国历史记载，春秋战国时期秦国的甘罗 12 岁出使赵国立了功，拜为上卿；东汉张衡 10 岁能博览群书，对天文地理兴趣浓厚，终于成了我国古代历史上最伟大的天文学家，并在数学、地理、机械、文学、绘画和工艺等方面都有独到的成就，他发明的地动仪远在 1800 年前就能测定千里之外的地震；初唐的王勃 6 岁善文辞；白居易 5 岁左右就可以即席赋诗；奥地利古典音乐家莫扎特 3 岁能谱写小步舞曲，14 岁入大学；我国的谢彦波上小学三年级时掌握了初中数学知识，四年级学习高中数理化，五年级攻读大学解析几何和微积分，11 岁进入科大少年班，21 岁获理论物理学博士学位。他们都是早慧儿童的典型。

与聪明早慧相反,有些人则在中老年才表现出杰出的智力水平,即大器晚成,如我国的画家齐白石,40岁才显露出绘画才能;生物学家达尔文50多岁才开始有研究成果并写成《物种起源》;牛顿中小学时代很平庸,后来创立了经典力学。

除少数人才属于早慧和大器晚成外,大部分人才还是属于中年成才。中年是人生中的黄金时代,是成才和创造发明的最佳年龄。这是因为中年人年富力强、体格健壮、精力充沛,其既有较强的抽象思维能力和记忆能力,又有较丰富的基础知识和实际经验。中年期是个人成就最多、对社会贡献最多的时期。

有人对325位诺贝尔奖获得者做了调查,发现其中301人是在30~50岁之间研究出成果的。一般认为,30~50岁是人的智力最佳年龄阶段,其峰值在37岁左右。

美国心理学家李曼从20世纪30年代开始,从事人的创造发明研究。他们研究了大量科学家、艺术家和文学家的年龄与成就,发现25~40岁是成才的最佳年龄,他们的研究还表明,从事不同学科的人最佳创造年龄是不同的(见表12-5)。

表12-5 不同学科的最佳创造的平均年龄

| 学科 | 最佳创造的平均年龄/岁 | 学科 | 最佳创造的平均年龄/岁 |
| --- | --- | --- | --- |
| 化学 | 26~36 | 声乐 | 30~34 |
| 数学 | 30~34 | 歌剧 | 35~39 |
| 物理 | 30~34 | 诗歌 | 25~29 |
| 实用发明 | 30~34 | 小说 | 30~34 |
| 医学 | 30~39 | 哲学 | 35~39 |
| 植物学 | 30~34 | 绘画 | 32~36 |
| 心理学 | 30~39 | 雕刻 | 35~39 |
| 生理学 | 35~39 | | |

#### 3. 智力发展的类型差异

尽管心理学家对智力研究究竟包括哪些因素看法不一,然而多数心理学家都认可智力是由多种复杂的因素构成的。正因如此,人与人之间智力结构的组成及其表现水平体现出类型的差异。例如,加德纳的多元智力理论认为,每个人在不同程度上拥有8种智力,这8种智力在个体身上的发展水平是不同步的。有些人在某些智力上有较高水平,在另一些智力上则水平较低,不同智力的组合表现出个体之间的智力类型差异,在人的智力组合中,有的人身体(运动智力)占优势,有的人言语智力占优势,还有的人人际智力占优势等,即使是同一种智力不同人之间的表现也有一定的差异。例如,在音乐能力方面,有人有高度发展的曲调感和听觉表象能力,而节奏感较差;而有人有较好的听觉表象能力和强烈的节奏感,曲调感却很差。

#### 4. 智力发展的性别差异

智力发展的性别差异是指智力的团体差异。男女的总体智力水平没有显著差异,但在智力的不同方面存在一定的差异。男性的空间能力(包括空间知觉能力、心理旋转能力、空间视觉化能力和时间空间判断能力等)优于女性,这种空间能力的性别差异出现在7~10岁,年龄越大,差异越明显。空间能力是体现性别差异最明显的一种能力。女性的言语能力(包括阅读、词汇、拼写、语法知识和口头表达)普遍优于男性。在各种言语能力中，以词的流畅性所显示的女性优势最为明显。男女两性在数学能力方面也存在差异。数学能力是指对数学原理和数学符号的理解与运用能力，这种能力主要表现在计算和解决问题上。一般来说，女性在小学和初中阶段的数学能力优于男性，但到了高中以后男性则表现出优势并持续到老年。

## 四、影响智力发展的因素

影响智力发展的因素是极为复杂的，在诸多因素中，遗传、环境、教育、实践活动和个性品质是主要因素。

### (一) 遗传和环境对智力发展的作用

遗传因素是智力发展的生物前提和自然条件，决定智力发展的可能范围。没有遗传素质的生物前提或者遗传素质低劣，就不可能发展出正常的智力。即使是新生儿，如果其亲代的智力严重落后，即便后天环境再优越，其智力也不可能发展到正常水平。例如，先天的盲人无法形成绘画智能，不可能成为画家；生来聋哑的人无法形成音乐智能，不可能成为音乐家。因此，遗传是智力发展的先天基础。

当然，在承认遗传作用的同时，还应看到环境和教育在智力发展过程中的重要影响。这种影响主要体现在个体出生时的产前环境、出生后的家庭环境及学校教育等方面。产前环境即儿童出生前的胎内环境对其出生后的智力发展有重要影响。例如，尽管受精卵健康，但如果孕妇滥用药物、吸烟、酗酒、情绪不良等都可能导致胎儿不能正常发育，从而影响胎儿的智力发展。此外，家庭环境对儿童的智力发展也有显著影响。有研究表明，儿童的智力与母亲的教养方式、信仰、焦虑程度、心理健康状况、受教育程度、家庭受社会支持的多寡和主要生活压力事件等因素相关。也有研究指出，丰富的环境刺激有利于儿童能力的发展。还有研究认为，智力测验高分与以下几个因素呈显著相关：主要抚养人的情绪和言语应答及其与孩子的亲密程度；对约束和惩罚的回避；物理环境的布置和活动的安排；合适的娱乐材料的提供；日常刺激的变化。最后，学校教育是影响儿童智力发展的另一个重要因素。最直接的证据来自上学儿童和不上学儿童在智力测验分数上的显著差异。有研究发现，同龄儿童在校时间越长，其智力测验分数越高；断断续续上学的儿童比一直在校的儿童智力水平低。

总之，遗传只提供个体发展的自然前提和可能性，绝不能预定或决定个体心理的发展，智力的发展还需特别重视环境和教育的作用。可以说，个体智力发展的最终方向、速度和水平，在某种程度上取决于环境和教育及其与遗传之间的复杂交互作用。

### (二) 实践活动和个性品质是智力发展的关键内因

唯物辩证法认为，外因是变化的条件，内因是变化的根据，外因要通过内因起作用。人的智力是在社会实践活动中最终形成起来的，受个性因素的影响。离开了实践活动和良好的个性，即使有良好的遗传素质、家庭环境和学校教育，个体的智力也难以形成和发展起来。关于这一点，我国古代思想家王充早就指出"施用累能"和"科用累能"。"施用累能"是指智力是在使用中积累的。他说："齐的都城世代刺绣，那里的平常女子都能刺绣；襄地传统织锦，即使不聪明的女子也变成了巧妇。这是因为天天看到，时时学习，手自然就熟练了。""科用累能"是指从事不同职业的活动就积累了不同的智能。例如，长期从事管理工作的人，组织领导的智能得到发展；长期工作在高炉前的炼钢工人，发展了根据火焰颜色判断壁炉温度的智能；整天和油漆打交道的油漆工人，辨别漆色的智能得到高度发展。以上这些说明长年累月、坚持不懈地参加某种社会实践，相应的智能就能得到高度发展。其次，人的智力的发展还受个性因素的影响。个性当中的勤劳、自制、坚韧等优秀特征是促进个体智力发展的重要因素，而学生个性中的弱点常常是他们智力形成和发展的障碍。因此，要充分发展学生的智力，必须将其个性培养和智力培养结合起来。

## 五、智力差异与教育

### (一) 根据学生智力发展水平和速度的差异，因材施教

首先要针对特殊儿童提供适当的教育。所说的"特殊儿童"是一个广义的概念，既包括智力超常儿童，也包括智力落后儿童。

对智力超常儿童要适时开发早期教育，促进其智力发展。良好的先天素质是儿童智力超常发展的物质基础。良好的早期教育是儿童智力得以超常发展的重要因素。智力超常儿童并非都能成才，他们今后能否在事业上有所成就，取决于很多条件，如教育和社会环境及自身的非智力因素等。因此，在智力超常儿童的教育上，既要重视各种能力的培养，又要重视非智力因素的培养。

对于智力落后学生的教育问题，美国心理学家斯腾伯格和威廉姆提出了几点教育措施。①教授认知策略。向智力落后的学生教授有关学习和解决问题的策略，列出简单的策略表，并且提醒他们使用这些策略。②将课程划分为清晰的小步骤。通过一点一滴的指导和支持，帮助智力落后的学生学会使用学习策略。③帮助学生学会自我调整。教师应帮助智力落后的学生学会自我调整，监督学习过程，必要时帮助他们进行矫正。鼓励学生尽可能去制订计划。④将课程具体化、实用化。尽可能使学生看到课程与具体事物之间的联系，让他们获得"真实"的学习。⑤帮助学生提升自信心。智力落后的学生常常自信心不足、畏缩，对学习不感兴趣，这与他们经常遭受失败的经验有关，为此，要给他们提供更多的成功机会。此外，要帮助他们将注意力集中于自己的努力过程，而不是事情的结果，即使有很小的进步也要给予他们鼓励。

### (二) 适应学生的智力差异，选择最佳的教学组织形式、教学方式和教学手段

传统的课堂教学形式已经习惯于将能力和知识水平不同的学生按年龄分班教学。其优点是不同特点的学生在一起可以相互学习、取长补短，其缺点是难以适应学生的智力差异。于是，从19世纪末开始，有人提倡同质分组的教学组织形式，试图将能力和知识水平接近的学生组成教学班。在我国有些学校流行的快慢班，实质就是一种同质分组。其优点是在一个班里缩小了学生之间的认知差距，教师能较好地适应学生中的个别差异，便于用统一的进度和方法进行教学。但这种教学组织形式一方面很难找到一种理想的分组标准，另一方面会给学生贴上不同的标签而使成绩好的学生骄傲自满，成绩差的学生自尊心受损，不利于学生的健康发展。因此，斯托达德提出以下方案：一部分课程(必修课)采用异质分组的年级制，而其余的课程(选修课)采用同质分组的分级制，力图使两种不同的教学组织形式有机地统一起来。

在教学方式上，许多心理学家认为，个别化教学是适应智力差异的最佳教学方式。美国芝加哥大学的布卢姆通过长期的教学实验，提出著名的掌握学习。所谓掌握学习就是指向不同智力水平的学生提供最佳的教学和给予足够的学习时间而使绝大多数学生达到掌握的程度(通常要求成功地完成80%~90%的教学评价项目)。掌握学习的程序是将学习任务分成许多小的教学目标，再将教程分成一系列小的学习单元，使后一个单元中的学习材料直接建立在前一个单元的基础之上。每一个单元学习结束时，都要通过该单元的测验才能进入后一个单元的学习。若达不到测验要求，则重学此单元，然后再重新测验，直到掌握为止。因此，掌握学习便由学生根据自己的智力发展特点来决定学习的进度。

在教学手段上，美国的斯金纳等人提倡程序教学，通过教学机器和程序化的教科书来呈现学习程序，使学生循序学习。程序教材是按小步子的逻辑顺序排列的，学生根据自己的程度和能力来确定学习速度。每当学生做出了正确的反应，教材中便出现正确的答案，给予直接反馈和及时强化。后来，程序教学被计算机辅助教学所取代。计算机辅助教学是根据程序教学的原理将计算机技术应用于教学的一种手段。各学科的内容，通过文字、图片、幻灯片、电影和录像等载体，按程序编写成材料置放在计算机的存储器里，学生可以利用一个终端机，按照自己的学习基础和需要自定学习的进度。学生还可以根据终端机屏幕上的提问，操纵键盘，做出回答，屏幕立即显示回答结果，计算机能自动判断答案正确与否，并能将学生的学习过程、理解水平记录下来并及时反馈。其根据学生的反应，必要时再引进补习教材。学生能够控制教材的呈现速度，没有弄懂的地方可以重放，以得到充分的个别指导。这种教学手段的优点是学生根据自己的知识基础、接受能力、学习进度和学习方式来选择指令程序，因人而异地制定目标进行学习，使学习能力强的学生可以提前进入下一个程序，而学习能力较差的学生则可以放慢学习进度。

### (三) 结合不同学科教学，充分发展每个学生的智力

受传统智力理论的影响，长期以来，我国学校教育只重视学生言语和"逻辑—数理"智力的培养，而较少关注学生其他智力的发展，导致教学内容、教学方法和评价标准过于单一化。现代智力理论强调人的智力是多元化的。加德纳认为，人的智力是由多种相对独立的能力组成的综合体，每个学生都同时具有多种不同的智力。因此，学校向学生展示的智力领域应该是全方位的，课堂中基本知识和基本概念的教学应涉及多个智力领域，从不同角度，通过不同的教学活动帮助学生理解和学习，充分调动学生多方面的智力潜能。不同的智力领域都有自己独特的发展过程并使用不同的符号系统，教师的教学方法和手段应灵活多样，为学生学习某个主题时提供不同的切入点。教师解释或教授某个主题的方式越多，学生的理解也就越深刻。同时，教师对学生的指导应该多样化，通过组织各种教学活动来发展学生的多种智力。

总之，学生的智力有差异是客观存在的。在教学中应充分考虑学生的智力差异，因材施教。教师应努力确保每个学生能最大限度地发挥其智力潜能。个别化教育是一种十分重视个别差异的教学方式，强调在可能的范围内发展不同的教学方式，使具有不同智力的学生都能受到同样好的教育。不同人在不同智力上的表现是不同的，每个人都有自己最擅长的智力领域，在这一智力领域中会表现得更好。教师应根据教育对象的不同智力特点，采取有效的策略，创设各种教学手段和方法。

# 第二节　人格差异与教育

当你阅读中国古典名著《红楼梦》时，一定会被名著中各色各样、光彩夺目的人物形象深深地吸引。宝玉的叛逆与多情、黛玉的抑郁与聪慧、宝钗的稳重与豁达、凤姐的精明与狡黠……一个个栩栩如生的人物形象流传至今。其实，在现实生活中，我们身边的人同小说中的人物形象一样，也是性格迥异、各有特点。这些心理特性的差异都是人格差异的表现。本章针对人格差异与教育的相关问题进行探讨。

## 一、人格的概述

### (一) 人格的概念

人格(personality)一词源于希腊语"persona"，意为希腊戏剧演员所戴的面具。因为面具要随演员所扮演的角色变换而不断变换，体现每个角色的特点和人物的性格，如同我国戏剧中的脸谱一样，因此，心理学是沿用面具的含义，转义为"人格"。心理学家各自研究方向不同，对人格的看法也各不相同，但综合起来理解，人格是指个人在适应环境的过程中所表现出来的系统的独特的反应方式，主要是指人所具有的与他人有所区别的独特而稳定的思维方式和行为风格。

### (二) 人格的特征

人格是一个具有丰富内涵的概念，具有独特性、稳定性、整体性、功能性和社会性的特点。

#### 1. 独特性

一个人的人格是在遗传、环境、教育等因素的交互作用下形成的。每个人遗传、生存及教育环境不同，因此形成了各自独特的心理特点。人格的独特性是指个体之间没有完全一样的人格特点。所谓"人心不同，各如其面"，正说明了人格是千差万别、各具特色的。

#### 2. 稳定性

人格具有稳定性。人格的稳定性表现为两个方面。一是人格的跨时间的持续性。在人生的不同时期，人格持续性首先表现为自我的持久性。二是人格的跨情境一致性。所谓人格特征是指一个人经常表现出来的稳定的心理与行为特征，那些暂时的、偶尔表现出来的行为则不属于人格特征。俗话说"江山易改，本性难移"，就是指人格的稳定性。

#### 3. 整体性

人格是由多种成分构成的一个有机整体，具有内在统一的一致性，受自我意识的调控。人格整体性是心理健康的重要指标。一个现实的人具有多种心理成分和特质，如才智、情绪、愿望、价值观和习惯等，但它们并不是孤立存在的，而是密切联系并整合成了一个有机组织。当一个人的人格在各方面彼此统一、和谐一致时，他的人格就是健康的。

#### 4. 功能性

人格决定一个人的生活方式，甚至决定一个人的命运，因而是人生成败的根源之一。当面对挫折失败时,坚强者能发奋拼搏,懦弱者会一蹶不振,这就是人格功能性的表现。

**5. 社会性**

人格的社会性是在社会化过程中形成的,是社会的人特有的。可以说,每个人的人格都打上了他所处的社会的烙印。不同社会的政治、经济、文化对个体有不同的影响,这使人格带有明显的社会性。

### (三) 人格的结构

人格是一个复杂的结构,包括多种成分,主要包括气质、性格、认知风格、自我调控等方面。气质和性格部分将在本节后续部分进行详细探讨,下面先简单介绍人格的其他组成部分。

**1. 认知风格**

认知风格是指个人在感知、记忆、思维、问题解决、决策等方面所偏爱使用的信息加工方式,也叫认知方式。认知风格有许多种,下面介绍几种常见的认知风格。

1) 场独立型—场依存型

场独立型的人在信息加工中对内在参照有较大的依赖倾向,他们的心理分化水平较高,在加工信息时,主要依据内在标准或内在参照,与人交往时也很少能体察入微。而场依存型的人在加工信息时,对外在参照有较大的依赖倾向,他们的心理分化水平较低,处理问题时往往依赖于"场",与别人交往时较能考虑对方的感受。

在教学时,教师应当同时从取长与补短两个方面利用学生的场定向。一方面,教师要识别学生的场定向,使教学方法适合他们。另一方面,要将学生的全部技能扩展到他们不占优势的场定向范围,给学生提供更多的发展空间。

2) 冲动型—反思型

在学习过程中,有的学生以很快的速度形成自己的看法,在回答问题时很快就会做出反应,但往往不够准确,这种反应方式为冲动型;而有的学生在回答之前,倾向于进行深思熟虑,虽然反应很慢,但很仔细、精确,这种反应方式为反思型。冲动型学生反应虽快,但往往出现很多错误,这主要因为他们在解决问题过程中没有审查全部问题和可能的答案就匆匆解答。反思型的学生则相反,他们喜欢深思熟虑,在学习过程中常表现出比冲动型学生更为成熟的学习策略,答案也相对准确。

针对认知风格在反应速度上的差异,冲动型的学生要提醒自己注意深思熟虑,先想后说,先思后行,克服信口开河、乱发议论的毛病,养成严谨、认真、一丝不苟的学习习惯。反思型的学生则应要求自己在提高学习速度和效率上下功夫,可进行一些必要的速度训练,逐步提高自己灵活快速解决问题的能力,做到又快又准。

3) 同时型—继时型

左脑优势的个体往往表现出继时型加工风格,而右脑优势的个体往往表现出同时型加工风格。继时型认知风格的特点是,在解决问题时,把精力集中在一步一步的策略上去分析问题,他们提出的假设一般来说比较简单,并且每个小步骤只考虑一种假设或一种属性,提出的假设在时间上有明显的前后顺序;同时型认知风格的特点是,学生倾向于使用比较复杂的假设,在解决问题时,采取宽视野的方式,同时考虑多种假设,兼顾到解决问题的各种可能。

2. 自我调控系统

自我调控系统是人格中的内控系统或自控系统，包括自我认知、自我体验、自我控制3个子系统。其作用是对人格的各种成分进行调控，保证人格的完整、统一和和谐。

1) 自我认知

自我认知是对自己的洞察和理解，包括自我观察和自我评价。自我观察是指对自己的感知、思想和意向等方面的觉察，自我评价是指对自己的想法、期望、行为及人格特征的判断与评估，这是自我调节的重要条件。恰当地认识自我，实事求是地评价自己，是自我调节和人格完善的重要前提。

2) 自我体验

自我体验是自我意识在情感上的表现，是伴随自我认识而产生的内心体验。当个体对自己做积极的评价时，就会产生自信感；做消极的评价时，会产生自卑感。自我体验可以使自我认识转化为信念，进而指导个体的言行，自我体验还能伴随自我评价，激励适当的行为，抑制不当的行为，如个体在认识到自己不好的行为后果时，会产生内疚、羞愧的情绪体验，进而会避免这种行为再次发生。

3) 自我控制

自我控制是自我意识在行为上的表现，是实现自我意识的最后环节。如一个学生意识到学习对自己发展的重要意义，会激发起努力学习的动机，在行为上表现出刻苦学习、不怕困难的精神。自我控制包括自我监控、自我激励和自我教育等方面。

## 二、气质差异与教育

### (一) 气质概述

当我们在校园里行走时，迎面走来一个漂亮的女生，我们不禁惊叹说："哇！她好有气质！"在日常生活中，我们也常常会评价说某某人很有气质。那么，这里所说的气质和心理学中的气质含义相同吗？每个人都有气质吗？什么是气质呢？

我们日常生活中所说的气质通常是指人的仪表风度和职业特点，而心理学中所说的气质和日常生活中的气质含义不同，是指人的脾气、秉性。我们常看到有的同学稳重、文静、办事慢条斯理、不温不火，有的同学却豪爽、泼辣、手脚麻利、脾气暴躁；有的同学兴趣广泛、热情洋溢、能说会道、善于交际，有的同学却多愁善感、孤僻、冷漠；有的同学看到春天到来，万物复苏，鲜花盛开，常会心潮荡漾，到大自然中感受春的芬芳与活力，有的同学每天穿梭在繁花似锦的校园却无动于衷；有的同学看到金黄的银杏叶飘然而落，感受到的是秋的美丽与收获，而有的同学却因看到了树叶的飘零而黯然神伤……上面描述的人的这些外在表现就是心理学中所说的气质。所以说，人人都有气质。

心理学界对气质概念进行了这样的界定：气质是指个体与生俱来的心理活动动力方面的特征，这种动力特征主要表现为心理过程的速度(如知觉的敏锐性及思维的灵活程度)、强度(如情绪体验的强弱及意志努力的程度)、稳定性(如注意保持的时间及心境持续的时间)、指向性(内外向及情绪的外露程度)等方面的特征。心理动力特征的不同程度的不同组合就构成了个体独特的气质特点。

## (二) 气质的类型及特征

气质类型是指某一类人身上共同具有的典型气质特征的有机结合。下面介绍几种比较有代表性的气质类型学说。

### 1. 气质类型学说

1) 气质的体液说

古希腊医学家希波克拉底在古希腊医学家恩培多克勒提出的"四根说"基础上，提出了"四液说"。该学说认为人体内部有4种性质不同的液体：血液生于心脏(相当于火根)；黄胆汁生于肝脏(相当于空气根)；黑胆汁生于胃部(相当于土根)；粘液生于脑部(相当于水根)。人体内4种液体的比例不同，因而形成不同的气质类型(见图 12-5)。由该图可知，按顺时针方向，抑郁患者有过量的黑胆汁(抑郁质)；血液激发了乐观的弹奏者表演(多血质)；少女为冷漠所操纵，对他人反应迟钝(粘液质)；太多的黄胆汁使主人怒气冲冲(胆汁质)。

图12-5　4种气质类型

后来古罗马医生盖伦继承和发展了该学说，将4种体液进行种种配合而产生出13种气质类型，并用拉丁语"temperature"一词来表示气质这个概念，这便是近代"气质"概念的来源。利用体液比例解释人的气质类型是缺乏科学根据的，但是气质和4种气质类型的名称为心理学家所接纳并沿袭下来。

2) 气质的体型说

德国精神病学家克瑞奇米尔把人的体格类型分为3种：肌肉发达的强壮型、高而瘦的瘦长型和矮而胖的矮胖型。他认为，不同体型的人具有不同的气质。矮胖型的人，外向而容易动感情；瘦长型的人，内向而孤僻；强壮型的人介于两者之间。克瑞奇米尔认为，正常人与精神病患者只有量的差别，没有质的不同。他认为不同体型的正常人在气质上也带有精神病患者的某些特征。例如，矮胖型的人具有躁狂抑郁症的特征，瘦长型的人具有精神分裂症的特征，强壮型的人具有癫痫病的特征。因此，他将人的气质也分为：躁郁气质、分裂气质和黏着气质。体型与气质、行为倾向的关系，如表12-6所示。

表12-6 体型气质类型与行为倾向的关系

| 体型 | 气质 | 行为倾向 |
|---|---|---|
| 瘦长型 | 分裂气质 | 不善交际、沉静、孤僻、神经过敏 |
| 矮胖型 | 躁郁气质 | 善交际、活泼、乐观、感情丰富 |
| 强壮型 | 黏着气质 | 固执、认真、理解迟钝、情绪有爆发性 |

美国心理学家谢尔顿受克瑞奇米尔的影响，对气质与体型的关系进行了更为深入的研究，把人的体型分为3种主要类型(见图12-6)：内胚叶型(柔软、丰满、肥胖)、中胚叶型(肌肉骨骼发达、坚实、体态呈长方形)和外胚叶型(高大、细瘦、体质虚弱)。谢尔顿发现了3种气质类型：头脑紧张型、身体紧张型和内脏紧张型。他还发现了体型与气质之间有高达0.8左右的正相关。体型、气质类型和行为倾向之间的关系，见表12-7。

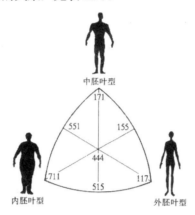

图12-6 谢尔顿的体型分类

表12-7 体型、气质类型和行为倾向

| 体型 | 气质类型 | 行为倾向 |
|---|---|---|
| 内胚叶型 | 内脏紧张型 | 动作缓慢、爱好社交、感情丰富、情绪舒畅、随和、有耐心 |
| 中胚叶型 | 身体紧张型 | 动作粗放、精力旺盛、喜爱运动、自信、富有进取心和冒险性 |
| 外胚叶型 | 头脑紧张型 | 动作生硬、善思考、不爱交际、情绪抑制、谨慎、神经过敏 |

体型说虽然揭示了体型与气质的某些一致性，但并未说明体型与气质间关系的机制，如体型对气质是直接影响还是间接影响，两者之间是连带关系还是因果关系。另外，该研究结果主要从病人而不是从常人得来，因此，缺乏一定的科学性。

3) 气质的血型说

日本学者古川竹二等人于1927年提出气质的血型说观点。他们认为气质是由不同血型决定的，因此气质可分为A型、B型、AB型与O型4种。4种气质类型的行为特点见表12-8。虽然人的气质会受生理制约，但仅从生理上的血型来推断人的气质类型是不科学的。如果仅仅按照血型来分类，那么，同一血型的父母及其所生子女由于同属一种血型，全家人的气质都将是相同的，但事实并非如此。因此，这种学说由于其缺乏科学依据，已被多数心理学家否定。

表12-8 古川竹二的气质分类

| 气质类型 | 行为特点 |
| --- | --- |
| A型 | 温和、老实稳妥、多疑、怕羞、依赖他人、受斥责就丧气 |
| B型 | 感觉灵敏、恬静、不怕羞、喜社交、好管事 |
| AB型 | 是A、B两者的混合型 |
| O型 | 志向坚强、好胜、霸道、不听指挥、有胆识、不愿吃亏 |

4) 气质的激素说

内分泌腺的机能与有机体的新陈代谢密切相关，并影响着人的行为。心理学家伯尔曼提出了气质的激素学说，他认为人的气质特点是由不同的内分泌腺所决定的，根据人的某种内分泌腺体特别发达，把人分为不同的类型(见表12-9)。

表12-9 伯尔曼的气质分类

| 激素类型 | 行为特点 |
| --- | --- |
| 甲状腺型 | 如果甲状腺素分泌多，则表现为精神饱满、知觉灵敏、意志坚强、不易疲劳、容易动感情，甚至感情迸发。甲状腺素分泌少则可能产生痴呆，表现为迟缓、不爱活动 |
| 肾上腺型 | 皮肤黑、毛发浓密，表现为精神健旺、雄壮有力，情绪易激动、好斗 |
| 脑下垂体型 | 体态发育较好、体格纤细，其气质特征表现为有耐性、细心、情绪温和，以及能忍受身心的痛苦 |
| 性腺型 | 性腺机能亢进，表现为富于侵犯性；性腺机能不足，则侵犯性较少，温文尔雅，对音乐和艺术感兴趣 |
| 副甲状腺型 | 分泌物多，表现为容易激动、自控力差；分泌物少则表现为肌肉无力、精力不足，以及缺乏生活兴趣 |

内分泌腺的活动会影响肌肉的力量与速度、代谢机能以及情绪，这些影响必然会在气质特点上有所体现。但是，孤立地强调内分泌腺活动对人的气质的决定作用，则是片面的。内分泌腺的活动，不是产生气质差异的主要原因。气质的差异是由神经系统的差异造成的，因此，激素学说这种划分缺乏科学根据。

5) 气质的活动特性说

气质的活动特性说由美国心理学家巴斯提出，其按照反应活动的特性把气质类型划分为4种：活动性、情绪性、社交性和冲动性。①活动性：这种人总是抢着迎接新的任务，爱活动，不知疲倦。在婴儿时期表现为手脚不停地乱动，儿童时期在教室不能安静地坐着，成年时表现出具有强烈的事业心。②情绪性：此类人情绪反应强烈。在婴儿时期表现为经常哭闹，儿童时期易激动、难于相处，成年时期表现为喜怒无常。③社交性：此类人渴望与他人建立密切联系。在婴儿时期表现为要求母亲和熟人在身边，害怕孤单，儿童时期容易接受教育的影响，成年时期与周围的人关系融洽。④冲动性：这种人抑制能力差。在婴儿时期表现为等不及母亲喂奶、换尿布等，儿童时期经常坐立不安、注意力容易分散，成年时期表现为急躁、讨厌等待，倾向于不假思索地行动。

用活动的特性来划分气质，是近年来出现的一种新动向。不过巴斯并没有揭示活动特性的生理基础。

**2. 气质的高级神经活动类型说**

苏联著名的生理学家巴甫洛夫用高级神经活动类型来解释气质差异。通过大量的动物实验，他发现高级神经活动具有兴奋和抑制两个基本过程。神经过程又有3个基本特性：强度、平衡性和灵活性。

神经过程的强度是指个体的大脑皮层细胞经受强烈刺激或持久工作的能力。它被认为是神经类型的最重要标志，具有重大的意义。研究表明：在一定限度内，强刺激引起强兴奋，弱刺激引起弱兴奋。但是，刺激很强时，并不是所有的有机体都能以相应的兴奋对此发生反应。兴奋过程强的人，对很强的刺激仍能形成和保持条件反射；兴奋过程弱的人，对很强的刺激不能形成条件反射，并抑制和破坏已有的条件反射，甚至会导致神经过程的"分裂"。抑制过程强的动物可以耐受不间断内抑制达5～10分钟；抑制过程弱的动物，不能耐受持续15～30秒钟的内抑制，甚至会导致其中枢神经系统的病变。

神经过程的平衡性是指个体的兴奋过程和抑制过程之间的强度是否相当。有的人这两种神经过程之间的强度是平衡的，而有的人是不平衡的，在不平衡中又有哪一种神经过程占优势的问题。

神经过程的灵活性是指个体对刺激的反应速度，以及兴奋过程和抑制过程相互转换的速度。人与人之间在兴奋和抑制的灵活性上也存在差异，有人灵活性强，有人灵活性弱。

1) 高级神经活动的类型

巴甫洛夫根据两个神经过程与三个基本特性的不同组合，将高级神经活动划分为4种类型：兴奋型、活泼型、安静型和弱型。它们可以解释人的4种气质类型，见表12-10。

表12-10 高级神经活动类型与气质类型

| 神经过程的基本特性 | | | 高级神经活动类型 | 气质类型 |
| --- | --- | --- | --- | --- |
| 强度 | 平衡性 | 灵活性 | | |
| 强 | 不平衡 | | 兴奋型 | 胆汁质 |
| 强 | 平衡 | 灵活 | 活泼型 | 多血质 |
| 强 | 平衡 | 不灵活 | 安静型 | 粘液质 |
| 弱 | | | 弱型 | 抑郁质 |

巴甫洛夫曾说过：这些类型在人身上的体现就是我们称之为气质的东西，气质是个体的最基本的特征，这种最基本的特征就将个体的所有活动都打上这样或那样的烙印。很显然，他把高级神经活动类型等同于气质类型。目前我国心理学界关于气质生理基础的观点普遍认为，高级神经活动是气质主要的生理基础，但气质和高级神经活动并非同一事物，气质是心理现象，而高级神经活动是生理现象。

2) 4种气质类型的行为特征

上述各种气质类型的典型行为特点如下。

胆汁质：脾气暴躁、性情直率、精力旺盛，能以很高的热情埋头于事业，兴奋时，能决心克服一切困难，精力耗尽时，情绪一落千丈。

多血质：热情、有能力、适应性强、喜欢交际、精神愉快、机智灵活、注意力易转移、情绪易改变、办事重兴趣、富于幻想、不愿做耐心细致的工作。

粘液质：平静、善于克制忍让、生活有规律、不为无关事情分心、埋头苦干、有耐力、态度持重、不卑不亢、严肃认真、不爱空谈、不够灵活、注意力不容易转移、因循守旧。

抑郁质：沉静、容易相处、人缘好、办事稳妥可靠、做事坚定、能克服困难、比较敏感、容易受挫折、孤僻、疲劳不容易恢复、反应缓慢。

### (三) 气质的测量

了解气质的实质与气质类型，对教育工作具有重要的实践意义与作用。要正确而科学地鉴定学生的气质，必须掌握科学的鉴定方法。这里介绍几种主要评定学生气质类型的方法：观察法、实验法和问卷法。

#### 1. 观察法

个体的气质特点可以表现在人的心理活动和行为方式中。所以，可以通过观察个体的言行举止、智力活动特征及情绪表现特征，并对它们进行分析、判断，从而了解一个人气质类型的特点。观察法虽然简单，但极为粗糙，使用时要注意不能仅仅根据短期观察就认定一个人属于某种气质类型，而应该进行长期的、系统的观察，并和其他方法联合使用，才能更准确地了解一个人的气质特征和气质类型。

#### 2. 实验法

气质类型和高级神经过程的基本特性有关，我们还可以通过实验来测量神经过程的强度、灵活性、平衡性等方面的特点，根据测定结果，视其组合判定被试所属的神经类型，即气质类型。

比较有代表性的实验方法有以下几种。第一，根据被试形成条件反射时能否经受强烈的刺激，可以测定被试神经系统类型的强弱。第二，通过被试形成阳性与阴性的两种条件反射所需要的次数比较，可以测定神经过程的平衡性。如果被试形成这两种条件反射所需要强化的次数相当，则为平衡型，否则就是不平衡型。在不平衡型中，阳性条件反射的形成比阴性条件反射的形成需要强化的次数少，则是兴奋过程占优势；反之，则是抑制过程占优势。第三，应用条件反射的方法研究神经系统的灵活性，通常有两种做法。一是改造法，即在改造刺激物的信号意义的情况下记录被试的反应时间。在这种情况下，有些被试的反应时间没有明显的变化，说明他们的神经系统较灵活；另一些被试的反应时间明显延长，说明他们的神经系统具有较大的惰性。二是记录定型建立和改造时被试的反应时间。从定型形成的速度和改造的难易程度，可以了解神经系统的灵活性。

采用此方法测定气质类型虽比较科学，测定的结果也比较精确，但需要有一定的仪器设备和技术经验，需要在专门的实验室条件下才能进行，而且这种在实验室条件下考查人类神经系统特性的方法，遇到的最大问题就是许多研究结果不一致，影响结果的信度。

#### 3. 问卷法

在了解个体的气质特征和气质类型时较常用到的是问卷法。问卷法要求被试对一系列经过标准化的问题作答，根据被试的回答来分析被试的气质特征、神经过程特性和气质类型。较常用的测量气质的量表有以下几种。

(1) 美国心理学家瑟斯顿用因素分析法编制的瑟斯顿气质量表。该量表可测量 7 种人格特质：活动性、健壮性、支配性、稳定性、社会性、深思性和冲动性。每 20 题测一种特质，量表共 140 题。我国已有修订本。

(2) 波兰华沙大学心理学教授斯特里劳编制的斯特里劳气质调查表(strelau temperament inventory，STI)。该气质调查表共有 134 个测验题目，包括兴奋强度、抑制强度、灵活性 3 个一级量表，平衡性 1 个二级量表。此调查表已被译成中文，经测试，基本适用于我国。

(3) 我国张拓基、陈会昌编制的气质量表。该问卷主要以传统的 4 种典型的气质类型的行为特征为依据。问卷由 60 个题目组成，每种气质类型有 15 个题目。此问卷在我国被广泛使用。

### (四) 气质的差异与教育

#### 1. 气质无好坏之分，教师要克服气质偏见

教师应当认识到气质类型并无好坏之分，每一种气质类型都有其优点和缺点。气质作为心理活动的动力特征，会赋予人的心理活动和行为以独特的色彩，但不能决定一个人活动的社会价值和成就的高低。著名的作家和诗人中 4 种气质类型的人都有，如郭沫若和赫尔岑是多血质，李白和普希金是胆汁质，茅盾和克雷洛夫是粘液质，杜甫和果戈里是抑郁质。他们的气质类型虽然各不相同，但并不影响他们在文学领域中取得杰出成就。所以聪明、高尚、具有首创精神的人和乐于为社会做贡献的人可以具有不同的气质类型，也可以具有相同的气质类型。

有研究表明，各种气质类型的学生，都可以在学习知识、技能方面取得优良成绩，其主要原因是学生在学习中充分发挥了各自气质的积极特征，克服了消极特征的影响，从不同途径，以不同方式方法取得了好成绩。因此，教师对学生的气质不应存在任何偏见，不能偏爱某种气质类型的学生，或讨厌某种气质类型的学生。要知道，教师教育的目的不是设法改变学生原有的气质，而是要克服这种或那种气质的缺点，发展其优点，从而使学生在原有气质的基础上建立优良的人格特征。

#### 2. 根据气质类型和特征因材施教

教师要了解学生的气质类型和气质特征，做到"因材施教""一把钥匙开一把锁"。在教学过程中要充分调动气质中的积极因素，在学习方式和方法上给予个别指导，帮助他们克服气质中不利于知识、技能学习的消极因素，真正做到有的放矢，提高教育质量。例如，对胆汁质的学生要培养他们善于抑制自己，不要去激怒他们，耐心帮助他们养成自制、坚忍的习惯，使其能习惯于平稳而镇定地工作；对多血质的学生不能放松对他们的要求或使他们感到无事可做，要使他们在多种有意义的活动中培养踏实、专一和克服困难的精神；对粘液质的学生要热情，不能操之过急，要允许他们有充分的时间考虑问题和做出反应，引导他们积极探索新问题，并且鼓励他们积极参加集体活动，引导他们活泼、机敏地投入工作，发展他们的积极性和灵活性。对抑郁质的学生不要在公开场合指责或批评他们，要安排适当的工作，鼓励他们，要创造条件使他们有更多机会参加集体活动，在活动中培养他们情绪的稳定性和意志的坚韧性。

有些时候，相同的教育态度与策略对不同气质类型的学生所产生的实际效果会有很大差异，因此在教育中我们的处理方式应该因人而异。例如，严厉的、具有强度的批评能使多血质的学生感到震动，使其改正自己的缺点；对抑郁质学生则要尽量采取温和、委婉、关怀、鼓励的态度，对他们的要求不能过于苛刻或急于求成；胆汁质的学生情绪容易激动，对他们的态度

如果过于强硬，就会惹怒他们，产生不必要的对立；对粘液质的学生也不能因为他们安静、保守、不妨碍他人而忽视对其良好个性的培养。一般认为，胆汁质和抑郁质的学生应该是教师特别关怀的对象，因为这两种气质类型都有情绪不稳定的特点。胆汁质的人，可能会出现进攻、好斗的行为问题；抑郁质的人，可能会出现焦虑不安的人格问题。教师要使具有胆汁质特征的学生，多得到工作与休息交替的机会；使具有抑郁质特征的学生，在集体中获得友谊和生活乐趣。教师要培养具有这两种气质特征的学生的情绪稳定性。

### 结合学生气质特点的教育案例

在我们的教育活动中，学生可能会遇到各种不同的挫折，也会有不同的心理反应。作为教师，只有在了解不同学生的气质特点之后，施以不同方式的教育才能达到教育目的。如果几个学生犯了同样的错误，老师便不问青红皂白地将他们"各打五十大板"，其教育的效果是微乎其微的。因为如此处理可能只对多血质的人有教育作用，对抑郁质的人可能造成心理伤害，而对胆汁质的人有可能激化师生之间的矛盾，对粘液质的人则有可能伤害他的上进心等。由此自然会造成对教师自身形象和师生感情的伤害，影响后来的教育活动。

那么，具体说应怎样结合学生的气质特点，采取有效的教育对策呢？一位教师的教育案例对我们会有所启示。事情发生在某中学初二年级某班的一次秋游活动中。在秋游的筹划过程中，老师发动学生们讨论，大家提出了很多的办法，如经费不足没法包车就请家长帮忙；为了避开早上交通高峰可以在早晨六点半准时出发；借来的车把同学们送到目的地后，可以及时返回，下午定时来接，也不会影响家长单位用车。商定好后，于是次日清晨，汽车不到8点就把全班同学送到指定地点然后返城了。大家高兴地来到旅游地点后却大吃一惊——景点的大门紧闭，周围空无一人。大家仔细一看，离开门时间还有一个多小时。面对紧闭的大门，顶着萧瑟的秋风，各种气质的学生便有不同的表现。首先是胆汁质的学生提出："老师，公园的门不高，这里又没有人管，我们不要傻等了，从门上爬进去吧！"多血质的学生则在想着自己的主意——"老师是不会让我们从门上爬进去的，一个小时不能傻等着，我要自己找地方去玩儿"；而抑郁质的学生又在那里"自我伤感"起来了；只有粘液质的学生在耐心等着老师的安排。

面对这些情况，教师马上向学生们进行解释，并提出了补救办法。他是这样说的："同学们，今天是老师没有考虑周全，使我们早到了一小时。请同学们不要着急，从门上爬进去是违反规章甚至是违法的，这样的事情我们是不能做的，我相信同学们不会去做(显然这是针对胆汁质的学生说的)。在这里我要特别提醒个别同学，要遵守纪律，不能离开班集体，要一切行动听指挥(这显然是针对多血质的学生说的)。由于老师没有计划好，个别同学今天的旅游兴致受到了一点儿影响，不过没关系，我们今天的旅游可以增加一个项目——大家做一个游戏好不好？"听到此，学生们欢呼雀跃，开始做游戏。游戏结束了，也到了旅游景点开门的时间，于是大家进入景区开始进行愉快的秋游。

(资料来源：时俊卿. 气质类型与教育策略——心理规律与教育对策系列讲座(一)[J]. 北京教育，2000(1): 28-29.)

### 3. 指导学生根据自己的气质类型塑造和发展自己

教师掌握学生的气质特点不仅有助于教育教学，更重要的是能指导学生正确认识自己的气质。教师要指导学生认识和分析自身气质的长处与不足，发扬学生气质的积极方面，帮助他们有意识地克服消极方面。

教师要引导学生顺其自然，愉快地认识并适应自己的气质特征。首先要了解并接纳自己的气质类型及心理行为特点。不同类型的气质在适应社会方面的确有所差异，如多血质的人活泼开朗，易于与人交往，社会适应力比较好，因此很多人认为多血质比其他的气质类型好。其实每种气质类型都有自己的积极面和消极面，并没有好坏之分。又因为气质受先天生物因素影响较大，具有较强的稳定性，并不大容易改变，因此对每个个体来讲，最好的发展趋势是顺应气质的自然属性，愉快地接纳自己的气质特点，并积极地适应自己的气质特征。

教育学生充分地把握自己的气质优势。每种气质都有自己的积极面，这也是自身比较容易利用的方面，只要充分发挥自己气质方面的优势，就能促进自己发展的速度，提升发展的质量。

指导学生加强自我锻炼，适当消除气质消极方面的影响。如果自己气质中的某些消极方面确实影响了自己的学习、生活和人际交往，那么自己可以有意识地加强这方面的培养和锻炼，适当地消除一些气质所带来的负面影响。例如，多血质的人应要求自己集中注意力，做事踏实认真；抑郁质的人应要求自己合群、自信，遇事不怕困难；粘液质的人应要求自己反应敏捷，办事果断利落；胆汁质的人则应注意把握自己的情感，做到处事冷静、以礼待人。

### 4. 根据学生的气质特点加强职业指导

气质特征是职业选择的依据之一。某些气质特征为一个人从事某项工作提供了有利的条件。这就要求我们教师能够根据学生气质特点类型指导他们进行职业选择。1994年，原国家教委正式颁发了《普通中学职业指导纲要(试行)》，正式在普通中学引进职业指导。因此，如何加强中学生职业指导就成为当前我国教育的重点。现代职业指导强调"人—职匹配"，只有当个体的气质、性格、兴趣和需要适合工作的时候，其能力、主动性和创造性才能得到最好发挥，工作的效果和绩效也最佳。这就是我们常说的：合适的人做合适的事。

目前在个人职业规划上，中学生在选择自己将来的人生理想时带有很强的模糊性、盲目性，他们对高校专业的课程设置和发展方向都不了解。中学生常会被社会上一些人所从事职业风光的一面所吸引，想通过报考相关专业模仿他们。但对职业艰辛的一面却缺乏了解，也没有分析过是否符合自己的气质特点。此外，由于年龄、阅历等因素的限制，他们对自身的能力、个性、优势、弱点等还没有一个比较明确的定位，对今后自身的发展也没有明确的目标。面临选择志愿的重要时刻，学生一般多是依照家长的愿望以及专业的难易程度进行选择，而很少有学生从自身的特点出发。这也成为许多学生上了大学后失去兴趣及转系的重要原因。

一般来说，要求迅速灵活反应的工作对多血质和胆汁质的人较为合适，而粘液质和抑郁质的人则较难适应；要求持久、细致的工作对粘液质和抑郁质的人较为合适，而多血质和胆汁质的人较难适应。一些特殊职业，如飞行员、宇航员、潜水员、雷达观测员等，对人的气质特征有特殊的要求，必须经过心理测定，进行严格的选择和训练，才能使他们胜任这类工作。我国心理学工作者曾对空军战斗飞行员进行了调查，他们发现，在战斗飞行员中，多血质的人占45%左右，胆汁质的人占20%左右，胆汁质与多血质混合型的人占15%左右，而没有发现抑郁质的人。国外心理学家也曾对航空调度员的心理特征进行了研究，他们发现从事这一职业活动的人应具备如下气质特征：语音要平静，精力要集中；在紧急情况下要保持镇定；要能长时间指挥飞行而不降低工作质量和进度等。神经系统的兴奋过程弱、反应迟缓的人是不宜从事这种职业的。心理学家艾森克认为，外向的人不能很好地担任"警戒"任务，不能担任雷达管理员。苏联宇航员加加林在起飞前7分钟还睡得很好，情绪稳定性是他成为宇航员的重要条件。表12-11提供了4种不同气质类型的人适合的职业，仅供参考。

表12-11 气质类型与职业匹配[①]

| 气质类型 | 适合的职业 |
| --- | --- |
| 胆汁质 | 导游、推销员、新闻记者、节目主持人、演员、消防员、外事接待员、监督员、采购员等 |
| 多血质 | 管理员、服务员、驾驶员、律师、运动员、警察、记者、外交人员、行政人员、侦探、政治辅导员、宣传工作者等 |
| 粘液质 | 研究人员、教师、医生、法官、管理人员、统计员、打字员、纺织工、印刷工、机床工、装配工、会计、播音员、翻译人员等 |
| 抑郁质 | 小说家、画家、诗人、化验员、检验员、实验室工作者、雕刻工作者、校对员、打字员等 |

## 三、性格差异与教育

### (一) 性格的内涵

日常生活中，有的人懒惰，有的人勤奋；有的人博爱，有的人自私；有的人慷慨大方，有的人吝啬小气；有的人谦虚谨慎，有的人骄傲狂妄；有的人赤胆忠心、见义勇为，有的人心术不正、见利忘义等。这些都是关于性格特征的描述。

character(性格)一词源于希腊语kharakter，意思是印记、雕刻；后转意为特点、特色、记号、标记。广义的性格指人和事物相互区别的特征和性质。现代心理学认为，性格是人对现实的稳定态度，以及与之相适应的、习惯化的行为方式方面的个性心理特征。那么，应如何理解性格的含义呢？

#### 1. 性格特征表现在人对现实的态度和行为方式中

恩格斯简明而完整地阐明了性格概念的含义，他指出："人物的性格不仅表现在他做什么，而且表现在他怎样做。"[②]人的性格主要表现在两个方面——"做什么"和"怎样做"。"做什么"反映了人对现实的态度，表明一个人追求什么、拒绝什么；"怎么做"反映了人的行为方式，表明一个人如何去追求他所要得到的东西，如何去拒绝他所要避免的东西。一般说来，人对现实稳定的态度决定着他的行为方式，而人习惯了的行为方式又体现了他对现实的态度。这两个方面是统一的。例如，一个人在各种场合总是热情忠厚、与人为善、虚心谦逊、严于律己、遇事坚毅果断、深谋远虑；另一个人在各种场合总是尖酸刻薄、冷嘲热讽、自高自大、优柔寡断、鼠目寸光，这种对人对己对事的稳定态度和习惯化的行为方式所表现出来的心理特征，就形成了他们不同的性格。

---

① 郑日昌. 大学生心理健康——自主与自助手册[M]. 北京：高等教育出版社，2007.
② 马克思，恩格斯，列宁等. 马克思恩格斯选集(第四卷)[M]. 北京：人民出版社，1972.

### 2. 性格是稳定的，但又有一定的可塑性

研究表明：性格是人在实践活动中，在与客观世界相互作用的过程中形成和发展起来的。客观事物的各种影响通过主体的心理活动在个体的反映机构中保存下来、固定下来，构成一定的态度体系，并以一定的形式表现在个体的行动之中，构成个体所特有的行为方式。人的性格并不是一朝一夕形成的，但一经形成就比较稳定，并已贯穿于他的全部行动之中。人的性格不仅在类似情境中，甚至在不同的情境中都会表现出来。因此，个体一时性的偶然表现不能认为是他的性格特征，只有经常的、习惯性的表现才能认为是他的性格特征。例如，一个人经常表现得很勇敢，偶尔表现出怯懦，那么不能认为他具有怯懦的性格特征，他的性格特征应是勇敢。又如，一个人在某种特殊的情况下，一反机敏的常态，表现为呆板，那么不能认为呆板是他的性格特征，他的性格特征是机敏。性格是在主体与客体的相互作用过程中形成的，同时在主体与客体的相互作用过程中发生缓慢变化。

### 3. 性格是具有核心意义的个性心理特征

日常生活中所讲的个性，主要是指一个人的性格。文学家总是抓住一个人最本质的性格特征作为典型加以描述，在读者面前展示出非常生动而鲜明、有血有肉、活灵活现的人物，使读者感到这是一个栩栩如生、如见其形、如闻其声的现实人物。如罗贯中笔下的刘备、关羽、张飞，莎士比亚笔下的哈姆雷特，曹雪芹笔下的贾宝玉，都是作者抓住了人物的性格特征，加以形象化而塑造出来的典型人物。性格总是和个人的意识倾向相联系，和个人的世界观相联系，体现着一个人的本质属性。人的性格与人的道德评价有关，具有社会历史性，在阶级社会中则具有一定的阶级色彩。

## (二) 性格与气质、智力

### 1. 性格与气质

性格与气质都是描述个人个性心理特征的概念，很多心理学家把性格和气质都包含在人格中，二者既有一定区别又紧密联系。

第一，从起源上来说，气质是天生的，产生在个体发生的早期阶段；性格是后天的，它是人在活动中与社会环境相互作用的产物，反映了人的社会性。第二，从可塑性上来看，气质的变化较慢，较难，但也可以发生变化；性格的可塑性较大，环境对性格的塑造作用是明显的。第三，气质是行为的动力特征，与行为的内容无关，因此气质无好坏善恶之分；性格涉及行为的内容，表现为个体与社会的关系，有好坏之分。

性格与气质又是密不可分、相互制约的。首先，气质会影响性格的形成。性格特征的形成依赖于教育以及个体和社会相互作用的性质和方法。而气质作为性格形成的一种变量在个体的早期阶段就表现了出来，例如，有的婴儿比较活跃，喜欢哭闹，有的婴儿就比较安静，这些表现出来的气质特征必然影响父母或者其他人的行为反应，人们会对不同气质的婴儿采取不同的抚养或者教育方式，进而慢慢地影响其性格的形成。一个人的性格就是在个体和周围的环境相互作用的过程中逐渐形成的，气质的不同影响着性格的形成。其次，不同的气质类型会给性格带来不同的特征。例如，同样是乐于助人的性格特征，多血质的人往往就会动作敏捷，情感表现在外，而黏液质的人往往动作沉着，情感不外露。再次，气质还影响性格特征形成或改造的速度。同样要形成沉着冷静的性格，可能对胆汁质的人来说难度就大些，而对抑郁质的人来说

就容易些。另外，具有不同气质类型的人可以形成同样的性格特征，具有同一气质类型的人可以形成不同的性格特征。这也进一步证实了气质是先天的，而性格是后天形成的。性格可以在一定程度上掩盖或者改造气质，使之符合社会实践的要求。

### 2. 性格与智力

性格对智力的发展有很大的作用，同时，两者又是互相制约的。

首先，智力的形成与发展是受性格特征制约的，优良的性格能很好地促进智力的形成和发展。例如，热忱、谦逊、坚定、果断、坚毅、责任感强等优良的性格品质，能很好地促进智力的形成与发展。同时，良好的性格特征也往往能够补偿某种智力的不足。大家常说的"勤能补拙"就说明勤奋这种性格特征能补偿智力上的一些缺陷。同样，不良的性格特征，如马虎、自大、武断、懒惰等也会阻碍个人智力的发展。

其次，智力的发展也会影响性格的发展变化。在智力的形成和发展过程中，相应的性格特征也发展起来。例如，科学家在常年的研究中，因为研究的需要可能会经历很多的成功与失败，他们在研究中发展了科研智能的同时，还会进一步强化他们不屈不挠、坚韧的性格。

## (三) 性格的类型

### 1. 性格的特征差异

性格是一个十分复杂的心理构成物，它是由多种不同的性格特征组成的。这些性格特征的不同组合，就形成了个体独特的性格。

1) 奥尔波特的研究

美国的奥尔波特将性格特征分成共同特质与个人特质。共同特质是在同一文化形态下的群体所具有的特质，它是在共同的生活方式下形成的，并普遍地存在于该群体的每一个人身上。个人特质是个人所独有的、代表个人行为倾向的特质。它包括首要特质、重要特质和次要特质。首要特质是影响个体各方面行为的特质，它表现了一个人生活中无时不在的倾向。通常一个人只有一个首要特质，但具有极大的渗透性和弥散性，在性格结构中处于支配地位。如在曹雪芹笔下，多愁善感是林黛玉的首要特质；在罗贯中的笔下，足智多谋是诸葛亮的首要特质；在巴尔扎克笔下，吝啬是葛朗台的首要特质。重要特质是能够影响个体特征性倾向的那些个人特质，少量(5~10个)彼此联系着的重要特质组成个体独特的性格，使性格具有一般意义的倾向，如教师给学生写出品德评语时所列举的那些特质。而对个体性格结构影响不大的特质则属于次要特质，它们对行为的渗透性极小，所起的作用比重要特质更小。如一个人在工作中很有魄力，但在对待家务事上却没有主张。

2) 卡特尔的研究

美国心理学家卡特尔受奥尔波特的影响，从1946年开始研究性格特质的分类。他认为特质是建造性格的砖头，并将性格特征区分为表面特质和根源特质。表面特质是指从外部可以观察到的成串的关联着的行为反应，它只能说明现象，并随环境的变化而变化。根源特质是决定外显行为的潜在变量，潜隐在表面特质背后并支配着表面特质，是人格的本质。例如，"自作主张""自以为是""高傲"等性格特征可以直接表现出来，属于表面特质，而它们的共同根源特质则是支配性。卡特尔主要研究根源特质，发现共有16个各自独立、关联极小的根源特质。卡特尔还编制出16种人格因素测验来测量这些性格特质。

3) 苏联心理学家的研究

苏联心理学家将性格分解为态度特征、意志特征、情绪特征和理智特征。性格的态度特征是个体对现实的态度的个人特点，属于处理社会关系方面的性格特征，如对社会、集体和他人的态度分别是热爱祖国、关心集体、乐于助人等；对劳动和学习及自己的态度分别是认真谨慎、勤劳节俭、严于律己等。性格的意志特征是个体对自己行为的自觉调节方式和水平方面的个人特点，包括自觉性、可控性、坚持性和果断性等。性格的情绪特征是个体经常表现在情绪活动方面的强度、稳定性、持久性和主导心境方面的个人特点，反映为个体受情绪的影响和个体对情绪控制的程度。而个体表现在感知、记忆、想象和思维等认知方面的个人特点则是性格的理智特征，如对认识结果感到怀疑、惊讶等。

**2. 性格的类型差异**

性格的类型是指在一类人身上所共有的性格特征的独特结合。许多心理学家曾试图对性格进行分类，目前比较流行的几种看法如下。

1) 依心理活动的倾向性分类

瑞士心理学家荣格根据个体力比多(libido，来自本能的力量)的流向来划分性格类型。力比多指向外部的属于外向型，其特点是活泼开朗、情感外露、善于交际、独立性强，以及容易适应环境的变化。力比多指向内部的属于内向型，其特点是沉默寡言、孤僻、交际面窄、反应缓慢，以及适应环境能力差。在现实生活中，绝大多数人都是兼有外向型和内向型的中间型。这种划分方式虽然过于简单，但在国外已被广泛地应用于教育、医疗、职业指导、管理等实践领域。

2) 依心理机能优势分类

英国的培因和法国的李波特根据理智、情绪、意志3种心理机能在性格结构中所占优势不同，把人的性格分为理智型、情绪型、意志型。理智型的人常以理智对待周围发生的一切，用理智支配和控制自己的行动；情绪型的人常用情绪来体验一切，易受情绪左右，感情用事；意志型的人行动目标明确，积极主动，有较强的自制力。在生活中大多数人是属于混合型的。

3) 依个体独立性程度分类

美国心理学家威特金等人根据场的理论将人分为场依存型和场独立型。场依存型的人要依靠外在参照物进行信息加工，因而容易受到环境或附加物的干扰，易受他人意见左右，过分注意、依赖他人提供的社会线索，好社交；场独立型的人则倾向于利用内在的、自身的参照系，具有独立判断事物、发现问题、解决问题的能力，关心抽象的概念和理论，不善于社交。

4) 依"内倾—外倾"和"稳定—不稳定"两个维度分类

英国心理学家艾森克根据"内倾—外倾"和"稳定—不稳定"两个维度对性格做出分类(如图 12-7)。这种意见实际上是将性格的类型与性格的特征结合了起来，如主动、善交际、开朗属于外倾的一端；被动、孤僻、沉思属于内倾的一端；镇静、顺应、可信赖属于稳定的一端；心情易变、焦虑、易激动属于不稳定的一端。

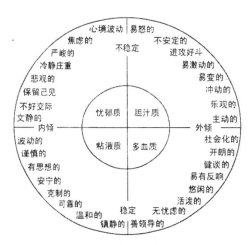

图12-7 艾森克的性格类型维度

### 3. 性格的性别差异

人们除了用生理差异来区分性别，还会根据性格和行为表现的特征来确定性别。不管在生理上是男性还是女性，具有男性或女性行为特征的程度叫性度。具有男性行为特征的程度叫男性度，具有女性行为特征的程度叫女性度。从行为表现上看，世界上没有绝对的男性和女性，男性度和女性度总是混合交织在个体身上。只是在通常情况下，男性具有较多的男性度，女性具有较多的女性度。也就是说，性格应该具有性别差异。

对性格的性别差异的具体表现，目前却没有一致的看法。1974 年，美国的麦考比和杰克林出版了《性别差异心理学》一书，通过对 600 项研究的分析和概括，阐述了是否存在性别差异、性别差异的程度及性别差异的成因，被认为是性别差异心理学发展的一座里程碑。他们认为，最显著的性别差异是男性更具有攻击性。其次是女性比男性更好社交，更容易受暗示，自信心比男性差，更倾向于解决简单的、墨守成规的问题，而男性则更倾向于解决复杂的、需要摆脱定势的问题。

当然也有人批评麦考比等人缩小了性格的性别差异。他们认为男生的情绪更容易烦躁和愤怒，在挫折情境中比女性更容易出现消极的反应。而女性又比男性更容易焦虑和恐惧，更容易产生同情心。此外，还有人发现女性比男性更容易支配同性伙伴，甚至更容易对男性发号施令。

### (四) 性格的测量

性格测量是家庭、学校教育和培养的依据，只有通过测量才能了解学生的性格情况。测量性格的方法很多，下面介绍常用的几种性格评定的方法。

### 1. 行为评定法

行为评定法是指通过在自然条件下，观察一个人的行为，从而对他的性格特征进行评定。行为评定法包括以下 4 种。

#### 1) 观察法

观察法是在自然条件下通过观察一个人的行为、言语、表情、态度从而分析其性格的方法。此种方法的运用必须使被观察者处于自然情境中，保持心理活动的自然性和客观性，这样获得的资料才会真实、客观。不论是长期观察还是短期观察，观察者都要做好计划。

2) 谈话法

谈话法是通过与某人谈话从而了解其性格特征的方法。使用谈话法一定要事先确定谈话目的，要对谈话中的内容加以分析，要采取多种多样的谈话方式，保持谈话气氛的融洽、和谐。谈话法在心理咨询中应用很广泛，它对了解人的性格、搜集资料、确定解决问题的途径具有重要意义。

3) 作品分析法

作品分析法是通过对一个人的作品，如日记、命题作文、信件、传记、试卷及劳动产品等的分析，间接了解其性格特征的方法。这种方法一般用来搜集资料，对研究人的性格具有辅助性的意义。

4) 个案法

个案法是通过搜集一个人的家庭历史、社会关系、个人的成长史等多方面资料，来分析和了解其性格特征的方法。

**2. 量表法**

量表法也叫问卷法，这是一种常用的评定性格的方法。它的特点是向被试提出一系列标准化的问题，要求被试按照自己的情况做出回答。由于选定的问题与人的性格特点有关，因此通过分析被试的答案就可以对他们的性格特点做出评定。但是，被试的回答是主观的回答，有真有假，也可能有意回避一些问题。有些量表会特意编制一些题目来测试被试回答的可靠性。量表法可以用于个别测验，也可以用于团体测验。

西方国家进行性格测量多采用性格测验法，近年来我国也日益重视此法的应用。常用的测验主要有明尼苏达多项人格测验(MMPI)、卡特尔 16 种人格因素测验(16PF)、艾森克人格问卷(EPQ)、YC 性格问卷等。

1) 明尼苏达多项人格测验(MMPI)

该问卷在 1943 年出版，它是一种探测人格病理倾向的测量工具，其设计是将被试的反应与已知患有某种心理疾病的人的反应相比较来记分。MMPI 目前已成为国际上广泛应用的人格问卷之一。1989 年修订版也称为 MMPI-2，由 567 个题目组成，可划分为 10 个临床量表和 4 个效度量表。10 个临床量表，可以得到 10 个分数，代表 11 种个性特质。被试对每一个问题在"是""否"或"不确定"3 种答案中选定一项。

2) 卡特尔 16 种人格因素测验(16PF)

该问卷根据卡特尔提出的 16 种根源特质编制而成，共有 187 个题目，适用于具有阅读能力的 16 岁以上的成人。卡特尔等人后来又设计了分别适用于中学生、小学生、学前儿童的 3 种个性问卷。

3) 艾森克人格问卷(EPQ)

该问卷由英国伦敦大学教授艾森克等人所编制，分成人问卷与少年问卷两种，分别测量 16 岁以上成人和 7～15 岁儿童。其包含 100 个左右的题目，每种问卷有 4 种量表：内外倾向量表、情绪稳定性量表、精神质量表和效度量表。问卷采用是非题的形式，被试回答与规定的答案相符时计 1 分，否则计 0 分。

4) YC 性格问卷

该问卷由日本京都大学教授失田部达朗等人以美国心理学家吉尔福特的3种性格测验为基础，根据日本人的特点编制而成。其共有120个问题，用来测量抑郁性、循环性、自卑性、神经质、主观性、非合作性、攻击性、活动性、乐天性、思维外向性、支配性和社会外向性12种性格特质，每个特质各有10个题目。通过测验不仅可以确定被试的性格特质，而且可以进一步评定被试的性格类型，他们将性格类型划分为5类(A、B、C、D、E)。

### 3. 投射法

投射测验法是主试向被试提供一些无确定含义的刺激，让被试在不知不觉中自由地把自己的思想感情流露出来，即投射出来，以确定其性格特征。投射测验主要有默瑞主题统觉测验(TAT)和罗夏墨迹测验两种。

1) 主题统觉测验(TAT)

该测验由30张图像和一张空白图片组成，可以做种种不同的解释。被试从中抽取图片20张(见图12-8)和一张空白图片，当被试看到图片时，凭个人的想象，自编出一张图像上的故事。自编的故事必须包括：图像的情景、情景发生的原因、将来的演变、可能的结果及个人的体会。主试根据故事的主题，故事中人物的关系，知觉的歪曲，不平常形式的特征，故事中反复出现的情节及整个故事的情调(如悲观的还是乐观的)等对被试的性格做出鉴定。

图12-8　主题统觉测验中的一张图片

2) 罗夏墨迹测验

该测验由10张墨迹图组成：5张黑色，5张黑色加彩色(见图12-9)。每张图片都向被试提出这样的问题："这可能是什么？""你看见什么？"或"你想起什么？"每张图片都回答之后，被试将图片再看一遍，指明墨迹的哪一部分启发了他的回答。主试根据4项标准进行统计。①部位。被试是对墨迹的全部反应还是对部分反应？②决定被试的反应。是由墨迹的形状决定还是由颜色决定？把图形看作是运动的还是静止的？③内容。被试把墨迹看成是什么东西？是动物还是人或物体等？④独创性。被试的反应是与众一致还是与众不同？统计以后再确定其性格。

由于在投射测量中被试不知道答案的意义，因而可排除在自陈量表法中可能出现的作假现象。但投射测量的实施程序记分及结果的解释都必须经过特殊的训练。这种测量的主观性有余而客观性不足。

图12-9 罗夏墨迹测验的图片之一

### (五) 性格差异与教育

现有的研究表明,性格虽然不会影响学习是否发生,但它会影响学生的学习方式。性格外向者通常对学习新的难度较大的教材感兴趣,能够迅速举手要求回答教师的课堂提问,但课后不爱认真复习,作业马虎。性格内向者在课堂里反应缓慢,课后常常花时间复习,作业认真,遵守纪律。性格独立者爱参与竞争性学习,性格顺从者常等待教师的布置,依赖同学的帮助。

性格也作为动力因素而影响学习的速度和质量。良好的态度、情绪、意志和理智等性格特征有助于增强学生的学习信心,获得情感上的满足,提高对未来学习的志向水平,学习更加勤奋,因而有助于学业成功;而不良的性格特征则容易使学生产生消极、羞愧、恐惧、沮丧的情绪,产生退缩行为,导致学业失败。

性格差异还会影响学生对学习内容的选择。国外的研究发现,男性性格的学生对生理健康、安全、金钱和性问题更感兴趣,女性性格的学生对人生哲学、日常生活、心理健康和家庭关系更感兴趣。我国的研究发现,男中学生对数学、物理的兴趣大于女中学生,女中学生对语文、外语的爱好大于男中学生。男中学生喜欢看科技书刊,参加科技小组活动,女中学生爱读少年文艺和童话故事。此外,也有研究表明,性格差异会影响学生的社会性学习和个体社会化。

因此,为了促进学生的健康发展,学校教育内容的选择和组织应该更好地适应学生的性格差异。

首先,学校应该考虑开设面向高一级学校的提高性选修课、面向生产部门的职业性选修课、为拓展学生科学视野的拓展性选修课和发展学生技艺特长的发展性选修课,供不同性格、不同兴趣爱好和能力特长的学生选择。

其次,提倡非指导性教学。美国心理学家罗杰斯强调以学生为中心,教师应注重创造促进经验学习的课堂气氛,以真诚的情感对待学生,给学生以无条件的关注,并能设身处地为学生着想,产生移情。学生则进行自我指向的学习,学会如何解决他们所面临的各种问题。

最后,倡导合作学习。学生以主动合作的学习方式,共同参与设计学习步骤。分工合作实施学习计划,共同整理获得的资料,以小组为单位向全班报告学习的结果,并以小组的成绩作为全组学生的最终成绩。这样的学习使不同性格的学生相互包容、求同存异、共同负责,从而增进集体感与友谊感,发展人际沟通能力。更重要的是,合作学习能够促进意义的建构。因为合作过程中的交流、争议和意见综合有助于学生建构新的、更深层次的理解;由于个人的思路在合作过程中被外化,有助于对自己思维的监控;合作与交流使学生达成对问题的理解,建立更完整的表征,促进问题的解决。

## 四、影响人格发展的因素

### (一) 生物遗传因素

(1) 遗传是人格不可缺少的影响因素。

(2) 遗传因素对人格的作用程度因人格特征的不同而异。通常在智力、气质这些与生物因素相关较大的特征上，遗传因素较为重要；而在价值观、信念、性格等与社会因素关系紧密的特征上，后天环境因素更重要。

(3) 人格发展过程是遗传与环境交互作用的结果，遗传因素影响人格的发展方向及程度。

### (二) 社会文化因素

每个人都处在特定的社会文化之中，文化对人格的影响是极为重要的。社会文化塑造了社会成员的人格特征，使他们的人格结构朝着相似的方向发展。其作用可归纳如下。

(1) 社会文化对人格具有重要的作用，特别是后天形成的一些人格特征。

(2) 社会文化因素决定了人格的共同性特征，它使同一社会的人在人格上具有一定程度的相似性。

### (三) 家庭因素

强调人格的家庭成因，重点在于探讨家庭间的差异对人格发展的影响，家庭间的差异主要表现在不同的教养方式。家庭教养方式一般可以分为3类。

(1) 权威型教养方式。采用这种教养方式的父母在子女教育中，表现得过于支配，孩子的一切都由父母来控制。在这种环境下长大的孩子容易变得消极、被动、依赖、服从、懦弱，做事缺乏主动性，甚至会形成不诚实的人格特征。

(2) 放纵型教养方式。采用这种教养方式的父母，对孩子过于溺爱，让孩子随心所欲，父母对孩子的教育有时达到失控的状态。在这种环境中成长的孩子多表现为任性、幼稚、自私、野蛮、无礼、独立性差、蛮横无理、胡闹等。

(3) 民主型教养方式。父母与孩子在家庭中处于一个平等和谐的氛围中，父母尊重孩子，给孩子一定的自主权，并给孩子积极正确的指导，父母的这种教养方式使孩子形成了一些积极的人格品质，如活泼、自立、彬彬有礼、善于交往、富于合作精神、思想活跃等。

### (四) 学校教育因素

学校不仅是传授文化科学知识的场所，而且是学生发展智力、进行政治和思想品德教育的地方，是促进儿童形成和发展人格特征最重要的场所，学生只有在学校里通过学习与接受潜移默化的影响形成优良的人格特征，才能顺利地走向社会，适应社会生活，并为社会的发展做出贡献。

### (五) 个人主观因素

人格是在与环境相互作用的实践活动中形成和发展起来的，但任何环境因素都不能直接决定人格，它必须通过个体已有的心理发展水平和心理活动才能发生作用。社会上的各种影响因素，首先要被个人接受和理解，才能转化为个体的需要、动机和兴趣，才能推动他去思考与行动。

## 五、中学生良好人格的塑造[①]

### (一) 激发个体自我教育的意识

个体的自我意识在自身人格发展中发挥着组织者、推动者的作用，影响并塑造着人格品质结构的其他成分及其相互关系，制约着个人行为。教育者必须充分调动青少年的主体能动性，想方设法促使中学生成为人格教育的主人，使其意识到自我的需要和自我存在的价值。激发其进行人格教育的意向，确立人格教育的目标，培养人格教育的方法和能力，都依靠人格自我教育积极性的发挥。

### (二) 进行人格素质的整合教育

经历了儿童期人格的发展，中学生的人格素质具备了一定水平，对其进行人格教育应当在重视发展各方面人格素质的同时，把重点放在人格素质的整合上。要在继承和发扬原有人格品质的基础上进一步发展并改进发展需要的新的人格成分，补充已有人格成分的不足，抛弃那些已落后于社会发展需要的旧有人格成分，把新老人格成分按照新时代、新生活的要求进行调整和融合，实现生理与心理的统一，思想与行为的统一，知识、能力、品德的协调。

### (三) 实施以提高文化素质为基本内容的综合素质教育

良好人格的培养与塑造必须以提高中学生的文化素质为前提和基础，现实工作中尤其要注意以下三点：一是要走出应试教育的泥潭，切实贯彻落实德智体美全面发展的素质教育，通过综合教育培养全面的素质；二是要在丰富文化底蕴的同时，强化思维训练；三是要注意传授新思想，学习新知识，及时用反映当代世界发展的知识、新科技武装青少年的头脑，促使其人格尽快现代化。

### (四) 强化情感陶冶与行为训练

良好的人格品质是知、情、意、行等要素的和谐发展与统一。在中学时代的人格培养中，要注意和尊重情感、意志等因素在人格品质形成中的特殊地位和功能，强化情境的陶冶及行为的训练。在现实生活的特定情境中感知、悟情、炼意、导行，实现知、情、意、行的和谐均衡健康发展，达到身心的统一、人与社会的协调。

### (五) 优化育人环境，协调家庭、学校、社会教育，形成人格培养的合力

学校进行人格教育时，不仅要在学校内部形成齐抓共管的合力局面，而且要依赖于社会教育、家庭教育各自功能的发挥和三者的密切配合，这样才能收到良好的效果。因此，必须建立以学校教育为主体，家庭教育为基础，社会教育为延伸的人格教育体系，实现人格教育的整体化、系统化、一体化。

---

[①] 中公教育教师资格考试研究院. 教育知识与能力[M]. 北京：世界图书出版公司，2012.

### (六) 大力开展心理健康教育和咨询

大力开展心理健康教育和咨询工作是当前德育及其人格培养的重要任务。心理健康教育的水平很大程度上决定了人格培养的水平，普及心理健康知识，发展个性心理品质，培养心理调适能力，预防心理障碍，矫治行为偏差等都需要心理健康教育和咨询来完成，这样才能有可能促进中学生人格健康发展。

### (七) 建立健全良好人格培养的激励与约束机制

完善的激励和约束机制不仅对组织教育过程是必要的，而且对中学生自身进行人格自我训练也是不可或缺的。通过健全的激励和约束机制，鼓励和强化社会需要的思想行为，制约或惩罚超越社会规范的言行，让中学生知道什么该做，什么不该做，什么是社会倡导的，什么是社会反对的，从而明确是非，掌握行为的准则和规范，逐步形成健全高尚的人格。

---

本章前面所讲述的孔子教育学生的案例，充分说明了孔子能够区分学生不同的人格特征，有目的、有意识地对学生进行因材施教的道理。案例中所讲述的子路和冉有是两个人格特征完全不同的人，子路做事情比较鲁莽、草率，往往不考虑后果，所以孔子要约束他；而冉有平日做事退缩，所以孔子要鼓励他。由于孔子十分了解他的学生的人格特征，评价中肯，教育得当，因此才有弟子三千，贤人七十二余。孔子在两千多年前就懂得使学生的个性在教育中得以张扬，作为今天的人民教师，如何吸收他宝贵的教育经验，为今所用是我们应该认真思索的问题。我们今天的每一位教师更应该懂得，在现代教育中，要努力让所有的孩子身心健康，潜能得到发挥。这是每一位父母的希望，也是国家的希望，民族的希望。因此，我们一定要深入不断地探讨现代教学形势下因材施教的有效办法，从而为教育做出应有的贡献。

# 参 考 文 献

[1] 彭聃龄. 普通心理学[M]. 北京：北京师范大学出版社，2001.
[2] 理查德·格里格，菲利普·津巴多. 心理学与生活[M]. 王垒等，译. 北京：人民邮电出版社，2003.
[3] 斯腾伯格，威廉姆斯. 教育心理学[M]. 张厚粲，译. 北京：中国轻工业出版社，2003：157.
[4] 张厚粲. 大学心理学[M]. 北京：北京师范大学出版社，2001.
[5] 陈琦. 教育心理学[M]. 北京：高等教育出版社，2001.
[6] 陈琦，刘儒德. 当代教育心理学[M]. 北京：北京师范大学出版社，2002.
[7] 陈琦，刘儒德. 当代教育心理学[M]. 北京：北京师范大学出版社，2003.
[8] 陈琦，刘儒德. 教育心理学[M]. 北京：高等教育出版社，2005.
[9] 陈琦，刘儒德. 当代教育心理学[M]. 北京：北京师范大学出版社，2007.
[10] 张大均. 教育心理学[M]. 北京：人民教育出版社，2011.
[11] 张大均. 教育心理学[M]. 北京：人民教育出版社，1999.
[12] 张大均. 教育心理学[M]. 北京：人民教育出版社，2011.
[13] 张大均. 教育心理学[M]. 北京：人民教育出版社，2004.
[14] 张大均. 教育心理学[M]. 北京：人民教育出版社，2005.
[15] 张大均，江琦. 教师心理素质与专业性发展[M]. 北京：人民教育出版社，2005.
[16] 皮连生. 学与教的心理学[M]. 3版. 上海：华东师范大学出版社，2003.
[17] 李伯黍，燕国材. 教育心理学[M]. 上海：华东师范大学出版社，2001.
[18] 刘儒德. 信息技术与课程整合[M]. 北京：人民教育出版社，2004.
[19] 叶一舵. 新课程背景下的公共心理学教程[M]. 北京：高等教育出版社，2004.
[20] 谢定兰. 最能提升名师记忆效果的秘诀[M]. 重庆：西南师范大学出版社，2008.
[21] 刘晓明，王丽荣. 新课程与教师心理素质[M]. 长春：东北师范大学出版社，2004.
[22] 路海东. 学校教育心理学[M]. 长春：东北师范大学出版社，2000.
[23] 刘国权，毕有余，赵岩. 心理学[M]. 长春：吉林大学出版社，2002.
[24] 刘国权，赵光辉. 高等教育心理学[M]. 长春：吉林人民出版社，2003.
[25] 刘国权，孙崇勇，赵晓光. 心理学[M]. 长春：吉林大学出版社，2009.
[26] 夏凤琴，李淑芬. 心理学[M]. 长春：东北师范大学出版社，2005.
[27] 夏凤琴，姜淑梅，孙崇勇. 教育心理学[M]. 北京：高等教育出版社，2010.
[28] 夏凤琴. 教育心理学[M]. 长春：东北师范大学出版社，2014.
[29] 沃建中. 心理健康教育指导——教师篇[M]. 北京：科学出版社，2003.
[30] 胡谊，杨翠蓉，鞠瑞利，等. 教师心理学[M]. 北京：中国轻工业出版社，2009.
[31] 姜淑梅. 教育心理学[M]. 长春：吉林大学出版社，2011：179-182.
[32] 赵希斌. 好懂好用的教育心理学[M]. 上海：华东师范大学出版社，2013.
[33] 付建中. 教育心理学[M]. 北京：清华大学出版社，2010.

[34] 万云英. 学校教育心理学[M]. 北京：人民教育出版社，2000.

[35] 林崇德. 教育与发展——兼述创新人才的心理学整合研究[M]. 北京：北京师范大学出版集团，2013.

[36] 简妮·爱丽丝·奥姆罗德. 教育心理学精要[M]. 北京：中国人民大学出版社，2013.

[37] 中公教育教师资格考试研究院. 教育知识与能力[M]. 北京：世界图书出版社，2012.

[38] 马克·约翰逊. 发展认知神经科学[M]. 北京：北京师范大学出版社，2007.

[39] David A Sousa. 脑与学习[M]. 北京：中国轻工业出版社，2013.

[40] 尹文刚. 神经心理学[M]. 北京：科学出版社，2007.

[41] 韩进之. 教育心理学纲要[M]. 北京：人民教育出版社，1989.

[42] 洪明，张锦坤. 国家教师资格证考试指导教材——教育知识与能力[M]. 北京：北京大学出版社，2014.

[43] 冯维. 现代教育心理学[M]. 重庆：西南师范大学出版社，2007.

[44] 全国十二所重点师范大学联合编写组. 心理学基础[M]. 北京：教育科学出版社，2002.

[45] 邵瑞珍，皮连生，吴庆麟. 教育心理学[M]. 上海：上海教育出版社，1997.

[46] 黄煜烽，雷雳. 初中生心理学[M]. 杭州：浙江教育出版社，1993.

[47] 郑和钧，邓京华. 高中生心理学[M]. 杭州：浙江教育出版社，1993.

[48] 黄希庭. 心理学导论[M]. 北京：人民教育出版社，1991.

[49] 约翰·拜斯特. 认知心理学[M]. 黄希庭，译. 北京：中国轻工业出版社，2000.

[50] 张春兴. 现代心理学：现代人研究自身问题的科学[M]. 上海：上海人民出版社，2005.

[51] 张春兴. 教育心理学[M]. 杭州：杭浙江教育出版社，1998.

[52] 董操. 新编心理学[M]. 北京：教育科学出版社，2000.

[53] 李越，霍涌泉，樊彩霞. 心理学教程[M]. 北京：高等教育出版社，2006.

[54] 熊川武. 学习策略论[M]. 南昌：江西教育出版社，1997.

[55] 高文. 现代教学的模式化研究[M]. 济南：山东教育出版社，1998.

[56] 刘电芝. 学习策略研究[M]. 北京：人民教育出版社，1999.

[57] 刘电芝，田良臣. 高效率学习策略指南[M]. 北京：科学出版社，2011.

[58] 蒯超英. 学习策略[M]. 武汉：湖北教育出版社，1999.

[59] 桑青松，江芳，王贤进. 学习策略的原理与实践[M]. 合肥：安徽教育出版社，2006.

[60] 罗伯特·斯莱文. 教育心理学——理论与实践[M]. 姚梅林，等译. 人民邮电出版社，2004.

[61] 李梅. 教育心理学[M]. 南京：江苏教育出版社，2008.

[62] 雒晓春. 教育心理学(中学最新版)[M]. 北京：中国经济出版社，2013.

[63] 艾森克，基恩. 认知心理学[M]. 高定国，萧晓云，译. 上海：华东师范大学出版社，2003.

[64] 梁宁建. 当代认知心理学[M]. 上海：上海教育出版社，2003.

[65] 王甦，汪安圣. 认知心理学[M]. 北京：北京大学出版社，1992.

[66] 付正大. 心理健康教育[M]. 北京：北京师范大学出版社，2010.

[67] 李新旺. 心理学[M]. 北京：科学出版社，2003.

[68] 玉华. 实用中小学生人格培养与塑造丛书[M]. 海口：海南出版社，1997.

[69] 曹仲洲. 中华道德五千年[M]. 北京：京华出版社，2004.

[70] M. 艾森克. 心理学——一条整和的途经[M]. 上海：华东师范大学出版社，2000.

[71] 皮连生. 学与教的心理学[M]. 上海：华东师大出版社，1997.

[72] 皮连生. 学与教的心理学[M]. 3版. 上海：华东师范大学出版社，2003.

[73] 皮连生. 教育心理学[M]. 上海：上海教育出版社，2004.

[74] 格里格，津巴多. 心理学与生活[M]. 王垒，王甦，译. 北京：人民邮电出版社，2003.

[75] 李伯黍，燕国材. 教育心理学[M]. 2版. 上海：华东师范大学出版社，2001.

[76] 方方. 教师心理健康研究[M]. 北京：人民教育出版社，2003.

[77] 李红. 现代心理学[M]. 成都：四川教育出版社，2009.

[78] 斯大林. 马克思恩格斯选集(第四卷)[M]. 北京：人民出版社，1972.

[79] 莫雷. 教育心理学[M]. 北京：教育科学出版社，2007.

[80] 莫雷. 教育心理学[M]. 广州：广东高等教育出版社，2005

[81] 郑日昌. 大学生心理健康——自主与自助手册[M]. 北京：高等教育出版社，2007.

[82] 冯忠良等. 教育心理学[M]. 北京：人民教育出版社，2000.

[83] 冯忠良. 结构—定向教学的理论与实践(上下两册)[M]. 北京：北京师范大学出版社，1992.

[84] 冯忠良. 结构化与定向化教学心理学原理[M]. 北京：北京师范大学出版社，1998.

[85] 吴庆麟. 教育心理学[M]. 北京：人民教育出版社，1999.

[86] 叶弈乾，何存道，梁宁建. 普通心理学(修订版) [M]. 上海：华东师范大学出版社，1997.

[87] 田宝，戴天刚，张扬. 教育心理学案例[M]. 北京：首都师范大学出版社，2007.

[88] 潘菽，荆其诚. 中国大百科全书：心理学卷[M]. 上海：中国大百科全书出版社，1991.

[89] 朱智贤. 心理学大词典[M]. 北京：北京师范大学出版社，1989.

[90] 顾明远，季啸风，张瑞等. 教育大辞典[M]. 上海：上海教育出版社，1990.

[91] Korthagen. Insearch of the essence of good teacher：towards a more holistic approach in teacher education[J]. Teaching and Teacher Education，2004(20)：77-97.

[92] 刘电芝，黄希庭. 学习策略研究概述[J]. 教育研究，2002，2：79-82.

[93] 史耀芳. 21世纪国内外学习策略研究概述[J]. 心理科学，2001，(5).

[94] Mayer，R. E. Education Psychology：A Cognitive Approach[M]. Boston：Little Brown，1987.

[95] Weinstein C. E.，Mayer R. E. The Teaching of Learning Strategies，In：M. C. Wittrock(Ed)，Handbook of Research onTeaching (3rd Ed)[M]. NewYork：Macmillan，1985.

[96] Sternberg. R. J. Criteriafor intellectual skills training[J]. Educational Research，1983，(12)：25.

[97] J. Nisbet，J. Shucksmith. Learning Strategies[M]. London：Routledge&Kegan Paul，1986.

[98] Pokay，P.，Blumendeld P. C. Predicting achievement early and late in the semester：The role of motivation and of learning strategies[J]. Journal of educational psychology，1990，82(1)：41-50.

[99] Oxford，R. L. Language learning strategies[M]. NewYork：Newbury House Publishers，1990：202-204.

[100] 黄旭. 学习策略的教学问题[J]. 教育研究，1992，(7).

[101] 李雁冰. 策略性学习与主体性教育[J]. 内蒙古师范大学学报，1999，(2).

[102] 魏声汉. 学习策略初探[J]. 教育研究，1992，(7).

[103] 胡斌武. 学习策略的结构探析[J]. 西南师范大学学报：哲社版，1995，(3).

[104] 刘电芝. 学习策略研究(一)[J]. 学科教育，1997，(1).

[105] 刘电芝. 国内外学习策略研究的现状、存在问题及发展趋势[J]. 学科教育，1997，(2).

[106] 刘儒德. 论学习策略的实质[J]. 心理科学，1997，(1).

[107] 刘志华，郭占基. 初中生的学业成就动机、学习策略与学业成绩关系的研究[J]. 心理科学，1993，(4).

[108] 王振宏，刘萍. 动机因素、学习策略、智力水平对学生学业成就的影响[J]. 心理学报，2002，(1).

[109] 方平，郭春彦，汪玲等. 数学学习策略的实验研究[J]. 心理发展与教育，2000，(4).

[110] 田学红，方格. 儿童记忆策略研究的近期动向[J]. 心理学动态，1998，(2).

[111] 刘晓明，陈彩琦. 幼儿数学策略应用的发展特点及元认知的影响[J]. 心理发展与教育，1999，(3).

[112] 周国韬，张平，李丽萍等. 初中生在方程学习中学习能力感、学习策略与学业成就关系的研究[J]. 心理科学，1997，(4).

[113] 王沛. 小学2~4年级学生乘法等值问题认知策略实验研究[J]. 西北师范大学学报，1996，(2).

[114] 雷雳等. 不同年级高师学生的学习动机与学习策略[J]. 心理发展与教育，1997，(4).

[115] 姚梅林. 当前外语学习策略的教学研究趋向[J]. 北京师范大学学报，2000，(5).

[116] 牛卫华，张梅林. 学困生和优秀生解应用题策略的对比研究[J]. 心理科学，1998，(6).

[117] 谷生华等. 初中生学习归因、学习策略与学习成绩关系的研究[J]. 心理发展与教育，1998，(2).

[118] 何进军，刘华山. 10~14岁优差生的认知策略及发展研究[J]. 心理科学，1996，(6).

[119] 龚少英. 我国学习策略研究的现状与问题[J]. 心理科学，2003，(1).

[120] 杜艳芳. 小学生学习策略水平的发展研究[J]. 内蒙古师范大学学报：教育科学版，2010，(8).

[121] 王恩国，阴国恩，吕勇. 中学生学习策略发展研究[J]. 心理与行为研究，2007，(3).

[122] 李红英，吴越. 大学生学习策略使用状况的调查研究[J]. 教学研究，2007，(6).

[123] Brown. J. Teaching thinking and problem solving[J]. American psychologist, 1986: 1078-1090.

[124] 石美玲，洪建中，葛栋. 我国学习策略的现状与教学[J]. 教育观察，2013，2(1).

[125] 时俊卿. 气质类型与教育策略——心理规律与教育对策系列讲座(一)[J]. 北京教育，2000(1).

[126] 黄强，赵欣，李向东. 动觉监督早期介入对动作技能形成的影响[J]. 心理学探新，2003，(1).

[127] 宋兴川，唐天红，何应林. 技能型人才人格特征研究[J]. 天津工程师范学院学报，2005，(2).

[128] 袁晓琳，王穗苹，朱彬彬等. 中学生心目中的教师形象研究[J]. 心理发展与教育，2005，21(3).

[129] 王成全. 要让学生心理健康，先使教师心理健康[J]. 中小学管理，2003，(3).

[130] 肖凭，胡丕洪. 高职教师心理健康状况与对策研究[J]. 湖南经济管理干部学院学报，2002，(10).

[131] 李超平，时勘. 分配公平和程序公平对工作倦怠的影响[J]. 心理学报，2003，(5).

[132] Duffy G. Fighting of the Alligatores：What Research in Real Classroom has to say about Reading Instruction[J]. Journal Reading Behavior，1982，(4).

[133] 夏凤琴，姜淑梅. 教育心理学[M]. 北京：清华大学出版社，2015.

[134] 夏凤琴，孙崇勇，白素俄. 教育心理学[M]. 北京：高等教育出版社，2019.

[135] 夏凤琴，姜淑梅. 教育心理学[M]. 北京：清华大学出版社，2021.

[136] 李淑莲，张文霞，徐华丽，夏凤琴. 心理学基础(微课版，思政版)[M]. 北京：清华大学出版社，2023.